陳氏太極拳(Ⅰ)
拳論과 基本功

陳氏太極拳(Ⅰ)
拳論과 基本功

2002년 9월 1일 초판 1쇄 발행
2013년 7월 17일 초판 5쇄 발행

원저자 / 陳正雷
편역자 / 방기한
발행인 / 방기한
펴낸곳 / 동선재
편집디자인 / 김창숙

등록 / 제 2001-51호
주소 / 경기도 고양시 일산서구 일산3동 후곡마을 1704-101
전화 / 031-921-3958
팩스 / 031-817-9578
이메일 / webmaster@dongsunjae.com
홈페이지 / http://www.dongsunjae.com
한글인터넷주소 / 동선재, 진씨태극권

* 잘못된 책은 바꿔 드립니다.
* 가격은 뒤표지에 명시되어 있습니다.

Original copyright ⓒ 2002.Chen Zheng Lei(陳正雷)
Korean translation copyright ⓒ 2002.Dongsunjae(K.H.Bang)

* 이 책의 한국어판 저작권은 원저자인 陳正雷와의 독점 계약에 따라
  편역자인 방기한에 있습니다. 저작권법에 의해 대한민국 내에서
  보호를 받는 저작물이므로 무단 전재나 복제를 금합니다.
* 이 책에 대하여 문의 및 상담하실 분은 홈페이지를 이용하시면 편리합니다.

ISBN 89-90093-01-5   04690
ISBN 89-90093-00-7(세트)

陳氏太極拳(Ⅰ)

拳論과 基本功

原著 陳正雷 / 編譯 方基漢

動禪齋

■ 원저자(原著者) 소개

진정뢰(陳正雷), 남(男), 1949년 5월 출생.

중국 하남성(河南省) 온현(溫縣) 진가구(陳家溝) 출신이다. 진씨(陳氏) 집안 19대 손(孫)이고, 11대 태극권 전승자(傳承者)이다.

현재 중국진가구태극권보급센터 총교련(中國陳家溝太極拳推廣中心總敎鍊), 국가무술 고급교련(國家武術高級敎鍊), 하남성무술협회 부주석(河南省武術協會副主席), 중국무술협회 위원(中國武術協會委員)을 맡고 있으며, 1995년 40대의 나이로는 처음으로 중국의 십대무술명사(十大武術名師)로 선정되었다.

백부(伯父)인 진조비(陳照丕)와 당숙(堂叔)인 진조규(陳照奎)로부터 정통적인 진씨태극권을 사사 받았으며 30여 년 동안 연마하여 '태극금강(太極金剛)'이라는 칭호를 얻었다.

1974년부터 1988년까지 중국 국내와 국제무술대회에서 10회 이상 금상을 수상한 경력을 가지고 있으며, 1972년부터 태극권 전수 활동을 시작하여 전국의 각 성시(省市)에 제자들이 두루 퍼져 있다.

1983년부터는 국제적으로 태극권 보급 활동을 시작하여 일본·미국·프랑스·독일·이탈리아 등 20여 개국을 다니며 강연을 하였고, 2000년 12월에는 제자들과 함께 한국을 방문하여 세 차례의 강연과 아울러 시연을 보인 바 있다.

그는 무술이론에도 조예가 깊어 ≪십대공법론(十大功法論)≫, ≪진씨태극권계회종(陳氏太極拳械匯宗)≫3권, ≪진식태극권양생공(陳式太極拳養生功)≫, ≪진씨태극권술(陳氏太極拳術)≫, 대형화집인 ≪태극신공(太極神功)≫ 등 많은 저작을 남겼다. 이 서적들은 모두 태극권 연구의 귀중한 자료로 인정받아 부분적으로 일어와 영어로 번역되어 출판되기도 하였다.

1988년에는 고등교육출판사(高等敎育出版社)에서 ≪세전진씨태극권술(世傳陳氏太極拳術)≫의 교육용 비디오를 제작하였고, 1996년에는 인민교육출판사(人民敎育出版社)에서 진씨태극권(陳氏太極拳)·검(劍)·추수(推手)·양생공(養生功) 등의 교육용 비디오와 VCD를 시리즈로 제작하였다.

그는 1986년 초작시(焦作市) 6기 정협 상임위원(政協常任委員)으로 선출되었고, 1988년에는 하남성(河南省) 7기 인대 대표(人大代表)로 선출되었다.

또한, 태극권의 명사로서 ≪중국당대교육명인사전(中國當代敎育名人辭典)≫, ≪중국인물년감(中國人物年鑒)≫, ≪중국무술인명사전(中國武術人名辭典)≫, ≪당대개혁영재(當代改革英才)≫, ≪당대기술인재회췌(當代技術人才薈萃)≫, ≪세계명인록(世界名人錄)≫ 등에 그 이름이 기록되었다.

■ 원저자(原著者)의 서언(序言)

중국무술의 기원은 매우 오래 되었으며 그 종류도 다양하다. 그중 태극권은 무술계의 꽃이라 불릴 만큼 독특한 장점과 특징을 지니고 있다. 특히, 태극권은 그 기격(技擊) 기능의 특출함과 신체 단련 및 양생(養生)을 위한 탁월한 효능으로 많은 사람들의 사랑을 받고 있으며 근세에 이르러 국제적인 교류가 넓어짐에 따라 전세계로 급속히 보급되어 가고 있다.

진씨태극권은 태극권 각 분파의 원조로 수 백년 동안 꾸준히 계승되고 발전해오면서, 강유상제(剛柔相濟)하고, 쾌만상간(快慢相間)하며, 송활탄두(鬆活彈抖)하는 등의 특징을 지니며, 무술계는 물론 국내외에서 그 명성을 누리게 되었다.

본인은 어려서 백부(伯父) 진조비(陳照丕) 공(公)으로부터 진장흥(陳長興) 계통의 노가(老架) 일로(一路)와 이로(二路) 그리고 도(刀)·창(槍)·검(劍)·곤(棍) 등의 기계(器械)를 비롯하여 추수(推手)와 권술(拳術) 관련의 이론을 배웠다.

1972년, 백부께서 돌아가시자, 다시 당숙(堂叔) 진조규(陳照奎) 공(公)으로부터 신가(新架) 일로(一路)와 이로(二路)를 비롯하여 추수(推手)와 금나(擒拿) 등의 기술을 배우며 한층 심도 있는 권술 이론을 공부하였다.

다행히 20년간 훌륭하신 두 분 선생님의 가르침으로 각종 권법(拳法)과 병장기법(兵仗器法)을 터득할 수 있었다. 이후, 여러 사람들과 함께 실력을 갈고 닦으며 태극권에 대한 연구를 거듭하면서 비로소 그 오묘함을 깨닫게 되었다.

1982년부터, 중국 정부에서는 중국무술을 보호 육성하고 그 전통을 보전하기 위한 정책의 일환으로 태극권에 대한 발굴과 정리 작업을 진행하기 시작하였다. 진가구(陳家溝)에는 이전부터 진흠(陳鑫)·진자명(陳子明)·진조비(陳照丕) 등에 의해 정리된 태극권 관련 저서와 내용이 전해지고 있었다. 그러나 그 내용이 너무 난해하여 초보자들은 이해하기가 어려웠다.

그래서, 항상 권술(拳術)의 투로(套路) 뿐만 아니라 기계(器械)의 투로(套路)를 비롯하여 진씨태극권론(陳氏太極拳論) 전반에 대한 체계적이고 실용적인 저서의 필요성을 절실히 느껴왔으나 마음만 앞설 뿐이었다.

그러나, 태극권 애호가들이 증가하고 이에 대한 사회적 관심도가 커짐에 따라 중국 각 성(省)·현(縣) 단위의 체육위원회의 열렬한 지지와 여러 동료들의 열성과 도움으로 마침내 1992년 ≪진씨태극권계회종(陳氏太極拳械匯宗)≫ 1, 2, 3권을 출판하게 되었다.

이 책은 신가(新架) 부분이 빠져 있지만 권(拳)과 기계(器械)의 태극권 전반을 집대성하여 종합적으로 기술한 것이다. 이 책에서는 독자들의 빠른 이해를 돕기 위해 각 권법의 특징과 수련법에 대한 설명 및 이론 부분을 첨가하였고 핵심적인 동작에 대한 자세한 서술과 사진을 덧붙였다. 특히 노가 일로(老架一路)에 대하여는 호흡방법과 내경(內勁)의 운행법 그리고 기격(技擊) 작용에 대해서 상세하게 기술함으로써 애호가들의 열렬한 호응을 받게 되었다.

근래에 이르러 수많은 태극권 애호가들이 이 책에서 누락된 진씨태극권 신가(新架) 부분의 보완에 대해 여러 차례 의견을 제기하였다. 그래서, 본인은 1997년 5월부터 당숙부 진조규(陳照奎) 공께서 전하신 내용과 기록에 근거하여 신가(新架) 부분을 집필하기 시작하여 1999년 진씨태극권술(陳氏太極拳術)을 출판하게 됨으로써, 그 동안의 숙제였던 태극권술 전반에 대한 저술의 완성을 보게 되었다.

이번에 이러한 본인의 저서가 방기한(方基漢) 선생에 의해서 한국의 태극권 애호가들에게 소개되는 기회를 가지게 된 것은 저자로서 한량없는 기쁨이 아닐 수 없다. 더욱이 오랫동안 본인에게서 직접 태극권을 배운 방 선생이 4년여의 오랜 기간에 걸쳐 온갖 어려움을 극복하고 이 책을 편찬하게 된 것은 그를 지도한 태극권 지도자로서 남다른 긍지와 보람을 갖게 되어 그 기쁨이 더욱 크고 감회가 새롭다. 방 선생은 본인의 제자이기에 앞서 태극권을 누구보다 잘 이해하는 본인의 절친한 친구이자 존경하는 동지이기도 하다. 그는 본인의 졸저를 한국어판으로 편찬하는 과정에서 정확한 의미를 찾기 위하여 본인과 여러 차례 논의를 하며 배우는 사람에게 조금이라도 도움이 되도록 해석하고 표현하기 위하여 온갖 정성을 기울이었다. 본인은 이 책이 한국의 태극권 애호가들에게 많은 도움을 줄 수 있는 훌륭한 지침서가 될 것이라고 확신한다.

오늘의 이 출판이 있기까지 온갖 어려움을 극복하고 편찬 작업에 진력하여 주신 방기한(方基漢) 선생 내외분과 중국 하남성(河南省)의 김홍경(金宏卿) 동지에게 원저자(原著者)로서 깊은 감사를 드리며, 아울러 이 자리를 빌어 본인의 저서를 편찬하는 작업에 참여하여 성심껏 도와주셨던 중국 하남성(河南省) 체육위원회 여러분과 노려려(路麗麗) · 최광박(崔廣博) · 장학성(張學成) · 진연(陳娟) · 진빈(陳斌) 동지들에게 감사드린다.

아직 이 저술의 내용에 미흡한 부분이 많을 것이라고 생각한다. 한국의 태극권 애호가 여러분의 충고와 지적을 부탁드린다.

진정뢰(陳正雷)
2002년 3월 중국 정주(鄭州)에서

■ 편자(編者)의 글 I

《내용》
- 이 책의 원전(原典)에 관하여
- 이 책의 편집 체계
- 이 책을 소개하게 된 동기
- 교재를 효율적으로 이용하는 방법
- 맺는 말

■ 이 책의 원전(原典)에 관하여

이 책은 태극권가(太極拳家)의 19세손(世孫)이며, 진씨태극권(陳氏太極拳)의 11대 전승자(傳承者)인 진정뢰(陳正雷) 노사(老師)가 저술한 아래의 저서에 수록된 내용을 우리 독자들이 이해하기 쉽도록 해석하고 재정리하여 편찬한 것이다.

- 진씨태극권계회종(陳氏太極拳械匯宗) 1, 2, 3권, 1989년~1994년 발행
- 진씨태극권술(陳氏太極拳術), 1999년 발행
- 진씨태극권 양생공(陳氏太極拳養生功), 1996년 발행

진씨태극권계회종(陳氏太極拳械匯宗)은 책의 제목에서 의미하는 바와 같이 권(拳)과 기계(器械)의 전반에 걸쳐 태극권의 이론(理論)과 실제(實際)를 집대성한 종합편이라 할 수 있는 진정뢰(陳正雷) 대사의 노작이다. 그러나 이 저작은 신가태극권(新架太極拳)에 대한 내용을 일체 언급하지 않음으로써 태극권사(太極拳史)

에 길이 빛날 역작임에도 옥에 티와 같은 흠을 지니고 있었다.

　이러한 진씨태극권계회종(陳氏太極拳械匯宗)의 흠결을 보완하기 위하여 발행된 것이 진씨태극권술(陳氏太極拳術)이다. 이 책은 회종(匯宗)편의 일부 내용을 수정 보완함과 아울러 회종(匯宗)편에서 공개하지 않았던 신가 일로(新架一路)와 신가 이로(新架二路)를 추가하여 수록하였다.

　따라서 이 진씨태극권술이 현대적인 감각을 갖춘 장정본(裝幀本)으로 발행된 것은 지금까지 진씨(陳氏) 가문 내에서만 비전(秘傳)되어 왔던 태극권의 비결(秘訣)이 명실상부하게 세상에 완전하게 공개되었다는 역사적인 의의를 지니고 있는 것이다.

　태극권을 배우고 연구하는 사람들을 위하여 위의 서적들의 내용을 간략히 소개하니, 참고하기 바라는 바이다.

○ 진씨태극권계회종(陳氏太極拳械匯宗) 전 3권, 고등교육출판사 발행.

　　제 1권 : 태극권 개술(概述), 노가일로(老架一路),
　　　　　　단검(單劍), 단도(單刀).
　　제 2권 : 노가 이로(老架二路), 태극창(太極槍),
　　　　　　춘추대도(春秋大刀), 십삼간(十三杆),
　　　　　　태극권 내기(內氣) 실천론과 경락학설,
　　　　　　진씨태극권론(陳氏太極拳論).
　　제 3권 : 오종 추수(五種推手), 쌍검(雙劍), 쌍도(雙刀), 쌍간(雙鐧),
　　　　　　삼간(三杆)과 팔간(八杆)의 대련(對鍊),
　　　　　　초(梢)와 간(杆)의 대련(對鍊),
　　　　　　진씨태극권가 열전(陳氏太極拳家列傳).

○ 진씨태극권술(陳氏太極拳術), 산서(山西)과학기술출판사 발행.

　　태극권 개술(概述),
　　노가 일로(老架一路)와 노가 이로(老架二路),

신가 일로(新架一路)와 신가 이로(新架二路),
추수법(推手法), 산수(散手) 용법(用法),
내기(內氣) 실천론과 경락학설,
진씨태극권론(陳氏太極拳論),
진씨 가전(陳氏家傳).

○ 진씨태극권 양생공(陳氏太極拳養生功), 인민체육출판사 발행.

양생공(養生功)의 공리(功理),
기본공(基本功) 훈련과 태극배원양기법(太極培元養氣法),
진씨태극권 정요 18식(精要十八式).

■ 이 책의 편집 체계

이 책은 원전(原典)의 내용을 왜곡함이 없이 충실하게 국내의 독자들에게 소개하는 것을 편집의 제일 우선하는 지침으로 하고 초보자가 이해하기에 다소 힘들수 있다고 판단되는 부분에 대하여는 그 내용을 해석하고 재정리하여 편찬하였다.
아울러 배우는 사람의 학습 효과를 극대화할 수 있도록 부교재로 동영상(動映像) 시청각 자료(VCD 또는 비디오테이프)를 같이 발행함으로써 태극권의 이론과 실제를 명실상부하게 겸비하고자 노력하였다.
이 시청각 교재는 이 책의 원저자인 진정뢰(陳正雷) 대사(大師)가 직접 시범을 보이며 강의를 진행하고 있기 때문에 그 신뢰성을 의심할 필요가 없는 매우 유익한 학습 자료라 할 수 있다.
책과 영상자료의 구성 내용을 간단히 요약하면 다음과 같다.

제1권 권론(拳論)과 기본공(基本功) 편
  【책의 내용】
    편자(編者)의 글 : 초심자(初心者)를 위한 도움말.
    태극권의 발전 과정,

진씨태극권의 특성과 효용,
연공(練功) 법칙과 수련방법,
기본동작과 전사경(纏絲勁),
경락학설과 내기(內氣) 수련법,
양생공(養生功) 수련법,
태극권론(太極拳論)
진씨태극권의 문규(門規)와 가전(家傳)
【관련 영상교재】
- 진씨태극권 투로(套路) 감상
  진씨태극권 노가1로와 2로, 신가1로, 태극단검, 태극단도, 5종 추수법, 태극권정요18식 등 진씨태극권의 각종 투로 전반에 대한 소개와 감상.
- 진씨태극권 건신양생공(健身養生功)
  기본 동작과 전사경(纏絲勁) 훈련, 양생공(養生功) 수련법 해설.

제2권 진씨태극권 노가 1로(老架一路) 편
  【책의 내용】
    노가 1로 전 투로의 각 권가(拳架)에 대한 동작, 내경(內勁), 호흡, 응용법 및 유의 사항과 요점을 상세하게 해설.
  【관련 영상교재】
    - 진씨태극권 노가1로 : 노가 1로의 모든 동작에 대한 세부 설명과 시범.

제3권 진씨태극권 신가 1로(新架一路) 편
  【책의 내용】
    신가 1로 전 투로의 각 권가(拳架)에 대한 상세한 해설.
  【관련 영상교재】
    - 진씨태극권 신가1로 : 신가 1로의 모든 동작에 대한 세부 설명과 시범.

제4권 진씨태극권 노가2로(老架二路) 편
  【책의 내용】
    노가2로 전 투로의 각 권가(拳架)에 대한 상세한 해설.

【관련 영상교재】
- 진씨태극권 노가2로 : 투로의 모든 동작에 대한 세부 설명과 시범.

제5권 진씨태극권 신가2로(新架二路) 편
【책의 내용】
　신가2로 전 투로의 각 권가(拳架)에 대한 상세한 해설.
【관련 영상교재】
- 진씨태극권 신가2로 : 투로의 모든 동작에 대한 세부 설명과 시범.

※ 향후 발행 예정인 교재의 내용
- 진씨태극권 오종추수법(五種推手法)
- 진씨태극단검(陳氏太極單劍)

　이 책을 편찬함에 있어 가급적 원저(原著)의 뜻을 충실하게 전달하려고 애쓰다 보니, 어휘를 선택함에 있어 한자(漢字)를 많이 쓰지 않을 수 없는 어려움이 있었다는 점을 밝혀둔다.
　그러나 한편으로는 여기에 쓰인 대부분의 인용 한자들이 태극권을 수련하는 사람으로서 숙지하여 두면 반드시 큰 도움이 될 것으로 생각하며, 그러한 점에서 가능한 한 많은 주석(註釋)과 색인(索引)을 붙여 독자의 이해를 돕도록 노력하였다.

■ 이 책을 소개하게 된 동기

　나는 이 책을 국내에 소개하기 위하여 사 년여의 세월을 진(陳) 노사(老師)의 저서와 씨름하며 지냈다. 중국어의 전문가가 아닌 내가 이 책을 번역하고 편찬하는 작업에 뛰어든 것 자체가 어찌 보면 무모하고 주제넘은 일이라고도 할 수 있다.
　그럼에도 불구하고 중국어 전문가들의 도움을 받아가며 이 어려운 작업에 애착을 가지고 매달려온 것은 내 자신이 태극권에 매료되어 있는 까닭이기도 하지만, 오래도록 태극권을 바르게 배울 수 있는 길을 찾아 헤매던 나에게 이 책의 원저자이자 나의 스승인 진정뢰(陳正雷) 노사(老師)가 자신의 저술을 통하여 전하는 메시지가 너무도 극명하여 오랜 세월 감추어 왔던 비전(秘傳)의 장막이 한순간에 걷히는 감회를 느끼지 않을 수 없었기 때문이다. 이러한 감회를 한국의 태극권 애호가들에게도 전하여 그 즐거움을 같이 나누는 것이 태극권을 아끼고 사랑하는 사람으로서의 참다운 도리라는 생각에서 나로서는 버거운 일인 줄 알면서도 이 일을 해야겠다는 결심을 하였던 것이다.

나는 진씨태극권을 배우고 싶어하는 초학자(初學者)들이나 이미 수련의 길에 들어 배움의 과정에 있는 수련자들이 내가 겪어왔던 우여곡절을 되풀이하지 않기를 바라면서 이 교재의 원고를 정리하였다. 수련의 길목이나 그 과정에서 비합리적이거나 효율성이 떨어지는 수련 방법을 가급적 줄이고, 정보의 부족으로 인하여 허언(虛言)에 유혹되거나 그로 인해 방황하는 일이 없기를 바라는 마음 간절하다.

물론 이 교재만으로 진씨태극권을 독습(獨習)하여 완성하기는 매우 어렵다.

그러나 이 교재가 초학(初學)의 길에서 길 밖으로 벗어나지 않도록 도와주는 방비(防備)가 되고, 길을 찾지 못해 헤맬 때 그 도리를 깨쳐주는 지침(指針)이 될 뿐만 아니라, 이룸과 깨침이 오는 것을 확신의 단계로 이끌어 주는 지표(指標)가 될 수 있을 것이라고 믿는다. 또한 후학(後學)을 이끌고 있는 지도자에게는 교습의 자료로 활용한다 하여도 크게 부끄럽지 않은 교재가 될 것이라고 생각한다.

그러면서도 이 책을 편 자로서 아쉬운 점은 본인의 능력과 여건에 부족한 점이 많아 더 분명하면서도 더 쉬운 길을 안내하는 학습자료를 준비하여 논리를 전개하지 못한 점이 없지 않다는 것이다. 앞으로 개선해 나가도록 계속 노력할 것이다.

■ 교재를 효율적으로 이용하는 방법

태극권을 배우고자 하는 사람이 이 교재를 학습자료로 사용하고자 한다면 책과 동영상 자료를 함께 활용하여 수련하기를 권고한다. 왜냐하면 그러한 학습 방법이 수련효과를 배가할 것이 분명하기 때문이다. 영상자료를 보고 또 보며 미세한 동작까지도 놓치지 않도록 관찰하는 자세가 중요하다. 영상자료를 보면서 진정뢰(陳正雷) 노사가 보여주는 시범 동작의 이미지를 기억하도록 노력한다.

아울러 영상자료의 각 동작을 책의 내용과 비교 검토하여 그 동작에 숨어 있는 의미를 확인하는 과정을 거치는 것이 반드시 필요하다. 그렇게 하면, 각 동작의 이미지(image)를 실제 동작으로 구체화하는 데 큰 도움이 된다.

이러한 학습 방법에 대하여 자신감을 가지고 권고할 수 있는 것은 이 책의 원저자이며 동시에 동영상 교재의 강사로서 시범을 보이고 있는 진정뢰(陳正雷) 대사가 진씨태극권의 직계 전승자로 당대의 종사(宗師)일 뿐만 아니라 태극권 지도자로서 그의 기량이 가장 원숙한 단계에 이르렀을 때 이 동영상 교재가 제작되어 그의 시범과 강의 내용에 부족함이 없기 때문이다.

일반적으로 태극권이 배우기 어렵다고 느껴지는 것은 그 동작이 생소하여 쉽게 기억되지 않기 때문이다. 그러나 동영상 자료를 통하여 세세한 동작 하나 하나를 확인하며 이미지트레이닝(image training)을 반복하게 되면 아무리 어려운 동작이라 하더라도 기억하기가 수월해지고 잘못된 자세나 동작을 교정하고 개선하는 학습효과가 매우 높아지게 된다. 더욱이 내경(內勁)의 운용을 익혀야 하는 단계에 이르게 되면 이러한 이미지트레이닝은 자연스럽게 의념(意念)을 일으키는 효과가 있기 때문에 기(氣)의 소통을 원활하게 하여 형(形)과 내기(內氣)를 결합하는 데도 큰 도움이 된다.

이 때에도 믿을 수 있는 지도자의 도움과 지도를 받는 것이 무엇보다 중요하다는 것은 말할 것도 없다.

■ 맺는 말

2002년 9월 진씨태극권 제1권 권론(拳論)과 기본공(基本功), 제2권 노가일로(老架一路), 제3권 신가일로(新架一路)를 동시에 발간하고, 그 일 년 뒤 2003년 9월에 제4권 노가이로(老架二路)를 출간하고, 이어 2004년 2월에 제5권 신가이로(新架二路)를 펴냄으로서 중국 정통 태극권인 진식태극권(陳式太極拳)의 기본 권법에 대한 권론(拳論)과 모든 투로(套路)를 체계화하여 우리 글로 소개하는 작업을 일단 마무리하게 되었다. 이 다섯 권의 교재와 관련 동영상(動映像)을 준비하는 데 육 년이 넘는 세월이 흘렀고 그 과정에서 많은 어려움이 있었지만, 태극권 애호가 여러분들의 열렬한 성원과 격려를 비롯하여 물심양면으로 아낌없는 도움과 조언을 주신 많은 분들 덕분에 모든 어려움을 극복할 수 있었다. 이제 제1권의 재판을 간행하는 단계에 이르고 보니, 그 분들에 대한 감사의 마음이 더욱 깊어지며 새로운 감회가 가슴을 가득 채운다.

　먼저 나에게 이런 기회를 주신 진정뢰(陳正雷) 대사에게 존경과 감사의 뜻을 표하며, 중국 현지에서 나를 위해 여러 가지 어려운 일을 처리하기 위하여 정성껏 노고를 베풀어준 중국 하남성(河南省)의 김홍경(金宏卿) 의제(義弟)와 이 책의 번역작업에 참여하여 오랜 시간 같이 고생을 해준 서울대학교 대학원의 홍혜진(洪惠珍) 선생에게 고마운 뜻을 전한다.

　이 책의 기획 단계에서부터 책이 시중의 서가에 놓일 때까지 무슨 일에서든지 조언과 격려를 아끼지 않으시고 의지가 되어 주신 도서출판 다섯수레의 김경회(金敬會) 선배님에게 재삼 깊은 감사의 말씀을 올린다.

　뿐만 아니라, 어려운 여건에도 불구하고 처음부터 이 작업에 참여하여 성심성의로 원고를 편집하느라 고생하신 김창숙(金昌淑)씨와 좋은 책을 만들기 위해 온갖 지혜를 모아주신 미르인쇄의 이춘환(李春桓) 사장님, 동영상 교재 제작을 위해 여러모로 애써주신 다락방미디어의 엄용수(嚴龍水) 사장님에게 깊이 감사 드리고, 늘 격려를 아끼지 않고 용기를 북돋우어준 홍제암(弘濟庵)의 동초(東初) 스님과 창원의 박일철(朴一哲) 관장에게도 고마운 마음 전한다.

　그리고 언제나 한결같이 곁에서 나를 지켜 보아준 아내에게 고마움과 사랑의 마음을 전한다.

　이 교재가 한국의 태극권 애호가들에게 조금이라도 보탬이 되고 도움을 줄 수 있다면 나로서는 더 없이 큰 보람이 될 것이지만, 아직 이 책에는 미흡한 점이 많이 있다고 생각한다. 태극권을 사랑하는 애호가 여러분의 충고와 지적을 부탁드린다.

2004년 8월 동선재(動禪齋)에서
방 기 한

■ 차 례
진씨태극권(Ⅰ) / 권론과 기본공 편

- 원저자 소개 / 5
- 원저자의 서언 / 7
- 편자의 글Ⅰ / 10
- 편자의 글Ⅱ〔초심자를 위한 도움말〕 / 23

제 1 장 태극권의 개술　　　55

제 1 절 태극권의 원류와 발전과정　　　56

제 2 절 태극권의 유파(流派)　　　66

제 2 장 진씨태극권의 특징과 효용　　　71

제 1 절 진씨태극권의 특징　　　72
　1. 외사처녀, 내사금강(外似處女, 內似金剛)　　　72
　2. 나선전요(螺旋纏繞)의 운기(運氣) 방법　　　73
　3. 무술과 도인(導引)·토납(吐納)의 상호 결합　　　76
　4. 강유상제(剛柔相齊)의 권법　　　76
　5. 의식(意識)과 호흡(呼吸)과 동작(動作)의 결합　　　78
　6. 실전성의 경기 운동 : 쌍인추수(雙人推手)와 쌍인점창(雙人粘槍)　　　80

제 2 절 진씨태극권의 효용　　　83
　1. 태극권의 건신(健身) 작용　　　84
　2. 태극권의 기격(技擊) 작용　　　89

제 3 장 진씨태극권의 연공 법칙과 수련 방법 93

제 1 절 진씨태극권의 연공법칙(練功法則)   94

제 2 절 진씨태극권의 신체 각 부위별 기본 연공(練功) 97
1. 두경부(頭頸部)—머리와 목   97
2. 구간부(軀幹部)—몸통부   99
3. 상지부(上肢部)   106
4. 하지부(下肢部)—퇴부(腿部) 112

제 3 절 진씨태극권의 수련 단계와 수련 방법   120
1. 제 1 단계 : 숙련투로(熟練套路) 명확자세(明確姿勢)   120
2. 제 2 단계 : 조정신법(調整身法) 주신방송(周身放鬆)   122
3. 제 3 단계 : 소통경락(疏通經絡) 인동내기(引動內氣)   124
4. 제 4 단계 : 형기결합(形氣結合) 여환무단(如環無端)   126
5. 제 5 단계 : 주신상수(周身相隨) 내외일치(內外一致)   128
6. 제 6 단계 : 온고근기(穩固根基) 충실내기(充實內氣)   131
7. 제 7 단계 : 촉각영민(觸覺靈敏) 지기지피(知己知彼)   134
8. 제 8 단계 : 득기득세(得機得勢) 사기종인(捨己從人)   136
9. 제 9 단계 : 신여화약(身如火藥) 일동즉발(一動卽發)   137
10. 제 10 단계 : 변화무방(變化無方) 신귀막측(神鬼莫測)   139

제 4 장 진씨태극권의 기본동작과 전사경(纏絲勁)   141

제 1 절 진씨태극권의 수형(手形)과 보형(步形)   142
1. 수형(手形)—손의 모양   142
2. 보형(步形)—걸음의 모양   143

제 2 절 진씨태극권의 기본동작과 전사경(纏絲勁) 연습   148
1. 관절운동(關節運動) : 준비운동   148
2. 수법(手法)과 전사경(纏絲勁) 연습   152
3. 보법(步法)과 전사경(纏絲勁) 연습   164
4. 중정신법(中定身法)   170

제 5 장 태극권의 내기(內氣)와 경락학설(經絡學說)   173

제 1 절 태극권 내기(內氣)와 경락(經絡)의 관계   174
1. 태극도(太極圖)의 의의(意義)   174
2. 태극팔괘도(太極八卦圖)의 의의(意義)   175
3. 태극(太極)과 십이경맥(十二經脈)의 도해(圖解)   177
4. 음양(陰陽) 이기(二氣)와 경맥(經脈)의 관계   178
5. 태극권(太極拳)과 경락학설(經絡學說)   179

제 2 절 태극권 내기(內氣)의 수련 방법   203
1. 무극도(無極圖)와 태극도(太極圖)   203
2. 태극권 내기(內氣)의 개술(槪述)   204
3. 태극권 내기(內氣)의 수련 방법   205

제 6 장 진씨태극권 양생공(養生功)   215

제 1 절 진씨태극권 양생공(養生功)의 공리(功理)와 특성   215
1. 진씨태극권 양생공(養生功)의 이치   215
2. 양생공법(養生功法)의 특징   215
3. 건신양생(健身養生)의 작용   216

제 2 절 양생공의 연공요령과 숙지사항   224
1. 송정안일(鬆靜安逸), 자연순수(自然順遂)   224
2. 의기상수(意氣相隨), 형신합일(形神合一)   224
3. 입신중정(立身中正), 분청허실(分淸虛實)   225
4. 훈련 시간과 운동량   225

제 3 절 태극배원양기법(太極培元養氣法)   226
1. 정좌양기법(靜坐養氣法)   226
2. 장공취기법(樁功聚氣法)   231

제 4 절 진씨태극권 정요(精要) 18식   235

제 7 장 태극권론(太極拳論)   237

1. 권경총가(拳經總歌)   238

2. 태극권경보(太極拳經譜)   240

3. 태극권권보(太極拳拳譜)   244

4. 태극권십대요론(太極拳十大要論)   246
   1) 일리(一理)   246
   2) 이기(二氣)   247
   3) 삼절(三節)   248
   4) 사초(四梢)   249
   5) 오장(五臟)   251
   6) 삼합(三合)   252
   7) 육진(六進)   253
   8) 신법(身法)   254
   9) 보법(步法)   255
   10) 강유(剛柔)   256

5. 용무요언(用武要言)과 전투편(戰鬪篇)   258

6. 태극권론(太極拳論)의 주요 어록(語錄)   264
   1) 심정신정 이의운동(心靜身正 以意運動)   264
   2) 개합허실 호흡자연(開合虛實 呼吸自然)   269
   3) 경령원전 중기관족(輕靈圓轉 中氣貫足)   272
   4) 전요운동 서창경락(纏繞運動 舒暢經絡)   276
   5) 상하상수 내외상합(上下相隨 內外相合)   279
   6) 착착관관 세세상승(着着貫串 勢勢相承)   281
   7) 허령정경 기침단전(虛領頂勁 氣沈丹田)   283
   8) 함흉탑요 침견추주(含胸塌腰 沈肩墜肘)   288
   9) 운유성강 강유상제(運柔成剛 剛柔相齊)   290
   10) 선만후쾌 쾌이복만(先慢後快 快而復慢)   294
   11) 찬분도약 홀상홀하(竄奔跳躍 忽上忽下)   295

12) 강유구민 일편신행(剛柔俱泯 一片神行)　　302
13) 배양본원 근학고련(培養本元 勤學苦練)　　306

제 8 장 진씨태극권가의 문규(門規)와 가전(家傳)　　311

제 1 절 진씨태극권가(陳氏太極拳家)의 주요 세전(世傳) 계통　　312

제 2 절 진씨태극권문(陳氏太極拳門)의 규(規)·계(戒)·율(律)　　314
1. 문존십이엄(門尊十二嚴)　　314
2. 규수이십비(規守二十備)　　314
3. 계장십이금(戒章十二禁)　　316
4. 율칙이격(律則二格)　　316
5. 학권수지(學拳須知)　　317

제 3 절 진씨태극권가(陳氏太極拳家)에 대한 소개　　319

제 4 절 저자의 스승 진조비(陳照丕) 공(公) 소전(小傳)　　346

제 5 절 저자의 스승 진조규(陳照奎) 공(公) 소전(小傳)　　351

제 6 절 저자 진정뢰(陳正雷) 약력(略歷)　　354

≪제 1 권 찾아보기≫　　360

■ 편자(編者)의 글 Ⅱ

초심자를 위한 도움말

《내용》
· 진정뢰(陳正雷) 노사와의 인연
· 독학(獨學)과 스승
· 보충설명과 도움말을 붙이는 마음
· 태극권은 무술인가, 기공인가?
· 태극권의 문파(門派)
· 태극권의 권리(拳理)
· 경(勁)의 개념
· 력(力)과 경(勁)의 비교
· 경(勁)의 변화와 유형
· 효과적인 수련 방법
· 맺는 말

■ 진정뢰(陳正雷) 노사(老師)와의 인연

내가 진정뢰(陳正雷) 노사를 처음 만난 것은 1996년 4월 중국 하남성(河南省)의 정주시(鄭州市)에서였다. 그때 나보다는 한 걸음 먼저 이 길에 들어선 동운(東耘)이라는 스님과 창원에 사는 박일철(朴一哲)이라는 젊은이와 더불어 태극권의 진수를 배워 보겠다고 먼길을 나섰던 것이다.

당시 한국은행에서 중견간부로 근무하고 있던 내가 이 여정을 위해 동원할 수 있었던 휴가가 겨우 이십일 남짓하였으니, 정직하게 말하면 태극권을 배우겠다고 그런 길을 나설만한 입장은 못되었다. 더욱이 그때 이미 반백의 문턱에 서 있는 연륜이기도 하였다.

태극권에 입문한 사람들 사이에 흔히 하는 말로, 태극권은 인연을 따라 배운다는 말이 있다. 모름지기 나의 인생 여로에 그런 인연이 진작부터 준비되어 있었던 모양이다.

　나는 진씨태극권에 입문하기 전에는 양가태극권(楊家太極拳)을 수련하는 것으로 내 건강을 유지하고 있었다. 그리고 내가 태극권이라는 것을 알기 전에는 마음을 닦는 수양의 한 방편으로 절에서 배운 참선(參禪)을 틈나는 대로 행하며 지냈다.
　그런데 1990년 봄, 직장 사정에 따라 2년간의 지방 근무를 마치고 서울로 올라오니, 우리 동네에 당산기공(唐山氣功)이라는 기공 수련원이 있었다. 평소에 관심 있던 분야이기도 하여 기공을 배워보기로 마음을 정했다.
　그 수련원의 원장은 장운락(張運樂)이라는 중국 화교로 어려서부터 부친에게서 가문 전래의 기공법(氣功法)을 전수 받고, 대만에서 중국 본토 하남성(河南省) 출신의 오복경(吳福慶) 선생으로부터 양가태극권(楊家太極拳)을 전수 받았다고 한다.
　장(張) 대사(大師)는 당시 30대의 건장한 젊은이로 나 보다는 10년 이상 아래 연배였지만 수련생에 대한 그의 지도 방침은 확고하고 분명하였다.
　나는 그곳에서 호흡 훈련을 시작으로 하여 2년 남짓 기공(氣功)에 대한 기반을 기본에서부터 하나하나 쌓아 나갈 수 있었다. 단전호흡을 비롯한 정공(靜功) 수련을 통해 축기(築基)를 해나가는 한편, 기공체조와 기경팔맥운기법(奇經八脈運氣法) 등의 동공(動功)을 병행하여 수련함으로써 축기(蓄氣)와 운기(運氣)에 대하여 알게 되었다.
　돌이켜 보면, 이때의 수련 생활이 그 이후의 수양(修養)에 많은 영향을 미치게 되는 중요한 공부를 하였던 시간으로 여겨진다. 딱히 당산기공의 수련 과정은 아니라 하더라도 이 즈음에 나는 내 나름대로 몸과 마음을 닦는 기틀을 마련하게 되었다. 그것은 정좌(靜坐)라 할 수도 있고 내관(內觀)이라 하여도 좋다. 말할 것도 없이 이런 수련을 통하여 일상생활에서의 건강도 좋아지고 즐거움도 더하여졌다.
　그러나 애석하게도 당산기공 수련원에서의 수련의 꽃이요 핵심이라 하는 태극운기(太極運氣) 과정에 입문할 수 있는 기회를 얻지 못했다. 마포의 합정동에 있던 수련원이 강남의 양재동으로 이사를 했기 때문이다. 한 두 번 그곳까지 다녀 보았지만 도저히 오가는 데 걸리는 시간을 감당할 수가 없었다.
　그곳에서 설명하는 태극운기(太極運氣) 과정이라 함은 정공(靜功)과 동공(動功)을 결합하는 종합 행공(行功)으로, 이른바 축기(蓄氣)와 운기(運氣)를 결합하여 행하는 동공(動功) 과정인데, 그 행공의 수단으로 다름 아닌 양가태극권(楊家太極拳)을 단련하는 것이었다.

나는 이것을 배울 수 있는 기회를 얻지 못해 안타까워하고 있던 차에 궁즉통(窮則通)이요, 뜻이 있는 곳에 길이 있다 하였던가, 어느 날, 고등학교의 7년 선배 되시는 분으로 그 나이에 장(張) 대사의 제자가 되어 당산기공의 전 과정을 이수한 이(李) 모 선배를 우연찮게 만났다. 이 얘기 저 얘기 끝에 나에게 태극권을 개인지도 해줄 수 없겠느냐고 부탁드렸더니 뜻밖에도 흔쾌히 응락해 주시어 그때 그 기쁨이 얼마나 컸던지 모른다.

그날부터 매주 토요일 오후 일과를 마치고 나면 직장의 체력 단련실에서 이(李) 선배와 더불어 땀을 흘리기 시작하였다. 이것이 내가 태극권과 직접적인 인연을 맺게 된 출발점이었다.

그로부터 일년 여 만에 당산기공의 태극운기(太極運氣) 수련과정인 양식태극권(楊式太極拳) 104세(勢)를 모두 마쳤다. 이때의 일을 생각하면 끝까지 마무리를 지어주신 이(李) 선배에 대한 고마움이 늘 새롭게 되새겨진다. 사실 이때 내가 104세를 마쳤다고 말하기에는 좀 어폐가 있다. 그보다는 투로(套路)를 기억하는 정도라고 표현하는 것이 더 정확할 것이다.

당시 나는 단독주택에 살았는데 비록 좁기는 했지만 마당이 있어 틈만 나면 태극권을 익히는 재미가 날로 더해갔다. 더욱이 세월이 흐르며 점차 동작에 기(氣)가 실리게 되면서부터는 운동하는 맛이 완전히 달라져 갔다. 우선 동작을 진행하는 과정에서 힘들게 느껴지던 부분이 점차 사라지고 투로(套路)를 전개하는 맛이 마치 춤을 추는 것과 같은 즐거움으로 변해갔다.

그런데 세월이 흐르면서 태극권 수련에 대한 열성과 재미가 커지는 한편으로 태극권의 역사를 비롯한 권론(拳論)에 대한 관심과 탐구열이 왕성해져 가면서부터 새로운 문제가 생겼다. 수련의 정도가 점차 높아지고 태극권에 대한 나름대로의 안목이 생겨 감에 따라 지금까지 내가 익히고 단련해온 공부의 실체에 대한 의문과 회의가 자라나기 시작하였다.

그때까지만 하여도 나는 양식태극권(楊式太極拳)이 모든 태극권의 유파 중에서 정통성이 가장 잘 보전된 것이며, 그 중에서도 내가 배운 104세(勢)가 모든 투로 중에서 대표성이 가장 뛰어난 문파(門派)의 것이라는 점에 대해서 의심을 가져본 적이 없었던 것이다.

나는 이 문제를 해결하는 데 꽤 오랜 기간 혼란스런 세월을 보내야 했다.

1990년대 초기만 해도 국내에서 발행된 태극권 관련 서적이나 자료로써 학습 교재나 연구자료로 활용할 수 있을 만한 자료가 그리 풍부하지 못했다. 그 무렵 몇 군데 출판사에서 태극권 관련 서적이 나오기는 했지만, 내 궁금증을 풀어주기에는 그 정보가 부족했다. 그래서 좀 더 나은 고급 정보를 얻기 위하여 명동의 중국대사관 앞에 있는 중국서점을 자주 드나들게 되었다. 그곳에 가면 중국 화교의 보따리 장사를 통해서 들어온 무술 관계 비디오 테이프와 서적을 구할 수 있었다. 그곳에서 파는 비디오 테이프는 대부분이 무단 복제품으로 화질이 엉망이었지만, 그래도 나의 궁금증을 달래는 데는 다소의 도움이 되었다. 특히 그곳에서 입수한 태극권 관련 서적은 가뭄에 단비와 같이 신선하고 유익한 정보를 많이 전해 주었다. 다만 그 자료들이 모두 중국어로 된 한문 서적이었기 때문에 수없이 중한(中韓) 사전을 뒤져야 했고, 때로는 중국어를 전공하는 대학원 학생들을 번역 도우미로 써가며 금전적으로도 다소 부담이 가는 투자를 해야만 하였다.

그러한 우여곡절을 겪어가며 새로운 정보를 수집하는 과정에서 태극권에 대한 안목과 인식에도 많은 변화가 일어나게 되고 그때까지 내가 배워온 태극권에 대하여 가졌던 의문과 회의도 차츰 이해가 되었다.

태극권은 오랜 세월 발전하여 오는 과정에서 수많은 유파(流派)나 문파(門派)를 형성하며 변모하는 과정을 거치지 않을 수 없었으며, 그마다 나름대로 각자의 독특한 풍격과 특징을 지닐 수밖에 없다는 것을 이해하게 된 것이다.

이와 같이 직장 생활을 해나가는 틈틈이 태극권 전반에 대한 권론(拳論)을 탐구하면서, 한편으로는 태극권의 여러 가지 투로(套路)를 함께 익혀 나갔다.

그 당시 중앙일보의 문화센터에서 태극권 강좌를 개설하고 있었는데, 그곳에서 간화태극권(簡化太極拳) 24식과 48식을 익힐 수 있었던 것도 내 학습에 많은 도움이 되었다. 이때 대한우슈협회 부회장을 역임하신 홍문탁(洪文鐸) 선생을 알게 되었는데 이 만남이 훗날 진정뢰(陳正雷) 노사와 내가 인연을 맺게 되는 직접적인 계기가 되기도 했다.

아울러 나는 42식 경기 투로를 비롯하여 양식태극권 85식과 88식을 독습으로 연마하였다. 특히 85식과 88식에 관심을 가지고 열심히 수련하였는데, 그 까닭은 태극권의 유파(流派)가 너무도 다양하여 그 표준 형식을 내 나름대로 선택하여 정립할 필요성을 느꼈기 때문이다. 양식태극권 85식은 양징보(楊澄甫) 노사의 저서인 "태극권체용전서(太極拳體用全書)"에 기반을 둔 양가태극권의 기본이 되는 투로라는 생각에서, 그리고 88식 태극권은 중국 국가체육위원회가 여러 유파의 양식태극권의 전통과 풍격(風格)을 고려하여 제정하였다는 점을 나름대로 높이 평가했기 때문이었다.

그러나 이 투로들을 수련해 가면서 나는 이 두 가지 투로 뿐만 아니라 이전에 배운 104세 투로 사이에 형식적인 점에 있어서나 그 풍격의 면에 있어서 이것들을 양식태극권으로써 굳이 구분하여 수련한다는 것이 무의미함을 깨닫게 되었다. 나는 특별히 결정한 바가 없었음에도 자연스럽게 88식을 선택하고 있었다. 아마도 이러한 선택은 88식이 다른 형식의 권법보다는 현대 태극권으로서의 더 발전된 형식을 갖추고 있음이 수련 과정에서 은연중에 작용한 때문이 아닌가 여겨진다.

그런데 내가 48식 태극권과 42식 경기 투로를 익히는 과정에서 태극권에 대한 나의 인식과 관심에 새로운 변화가 생겼다. 태극권의 세(勢)와 동작의 원류(源流)를 비롯하여 태극권이 사람의 힘을 운용하는 본질이 어디에 있을까 하는 방향으로 관심이 옮겨갔다. 한마디로 경(勁)이라는 새로운 화두(話頭)가 나를 사로잡고 떠나질 않았다. 물론 양식태극권에서도 경(勁)의 개념이 없는 것은 아니지만 당시 나는 그 개념을 명확하게 깨우칠 수 있는 지도자를 만나지 못했다.

내 마음속에서 자라기 시작한 이러한 궁금증과 의구심이 결국은 숨겨져 있던 인연인 진정뢰(陳正雷) 노사(老師)를 만나기 위하여 중국으로까지 건너가게 된 동기가 되고 원동력이 되었던 것이다.

1995년 가을에 당시 사업 관계로 중국 정주시(鄭州市)에 머물고 있던 홍문탁 선생의 배려로 진정뢰 노사의 특별지도 승낙과 더불어 자신의 저서인 진씨태극권계회종(陳氏太極拳械匯宗)에 친필로 서명까지 하여 보내왔다.

1996년 봄, 진(陳) 노사와의 첫 만남에서 진(陳) 노사는 나에게 노가 1로(老架一路) 투로 한 가지만을 확실하게 익힐 것을 주문하였다.

사부(師父)의 지도는 자상하면서도 엄격하였다. 그 첫 만남에서 나는 노가식(老架式) 투로가 현대에까지 고전적인 형식을 유지하면서 고래로 전승되어온 바탕과 까닭을 이해할 수 있게 되었다. 그 안에 태극권의 모든 비결이 녹아 있다는 것을 깨닫게 되었기 때문이다.

태극권의 본류(本流)인 진씨태극권가(陳氏太極拳家)와의 인연은 이렇게 시작되어 그후로 매년 한 두 차례 씩 중국 하남성의 진(陳) 노사 댁을 방문하게 되었다. 그리고 마침내는 이 책을 쓰기에까지 이르렀던 것이다.

■ 독학(獨學)과 스승

이러한 나의 학습과정에서 내가 종래 가졌던 태극권에 대한 인식과 안목도 여러 번 허물을 벗으며 변모를 거듭하게 되었다.

나는 진(陳) 노사를 만나기 전 까지 당산기공의 경우를 제외하고는 모든 것을 거의 독학(獨學)으로 연마하였다. 태극권뿐만 아니라 세상살이의 어느 경우에나 마찬가지겠지만, 배우는 사람이 훌륭한 스승을 만난다는 것보다 행복한 일은 없을 것이다.

독학의 가장 큰 약점은 뿌리를 내리기가 어렵다는 점이다. 뿌리가 없으면 자신이 이룬 공부에 대하여 확신을 얻기가 어려워 홀로 서기가 힘들게 된다. 때로는 확신이 아닌 망념에 빠지게 되는 위험도 있다.

물론 어느 분야에서나 독자적으로 뿌리를 내릴 수 있는 능력을 지니고 있고 그 때를 얻게 되는 것만큼 행복한 성취감을 느낄 수 있는 일도 드물겠지만, 그래도 좋은 스승이 곁에 있다는 것은 복된 일이 아닐 수 없다.

그러므로 나는 그 동안의 수련 과정을 통하여 신뢰할 수 있는 스승을 만나는 것만큼 소중하고 복된 인연이 없다는 것을 깨닫게 되었으며, 그 인연을 따라 그 스승의 맥을 이어가는 태극권을 배우는 것이 가장 자연스럽고 합리적이라는 생각을 가지게 되었다. 어느 유파나 문파의 태극권이든 그 나름의 독특한 장점을 지니고 있는 것이다. 어느 것이 특별히 좋다는 고정관념이나 편견을 버려야 한다. 다만, 태극권이 지니고 있는 근본을 놓쳐서는 안될 것이라 여긴다.

■ 보충설명과 도움말을 붙이는 마음

나는 매우 늦은 나이에 태극권을 처음 접하게 되었다. 그래서 태극권에 입문한 초기에는 태극권이 지니고 있는 여러 가지 장점과 특성을 향유하기에는 내 나이가 많이 지나가 있다는 사실이 늘 안타까웠다. 그러나 태극권을 점차 알아가면서 그것이 지닌 속성 가운데 가장 큰 장점이 나이와 성별(性別)에 구애되지 않고 남녀노소 누구나 나름대로 즐기며 기량을 함양할 수 있는 스포츠이며 동시에 무예이고, 특히 건신(健身)과 양생(養生)의 관점에서 태극권을 수련함으로써 얻게 되는 효과와 이로운 점이 다른 어떠한 운동보다 탁월하다는 점을 깨닫게 되었다.

뿐만 아니라, 지난 십여 년 태극권을 배우고 생활화하며 지내는 동안 중국 사람들이 이 운동을 생활의 일부처럼 즐기며 유구한 전통을 이어온 배경을 알게 되었다. 태극권은 완벽한 유산소(有酸素) 운동이며, 동시에 성명쌍수(性命雙修)의 길이었던 것이다.

사실 태극권을 배운다는 것이 말처럼 그렇게 만만한 일은 아니지만, 그렇다고 아주 어려운 것도 아니다. 중국의 태극권 지도자들이 흔히 하는 우스갯말로 아무리 나이가 들어도 걸을 수만 있으면 태극권을 배울 수 있다는 말이 있다. 더욱이 좋은 지도자를 만나 바른 길로 들어서기만 하면 수련하는 재미가 날로 새롭고 즐거워진다. 하물며 좋은 지침서가 있다면 이를 생활화하는 데 더욱 이로울 것이다.

그러면서도 내가 이 책을 번역하고 정리하면서 느낀 점은 아직까지 우리 나라에서는 태극권이 널리 알려진 분야가 아닌데다 태극권에 대한 기초지식이 없는 초심자(初心者)들에게는 이 책의 내용이 생소하고 난해하여 실제로 수련에 응용하기가 어려울지도 모른다는 우려감이 들었다.

그래서 이 책을 수련의 교재로 사용하는 독자에게 원저(原著)의 내용뿐만 아니라 태극권을 바르게 이해하는 데 조금이라도 도움이 되도록 하기 위해서는 원저(原著)에서 설명하지 않고 넘어가는 기초 개념이나 기타 필요한 내용들에 대하여 보충 설명을 첨가해야 할 필요성을 느꼈다.

이러한 취지에서 필자의 지난 경험과 아울러 일반적으로 초학자(初學者)들이 관심을 가지는 몇 가지 분야에 대하여 원저(原著)의 내용과는 별도로 《편자(編者)의 글》로써 감히 보충 설명을 붙였으니, 태극권을 바르게 이해하는 데 조금이라도 보탬이 되기를 바란다.

■ 태극권은 무술인가, 기공인가?

태극권을 잘 알지 못하는 사람들로부터 가장 흔하게 듣게 되는 질문은 태극권이 무술(武術)인가 아닌가 하는 것과 태극권은 기공(氣功)인가 하는 것이다.

결론부터 말하자면 태극권은 무술이며 동시에 기공이다. 이와 같은 장르에 속하는 권법을 통칭하여 내공권(內功拳)이라 부르기도 하는데, 중국에서는 태극권을 비롯하여 형의권(形意拳)과 팔괘장(八掛掌)을 이 부류에 속하는 것으로 구분하고 있다.

태극권은 발생 동기 자체가 공방(攻防)의 기량을 높이기 위한 용도로 발전해 왔기 때문에 이것이 무술이라는 점에 대하여 누구도 이상하게 여기지 않지만, 태극권이 기공이라는 점에 대하여는 다소간의 논란이 있다. 그러나 그 논란의 근원을 살펴보면, 논란의 대상이 본질(本質)에 있지 아니하고, 기공(氣功)이라는 어원(語源)에 있다는 것을 알게 된다.

사실 기공(氣功)이라는 말이 오늘날과 같이 하나의 독자적인 장르를 형성하며 사용된 것은 그 역사가 그렇게 길지 않다. 그러나 기공(氣功)의 실제 내용이나 그 실체는 중국의 역사만큼이나 오랜 역사를 지니고 있으며, 오늘날에는 중국의 전통 의학이나 양생법의 한 분야로서 확고한 학문적 위치를 점하고 있다. 2000여 년 전 춘추전국시대의 문헌으로 가장 오래된 중의(中醫) 경전(經典)인 《황제내경(黃帝內經)》에서도 이미 많은 곳에서 기공에 대한 언급이 있으며, 또 다른 여러 자료의 고찰을 통해서도 기공은 이미 4000년 전에도 그 장구한 역사의 흔적이 있음을 찾아볼 수 있다.

그러나 수 천년 이래로, 기공(氣功)이 전래되어 오면서도 하나의 통일된 명칭으로 전해진 것은 아니었다. 유교, 도교, 불교를 비롯하여 의료, 무술 등 기공의 사용 주체나 목적에 따라서, 혹은 단련 방법의 차이에 따라서, 혹은 단련과정에 있어서 그 자세나 호흡이나 의념(意念) 등 강조하는 수련 방법에 따라서 불려지는 명칭이 구구하였던 것이다.

지금까지 알려진 명칭들을 살펴보면, 도인(導引), 토납(吐納), 행기(行氣), 복기(服氣), 좌망(坐忘), 수신(守神), 연단(煉丹), 좌선(坐禪) 등등 매우 많은 명칭들이 있었다. 그러나 이러한 모든 것이 육신을 바르게 하고, 호흡을 바르게 하고, 정신을 바르게 함으로써 양생(養生)을 꾀하고 수행(修行)의 목표를 얻고자 하는 점에서는 크게 다를 바가 없었던 것이다.
  그러므로 이러한 전래의 심신단련법이 태극권의 성립 과정에서도 영향을 미쳤을 것은 당연한 귀결이 아닐 수 없다. 태극권의 창조 과정을 설명하는 여러 가지 진씨(陳氏) 가전(家傳)을 비롯한 사료를 살펴보더라도, 진씨 가문의 9대조인 진왕정(陳王廷)이 조상들로부터 물려받은 권술을 근간으로 하고, 이에 여러 문파(門派)의 정수(精髓)를 모아 결합시키고, 중의(中醫)의 경락(經絡) 학설과 도인(導引)·토납(吐納)의 기술을 결합시켜 음양상합(陰陽相合)하고 강유상제(剛柔相濟)의 이치로 구성된 태극권을 창조하였다고 피력하고 있다.
  이와 같이 태극권에는 당초부터 기공적 특성이 결합되어 있었지만, 기공이라는 표현이 처음부터 사용된 것은 아니었다.
  기공(氣功)의 본질과 속성에 대한 논의는 아주 오랜 역사를 지니고 있지만, 그 말 자체는 1940년대 말 중국 하북성(河北省)의 유귀진(劉貴珍)이라는 의사가 자신이 시술하는 일종의 양생 단련법을 기공(氣功)이라 칭하면서 전파되기 시작하였다는 것이 중국 기공계의 통설이다.
  중국에 공산당 정부가 수립된 후, 유귀진(劉貴珍)의 양생법과 심신단련의 방법, 그리고 그가 사용하였던 기공(氣功)이라는 명칭에 대하여 하북성 위생청(衛生廳)이 그 가치를 인정하고 지지하게 되었다. 정부 기관의 주관 하에 토의를 거듭한 뒤, 당시 유귀진의 단련방법과 앞에서 기술한 여러 가지 명칭의 단련방법을 기공(氣功)이라고 통일하여 부르도록 그 명칭을 일원화(一元化)하기에 이르렀다. 후에 그들은 유귀진을 북경(北京)으로 파견하여 국가위생부(國家衛生部)에 그의 기공에 대한 연구 내용을 보고하게 하였다. 1955년 12월 19일 중국 중의연구원(中醫研究院)의 설립식 대회장에서 국가위생부는 유귀진이 기공을 종합하여 전파시킨 공로를 표창하여 그에게 상장과 상금을 수여하였다. 많은 보도기관에서는 이 일에 대해 보도하였으며, 기공과 유귀진이라는 이름은 단숨에 중국 전대륙에 퍼지게 되었다.[1]
  이와 같이 기공의 실제 내용이나 그 실체에 대한 역사는 매우 오래 되었지만, 기공이라는 말이 오늘날과 같이 학문으로써 또는 과학으로써 통일된 한 장르를 이루면서 짧은 시간내에 정착할 수 있었던 것은 중국의 정치 사회적 구조가 공산주의

---

1) 환기공본래면목(還氣功本來面目), 장홍림(張洪林) 저, 中國社會科學出版社, 1996.

체제를 이루고 있음에도 그 영향이 있을 것이다.

따라서 기공이라는 관점에서 태극권을 재해석하고 연구하는 학문적 자세나 조류가 생기게 된 것도 근세의 이와 같은 여러 가지 여건의 변화에 기인한다고 판단된다. 또한 과학의 발달과 아울러 무기가 발달하고 사회의 생활환경이 변화됨에 따라 태극권을 배우거나 수련하는 목적이 점차 기격(技擊)이나 전투적 용도에서 양생(養生)이나 건강관리를 위해서 또는 사회체육으로서의 스포츠 과학의 성격으로 변화하게 되었으니, 이것 또한 자연스러운 시류(時流)일 것이다.

그러므로 기공의 전문가나 기공학자에 따라서는 태극권을 기공무술 또는 기공태극권이라 분류하는 경우가 있는 것도 과언이 아니다.

나는 이 책의 저자인 진정뢰(陳正雷) 대사로부터 재미있는 이야기를 들은 적이 있다. 기공과 태극권은 어떠한 관계에 있다고 생각하느냐는 질문에 대하여 그는 한마디로 기공은 태극권에서 나왔다고 잘라 말했다.

나는 그 말이 논리적으로는 사실관계를 정확하게 표현했다고 할 수 없을지라도, 그 표현이 함축하고 있는 의미는 시사하는 바가 매우 크다고 생각한다.

태극권 가계(家系)의 거목인 14세조 진장흥(陳長興)의 대에 이르러 진문(陳門)이 아닌 양로선(楊露禪)에게로 권법이 전수되고, 이어 양가(楊家)가 청(淸)나라 귀족사회의 무술 교관이 되면서부터 태극권은 귀족사회의 수요에 부응하여 배우기 쉬운 스포츠 무술이나 양생 무술로 변화하는 조짐이 싹트기 시작하였다.

양로선(楊露禪)의 대를 이어 두 아들인 양건후(楊健候)와 양반후(楊班候)를 거쳐 손자인 양징보(楊澄甫)의 대에 이르는 동안, 시대의 상황이나 조류도 많이 변했지만 태극권도 진씨(陳氏) 가문을 통해 비전(秘傳)되어 오던 두터운 장벽이 허물어지고 중국의 일반 대중에게로 폭넓게 전파되기 시작하였으며, 이 과정에서 수많은 태극권 지도자들이 대두하고 아울러 새로운 문파(門派)들이 우후죽순과 같이 등장하게 되니, 아마도 이것은 역사의 자연스런 귀결이라 할 것이다.

이러한 많은 문파 중에서도 양씨(楊氏) 문파의 태극권은 진장흥(陳長興)과 양로선(楊露禪)으로 이어지는 뿌리의 정통성이 인정될 뿐만 아니라 청(淸)나라 왕부(王府)를 비롯한 귀족사회의 수요에 부응하여 가자(架子)와 투로(套路)를 배우기 쉽도록 개편함으로써 다른 어느 유파의 권법보다 일반대중에게 빨리 보급되었던 것이다.

따라서 오늘날의 양가(楊家)태극권은 당초의 투로(套路)와는 확연하게 그 형식이 다르게 변화되었지만, 그 대신 배우기가 수월하여 일반 대중이 쉽게 접근함에 따라 오늘날 중국 인민의 국민체육으로 발전하는 계기가 되었으며, 태극권이 공방(攻防)의 전투적인 용도로보다는 오히려 양생이나 건강관리를 위한 기공적 특성이 자연스럽게 부각되는 전기가 되기도 하였던 것이다.

최근의 사례로 이러한 경우가 있다. 1980년 중국 상해(上海) 중의학원(中醫學院)의 교수이자 기공사(氣功師)인 임후성(林厚省)이 새로운 기공체조를 창편(創編)하여 발표하였다. 그는 그 체조를 태극기공(太極氣功) 18식(式)이라 명명하고 그 유래를 이렇게 설명하였다.[2]

"태극기공 18식은 태극권을 근거로 하여 만들어졌다. 이것은 태극권의 투로(套路)가 지니고 있는 고르고, 부드러우며, 넓게 펼치고, 우아한 자세와 동작, 그리고 의기상수(意氣相隨)하고 신체합일(神體合一)하며 상하일치(上下一致)하고 내외결합(內外結合)하는 특성을 살려서 만든 일종의 양생(養生) 보건(保健)기공이다. 이것은 조신(調身), 조식(調息), 조심(調心)의 세 가지 요소를 쉽게 단련할 수 있도록 자세와 투로가 편제되어 있다."

임후성(林厚省)은 그후 태극기공 제2 투로와 제3 투로를 발표하였으며, 이 기공운동은 우리 나라를 비롯하여 세계 각국에 전파되어 널리 유행하고 있다.

이러한 사례를 두고 본다면, 진정뢰(陳正雷) 노사가 기공은 태극권에서 유래하였다는 말이 오늘날의 현실을 잘 나타내주는 한 단면임을 이해할 수 있는 것이다. 특히 현대의 기공은 태극기공 18식과 같이 그 동작이나 자세뿐만 아니라 동작의 명칭까지도 태극권의 그것을 응용하거나 인용한 사례가 허다하다.

최근 우리 나라에서 기공을 교습하는 곳에서 태극권을 가르치거나, 태극권을 교습하는 곳에서 기공강좌를 개설하는 사례가 증가하고 있는 것은 이러한 맥락에서 이해가 될 수 있는 것이다.

■ 태극권의 문파(門派)

오늘날 전세계에 퍼져있는 태극권에는 수많은 유형이 있고, 그만큼 문파(門派)

---

[2] 太極氣功 18式, 林厚省 著, 林鬱文化事業有限公司. 臺北市, 1995

도 많다. 또한 그에 따라 태극권의 기원에 대한 이론과 학설도 분분하다. 그러나 중국의 태극권계를 비롯한 무술계 전반에서 가장 폭넓게 지지를 받으며 공감하고 있는 논리는 진씨태극권(陳氏太極拳)이 가장 고전적인 정통성(正統性)을 유지하고 있으며, 이것이 다른 여러 문파의 뿌리이자 모태(母胎)라는 것이다.

그러므로 진씨태극권은 다른 어떠한 문파의 태극권보다 무술로서의 공방(攻防)의 기술적인 요소를 많이 지니고 있으며, 그 형식이 다양하고 그만큼 배우기도 어렵다. 이러한 진씨태극권이 지니고 있는 형식의 다양성(多樣性)과 난해(難解)함이 오늘날과 같이 많은 유파의 태극권을 낳게 하는 한 원인이라고도 판단된다.

이것은 태극권의 발전과정에서 나타나는 여러 가지 유형의 투로(套路)가 어떻게 변천하여 왔는가를 비교 검토하여 보아도 쉽게 짐작할 수 있는 사실이기도 하지만, 태극권을 연구하는 대부분의 사람들도 이 논리에 동의하고 있는 것이다.

그렇다면 이와 같이 많은 유파나 문파의 발생 동기가 되고 있는 형식의 다양성과 학습의 난해함을 유발하는 근본적인 핵심이 무엇인지 살펴볼 필요가 있다.

나는 이것을 태극권을 가르치는 지도자 뿐 만 아니라 배우는 학생에 이르기까지 태극권에 접근하여 그 권리(拳理)를 해석하고 응용하는 자세가 어떠한가에 따라 자연스럽게 이루어지는 것이라고 생각한다. 즉, 현대와 같이 다양한 개성이 존중되는 시류에서는 양생(養生)의 기공적인 요소를 중하게 여기는 집단에서부터 강유(剛柔)의 운경(運勁)에 의한 무술적 요소를 중하게 여기는 집단에 이르기까지 여러 가지 유형이 발생하게 되는 것이며, 이러한 현상은 지극히 자연스러운 선택의 과정이며 동시에 발전 과정이라 판단된다.

이제 그 권리(拳理)를 간략히 살펴보기로 하자.

■ 태극권의 권리(拳理)

태극권의 권리(拳理)의 근본은 바로 태극권(太極拳)이라는 명칭 그 자체에 들어있다. 즉, 태극(太極)과 권(拳)이라는 두 어의(語義)가 지니고 있는 뜻이 바로 그 권리를 설명한다.

태극(太極)이 함축하고 있는 의미는 태극권이 지니고 있는 속성이고, 이치이며, 원리인데, 그것이 뜻하는 바는 한마디로 음양(陰陽)이다.

그리고 다른 하나의 개념으로 권(拳)이 뜻하는 바는 태극권이 밖으로 표현되는 형상을 말하는 것이니, 이것은 곧 형식이며 공방(攻防)의 기교(技巧)로서 무술이라는 것을 의미하는데, 그 핵심은 파괴력을 지닌 힘이라는 뜻이다.

그러므로 태극권은 음양의 이치로 이루어진 권술이라 요약할 수 있으며, 이때 권(拳)이 무술로써의 파괴력을 지니게 되는 것은 '음양의 이치에 배치되지 않고 더불어 순응하며 작용하는 어떤 힘'이 존재하기 때문이다.

태극권에서는 이러한 힘이나 이러한 힘을 행사하는 일련의 과정을 경(勁)이라고 표현한다. 따라서 태극권은 경(勁)의 전개 과정이라 하여도 지나치지 않으며, 태극권에서 경(勁)을 제대로 표현하지 못하면 무술로서의 가치를 잃게 된다고 보아도 무방하다.

진씨태극권을 고전적인 정통성이 가장 잘 보존된 권법이라 하는 까닭도 이러한 관점에서 음양(陰陽)과 경(勁)의 이론이 전 투로(套路)에 철저하게 살아 있기 때문이다. 진정뢰(陳正雷) 노사(老師)를 비롯하여 진소왕(陳小旺), 왕서안(王西安), 주천재(朱天才) 등의 대사(大師)들이 오늘날 태극권의 사대금강(四大金剛)이라 불리며 존경받는 이유는 이들이 모두 진씨태극권의 직계로서 음양과 경(勁)이 살아있는 권법을 구사하기 때문이다.

진정뢰(陳正雷) 노사의 저서에서도 처음부터 끝까지 그 저변에 깔려있는 논리는 음양과 경(勁)에 관한 것이다.

따라서 이 이론을 이해하지 못하고는 진씨태극권의 권리(拳理)를 이해하기가 매우 어려울 뿐만 아니라, 이 책을 읽는 데도 많은 어려움이 따르게 된다.

나는 이러한 점에서 경(勁)에 대한 설명을 좀 더 부연하고자 한다.

태극권의 권리를 설명하는 두 기둥인 음양(陰陽)과 경(勁)의 이론 중에서 음양의 이론에 대해서는 여러 가지 다른 자료를 찾아서라도 더 깊은 지식을 얻을 수 있기 때문에 이 자리에서는 더 이상의 설명을 줄이기로 한다.

그러나 경(勁)이라는 개념에 대하여는 사정이 그러하지 못하다. 이에 대하여 우리 글로 표현된 논술이나 저서 또는 기타 자료를 찾기가 어려울 뿐만 아니라, 이 어휘에 대한 설명을 한글사전에서도 찾을 수가 없다. 그러므로 여기에서는 경(勁)에 대해서만 그 요점을 간략히 기술하여 보충 설명을 붙임으로써 이 책을 읽는 독자들의 이해를 돕고자 한다.

■ 경(勁)의 개념

중국무술이 서양무술과 구별되는 주요한 특징중의 하나가 경(勁)의 응용에 관한 것이다. 중국무술 중에서도 특히 태극권은 전통적으로 경(勁)의 수련을 강조하고 있다. 따라서 경(勁)에 대한 개념이 희박한 사람에게는 태극권이 생소하게 느껴지거나 어렵게 치부되어 쉽게 접근하게 되지 않는다.

그러나 중국과 유사한 문화권을 형성하고 있는 우리 한국 사람의 실생활 속에는 그 경(勁)에 갈음할 수 있는 우리 방식의 행위나 사상이 잘 정립되어 있기 때문에 조금만 이해의 폭을 넓히면 태극권이 어렵다는 선입견에서 벗어나 매우 친숙한 운동으로 받아들여질 수 있는 동질성이 내재되어 있다. 다만 그 경(勁)을 직역할 수 있는 언어가 없음으로 해서 그만큼 사고의 전환에 애로가 있을 뿐이다.

그리고 경(勁)의 수련이 중국 무술에 있어서 대단히 중요한 부문임에도 불구하고, 이것에 대하여 전해져 오는 학습 자료를 찾아보기가 쉽지 않다는 것도 지금까지 우리가 태극권에 쉽게 접근하지 못하게 했던 장벽이기도 하다. 설사 경(勁)에 대하여 남겨진 기록이나 구전(口傳)되어 온 자료가 있다 하여도 그것은 시나 노래의 형식으로 매우 은유적이거나 상징적으로 표현되어 있어 그 실체를 파악하기가 쉽지 않았던 것이다.

그래서 중국 내에서도 과거 대부분의 태극권 지도자들은 경(勁)에 관한 핵심 기술과 지식을 스승에게서 직접 전수 받았으며, 그들 또한 신뢰하는 소수의 제자들에게만 이를 전수했던 것이다. 중국무술에 있어서 무술의 형식이나 문파(門派)는 이와 같이 사제지간에 전수되는 경(勁)의 성격에 따라서 평가되거나 판별된다고 하여도 과언이 아니다. 경(勁)에 대한 이해와 응용의 방편이 어떠하며, 그 강도와 효율성은 어떤가, 무예의 기술이 경(勁)과 어떻게 조화되고 있는가 하는 것 등이 그 기준이 되는 것이다.

그러나 한가지 다행스러운 것은 최근에 이르러 태극권이 유럽과 미국, 일본 등지로 보급됨에 따라 한자(漢字)가 아닌 현지어(영어 등)로 발행된 교본이 발행되어 나오기 시작하고 이와 아울러 태극권에 대한 과학적인 분석을 통한 연구자료와 번역서들이 나오고 있어 태극권의 본질에 대한 해석과 이해의 폭을 넓힐 수 있는 기회가 점점 많아지고 있다는 점이다.

이러한 때에 진정뢰(陳正雷) 대사가 자신의 저술을 통하여 내경(內勁)의 운용에 대하여 구체적으로 상술(詳述)하여 가며 태극권의 비전(秘傳)을 밝히고 있으니 참으로 파격이 아닐 수 없다.

만약 태극권에서 경(勁)의 요소를 제거해버린다면 아마도 태극권은 이상한 몸짓을 하는 체조가 될 것임에 틀림없다고 생각한다.

태극권과 관련하여 경(勁)이 사용되는 어휘의 사례를 살펴보면, 발경(發勁), 영경(領勁), 합경(合勁), 붕경(掤勁), 리경(攦勁), 제경(擠勁), 안경(按勁), 동경(懂勁), 청경(聽經), 주경(肘勁), 화경(化勁), 강경(剛勁), 유경(柔勁), 경경(硬勁), 연경(軟勁), 전사경(纏絲勁) 등등 이밖에도 얼마든지 용도나 개념의 정의에 따라 다양한 어휘가 나올 수 있다.

중국어로 진(jin) 또는 징(jing)으로 발음되는 이 경(勁)이라는 한자(漢字)에 해당하는 한글은 무엇일가, 필자는 오래도록 고심하였지만, 끝내 이 글자에 정확하게 해당하는 한글을 찾아내지 못했다. 일상 생활용어라면 '힘 또는 힘을 쓰는 행위'로 표현하여도 별 무리가 없겠으나, 무술이나 권론(拳論)을 설명하는 전문용어의 설명으로서는 적절치 못하다고 결론지었다. 우리말의 '힘'이 뜻하는 범주가 너무 포괄적이기 때문이다.

중국의 생활용어로서 이 한자가 사용되는 몇 가지 사례를 살펴보면, "경궁(勁弓)"이라 하면 강력한 활을, "경풍(勁風)"이라 하면 강한 바람을, "경적(勁敵)"이라 하면 강한 적을 의미한다. 이러한 예에서 우리는 경(勁)이 지니고 있는 의미가 힘이라는 뜻으로 쓰이는 력(力)과는 다소 다른 뉘앙스가 있다는 것을 발견할 수 있다.

력(力)이 "숨김없이 겉으로 명백하게 드러나는" 것임을 주로 가리키는 것임에 비추어 경(勁)은 "추상적이거나 암시적이며 속에 내재(內在)하는" 것이어서, 그 강한 정도를 알려면 감각적으로 느껴보아야만 가능하다는 것이다.

예컨대 활의 강도는 눈으로 보아서는 알 수 없으며 그것이 가지고 있는 잠재력을 알기 위해서는 직접 활을 당겨보아야 한다. 활에서 화살이 튀겨져 나가는 순간 그 활이 지니고 있던 경(勁)의 강도는 화살의 힘(力)으로 나타난다. 이와 같이 나타나는 힘의 강도를 표현할 때 경력(勁力)이라는 말을 쓰기도 한다.

우리가 인체와 관련하여 보통 힘이나 력(力)이라고 하는 것은 근력(筋力), 즉 근육의 물리적인 힘을 의미한다. 이것은 성장기에 있을 때는 증가하고 나이가 들어

늙어지면 약해지는 사이클을 지니고 있는 "후천적인 에너지"라고 할 수 있다. 자동차를 밀거나 물건을 잡을 때와 같이 근력을 쓰게 되면 그 힘을 쓰는 모습을 눈으로 보아 인식할 수 있으며, 그때는 근육이 긴장되고 굳어진다.

나는 경(勁)의 개념에 대한 독자들의 이해를 돕기 위한 하나의 방편으로 사람이 힘을 쓸 때에 정신을 집중한다거나 정서적으로 흥분하거나 하는 일이 없이 단순히 육체만을 사용하여 생긴 물리적인 힘(power)을 력(力)이라 표현하고, 이와 비교하여 경(勁)을 설명하고자 한다.

실제로 사람이 힘을 쓸 때에 아무런 생각 없이 순수한 물리력(物理力)만을 써서 움직이는 경우가 전연 없는 것은 아니지만, 대부분의 일상생활에 있어서 마음이나 생각이나 뜻이라는 요소가 전연 개입되지 않고 단순히 뼈와 근육만을 써서 움직이는 행동을 필요로 하는 경우는 사실상 많지 않다고 생각한다. 환언하면, 현실에 있어서 사람이 힘을 쓸 때는 그럴 만한 필요성이나 까닭, 곧 의도(意圖)하는 바가 있게 마련인 것이다.

이와 같이 의도하는 마음이나 생각을 가지고 힘[力]을 쓰게 되면 단순한 물리적인 힘[力]에 변화가 일어나게 된다. 그 변화는 여러 가지 형태로 나타난다.

일반적으로 나타나는 변화는 반드시 그렇게 되지는 않더라도 당사자가 간절히 바라거나 뜻하는 방향으로 다소간의 변화가 일어나게 된다. 예를 들면, 힘의 강도가 강해지기를 의도하거나 힘의 방향이 변하기를 기도하면 처음부터 원하는 만큼 그대로 이루어지지는 않더라도 이를 반복하여 연습하면 조금씩 변화의 정도가 커진다.

이와 같이 마음으로 간절히 바라거나 의도함으로써 단순한 물리적인 힘에 조금이라도 변화가 일어나는 것은 사람에게는 그 마음을 따라 힘을 쓰는 부위로 어떠한 형태로든 추가적인 에너지가 흘러 들어가 그 부위의 근육을 더욱 활성화시키거나 운동체계를 변화시키는 구조적인 체계가 갖추어져 있기 때문이다. 다시 말하면, 사람은 태어날 때부터 자신의 생명체계를 유지할 수 있는 원초적인 에너지와 이에 대한 순환 시스템을 가지고 태어나는 것이다. 나는 이 "선천적인 에너지"가 바로 기(氣)이며 그 순환 시스템을 경락체계(經絡體系)와 마음이라고 생각한다.

기(氣)는 그 주인의 마음이 이끄는 대로 따라 움직이는 속성을 지니고 있다. 그러므로 후천적인 에너지인 근육의 힘[力]을 써야 될 곳에 선천적인 에너지인 기(氣)가 가서 돕도록 마음으로 바라게 되면 실제로 그렇게 되어 훨씬 더 큰 힘을 발

휘하게 되는 것이다.[3]

다만, 대부분의 사람들에게 있어서는 태어날 때 지니고 있던 본래의 생명체계가 후천적인 생활습관에 의해 그 체계와 기능이 망가지거나 약해져 있기 때문에 뜻과 같이 이루어지지 못하는 것이다.

경(勁)이란 이와 같이 기(氣)의 작용에 의하여 새로이 생산되거나 변화되어 나타나는 힘이나 그 작용으로 이루어지는 움직임을 말한다.

우리 생활 속에서 흔히 쓰는 말로, "지성(至誠)이면 감천(感天)"이라든가, "뜻이 있는 곳에 길이 있다"라든가 하는 격언이 가벼이 버릴 헛말이 아닌 것이다.

또한 권법(拳法)에서 이르는 "의도기도(意到氣到), 기도경도(氣到勁到)"[4]라는 말은 태극권을 배우는 사람이 늘 가슴에 새기고 있어야 할 금언인 것이다.

■ 력(力)과 경(勁)의 비교

독자의 이해를 돕기 위하여 경(勁)과 력(力)[5]의 성질과 특징을 비교하여 이를 다음과 같이 간단히 정리하여 보았다.

―력(力)은 뼈와 근육으로부터 나온다. 그러나 경(勁)은 힘줄〔腱: 건〕로부터 나오며, 단전(丹田)이나 특정 부위에서 발생한 기(氣)의 지원을 받는다.

―력(力)은 모양이 있지만, 경(勁)은 모양이 없다. 이것은 력(力)은 볼 수 있지만, 경(勁)은 느껴야한다는 것을 의미한다.

―력(力)은 운동방향이 직선적이지만, 경(勁)은 둥글게 곡선을 그리며 움직인다. 총알이 회전하며 발사되는 까닭에 강한 파괴력을 지니는 것처럼 전사경(纏絲勁)이 태극권에 응용되는 까닭이 여기에 있다.

---

3) 기(氣)에는 선천(先天)적인 것과 후천(後天)적인 것이 있다. 선천적인 기는 태어날 때부터 타고나는 것이며, 후천적인 기는 일상생활의 호흡 활동과 음식물의 섭취를 통하여 얻어지는 것이다.
4) 마음가는 곳으로 기(氣)가 가고 기가 흐르는 곳으로 경(勁)이 이른다.
5) 여기에서 력(力)이라 함은 근력(筋力)의 의미임.

―력(力)은 정체(停滯)되는 성질이 있지만, 경(勁)은 유동적(流動的)이다. 채찍의 원리가 이러한 것이니, 손잡이의 경이 강한 파괴력을 유지하며 끝에까지 전달되는 까닭이다.

―력(力)은 에너지를 분산시키지만, 경(勁)은 에너지를 집중시킨다.

―력(力)은 위로 뜨는 경향이 있지만, 경(勁)은 아래로 가라앉는다.

―력(力)은 둔하지만, 경은 예리하다. 그래서 력(力)은 표피에 머물지만 경(勁)은 깊이 속으로 침투한다.

■ 경(勁)의 변화와 유형

경(勁)은 보는 관점에 따라서 그리고 그것을 사용하는 방법에 따라서 여러 가지 유형으로 관찰할 수 있다.
경에 대하여 접근하는 관점을 이해하고 그에 따라 운경(運勁)이나 용경(用勁)이 어떻게 이루어지고 있는가를 알게 되면 수련할 때의 혼란스럽던 점이 많이 정리될 것이다.

○ 경경(硬勁)가 연경(軟勁)

앞에서 살펴본 바와 같이 경(勁)은 근력(筋力)과 기(氣)의 배합으로 이루어지는데, 근력(筋力)과 기(氣)가 배합되는 비율이 어떻게 구성되는가에 따라 경(勁)은 여러 가지 모습으로 그 특성이 달라지게 된다.
우리가 일상생활의 활동을 할 때는 주로 근육의 힘에 의존하여 움직이고 무의식적인 상태에서 일어나는 마음의 변화에 따라 자연스럽게 약간의 기(氣)를 사용하게 되는데, 이와 같이 기(氣)의 비중이 낮고 력(力)의 비중이 높은 비율로 구성된 경(勁)을 "경경(硬勁 : hard jing)"이라 한다. 이러한 경경(硬勁)은 력(力)의 특성이 많이 나타나기 때문에 이런 종류의 경(勁)을 쓸 때는 정도의 차이는 있지만 보통 근육이 긴장된 상태로 변하고 그 경의 모습이 쉽게 구별되어 가시적으로 나타난다. 또한 선천적인 기(氣)의 지원을 덜 받게 되어 기(氣)의 지원을 많이 받는 경우보다 그 효율성이 낮아 상대적으로 저급경(低級勁)이라 할 수 있다.

반면에 운경(運勁)에 있어 근력의 사용을 가급적 줄이고 기(氣)가 주도적인 역할을 하였다면, 즉 기(氣)의 비중이 높고 력(力)의 비중이 낮은 비율로 구성된 경(勁)을 사용하였다면 이를 "연경(軟勁 : soft jing)"이라 한다. 이와 같이 똑같은 결과를 얻더라도 력(力)의 비중을 줄이면 줄일수록 상대적으로 효율성이 높은 고급경(高級勁)으로서의 특성을 지니게 되는데, 태극권에서 흔히 하는 말로 사량발천근(四兩拔千斤)[6]의 비밀이 바로 여기에 있는 것이다. 이것은 바로 연경(軟勁)이 지니고 있는 고급경으로써의 특성이 잘 나타난 경우를 설명하는 것이다.

경(勁)은 맥박과 같은 파동으로 표현되기도 한다. 경경(硬勁)보다는 연경(軟勁)의 파장이 강하고 멀리 간다. 그래서 종종 연경(軟勁)을 채찍에 비유하여 설명하기도 하는데, 이것은 채찍이 아주 짧은 시간에 조그만 특정 부위에 집중적으로 큰 힘의 타격을 가하는 것을 시각적으로 보여주기 때문이다. 채찍을 손목으로 스냅 할 때 채찍은 느슨한 상태에 있으면서도 채찍의 끝에까지 채찍을 따라 에너지의 파동이 전달된다.

연경(軟勁)을 얻으려면, 이렇게 채찍이 축 늘어져 있는 것처럼 전신의 근육을 이완시키고 단전(丹田)으로 기(氣)를 가라앉혀, 이른바 방송(放鬆) 상태를 이루어야 가능하다. 이러한 방송 상태에서는 에너지가 채찍을 따라 파동 치며 흘러가는 것처럼 신체 부위를 따라 이루어지는 기(氣)의 흐름도 더욱 잘 전달된다. 채찍이 부드럽게 이완되어 있지 않고 막대기처럼 딱딱하게 굳어 있다면 결코 채찍의 끝에까지 손목의 스냅에 의한 에너지가 전달되지 않는다. 마찬가지로 방송이 잘 이루어진 신체 조건에서는 선천적인 에너지인 기(氣)가 원활하게 소통될 수 있는 환경이 잘 조성되어 힘줄과 근육이 기(氣)의 지원을 받아 활동성이 증가되는 것이다.

사람의 움직임에 있어 어느 경우에나 다소간의 력(力)이 필수적으로 쓰이는데, 발경(發勁)시에는 반드시 이와 같이 방송(放鬆)이 이루어진 상태에서 그 력(力)이 기(氣)에 의해 받쳐져야 효율성이 극대화되는 것이다.

발경(發勁)은 상대적으로 짧고, 부드러우며, 이완된 에너지의 파동이다. 그 파동

---

6) 사량(四兩)의 힘으로 천근(千斤)의 무게를 움직인다는 뜻.

은 길거나 짧을 수도 있으며, 몸에 가까울 수도 멀리 떨어질 수도 있다. 그것은 상대방을 떨쳐낼 때 순간적인 응축이나 확장일 수도 있으며, 어떤 것을 격파할 때의 날카로운 경련과 같기도 하다.

태극권의 대부분의 초식(招式)과 투로(套路)는 다양한 경(勁)을 고리처럼 연결해 가도록 구성되어 있다. 따라서 태극권의 수련 과정은 질적으로 낮은 수준에 있는 경경(硬勁)을 고급의 경인 연경(軟勁)으로 바꾸어 가는 단련 과정이라 할 수 있다.

내공권(內功拳)을 단련하는 의미가 여기에 있으니, 수련의 정도가 높을수록 기(氣)의 비중이 큰 연경(軟勁)을 얻게 되는 것은 자명한 이치이다.

○ 각경(覺勁)과 형경(形勁)

경(勁)을 운용함에 있어 그 모습이 밖으로 드러나는 경우와 그렇지 않은 경우가 있다. 경(勁)의 운용(運用)을 느낌이나 감각을 통해서 행하고 겉으로는 그 모습이 드러나지 않는 것을 각경(覺勁)이라 하고, 경(勁)을 운용(運用)하는 모습이 겉으로 드러나 그 형태로 판별할 수 있는 것을 형경(形勁)이라 한다.

앞으로 설명하게 될 청경(聽勁)과 동경(懂勁)이 대표적인 각경이며 이를 제외한 대부분의 경들은 형경에 속한다.

○ 공경(攻勁)과 수경(守勁), 양경(陽勁)과 음경(陰勁), 발경(發勁)과 화경(化勁)

경(勁)을 기능적인 측면에서 분류하여 볼 때, 공격을 위해 쓰이는 경을 공경(攻勁), 수비를 위해 쓰이는 경을 수경(守勁)이라 한다.

공경은 양(陽)의 특성을 지닌 경이라 하여 양경(陽勁)이라 하며, 공경을 개시할 때의 경을 발경(發勁)이라 한다.

또한 수경은 음(陰)의 특성을 지닌 경이라 하여 음경(陰勁)이라 하며, 수경이 지닌 속성을 강조하여 표현할 때는 화경(化勁)이라 한다.

그러나 실질적으로 기능적인 측면에서는 공경이지만 수경의 특성이 공존하는 경이 있는 반면에, 기능적으로는 수경의 성격이 강하지만 공경의 특성이 같이 포함된 경도 있다.

각경(覺勁)인 청경(聽勁)과 동경(懂勁)은 수경(守勁)이다.

붕경(掤勁), 찬경(鑽勁), 촌경(寸勁), 분경(分勁), 냉경(冷勁), 제경(提勁)은 순수한 공경이다.【순공경(純攻勁)】

안경(按勁), 채경(採勁), 주경(肘勁), 나경(拿勁) 등은 공경이 주이나 그 속에 수경이 내포되어 있는 것이다.【공중겸수경(攻中兼守勁)】

리경(攦勁), 첨점경(沾黏勁), 주경(走勁), 합경(合勁) 등은 순수한 수경이다.【순수경(純守勁)】.

화경(化勁), 제경(擠勁), 렬경(挒勁), 고경(靠勁), 인경(引勁), 차경(借勁), 개경(開勁), 전경(轉勁) 등은 수경이 주이나 그 속에 공경이 내포되어 있다.【수중겸공경(守中兼攻勁)】

○ 강경(剛勁)과 유경(柔勁)

안으로는 고요하고 중후함이 유지되고 있지만, 사지(四肢)를 움직여 경(勁)을 운용하는 모습이 모두 밖으로 드러나고 있으면 이것을 강경(剛勁)이라 한다.

그러나 기(氣)가 안으로 쌓여 가고 있으면서도 겉으로는 가볍고 온화한 모습만이 나타난다면 이것을 유경(柔勁)이라 한다.

일반적으로 개경(開勁)은 강경이요, 합경(合勁)은 유경이며, 발경(發勁)은 강경이요, 축경(蓄勁)은 유경이다.

○ 내경(內勁)과 외경(外勁)

기(氣)의 지원을 받고 있는 력(力)을 경(勁)이라 했다. 이때 기(氣)의 원천이 단전(丹田)에 있는 경을 내경(內勁)이라 하고, 단전 이외의 어느 국부적인 신체 부위에서 발생하는 기에 의해서 이루어지는 경을 외경(外勁)이라 한다.

태극권은 내경으로 이루어야 진면목이 나타나는 권술이다.

○ 발경(發勁)과 축경(蓄勁)

공격을 위해 쓰이는 경을 발경(發勁)이라 하고 발경을 위해 경을 모으는 것을 축경(蓄勁)이라 한다.

그리고 발경은 그것을 발하는 거리와 시간의 장단 등에 따라 장경(長勁), 척경(尺勁), 촌경(寸勁), 분경(分勁), 호경(毫勁), 냉경(冷勁) 등과 같은 종류가 있다.

◇ 주요한 경(勁)에 대하여 구체적으로 간단한 설명을 좀 더 붙인다.

○ 팔법(八法)의 경(勁) : 사정수법(四正手法)과 사우수법(四隅手法)[7]

• 붕경(掤勁) : 고무공이나 풍선을 누르면 누르는 반대 방향으로 되미는 반발력이 있다. 물통에 바가지를 엎어놓고 누를 때도 마찬가지이다. 그 누르는 것을 상대가 공격하는 것이라 본다면 그로 인해 생기는 반발력이 작용하는 방향을 따라가면 상대를 공격할 수 있는 방향이 자연스럽게 설정된다.

붕(掤)이란 상대가 공격하여 들어올 때 그 공격을 흡수한 뒤에 되받아 나가며 취할 수 있는 여러 가지 공격 동작이다. 따라서 붕경(掤勁)이란 붕(掤)의 동작에 기(氣)가 실려 움직이는 상태를 말하며, 여기에 회전력이 가미되면 이를 전사경(纏絲勁)이라 한다. 력(力)에 기(氣)가 실려 경(勁)을 이루게 되면 자연스럽게 곡선운동의 특성이 생겨 쉽게 전사경을 이룰 수 있다.

그러므로 붕경(掤勁)의 운동방향은 상대의 공격에 대응하여 몸통 쪽에서 손이나 팔이 뻗어 나가는 방향으로 자연스럽게 이루어지게 된다. 그래서 우붕(右掤), 좌붕(左掤), 상붕(上掤), 전붕(前掤) 등과 같이 방향을 같이 표시하여 붕경의 운용 방법을 나타내기도 한다.

붕경(掤勁)은 팔문(八門)의 기본이 되는 경으로서 나머지 일곱 개의 경은 붕경에 부수적으로 일어나거나 붕경의 변용이라 할 수 있다.

---

7) 태극13세(太極十三勢)를 이루고 있는 기본 요소를 팔문(八門) 오보(五步)라 한다. 이것에는 두 가지 관점이 있다. 하나는 동, 서, 남, 북 사정방(四正方)과 서남, 서북, 동북, 동남 사우방(四隅方)을 합한 팔방(八方)과 전, 후, 좌, 우, 중앙의 오방(五方)의 방위를 말하는 것이고, 다른 하나의 관점은 음양(陰陽) 팔괘(八卦)의 이치에 따른 수법(手法)과 오행(五行)의 이치에 의한 보법(步法)의 운동 원리를 설명하는 것이다. 후자의 운동 원리를 추수(推手)에 응용하여 이를 추수팔법(推手八法)과 오보(五步)라고 하는데, 팔법(八法)은 붕리제안(掤攦擠按)의 사정수(四正手)와 채열주고(採挒肘靠)의 사우수(四隅手)를 말하며, 오보(五步)는 전진(前進), 후퇴(後退), 좌고(左顧), 우반(右盼), 중정(中定)을 가리키는 것이다. (여기에서 언급하는 팔도도 모두 형경에 속하는 것이나 경의 기본적인 개념이기 때문에 강조하는 의미로 앞부분에 기록하였음)

• 리경(攦勁) : 붕경을 이룬 뒤에 나가 있는 손을 다시 몸통 쪽으로 거두어들이는 동작을 리(攦)라 하는데, 이 동작에 기(氣)가 실리게 되면 리경(攦勁)이 된다. 예를 들어 공격해 들어오는 상대의 주먹을 그 공격 방향으로 살짝 이끌어 넘어뜨리듯이 이 리경은 상대가 공격해 오는 붕경(掤勁)이나 안경(按勁)에 변화를 가하여 상대의 중심을 흐트러뜨림으로써 그 공격을 헛되게 하는 수경(守勁)이다.

따라서 리경에는 바깥쪽에서 안으로 이끄는 것만 있는 것처럼 보이지만 상대가 공격해 오는 방향에 따라 다양한 형태가 있을 수 있다. 그러므로 좌리(左攦), 우리(右攦), 상리(上攦), 후리(後攦) 등과 같이 운경(運勁)하는 방법에 따라 여러 가지로 명명할 수 있다.

• 제경(擠勁) : 두 손을 포개거나 교차시켜 동시에 붕(掤)이나 안(按)의 동작으로 행하는 경(勁)을 말하며, 상대의 공격을 수비하는 가운데 공격하는 수경(守勁)이다. 이것은 주로 상대가 팔을 이끌며 리경(攦勁)을 쓰거나, 고경(靠勁)이나 주경(肘勁)을 사용하여 공격해 올 때 이에 대응하여 상대의 가슴이나 어깨를 공격하여 숨이 막히게 하거나 동작을 둔하게 만드는 등 그 경(勁)을 사용하는 방법에 따라 강력한 경(勁)을 이룰 수 있다.

• 안경(按勁) : 한 손이나 또는 두 손의 손바닥을 이용하여 밀거나 치는 것을 안(按)이라 하고, 이 동작에 의한 경(勁)을 안경(按勁)이라 하며, 상대를 공격하는 가운데 수비를 겸하는 공경(攻勁)이다. 한 손을 사용하는 것을 단안(單按), 두 손을 사용하는 것을 쌍안(雙按)이라 한다.

상대의 가슴, 등, 팔, 어깨 등의 여러 부위를 다양하게 공격할 수 있고, 공격의 방향에 따라 전안(前按), 하안(下按), 상안(上按) 등의 방법으로 활용할 수 있으며, 그 운경(運勁)을 용도에 따라 짧게도 할 수 있고 길게도 할 수 있다.

• 채경(採勁) : 움켜잡아 끌어당기거나 잡아채는 것을 채(採)라 하고, 이 동작에 의한 경(勁)을 채경(採勁)이라 한다. 이것은 수비가 공격으로 변하여 상대의 관절을 낚아채 균형을 무너뜨림으로써 이차적으로 강한 공격을 가하여 상대를 무력하게 만드는 공중겸수(攻中兼守)의 경이다. 한 손을 쓰는 것을 단채(單採), 두 손을 쓰는 것을 쌍채(雙採)라 한다.

• 렬경(挒勁) : 무엇을 찢거나 쪼개거나 분리할 때와 같이 동시에 두 방향으로 끌어당기거나 힘을 가하는 것을 렬(挒)이라 하고, 이 동작에 의하여 상대의 공격을 차단함과 동시에 공격을 가하는 경을 렬경(挒勁)이라 한다. 예를 들면, 상대가 공격해올 때 한 손으로 상대의 손목 관절을 리경(擺勁)이나 채경(採勁)으로 제어하면서 동시에 다른 한 손으로 팔꿈치 관절을 꺾거나 쳐 공격을 차단할 수 있다. 이와 같이 렬경(挒勁)은 리경(擺勁)이나 채경(採勁)에 이어 바로 쓰이는 경우가 많은 수중겸공(守中兼攻)의 경이다.

• 주경(肘勁) : 팔꿈치(肘)를 사용하여 만들어 내는 붕경(掤勁)으로 상대를 공격하거나 수비하는 데 모두 쓰이는 강력한 경이다. 이것은 상대가 손이나 손목을 사용하여 대응할 수 없을 정도로 가까이 접근해 있을 때 사용하는 공중겸수(攻中兼守)의 경이다. 공격하는 방법에 따라, 팔꿈치 앞쪽을 사용하여 앞으로 공격하는 것을 전주경(前肘勁)이라 하고, 팔꿈치 뒤쪽을 사용하여 측면으로 공격하는 측주경(側肘勁)이라 한다.

• 고경(靠勁) : 몸통을 사용하여 만들어 내는 붕경(掤勁)으로 상대를 공격하거나 수비하는 수중겸공(守中兼攻)의 경이다. 이것은 손뿐만 아니라 팔꿈치도 쓸 수 없을 정도로 상대가 근접해 있을 때 어깨, 가슴, 등과 같은 몸통 부위를 사용하여 상대를 공격하거나 수비하는 방법으로, 주로 어깨를 사용하여 상대를 인경(引勁)하여 상대의 공격을 헛되이 하거나 붕경을 발하는 것이 보통이다.

○ 각경(覺勁)

• 청경(聽勁) : 상대의 몸에 접촉하여 피부로 상대의 경(勁)이나 동작이나 의도를 감지하는 것을 청경이라 한다. 이 경에 대한 능력은 쌍인추수(雙人推手)를 연마하는 과정에서 첨점경(沾黏勁)과 안경(按勁) 등의 수련을 통하여 상대를 감지하는 감각과 기법을 익힘으로써 쌓을 수 있다. 특히 팔과 손바닥 그리고 발바닥의 감각을 마치 귀로 듣는 듯이 단련하는 것이 중요하다.

• 동경(懂勁) : 첨점경(沾黏勁)이나 청경(聽勁)을 행하는 목적은 상대를 알고자

하는 데 있다. 이와 같이 상대의 공격과 수비에 대한 능력이 어느 정도이며 어떤 의도를 지니고 있는지 파악하여 알게되는 것을 동경(懂勁)이라 한다. 지피지기(知彼知己) 백전백승(百戰百勝)이라 하였다. 무예가 뛰어난다 함은 동경의 능력이 높은 경지에 있음을 의미한다.

왕종악(王宗岳)의 태극권론(太極拳論)에 이르기를,

"여러 가지 기술을 익히고 나면, 그때에 이르러 동경(懂勁)이 무엇인지 조금씩 알게 된다. 이 동경(懂勁)을 깨치는 과정을 통하여 상대의 의도를 꿰뚫어 보는 감각과 안목이 생긴다. 그러나 오래도록 노력하여 공력(功力)을 쌓지 않으면, (한번 스치는 것으로, 때로는 상대와 부딪침이 없이도) 상대를 단번에 알 수 있는 경지에 결코 이를 수 없다."[8]

라고 하였다.

여기에서 공력(功力)을 쌓는다 함은 마음 공부를 통하여 내경(內勁)이 강화되는 것을 의미한다.

○ 형경(形勁) 〈팔법(八法)을 제외한 기타 주요 경에 대한 설명〉

• **첨점경(沾黏勁)** : 첨(沾)이란 젖은 손에 밀가루가 묻듯이 달라붙는 것을 말하고, 점(黏)이란 붙어 떨어지지 않는 것을 말한다. 따라서 첨점경은 상대에게 일단 달라붙으면 떨어지지 않고 상대가 공격하면 물러서고 상대가 물러서면 따라가는 방식으로 상대의 공격에 대하여 수비를 목적으로 하는 수경(守勁)이다. 그러나 이 경의 근본 목적은 상대의 공격을 수비하면서도 상대의 행동을 놓치지 않고 내가 알고 있도록 하는 데 있다. 그래야만 상대를 다룰 수 있는 기회를 포착할 수 있다.

• **주경(走勁)** : 이것은 상대에게 저항하지 않는 것을 주목적으로 하는 경이다. 즉, 상대의 공격을 피하여 그 공격을 공허하게 만드는 것이다. 주경(走勁)을 쓰게 되는 근본이나 동기가 되는 것은 동경(懂勁)이다. 상대의 경을 알지 못하고는 상대의 경을 이리 저리 피하여 그 공격을 공허하게 만들기는 힘들기 때문이다. 따라서 주경(走勁)은 어떤 면에서 수비를 하는 동작으로 그 실체가 없는 경이라 할 수 있다.

---

8) 由着熟而漸悟懂勁, 由懂勁而階及神明, 然非功力之久, 不能豁然貫通焉.
(유착숙이점오동경, 유동경이계급신명, 연비공력지구, 불능활연관통언).

• 화경(化勁) : 태극권에서 사량발천근(四兩拔千斤)한다는 것은 바로 이 화경에 의해서 가능한 것이다. 주경(走勁)이 전연 힘을 쓰지 않고 상대를 피하는 것이라면, 화경은 조그만 힘으로 상대의 공격을 피하거나 변화시키거나 무력하게 만드는 것이다. 화(化)라 함은 상대의 공격을 중화하여 공격의 기회를 노리는 것으로 첨점경(沾黏勁), 청경(聽勁), 주경(走勁), 인경(引勁) 등 여러 경의 합작품이라 할 수 있으며, 때로는 붕(掤)의 동작이 결합될 수 있다.

화경을 얻으려면 반드시 첨련점수(沾連粘隨)의 기법을 터득하여야 한다.

첨(沾)이란 상대와 맞섰을 때 재빨리 상대의 손이나 몸에 내 손을 접촉하는 것을 말하며, 이렇게 접촉하여 상대의 동향을 살피는 것을 청(聽)이라 한다. 련(連)이란 첨(沾)에 의하여 접촉한 상태를 그대로 떨어지지 않고 계속 연결해 나가는 것을 말한다. 점(粘)이란 상대가 내 손을 떼려 해도 달라붙어 떨어지지 않는 것을 말하며, 수(隨)는 상대가 내 손에서 자기 손을 떼어 내거나 빠져나가려고 이리 저리 당기거나 상하 좌우로 이동시켜도 그 방향으로 따라가며 접촉한 손을 떼지 못하게 하는 것을 말한다.

화경(化勁)을 잘 할 수 있는 요점은 상대의 공격력을 이용하는 타이밍을 정확하게 맞추는 데 있다.

권론(拳論)에 이런 말이 있다.

"상대가 움직이지 않으면 나도 움직이지 않는다. 상대가 움직이는 기미가 나타나면 나는 이미 움직인다."[9]

• 나경(拿勁) : 상대의 손목 팔꿈치 어깨 등의 관절을 잡거나 꺾거나 하여 상대의 공격을 제압하기 위한 경이다. 이것은 화경(化勁)과 인경(引勁)에 이어 자연스럽게 상대를 공격하며 수비를 겸할 수 있는 경이다.

• 인경(引勁) : 상대의 힘이나 동작을 이용하여 상대를 이끌어 상대의 의도를 무산시키는 경을 인경이라 한다. 이것은 보통 화경(化勁)과 나경(拿勁)의 중간 과정으로 상대의 공격을 화경으로 중화하여 인경으로 이끌고 나경으로 처치한다고 보면 된다.

---

9) 彼不動, 己不動, 彼微動, 己先動 (피부동, 기부동, 피미동, 기선동)

• **차경(借勁)** : 상대의 경을 역이용하여 상대를 처치하는 경으로 수중겸공(守中兼攻)의 경이다. 이것은 주경(走勁), 화경(化勁), 인경(引勁) 등 여러 가지 경의 복합적인 성격에다 공격성이 더 가미된 것이라 할 수 있다.

• **전경(轉勁)** : 우리 몸에서 움직임의 중추는 허리이다. 허리의 움직임에 의해서 몸통이나 신체 여러 부분에서 돌리거나 비틀거나 하는 등의 동작의 전환을 도모하는 경을 말한다. 따라서 이것은 수중겸공(守中兼攻)의 요경(腰勁)이라 할 수 있다.

• **정경(頂勁)** : 이것은 비공비수(非攻非守)의 경이라 하여 그 경을 느낄 수는 있어도 볼 수는 없는 것이다. 흔히 허령정경(虛領頂勁)이라 하는 것이 바로 이것이다.

정경은 태극권 수련에 있어 자세를 바르게 유지하는 데 기본적으로 갖추어야 할 필수 사항으로, 마치 꼭두각시 인형의 머리에 줄을 메어 아래로 늘어뜨릴 때와 같이 전신을 방송(放鬆)하고 머리와 목의 자세를 바르게 한 상태에서 기(氣)를 단전(丹田)으로 가라앉히면 바르게 이루어진다. 따라서 이 경에서 제일 중요한 것은 심의(心意)를 청정(淸靜)하게 유지하는 것이다.

• **장경(長勁), 촌경(寸勁), 냉경(冷勁)** : 발경(發勁)함에 있어 상대와의 거리나 접촉 상황에 따라 그 강도나 속도가 변화무쌍하게 변용될 수 있다.

장경(長勁)은 그 발경이 부드럽고 상대적으로 느리며 주먹을 길게 뻗어 행하는 것으로 상대가 적당히 떨어진 위치에 있을 때 쓰는 것이다.

촌경(寸勁)은 가까운 거리나 좁은 공간에서 강하고 빠르게 행하는 것으로 장경을 쓰다가 상대와 가까워지면 촌경으로 전환하게 된다.

냉경(冷勁)은 찬물을 끼얹어 부르르 떨게 하듯이 또는 갑자기 찬바람이 불 듯이 눈 깜짝할 사이에 기습적으로 행하는 공격의 경이다.

이 모든 경은 순수한 공경(攻勁)이다.

• **제경(提勁)** : 위로 들어올리는 동작에 의한 경을 말한다. 이것은 겨드랑이나 옆구리를 쳐 올리거나 다리를 들어올리는 등 상대를 들어 뒤엎거나 쓰러뜨릴 때 쓰이는 공경(攻勁)이다.

• 합경(合勁)과 개경(開勁) : 두 손을 안으로 모으는 동작에 의해서 이루어지는 경을 합경(合勁)이라 하고, 두 손을 바깥으로 벌리는 동작에 의해서 이루어지는 경을 개경(開勁)이라 한다.

■ 효과적인 수련 방법

 태극권을 배우고자 하는 초학자(初學者)들이 수련의 효율성을 높이기를 바란다면 먼저 반드시 갖추어야 할 마음의 자세가 있다.
 대개 처음 배우는 사람들은 마음이 앞서고 조급해지기 마련이다. 그래서 차근차근 배워야 할 것을 익혀가며 단계를 밟아가기 보다는 수련의 성과에 더 관심을 기울이게 된다. 초심자는 이러한 마음을 경계하여야 한다.
 태극권을 정확하게 빨리 배우려면 성과에 대한 욕심을 가지기보다는 진득하게 도(道)를 닦는다는 마음으로 배워야 할 것을 놓치지 않고 익히는 것이 가장 효과적이다. 그래서 무엇을 배워야 할 것인지를 분명하게 아는 것이 효율성을 높인다는 점을 일러주고 싶다. 그것을 인식하지 못한 채 결과에 집착하거나 어떻게 배워야 하는가 등에 지나친 관심을 가지게 되면 수련의 능률도 떨어질 뿐만 아니라 설사 배운다 하여도 정확하게 배우기가 어렵다.
 왜냐하면 태극권은 이미 앞에서도 설명한 바와 같이 다른 권법이나 운동과는 달리 내기(內氣)에 대한 감각과 내기를 운용하는 기량을 함양하지 않고서는 바른 길을 터득할 수가 없기 때문이다. 그러므로 태극권에 입문하여 올바른 권법을 배우고자 한다면, 동공(動功)을 단련함과 아울러 반드시 정공(靜功)을 수련해야 한다는 것을 명심해야 한다.
 이 두 가지는 어느 것도 가벼이 해서는 안 되는 배움의 큰 틀이다. 어느 한 가지라도 가벼이 하게 되면 태극권에 대한 맛을 느끼는 시기가 그만큼 늦어지게 되고 학습 효과도 떨어진다. 그러나 정공(靜功)과 동공(動功)을 같이 수련해 나가면 내기(內氣)와 외형(外形)이 내 몸에서 결합되어 비록 서툴더라도 태극권의 진면목이 내 몸에서 이루어져가고 있음을 느낄 수 있게 되어 학습능률이 향상된다.

 태극권 지도자들이 교련(敎鍊) 과정에서 항상 강조하는 것 중에 가장 빈번하게 지적하는 핵심적인 내용을 요약하면 대략 다음과 같이 압축할 수 있다.

동공(動功)을 수련할 때는 어느 동작에서나 전신을 방송(放鬆)하고 자세를 안정시켜 입신중정(立身中正)을 꾀해야 한다는 것이며, 정공(靜功)을 수련할 때는 마음을 청정(淸靜)하게 하고 단전의 기(氣)를 충실하게 하여 내기(內氣)의 흐름이 원활하도록 해야 한다는 것이다.

이러한 훈련 목표는 짧은 시간에 달성하기가 어렵다. 단시간에 형(形)을 익힐 수는 있을지 몰라도 내기(內氣)를 함양하지 않고서 태극권의 맛을 느낄 수는 없다.

효과적으로 태극권의 기본을 쌓고자 하는 초심자들에게 다음 두 가지 기초 훈련을 수행하기를 권고한다.

하나는 하반(下盤)이 확고하도록 육체적으로 하체를 단련하는 수련을 부지런히 하고, 다른 하나는 길고 깊고 고른 호흡을 자연스럽게 할 수 있도록 호흡 수련을 하고 이 호흡수련을 통해 의식을 모으는 훈련을 함으로써 내기(內氣)를 쌓아야 한다는 것이다. 즉 육체와 정신을 같이 단련해야 한다.

이러한 수련의 과정을 통하여 스스로 고요함의 의미를 깨치게 되면 비로소 권(拳)의 경(勁)을 얻을 수 있게 된다. 또한 그 운경(運勁) 속에 고요함이 깃들이게 되면 그때는 이미 권문(拳門)의 안에 들어 서 있다 할 것이다. 태극권을 동선(動禪)이라 하는 연유가 여기에 있는 것이다.

이 권술이 궁극적으로 지향하는 바가 음양의 조화이니, 동중구정(動中求靜)하고, 정중구동(靜中求動)하지 못하면 아무리 태극권의 모양새를 취한다 하여도 그것을 태극권이라 할 수는 없는 것이다. 그러므로 태극권은 육체만을 단련해서는 도저히 이를 수 없는 곳에 있다. 그 까닭은 앞에서도 설명한 바와 같이 경(勁)을 모르고서는 태극권을 이룰 수 없는데, 그 경(勁)은 기(氣)를 근간(根幹)으로 하여 운용되기 때문이다.

기(氣)는 생명의 존재를 가능하게 하고 그 생명의 특성을 가름하는 에너지이다.

기(氣)는 생명이 탄생하는 그 순간에 누구나 선천적(先天的)으로 타고나는 것이지만, 그것은 가꾸지 않으면 점점 숨어 버린다. 그리하여 그 생명은 본래의 기능과 특성이 점점 퇴화하게 된다.

정공(靜功)을 수련(修鍊)하는 목적이 바로 여기에 있다. 현대 사회의 숨가쁜 생활을 꾸려나가는 와중에 자신도 모르게 점점 잃어 가는 생명에너지, 곧 선천적인 기(氣)를 다시 회복시키고자 하는 노력이 바로 정공(靜功)인 것이다.

선천(先天)의 기(氣)를 되찾기 위한 가장 전형적인 수련은 자신의 내면을 들여다보며 호흡을 고르는 데에서부터 출발한다. 이 길로 접어드는 가장 보편적인 방법은 단전호흡(丹田呼吸)과 명상(瞑想)을 수행하는 것이다. 이른바 정좌(靜坐)는 편리한 수행법이라 할 수 있으며 이러한 수행 과정에 내관(內觀)이 같이 한다면 더 훌륭한 수행법이 될 것이다. 정공 수련의 효과적인 방법으로 정좌(靜坐)를 권하는 바이다.

세상 만물에는 공통되는 현상이 있다. 에너지를 지니고 있는 것은 어떠한 자극을 받거나 동기(動機)가 발생하면 가능한 통로를 찾아 자신의 에너지를 움직인다는 것이다.

무거운 것은 아래로 가려하고 가벼운 것은 위로 오르려 하며, 당기면 끌려오고 밀면 물러난다. 기(氣)도 그러하다.

기(氣)는 그 주인의 마음을 따른다. 그러나 오래도록 소원하여지면 불러도 나오지 아니하니 늘 가까이 있도록 가꾸고 다듬어야 하는 것이다.

단전호흡과 정좌는 주인의 마음과 기(氣) 사이의 교감작용을 강화하여 명령체계를 확립하는 작업과정이라 할 수 있다.

요즈음 우리 주위에 기(氣)를 수련하며 심신을 단련하는 시설이나 모임들이 많아졌다. 예를 들면, 단학(丹學), 국선도, 기공(氣功), 기천(氣天), 불무도(佛武道), 참선(參禪) 등등 여러 가지 명칭의 모임이나 단체에서 기(氣)를 공부할 수 있는 기회를 제공하고 있다.

비록 명칭이나 모임의 성격은 서로 다를지라도 기(氣)를 공부하여 심신을 단련하고자 하는 뜻은 다르지 않을 것으로 생각한다.

그러므로 수련 방법에 있어서도 공통점이 있을 수밖에 없다. 어느 분야에서나 단전호흡이나 명상을 수련의 방법으로 선택하게 되면, 그 수련 과정에서 공통적으로 요구하는 바가 있으니, 조신(調身)하여 자세와 몸가짐을 바르게 해야 하고, 조식(調息)하여 호흡을 바르게 골라야 하며, 조심(調心)하여 마음가짐과 정신을 바르게 해야 한다는 것이다.

따라서 이러한 훈련을 받은 사람은 그렇지 못한 사람 보다 매우 수월하게 태극권을 익힐 수 있다.

■ 맺는 말

무릇 심신(心身)을 단련하려고 하는 사람의 목표가 무엇이겠는가? 건강한 육체와 편안한 마음을 얻는 것이다.

안심입명(安心立命)이라는 말이 있다. 마음의 평화를 얻으니 하늘이 내려준 목숨이 흔들림 없이 바로 선다는 말이다.

태극권은 움직이며 행하는 명상(瞑想)이요, 선(禪)이다. 그래서 동선(動禪)이라 한다.

태극권의 권문(拳門)에 들어서서 선(禪)을 행하는 마음가짐으로 이를 수련해 나간다면, 잃을 것이 그 무엇이겠으며, 얻을 것은 그 얼마이겠는가.

나는 태극권을 배우고 수련하는 과정에서 조금씩 조금씩 더해지는 자유를 느낀다. 선(禪)은 사람을 자유롭게 하는 모양이다.

제1장
태극권의 개술(概述)

제 1 절 태극권의 원류와 발전과정

태극권의 유래나 그 원류를 알고자 하면, 먼저 태극권에 담겨 있는 태극(太極)의 함의(涵義)를 알아야 한다.

태극(太極)은 또한 태허(太虛)라 한다.

그 어의(語義)로 보면, '태(太)'는 매우 크다는 의미를 담고 있으며, '허(虛)'는 텅 비어 아무 것도 없다는 뜻이다.

그러므로 태허(太虛)는 비우고 또 비워 완전히 비어 있는 경지, 곧 공공지경(空空之境)을 이르는 말이다. 이러한 공공지경(空空之境)은 이미 모든 잡된 것을 버렸기 때문에 진기(眞氣)가 충만하고 천지신명(天地神明)의 정신만이 깃들이는 보금자리인 것이다.

진기(眞氣)는 정미(精微)하여 그것이 움직이면 이르지 않는 곳이 없다.

그래서 진기는 생화(生化)를 주관하는 근본이며 시작이요, 운기(運氣)를 주관하는 진원(眞元)이 되는 것이다.

태극의 모양은 그 기운의 양태(樣態)에 따라 결정된다.

태극은 그 기운이 일어 움직임이 시작되면 양(陽)을 낳고, 움직임이 고요하여 지면 음(陰)을 낳는다.[10] 이것이 바로 '태극생음양(太極生陰陽)'의 이치이다.

음양(陰陽)은 동양의 고대 철학 이론의 대명사와 같은 핵심사상이다.

모든 사물은 그 자체 내에 서로 다른 속성을 지니고 있어 그 다른 성질이 상호 대립하고 통일되어 가는 과정에서 변화를 거듭한다는 것이 이 철학이 설명하고자 하는 중심사상이다.

그러므로 이 음양 이론의 관념 속에는 대립과 통일, 상호 의존, 상호 협조, 상호 변화에 대한 논리적 체계가 확고하게 정립되어 있다는 것이 주요한 특징이다.

---

10) 太極乘氣, 動而生陽, 靜而生陰 (태극승기, 동이생양, 정이생음).

태극권은 바로 이러한 음양의 대립과 통일의 과정에서 변화의 조화가 일어난다는 태극의 음양이론을 사상의 논리적 기초로 하여 창조되었다.

따라서 태극권의 모든 동작은

- 강함과 부드러움이 서로 어우러져 도우니, 강유상제(剛柔相濟)하며,
- 정신과 육체가 서로 화합하니, 내외상합(內外相合)하고,
- 신체의 위 아래가 서로 조화되어 움직이니, 상하상통(上下相通)하고,
- 빠르고 느림이 겸비되어 적절하게 움직이니, 쾌만상간(快慢相間)하며,
- 형식과 의식이 결합되어 움직임을 이루니, 형의결합(形意結合)하고,
- 순전(順纏)[11]하고 역전(逆纏)[12]하는 전사경(纏絲勁)이 결합하여 움직이니,

음양(陰陽)이 상합(相合)하는 투로(套路)[13]를 자연스럽게 이루게 되는 것이다.

음양이 서로 조화하며 결합하는 것을 태극(太極)이라 하며, 이러한 태극의 조화에 따라 권법이 이루어지니 '태극권(太極拳)' 이라 부르게 된 것이다.

그래서 태극권이 요구하는 바 마음가짐과 자세로 끈기 있게 수련을 해나가면, 언제인가는 공부가 오음오양(五陰五陽)[14]의 단계에 이르러, 동작 하나 하나가 모두 묘수(妙手)를 이루게 되는데, "그 묘수의 움직임 하나 하나가 모두 태극이니, 태극의 운행이야말로 바로 이 오묘(奧妙)함이로구나"[15]하는 그러한 경계에 들어서

---

11) 몸의 안쪽 방향으로 움직이는 손이나 발의 회전동작을 순전사(順纏絲)라 하며 이러한 회전동작에 기(氣)가 실려 이루어지는 경(勁)을 순전사경(順纏絲勁)이라 함.
12) 순전사(順纏絲)와는 반대로 몸의 바깥쪽 방향으로 움직이는 손이나 발의 회전동작을 역전사(逆纏絲)라 하며 이런 동작에 기(氣)가 실려 이루어진 경을 역전사경(逆纏絲勁)이라 함.
13) 완전한 한 세트(set)로 구성된 가식(架式)의 연속적인 운동 모형. 여기에서 가식(架式)은 동작의 모양이나 자세를 나타내는 말임.
14) 음양(陰陽)이 어느 한편으로 기울지 않고 완벽하게 조화를 이루는 상태.
    진흠(陳鑫)의 총론권수내경강유가(總論拳手內勁剛柔歌)의 일부 내용 참조.
    純陰無陽是軟手, 純陽無陰是硬手(순음무양시연수, 순양무음시경수);
    一陰九陽根頭棍, 二陰八陽是散手(일음구양근두곤, 이음팔양시산수);
    三陰七陽猶覺硬, 四陰六陽顯好手(삼음칠양유각경, 사음육양현호수);
    惟有五陰幷五陽, 陰陽無偏稱妙手(유유오음병오양, 음양무편칭묘수);
    妙手一着一太極, 空空迹化歸烏有(묘수일착일태극, 공공적화귀오유).
15) 妙手一運一太極, 太極一運化烏有(묘수일운일태극, 태극일운화오유). 바로 앞의 주석 끝 행(行)을 달리 표현한 것임.

게 되는 것이다.

　이러한 단계에 이르면, 태극의 이기(理氣)가 생동하고, 정신과 육신의 기운이 서로 통하게 되며, 참된 기운 곧 진기(眞氣)가 충만하여지고, 음양(陰陽)이 평형(平衡)을 이루게 되어, 온몸의 상하(上下)[16]와 내외(內外)[17]와 형기(形氣)[18]가 하나되어 태극의 모양(太極之象)으로 혼연일원(渾然一圓)[19]을 이루게 되는 것이다.

　태극권의 발원지는 중국(中國) 하남성(河南省) 온현(溫縣)의 진가구(陳家溝)이다. 진가구(陳家溝)는 온현성(溫縣城) 동쪽의 청풍령(靑風岺)에 위치하고 있으며 600년 전에는 상양촌(常陽村)이라고 불렸다.

　온현(溫縣)의 현지(縣誌)에 다음과 같은 기록이 있다.

　"명(明)나라 홍무(洪武) 초년(初年), 원(元)의 철목이(鐵木耳)가 회경(懷庚)[20]을 맡고 있었는데, 명나라의 군사가 오랫동안 그곳을 공격하였으나 항복을 받지 못하자 천하통일의 꿈을 달성하고자 하는 마음이 몹시 조급하게 되었다. 이에 명(明) 태조(太祖)가 그곳 백성들에게 분풀이를 하여 대량 학살을 감행하였으니 그때 온현(溫縣) 사람들이 매우 많이 죽었다. …"

　그래서, 회경(懷庚)의 사람들에게는 "세 번씩이나 혹독하게 유린당하여 모조리 죽임을 당했다"는 말이 여태껏 전해져 내려오고 있다.

　그런 일이 있은 뒤 그 곳에 사람의 흔적이 거의 끊어지게 되자, 정부에서 다른 지방의 사람들을 이주시켜 밭을 갈고 황무지를 개간하도록 하였다.

　당시 이주민 열 중의 여덟 아홉 명은 산서성(山西省)의 홍동(洪洞)에서 옮겨왔는데, 그 곳에는 지금까지도 "우리 조상이 어디에서 왔느냐고 묻는다면 산서(山西) 홍동(洪洞)의 대괴수(大槐樹)에서 왔답니다"라는 말이 남아 있다.

　진가구(陳家溝)에 정착한 진씨(陳氏)의 시조는 진복(陳卜)이라는 사람이다. 그

---

16) 신체의 위와 아래, 상체와 하체를 뜻하나 사지(四肢)를 비롯한 전신의 조화를 의미함.
17) 내기(內氣)와 외형(外形), 즉 정신과 육체를 일컬음.
18) 형체(形體)와 기운(氣運), 즉 형식(形式)과 내기(內氣)의 운행.
19) 혼연일체(渾然一體)가 되어 하나의 원(圓)을 이룸, 즉 태극의 모양을 이룸.
20) 회경부(懷庚府)는 8개의 현을 관할하고 있었는데 그중의 하나가 온현(溫縣)이었음. 회경부는 지금의 심양(沁陽)임.

는 원적(原籍)이 산서(山西) 택주군(澤州郡)[21]이지만, 후에 택주(澤州)에서 산서(山西)의 홍동현(洪洞縣)으로 옮겨와 살았다. 그후 명(明)나라 홍무(洪武) 7년(1374), 하남(河南)의 회경부(懷庚府)로 이주해 왔다.

시조 진복(陳卜)은 사람됨이 충직하고 후덕할 뿐만 아니라, 권술과 병장기 등의 무술에도 정통하였기 때문에 이웃 사람들로부터 깊은 존경을 받았다. 그런 연유로 그가 살았던 곳을 진복장(陳卜庄)[22]이라 부르기도 하였다.

그런데 진복장(陳卜庄)은 그 지세가 낮아 자주 수해를 입게 되자, 다시 온현성(溫縣省)에서 동쪽으로 십리 거리에 있는 상양촌(常陽村)으로 옮겨가게 되었다. 그 마을에는 남북으로 뻗어 있는 깊은 도랑[溝 : 구]이 있었는데, 진씨(陳氏)의 인구가 번성함에 따라 진씨 가문과 지리적 특성을 살려 상양촌(常陽村)은 진가구(陳家溝)로 이름이 바뀌게 되었다.

시조 진복(陳卜)은 온현(溫縣)에 정착한 이후, 가업(家業)의 기초를 다지기 위해 농지를 개간하여 경작에 힘쓸 뿐만 아니라, 마을의 발전을 위한 기초를 다지는 데 진력하였다. 처음에는 6대가 함께 살다가, 7대에 이르러 분가(分家)를 하고 가업을 일으켜 세우니 그 인구가 점점 번성하게 되었다. 고향을 지키고 안정을 얻게 되자 마을에 무학사(武學社)를 세워 자손들을 가르쳤다.

진씨(陳氏)의 선조에 대한 역사적인 기록은 남아 있는 것이 거의 없다. 1711년 진씨의 10대조 진경(陳庚)이 진복(陳卜)의 비석을 세웠는데 거기에 비로소 진복(陳卜)에 대한 기록이 간단히 적혀 있다.

무예·인물·사적 등 진씨 가문에 대한 문자 기록으로서 현재까지 알려진 것은 진씨 9대조 진왕정(陳王廷)의 대에 이르러 기록된 것이 처음이다.

온현(溫縣)의 현지(縣誌)와 진씨(陳氏) 가보(家譜)에 다음과 같은 기록이 있다.

"진왕정(陳王廷)은 명말(明末)때 사람으로 권술(拳術)에 정통하였다. 그는 권술에 대한 연구를 거듭하여 마음으로 깨닫는 바가 많았으니, 이것이 대대로 전해져서 독특한 진씨 가문의 비법을 이루었다."

진왕정(陳王廷 1600-1680)은 또한 주정(奏庭)이라고도 부르는데 명말 청초(明

---

21) 지금의 진성(晋城)을 가리킴.
22) 해방후 진복장(陳卜庄)은 온현(溫縣)이 되었는데 지금까지도 진복장으로 불리고 있음.

末淸初) 때 사람이다. 문무에 모두 뛰어났으며 특히 권계(拳械)[23]에 정통하였는데 그 조예가 깊어, 하남(河南)·산동(山東) 일대에서 매우 명성이 높았다. 그는 일찍이 산동(山東)에서 도적 떼를 소탕했는데, 그후 도적들이 그의 명성을 듣고서 감히 다가가지 못했다는 일화가 전해지고 있다.

그러나 당시 사회가 매우 혼란스러웠기 때문에 그는 오랫동안 뜻을 펴지 못하고 은거하며 살았다.

그는 노년에 접어들면서 자신의 무술을 정리하는 작업에 몰두하기 시작하였다.

조상들로부터 물려받은 권술(拳術)을 근간으로 하여 여러 문파(門派)의 정수(精髓)를 모아 그 장점을 취하여 접목하는 한편, 태극음양(太極陰陽)의 이치를 결합시키고, 중의(中醫)의 경락(經絡)학설과 도인(導引)·토납(吐納)의 기술을 참고로 하여 음양상합(陰陽相合)하고 강유상제(剛柔相濟)하는 이치로 구성된 권법(拳法)을 새로이 창조하였으니, 이것이 오늘날 태극권의 시초인 것이다.

당시 진왕정(陳王廷)이 창안하여 후대에 전수한 것은 일로(一路)에서부터 오로(五路)에 이르는 태극권 오로(太極拳五路)를 비롯하여 포추 일로(炮捶一路)·장권 108세(長拳百八勢)·쌍인추수(雙人推手)와 도(刀)·창(槍)·검(劍)·곤(棍)·간(鐗)·쌍인점창(雙人粘槍) 등이 있다. 그 중에서 쌍인추수(雙人推手)와 쌍인점창(雙人粘槍)은 예전에 유사한 사례를 찾을 수 없는 독특한 풍격(風格)을 지니고 있다.

진왕정(陳王廷)은 이에 대한 여러 권의 저서를 남긴 것으로 알려져 있으나, 애석하게도 오랜 세월을 거치면서 대부분 산실(散失)되었고, 지금은 ≪권경총가(拳經總歌)≫와 ≪장단구(長短句)≫ 한 수가 남아 있다.

장단구(長短句)에 이런 구절이 있다.

"그 시절을 되돌아보니 감회가 새롭구나. 갑옷을 입고 무기를 들고서 도적들을 소탕하느라 얼마나 많은 위험을 만났던가! 그 공로로 나라의 은혜를 입기도 하였으나 세월을 헛되이 보내며 이렇게 오늘에 이르고 보니, 이제는 늙어서 남은 목숨이 얼마나 되겠는가. 오로지 남겨진 ≪황정(黃庭)≫[24] 한 권을 곁에 두고서, 마음이 답답할 때는 권법을 만들고, 조급함이 일 때는 밭을 갈고는 한다네. 틈틈이 시간을

---

[23] 권술(拳術)과 병장기(兵仗器).

내어 여러 아이들을 가르치니 제나름대로 용이 되고 호랑이가 되어 간다네. 관가에 양식을 빚지면 일찍 갚아주고, 이웃이 빚을 요구하면 즉시 돌려주고, 교만하거나 아첨하지 않으며 참고 양보하는 것을 우선으로 삼는다네. 사람들이 나더러 어리석다 말하고, 사람들이 나더러 미쳤다고 말하지만, 늘 귀를 씻고 벼슬살이를 마다하였네. 수많은 제후(諸侯)들을 비웃으며 내 나름대로 부지런하고 성실하게 살아가는 것은 나의 마음 속에 늘 여유 있고 편안함을 추구하고, 명예나 이익을 절대로 탐하지 않는 것이 보다 낫다고 여기기 때문이라네. 이제 세상살이의 이치를 깨닫고 보니 저 한단(邯鄲)[25]을 알게 되고, 물고기가 노니는 물가에서 성정(性情)을 도야하며 산천에 머물고 있으니, 흥한들 어떠하며 망한들 어떠하겠는가. 세상을 사는 경계가 평안하고 건강하며 언제나 물욕이 없다면, 시기할 것도 구할 것도 없는데 어찌 세상살이를 참견하겠으며, 성공한들 어떠하며 실패한들 어떠하랴. 그러하니 이 몸이 신선이 아니라면 누가 신선이겠는가?"

진왕정(陳王廷) 이후로 진가구(陳家溝)에서는 태극권을 수련하는 풍조가 성행하게 되었다. 남녀노소 가리지 않고 모두 태극권을 연습했는데 그 지방에 전해지는 속담에,

"진구(陳溝)의 물을 마시면 모두 다리를 번쩍번쩍 높이 뻗을 수 있게 된다네."
"금강대도대(金剛大搗碓)를 할 줄 아느냐?" 라는 것들이 있는데, 이것은 바로 당시의 상황을 어느 정도 반영한 것이라 하겠다.

이러한 풍조는 대대로 이어져 오랜 세월이 흘러도 쇠하지 않았으며 이러한 영향으로 자연히 역대의 명수들을 배출하게 되었다.

진씨 14대조 진장흥(陳長興, 1771-1853)은 자(字)가 운정(雲亭)으로, 《태극권 십대요론(太極拳十大要論)》·《태극권 용무요언(太極拳用武要言)》·《태극권 전투편(太極拳戰鬪篇)》 등의 저서를 남긴 근대 태극권의 창시자라 할 수 있다.

그는 조상 대대로 전해져 오던 '노가 투로(老架套路)'를 기초로 하여 그 이전에 복잡하게 많았던 태극권의 투로(套路)를 철저하게 분석하고 종합적으로 정리하여

---

24) 도가(道家)의 경전(經典)인 황정경(黃庭經)을 가리키는 것으로 도가의 양생(養生) 수련의 도리를 주 내용으로 하고 있음.
25) 옛 조(趙)나라의 수도로 여기에서는 정치나 관료사회를 지칭하여 한단지몽(邯鄲之夢), 즉 일장춘몽(一場春夢)과 같은 의미로 쓰임.

모든 권가(拳架)를 재창조하였으니, 바로 오늘날의 진씨태극권 일로(一路)와 이로(二路: 또는 포추〈炮捶〉라고도 함)가 그것이다.

후세 사람들은 이것을 가리켜 '태극권 노가식(太極拳老架式) 또는 대가식(大架式)'이라고 부른다.

장흥공(長興公)은 보표(保鏢)[26]를 직업으로 하여 산동(山東) 지방에서 근무하였는데 그 지역 무술계에서 매우 이름을 날렸다.

어느 날, 그는 무대 앞에서 연극을 보느라 수백 명의 인파 속에 서 있었는데[27], 사람들이 물밀 듯이 몰려 들어오며 밀어 부쳐도 그는 한 발자국도 움직이지 않고 오히려 그에게 가까이 간 사람은 마치 흐르는 물이 돌에 부딪친 것처럼 저항하지 못하고 저절로 떠밀렸으니, 사람들은 그를 "패위대왕(牌位大王)"이라고 불렀다.

산동(山東)에서 보표(保鏢)로 일하면서 10여 년의 세월이 흐르자, 도적 떼들이 그의 앞에서는 아예 종적을 감추게 되니, 노(魯)[28] 지역 사람들은 그의 공적을 기리는 비석을 세워 기념으로 삼았다.

그의 아들 경운(耕耘)도 무예에 정통하여 심오한 경지에 이르렀으며, 경운(耕耘)의 아들 연년(延年)과 연희(延熙)도 모두 태극권의 명수가 되었다. 특히 장흥공(長興公)은 그 유명한 제자 양로선(楊露禪)을 가르쳤다.

진장흥(陳長興)과 같은 시기의 14대 진유본(陳有本)도 태극권의 발전에 많은 영향을 끼친 인물이다.

그는 원래 있던 투로(套路)의 기초 위에서 어려운 동작과 발경(發勁)하는 동작들을 삭제하거나 변형시켜 난이도(難易度)를 크게 낮춘 투로를 새로 개발하였다.

그러나 기본적으로는 그 가식(架式)이 노가 일로(老架一路)와 같이 크고 넓게 전개하는 것으로 후세 사람들은 이를 신가(新架)라고 불렀다. 그러나 그후 진발과(陳發科)에 의해서 새로운 신가(新架) 투로가 나옴에 따라 오늘날에는 이것을 소가(小架)라고 부르고 있다.

제15대 진청평(陳清萍)은 조보진(趙堡鎭)[29]으로 가서 데릴사위로 살았는데, 그

---

26) 호위병 또는 경호원.
27) 당시 농촌에서 하던 연극으로 힘이 세고 건장한 사람들이 무대 앞에 빽빽하게 있어서 자리가 없었다.
28) 산동(山東) 지방의 다른 이름.

곳에서 권술을 전파하면서 새로운 투로를 창안하였다.

그는 원래의 투로(套路)에 다시 수정을 가하여 작고 정교하면서도 치밀하게 하였으며, 점차 그 범위를 더하여 간단한 것을 복잡하게 변화시키고, 나아가 권술의 기교적인 측면을 강조하는 연습 투로(練習套路)를 만들어 후대에 전수하니, 16대 화조원(和兆元) 문파에서는 이것을 조보가식(趙堡架式)이라고 부르고 있으며, 16대 이경연(李景延) 문파에서는 홀뢰가식(忽雷架式)이라 부르고 있는 것이다.

제16대 진흠(陳鑫, 1849-1929)은 자(字)가 품삼(品三)이다.

그는 진씨의 권술이 역대로 모두 구전(口傳)으로만 전수되어 문자 기록이나 저작(著作)이 매우 드물다는 것을 깨닫고, 조상 대대로 전해 내려온 태극권의 학설을 밝히고 그 내용을 보존하기 위해 책을 쓸 것을 결심하고, 12년의 세월을 보내면서 ≪진씨태극권도화강의(陳氏太極拳圖畵講義)≫[30] 4권을 저술하기에 이르니, 마침내 진씨 가문에 대대로 축적되어 온 연권(練拳)의 경험이 세상에 명백하게 밝혀지게 되었다.

그는 역리(易理)[31]로써 권리(拳理)를 설명하며 경락학설(經絡學說)을 인용하여 증명하였으며, 전사경(纏絲勁)을 핵심으로 하여 내경(內勁)을 총괄하였는 바, 이것은 진씨태극권 이론의 보고(寶庫) 중에서 가장 중요한 한 편(篇)이 된 것이다.

이외에도 ≪진씨가승(陳氏家乘)≫·≪삼삼육권보(三三六拳譜)≫ 등의 저서가 있다.

제17대 진발과(陳發科, 1887-1957)는 자(字)가 복생(福生)이다. 이 사람은 근대 진씨태극권의 대표적 인물로 태극권의 발전과 전파에 뛰어난 공헌을 하였다.

1929년부터 1957년까지 줄곧 북경(北京)에 머무르면서 권술을 가르쳤다.

그는 강유상제(剛柔相濟)의 권법을 펼침에 있어 채(採)·열(挒)·주(肘)·고(靠)·나(拿)·질(跌)·척(擲)·타(打) 등의 동작들을 겸용하였는데, 그 기격(技擊) 기술이 매우 뛰어나 사람들과 겨룰 때면 반드시 이길 뿐만 아니라 상대의 마음까지도 얻었다고 한다. 그는 형태가 드러나지 않는 교묘하고 우수한 격법(擊法)으

---

29) 진가구(陳家溝)의 동북쪽 5리(里)에 있는 지명.
30) 보통 진씨태극권도설(陳氏太極拳圖說)이라 칭함.
31) 주역(周易)의 원리, 즉 변화의 원리.

로 상대를 압도하였으며, 더욱이 그의 충직하고 온후한 인간성과 고상한 무덕(武德)으로 인하여 항상 각계 인사의 존경을 받았다.

그는 문하에 매우 많은 제자들을 길러냈으니, 심가정(沈家偵)·고류형(顧留馨)·홍균생(洪均生)·전수신(田秀臣)·뢰모니(雷慕尼)·풍지강(馮志强)·이경오(李經梧)·초마림(肖麻林) 등이 있다. 그의 아들 조욱(照旭)·조규(照奎)와 딸 예하(豫霞) 역시 그 권술이 매우 뛰어났다.

제18대 진조규(陳照奎, 1928-1981)는 일찍이 북경(北京)·상해(上海)·정주(鄭州)·초작(焦作) 등지에서 권술을 가르쳤는데 그에게서 배운 사람들이 매우 많아 진씨태극권 보급에 큰 공헌을 하였다.

당시 그가 주로 전수한 권가(拳架)는 그의 부친인 진발과(陳發科)가 만년에 제정한 팔십삼세식(八十三勢式)으로 오늘날 신가(新架)라고 부르는 것이다.

제18대 진조비(陳照丕, 1893-1972)는 자(字)가 적보(績甫)이다.

1928년 가을, 북경(北京) 동인당(同仁堂) 동가(東家)의 낙우신(樂佑申)과 낙독동(樂篤同) 형제는 진씨태극권의 명성을 흠모하여 하남(河南) 심양(沁陽)의 두성흥(杜盛興)에게 진가구(陳家溝)에서 사범을 초빙할 것을 부탁하자, 그 집안 사람들이 진조비(陳照丕)를 추천하여 가게 되었다.

그가 북경(北京)[32]에 도착하자, 고향 사람 이경장(李敬庄)[33]이 북평만보(北平晚報)[34] (1928년 10월)에 "우리 나라가 무술을 제창하는 목적은 나라를 지키고 튼튼하게 하기 위한 것이므로 무술을 익혀서 잃어버렸던 땅을 다시 찾읍시다."라고 기재하여 널리 알렸다고 한다.

진조비(陳照丕)는 권술 이론에 매우 조예가 깊을 뿐만 아니라, 그 자신이 수십년간 권술을 수련하여 왔는데 그는 평생을 통하여 쌓아온 경험과 이론을 《진씨태극권회종(陳氏太極拳匯宗)》·《태극권입문(太極拳入門)》·《진씨태극권도해(陳氏太極拳圖解)》·《진씨태극권이론13편(陳氏太極拳理論十三篇)》 등의 저서를 통하여 후세에 소상히 전하였다.

---

32) 당시는 北平이라고 하였음.
33) 이경림(李慶臨)이라고도 함.
34) 당시의 석간 신문사.

또한 그는 많은 제자들을 길러내었는데 오늘날 사대금강(四大金剛)이라 불리는 진소왕(陳小旺), 진정뢰(陳正雷), 왕서안(王西安), 주천재(朱天才)를 비롯하여 현대 태극권을 전파하는 특출한 인물들이 그 밑에서 많이 배출되었다.

그는 인품이 고상하고 다른 사람에게 가르치는 것을 게을리 하지 않아서 진씨태극권을 널리 전파하는 데 큰 공헌을 하였고 국내외의 각계 인사들에게 깊은 존경을 받았다. 그리하여 그는 진씨태극권의 계승과 발전이라는 두 가지 측면에서 모두 뛰어난 업적을 거두었으며 과거와 미래를 이어주는 당대(當代)의 종사(宗師)라 하겠다.

《진가구의 수련내용》

지금도 진가구(陳家溝)에서는 태극권을 전수하고 있는데 이곳에서 교육하고 있는 수련 내용을 요약하면 다음과 같다.

먼저 권술(拳術)로서는 노가(老架) 일로와 이로(炮捶: 포추), 신가(新架) 일로와 이로(炮捶: 포추), 소가(小架) 일로와 이로, 오종 추수법(五種推手法) 등이 있다.

그리고 기계(器械)를 사용하는 투로(套路)로는 태극단도(太極單刀)·쌍도(雙刀)·단검(單劍)·쌍검(雙劍)·쌍간(雙鐧)·이화창협백원곤(梨花槍夾白猿棍)·춘추대도(春秋大刀)·삼간(三杆)·팔간(八杆)·십삼간(十三杆) 등이 있다.

이곳에서 현재 지도하는 권계(拳械)의 투로는 풍격(風格)으로나, 기격(技擊)의 응용면에서나 기본적으로 원래 가지고 있던 전통적인 풍격을 여전히 그대로 유지하고 있다.

제 2 절 태극권의 유파(流派)

진씨태극권은 근세 백년간의 발전과정을 거치면서 여러 유파(流派)를 형성하며 변모하기를 거듭하여 왔는데, 여러 문파(門派) 중에서 진씨(陳氏) 계보를 제외하고 오늘날 가장 대표적인 것으로는 양(楊)·오(吳)·무(武)·손(孫)의 4대 유파를 들 수 있다.

그 내용을 약술(略述)한다.

1. 양식 태극권(楊式太極拳)

양식태극권은 양복괴(楊福魁)로부터 시작되었다. 양복괴(楊福魁, 1799-1871)는 자(字)가 로선(露禪)이고 하북(河北) 영년(永年) 사람이다.

진가구(陳家溝)의 진덕호(陳德瑚)라는 사람이 영년(永年)에서 약방을 운영하고 있을 때, 집안이 가난하였던 양로선(楊露禪)은 그 약방에서 도제(徒弟)로 일하고 있었다. 후에 진덕호가 진가구로 되돌아 올 때 그를 같이 데리고 와 집안의 잡일을 시키며 함께 살게 되었다.

당시 진씨(陳氏) 14세조 진장흥(陳長興)이 진덕호(陳德瑚)의 집에 무술 학교를 세워 후인(後人)들에게 권법과 기기(器機)를 이용하는 무술을 가르치고 있었다.

진장흥(陳長興)은 양씨(楊氏)가 총명하고 일도 열심히 할뿐만 아니라 사람됨이 충실하고 성실하며 게다가 권술에 대한 관심이 지극한 것을 보고 진덕호(陳德瑚)와 의논한 끝에 그를 제자로 받아들여 태극권을 전수하였다.

양씨(楊氏)는 권법 수련을 위해 매우 열심히 진력하였는데 밤늦게 연습을 하다가 지치면 등받이가 없는 긴 나무 의자에서 잠시 눈을 붙였다. 이런 긴 의자는 매우 좁아서 잘못하다가는 눈 깜짝할 사이에 떨어지기가 일쑤였는데, 그렇게 깨고 나면 다시 연습을 계속하였다.

이와 같이 7년의 세월이 흐르자 그의 권법은 어느 새 완성의 경지에 이르게 되었다.

그후 스승인 진장흥(陳長興)과 동가(東家)의 진덕호(陳德瑚)의 동의를 얻어 진가구(陳家溝)를 떠나 고향으로 돌아오게 되었다.[35]

양로선(楊露禪)은 집으로 돌아온 후, 친구의 추천으로 북경(北京)에서 무술을 가르치며 수많은 명수들과 대적하여 모두 물리치니 그의 명성이 하늘을 찔렀고, 후에는 청(淸)나라의 궁왕부(宮王府)에서 무술을 가르치는 교관이 되었다.

그러나 무술을 배우는 사람이 대부분 귀족의 자제로서 그들의 체질이 연약하여 그에 알맞도록 권가(拳架)를 수정하여 지도하였다. 즉 본래의 진씨태극권 투로(套路) 중 전사경(纏絲勁)과 뛰고 달리며 도약하거나 발경(發勁)을 요하는 등 난이도(難易度)가 높은 동작들을 비교적 단순하고 부드럽게 개조하여 종횡으로 뛰거나 도약하는 동작이 없도록 재구성하였다.

그후 그의 셋째 아들 건후(健侯)의 수정을 거쳐서 가세(架勢)가 중가자(中架子)가 되었고, 다시 그의 손자 징보(澄甫)의 수정을 통해서 요즘 널리 유행하고 있는 양식(楊式) 태극권이 이루어지게 되었다.

양식 태극권의 특징은 그 권가(拳架)가 전체적으로 크고 넓게 펼치는 동작을 위주로 하나 그 동작과 자세가 화순(和順)하고 유연(柔軟)하다는 것이다. 그래서 이를 두고 면리장침(綿裏藏針)[36]의 권술(拳術)이라 하는 바, 이것은 이 권법이 지니고 있는 외유내강(外柔內剛)의 특성을 강조하고 있음을 이르는 것이다.

양징보(楊澄甫, 1883-1936)는 ≪태극권사용법(太極拳使用法)≫과 ≪태극권체용전서(太極拳體用全書)≫라는 유명한 저서를 남겼다. 그는 일찍부터 북경(北京)·상해(上海)·광주(廣州) 등지에서 권술을 전수하였으며, 오늘날 유행하는 양식 태극권(楊式太極拳)을 완성한 당대의 종사(宗師)이다.

---

35) 그후로도 그는 두차례 진가(陳家)를 방문하였다.
36) 솜 속에 바늘을 감추고 있음. 곧 부드러움 속에 강함을 지니고 있다는 뜻.

2. 오식 태극권(吳式太極拳)

오감천(吳鑑泉)에 의해 전해진 태극권을 오식 태극권(吳式太極拳)이라 한다.
만주족(滿洲族) 전우(全佑)라는 사람은 양로선(楊露禪)이 청(淸)의 궁왕부(宮王府)에 머무르면서 무술을 가르칠 때, 양씨(楊氏)에게서 무술을 배웠으며, 그후에 양반후(楊班候, 1837-1892)에게서도 배웠다.
전우(全佑)는 그의 아들 감천(鑑泉)에게 태극권을 전수하였고, 감천(鑑泉)은 후에 한족(漢族)의 오씨(吳氏) 성(姓)을 따 오감천(吳鑑泉, 1870-1942)이라 부르게 되었다. 그래서 그에 의해 전해진 태극권을 오식(吳式) 태극권이라 한다.
오식(吳式)의 권가(拳架)는 부드러움으로 그 명성이 높다. 추수(推手)를 할 때는 고요함을 지키면서도 움직임을 잊지 않으며, 가식(架式)의 크기가 적당하고 부드러우면서도 치밀한 특징을 지니고 있다.
오감천(吳鑑泉)은 일찍이 상해(上海)에 권사(拳社)를 세워 학생들을 양성하였으며, 오늘날에도 이 태극권은 부드러움을 장점으로 하는 태극권이라 인식되고 있다.

3. 무식 태극권(武式太極拳)

무우양(武禹襄, 1812-1880)은 하북(河北) 영년(永年) 사람이다. 처음에는 고향 사람 양로선(楊露禪)에게서 대가(大架) 동작을 배웠고, 그후에 진가구(陳家溝)의 명성을 흠모하여 장흥공(長興公)에게 권술을 배우고자 청하였다. 그러나 그는 이미 팔십이 넘은 고령이었기 때문에 그에게서 무술을 배울 수가 없었고, 그의 아들 경운(耕耘)도 산동(山東)에 보표(保鏢)로 가 있어서 곁에 없었다. 그러나, 그의 학구열을 보고 감동한 나머지 곧 그를 진씨(陳氏) 15대 사람 진청평(陳淸萍)에게 소개해 주었다.
진청평(陳淸萍)의 권가(拳架)는 작으면서도 치밀하며, 전사(纏絲)를 덧붙여 결합시킨 진씨 소가권파(小架拳派)의 지류(支流)이다.
무우양(武禹襄)은 전심전력으로 열심히 권술을 배웠다. 그리하여 양식(楊式)의 대가(大架)와 진씨(陳氏)의 소가(小架)를 기초로 하여 자신의 권술을 이루어내니,

그것이 지금의 무식 태극권(武式太極拳)이 되었다.

그후 그의 생질 이역여(李亦畬, 1832-1892)에게 전수하였고, 이씨(李氏)는 다시 학위진(郝爲眞, 1849-1920)을 가르쳤고, 학위진(郝爲眞)은 그의 아들 월여(月如)와 소여(少如)에게 전수하였다. 그후 월여(月如)가 직업적으로 권법을 가르치게 됨에 따라 무식(武式) 태극권이 비로소 외부에 알려지게 되었다.

이 권가(拳架)의 특징은 동작이 가볍고 재빠르며, 보법(步法)이 민첩하고 구성이 치밀하고 아름답다.

4. 손식 태극권(孫式太極拳)

손록당(孫祿堂, 1860-1930)은 하북(河北) 완현(完縣)사람이다. 그는 일찍이 형의권(形意拳)과 팔괘장(八掛掌)으로 일가를 이루었으며, 역리(易理)에도 정통한 사람이다.

그는 ≪형의권학(形意拳學)≫·≪권의술진(拳意述眞)≫ 등의 저서를 남기기도 하였는데, 당시 북경(北京)에서는 그를 가리켜 활후(活猴: 재빠른 원숭이)라는 애칭으로 부르기도 하였다.

후에 학위진(郝爲眞)으로부터 태극권을 배우게 되자 형의(形意)·팔괘(八卦)·태극권(太極拳)을 하나로 융화시켜서, 오늘날과 같이 개합(開合)이 고탕(鼓蕩)하고 권가(拳架)가 높으며 보법(步法)이 활달한 독특한 풍격(風格)의 손식 태극권(孫式太極拳)을 형성하기에 이르렀다.

5. 기타 태극권

중국 국가체육위원회(國家體育委員會)는 양식(楊式) 태극권을 위주로 하고, 기타 각 유파(流派)의 태극권의 특징을 조금씩 취하여 보완하고 정리하여, 간화 태극권(簡化太極拳) 24세(勢)를 비롯하여 48세(四十八勢)와 88세(八十八勢)의 보급

형 투로를 새로이 창편(創編)하였다.

또한 국내뿐만 아니라 국제 경기에 적응하기 위하여, 국가체육위원회와 중국무술원(中國武術院)이 주관하여 진(陳)·양(楊)·오(吳)·손(孫)·무(武)의 다섯 형식의 태극권의 경기용 투로(套路)를 새롭게 편성하였다.

진가구(陳家溝)의 진씨(陳氏) 19대이며 동시에 진씨태극권 11대 계승자인 진소왕(陳小旺)과 진정뢰(陳正雷)는 국가체육위원회가 제창한 "전민건신계획(全民健身計劃)[37]"을 실현시키기 위한 작업의 일환으로 진소왕은 진씨 38세 태극권(陳氏三十八勢太極拳)을, 진정뢰는 진씨태극권 정요 18세(陳氏太極拳精要十八勢)를 새롭게 창편하기도 하였다.

종합적으로 말해서, 현재 사회에서 유행하는 여러 형식의 태극권은 풍격과 특징이 서로 다르고, 투로(套路) 형식상 대가(大架)인가 소가(小架)인가 또는 복잡한가 간단한가 등의 면에서 차이가 있지만, 그 투로의 구성이나 권세(拳勢)의 명칭 또는 단련의 요령 등 모든 면에서 살펴보아 모두 진씨 태극권을 뿌리로 하여 변화 발전한 것이 분명하다.

태극권은 지금까지 300여 년의 역사를 가지고 있지만, 범세계적인 관심을 끌며 본격적으로 확산되기 시작한 것은 20세기의 1980년대 이후이다.

태극의 문화를 널리 전파시키기 위하여, 국제적으로 태극권의 교류와 발전이 강화되고 있으며, 태극권의 발원지인 온현(溫縣)에서는 1992년을 시작으로 하여 이미 4회의 국제 태극권 연회(年會)가 성공적으로 개최되었는데, 30여 개 국가와 지구(地區)가 참가하였으며, 120여 개의 조직과 그 회원을 흡수하게 되었다. 지금, 국내외 진씨 태극권 단체는 이미 150개를 넘어서고 있다.

---

37) 모든 국민의 신체를 건강하게 하기 위하여 정부가 수립한 계획.

제 2 장
진씨태극권의 특징과 효용(效用)

제 1 절 진씨태극권의 특징

1. 외사처녀, 내사금강(外似處女, 內似金剛)
― 겉모습은 아가씨 같지만 속은 금강(金剛)이로다.

중국의 무술에는 문파(門派)가 매우 많다. 각 문파는 모두 그 나름대로의 독특한 특징을 지니고 있다. 그러나 이미 귀납적으로 증명된 사실이지만, 어느 문파의 무술도 '내가(內家)'나 '외가(外家)'의 양가 중 어느 한쪽의 범주를 결코 벗어나지는 못한다.

외가권(外家拳)은 대체로 권타각척(拳打脚踢), 즉 주먹으로 치고 발로 차는 것을 위주로 하고 있으며, 찬붕도약(竄掤挑躍), 등나섬전(騰挪閃戰)[38], 즉 달아나고 뛰어오르고 피하고 쫓아가며 싸우는 동작에 의한 공격과 방어를 의미하는 모습이 비교적 뚜렷하다. 그래서 단번에 무술이라는 것을 알 수 있다.

이런 점과 비교하여 진씨태극권은 이와 다른 독특한 특징을 지니고 있다.

진씨태극권은 의(意)로써 기(氣)를 이끌고, 기로써 신체를 움직인다[39].

내기(內氣)가 움직이지 않으면, 외형(外形)도 꼼짝하지 않고 고요히 있으며, 내기가 일단 움직이면 외형도 그 기(氣)를 따라 움직인다.

내기가 외형의 움직임을 이끌면, 신체의 상하가 서로 서로를 따라가며 끊임없이 계속 이어진다[40].

허리를 축(軸)으로 하여 신체의 마디마디가 연결되며 전신이 일관된 움직임을 나타내는데[41], 너무 힘을 빼서 풀어지거나 너무 힘을 주어 뻣뻣하게 경직되는 일이 없이 유연하게 자유자재로 가볍게 움직였다가 조용히 멈춘다.

---

38) 찬붕도약(竄掤挑躍) : 달아나고 뛰어오름.
    등나섬전(騰挪閃戰) : 자리를 옮겨 피해가며 싸움.
39) 以意導氣, 以氣運身 (이의도기, 이기운신)
40) 上下相隨, 連綿不斷 (상하상수, 연면부단)
41) 以腰爲軸, 節節貫串 (이요위축, 절절관관)

그러므로 공격과 방어를 의미하는 모습이나 뜻이 대부분 안에 깃들이거나 함축되어 있고 밖으로는 크게 드러나지 않는다.

그래서 어떤 사람들은 이런 태극권의 모습을 두고 마치 손으로 더듬어 물고기를 잡는 것이지 무술이 아니라는 오해를 불러일으키기도 한다.

특히, 노가 일로(老架一路)의 경우는 더욱 그러하다. 노가 일로의 동작은 부드러움을 위주로 하는 수련법이기 때문에 온몸을 방송(放鬆)하고 억지로 힘을 사용하여 몸을 경직시키는 움직임을 하지 말 것[42]을 강조하고 있다.

이러한 수련을 하기 위해서는 하반(下盤), 즉 하체를 굳건하게 단련하는 공부를 매우 중시한다. 하반이 견고하게 뿌리를 내리고 있어야 고관절의 움직임이 가볍고 민활해지며 따라서 기혈(氣血)의 소통도 원활해지는 까닭이다.

수련이 거듭되어 내기(內氣)가 충족되면, 의(意)가 이르는 곳에 기(氣)가 이르고, 기가 이르는 곳에 경(勁)이 이르게 된다[43].

그리하여 입신중정(立身中正)으로 팔면(八面)을 지탱하게 되면, 신체 내외의 각 부분에 굳건한 방어선이 만들어지고 온몸에는 오궁(五弓)의 축발지세(蓄發之勢)[44]를 형성하게 된다. 이러한 상태에서는 아무리 강한 적을 만나게 되더라도 즉발적(即發的)으로 내경(內勁)이 발산되는데 그것은 마치 천둥이나 열풍과 같이 빠르고 강렬하다.

그래서 겉은 아가씨와 같지만 그 속은 금강역사(金剛力士)와 같이 굳세고 강하다고 하는 것이니, 이것이 진씨태극권의 큰 특징 중 하나이다.

2. 나선전요(螺旋纏繞)[45]의 운기(運氣) 방법

머리로 벽돌을 부수고 목으로 강철을 휘감는 것은 경기공(硬氣功)의 운기(運氣) 방법이다. 내기(內氣)가 정수리로 옮겨가면 머리로 벽돌을 깰 수 있으며, 그것이

---

42) 周身放鬆, 不用僵力 (주신방송, 불용강력)
43) 意到氣到, 氣到勁到 (의도기도, 기도경도)
44) 신체를 다섯 개의 활로 비유하여 활과 시위가 축경(蓄勁)을 이루었다가 발경(發勁)하여 나가는 것처럼 몸의 축경과 발경을 설명함. 여기에서 오궁(五弓)이라 함은 사지(四肢)와 몸통(머리를 포함)을 이르는 말.
45) 나선전요(螺旋纏繞)는 나선형으로 휘감거나 회전하는 곡선의 궤적을 그리며 움직인다는 뜻으로 태극권의 운경(運勁)의 기본이 되는 "전사경(纏絲勁)"의 운용 방식을 표현하는 말.

목으로 가면 강철을 휘감을 수 있게 된다.

진씨태극권은 역학(力學)과 경락학(經絡學)의 이론을 결합하고, 나선전요(螺旋纏繞)의 운기(運氣) 방법을 사용하여 작은 힘으로 큰 힘을 이기고 약한 힘으로 강한 힘을 이기는 방법을 터득하고자 하는 것으로, 마치 자그마한 잭(jack)으로 몇 톤의 화물이 적재된 트럭을 들어올릴 수 있는 것과 같다.

이른바 태극권에서 흔히 말하는 축발상변(蓄發相變)[46], 인경낙공(引勁落空)[47], 차력타인(借力打人)[48], 사량발천근(四兩發千斤)[49]한다는 것은 모두 나선경(螺旋勁)[50]의 작용에 의해서 일어나는 것이다.

그러므로, ≪진씨태극권도설(陳氏太極拳圖說)≫에서는 그 위력을 비유하여 "빈 새장으로 유인함에 단지 한번 돌렸을 뿐이다."[51]라고 말하기도 하였다.

이러한 나선경(螺旋勁)의 이론은 그 근저에 경락학설이 논리적 기초를 이루고 있다. 경락(經絡)은 인체에 퍼져있는 기혈(氣血)이 운행하는 통로로써 이 통로를 따라 운기(運氣)가 이루어지는 것이며, 오장육부(五臟六腑)를 발원지로 하여 신체의 각 부분으로 연결되어 흐르는 것이다.

따라서 장부의 경락 기혈이 조화를 잃어버리면 신경 계통에 이상이 생기는 등 질병을 얻게 되고, 조화가 순조로우면 기혈이 원활하여 몸이 건장해지고 수명이 연장된다.

태극권은 바로 이러한 경락학설을 권법에 결합하여 실용화시킨 무술이다. 그래서 도인 토납(導引吐納)이나 행기(行氣) 등으로 표현하고 있는 모든 운기법(運氣法)은 사실상 외형적으로 표현되는 권술(拳術)과는 표리(表裏)관계를 이루고 있다 할 수 있다.

이와 같이 태극권에 있어서의 모든 권세(拳勢)와 동작은 나선전사(螺旋纏絲)의 방식으로 신축(伸縮)하고 회전하는 운동 체계를 이루고 있으며, 이러한 운용 체계가 유지되기 위해서는 기본적으로 이의도기(以意導氣)[52]하고, 이기운신(以氣運

---

46) 축경(蓄勁)하여 발경(發勁)하니 이 두 가지는 서로 다른 것이 아니고 서로간에 변화된 모습인즉, 그 변용(變用)의 중요함을 일컬음.
47) 상대의 공격을 이끌어 허사가 되도록 함.
48) 상대의 힘을 이용하여 공격함.
49) 사 량(四兩)의 조그마한 힘으로 천 근(千斤)의 무게를 움직임.
50) 나선전요(螺旋纏繞)의 방식에 의한 경(勁). 편자(編者)가 서론(序論)의 도움말에서 보충 설명하고 있는 경(勁)의 이론을 참고하기 바람.
51) 虛籠詐誘, 只爲一轉(허롱사유, 지위일전)

身)⁵³⁾하며, 나아가 기의고탕(氣宜鼓蕩)⁵⁴⁾하여 기편신구(氣遍身軀)⁵⁵⁾해야 하는 것이다.

이렇게 함으로써 내기(內氣)가 단전(丹田)에서 발원하여 신체가 이요위축(以腰爲軸) 절절관관(節節貫串)⁵⁶⁾하며 움직이는 가운데 요척(腰脊)⁵⁷⁾의 회전에 따라 전요(纏繞)운동을 하며 양쪽 신장의 좌우를 돌아 전신으로 퍼져 나가게 되는 것이다.

임(任)·독(督)의 양맥(兩脈)을 통하여 위로 가는 것은 어깨와 손목을 돌고, 아래로 가는 것은 무릎과 복사뼈를 돌아 아래 위로 사초(四梢)⁵⁸⁾에까지 이른 다음 다시 단전으로 되돌아오게 된다.

이렇게 내기(內氣)가 순환하는 동안 외부 동작이 호형(弧形)⁵⁹⁾을 이루며 원활하게 이어지게 되면 일초 일세(一招一勢)⁶⁰⁾가 자연스럽게 연결되어 일기가성(一氣呵成)⁶¹⁾하며 기혈의 순환을 이끌어가게 된다.

이와 같이 동작과 더불어 내기(內氣)의 순환을 같이 운영하는 것을 운경(運勁) 또는 운기(運氣)라 하며, 이것은 용경(用勁)과는 구별하여 이르는 말이다.⁶²⁾ 태극권이 지니고 있는 이러한 계통의 운기(運氣) 방법은 경락학설의 이치와 부합되는 것으로 다른 권법이나 체육 운동에서는 찾아보기 드문 특성이라 할 것이다.

---

52) 의(意)로써 기(氣)를 이끔.
53) 기(氣)로써 몸을 움직임.
54) 전신에 걸쳐 기(氣)의 소통이 원활하여 기(氣)로써 동작을 이끌어감.
55) 기를 적당하게 복돋우어 원활하여지면, 기가 전신에 고루 미친다.
56) 허리를 축으로 하여 전신에 연결되어 있는 마디마디가 일관되게 움직임.
57) 허리와 척추.
58) 사초(四梢)라 함은 혈(血), 육(肉), 골(骨), 근(筋)의 말단을 이르는 말이다. 혈초(血梢)는 머리카락을, 골초(骨梢)는 치아를, 육초(肉梢)는 혀를, 근초(筋梢)는 손톱과 발톱을 각각 이르는 말임(태극권론편의 태극권십대요론 사초 항목을 참조 바람).
59) 둥근 호(弧)의 모양, 즉 운동의 궤적이 직선이 아니고 곡선을 이루고 있음을 의미.
60) 한 수 한 동작 또는 자세.
61) 태극권의 투로(套路)나 권세(拳勢)를 행함에 있어 처음부터 끝까지 내경(內勁)의 흐름에 끊김이 없이 한 가지 기운으로 운경(運勁)하여 완성하는 것.
62) 태극권이 무술이 아니라고 오인하는 이유 중의 하나가 바로 이 운경(運勁)과 용경(用勁)을 구별하지 못해서이다. 일반 권법이 공방(攻防)의 의미로 실전에 적용되는 기(氣)나 경력(勁力)의 사용방법, 즉 용경(用勁)이나 용기(用氣)에 치중하는 반면, 태극권은 동작 자체를 통해 경력(勁力)의 운행의 묘(妙), 즉 운경(運勁)을 먼저 터득하게 한 후 그 사용법을 익히게 한다.

3. 무술과 도인(導引)·토납(吐納)의 상호 결합

도인(導引)과 토납(吐納)은 중국에서는 아주 옛날부터 전해 내려오는 양생술(養生術)로, 이미 기원 전 ≪노자(老子)≫·≪맹자(孟子)≫ 등의 경서에서도 기록되어 있다.

한(漢)나라 초기 회남자(淮南子) 유안(劉安)은 ≪육금희(六禽戱)≫를 편찬하였는데, 한말(漢末)의 명의(名醫) 화타(華陀)가 다시 그것을 ≪오금희(五禽戱)≫로 재편하였다.

그는 금수(禽獸)의 움직임을 유심히 관찰하여 그 동작들 가운데서 좌우로 흔듦 〔搖: 요〕·굽히고 폄〔屈伸: 굴신〕·올려보고 내려봄〔俯仰: 부앙〕·주위를 돌아봄 〔顧盼: 고반〕·뛰고 달림〔跳躍: 도약〕 등과 같은 동작을 모방하고, 그 동작에 호흡 조절을 겸비한 운기법(運氣法)을 결합시켜 하나의 운동체계를 확립함으로써 병을 치료하고 신체를 단련시키는 데 이용하였다.

이것은 이후에 기공(氣功)과 내행공(內行功)으로 발전하는 선도적인 역할을 하였으며, 또한 도가(道家) 양생학(養生學)의 기초가 되었다.

진씨태극권은 이러한 도인토납술(導引吐納術)과 수법(手法)·안법(眼法)·신법(身法)·보법(步法)의 동작을 유기적으로 결합하고 조화시킴으로써 내외겸수(內外兼修)[63]의 내공권(內功拳) 운동으로 발전하기에 이른 것이다.

4. 강유상제(剛柔相濟)의 권법

강(剛)과 유(柔), 이 두 가지는 상호 대립적인 관계에 있는 개념이다.

그러나 진씨태극권은 오히려 강경(剛勁)과 유경(柔勁)을 하나의 투로(套路)에 잘 융화시켜서, 일초 일세(一招一勢)의 동작이 강(剛) 속에 유(柔)가 깃들이고, 유(柔) 속에 강(剛)이 깃들이도록 함으로써 강유상제(剛柔相濟)의 권법을 이루어 냈다.

진장흥(陳長興)은 ≪태극권십대요론(太極拳十大要論)≫에서 이르기를,

---

[63] 정신과 육체, 내기(內氣)와 형식, 내공(內攻)과 외공(外功)을 같이 수련함.

"운동을 공부함에 있어 먼저 경(勁)의 운용을 유(柔)로써 행하고, 그 유(柔)를 단련시킨 연후에 강(剛)을 이루는데, 그 유의 지극함에 이르면 유하면서도 또한 강한 경지에 이르게 된다. 그리하여 강유(剛柔)의 조화를 얻으면, 비로소 음양(陰陽)의 도리를 얻게 된다. 그러므로, 태극권의 이름을 강이라고 할 수도 없고, 유라고도 할 수 없으니, 바로 태극(太極)이란 이름으로 명명한 것이다."[64]
라고 하였다.

그렇다면 태극권의 경력(勁力)을 논함에 있어 왜 강유상제(剛柔相齊)가 그 판단의 주요한 기준이 되는가?
그 까닭은 이러하다. 강(剛)은 있으나 유(柔)가 없으면 인성(靭性)[65]이 결핍되어 쉽게 부러지거나 쉽게 손상되어 격투의 실용 가치가 없어지게 되기 때문이요, 반면에 단지 유만 있고 강이 없는 경(勁)은 폭발력이 상실되어 있으니 역시 실용 가치가 없기 때문이다.
그러므로, ≪태극권십대요론(太極拳十大要論)≫에서 지적하기를,
"강유(剛柔)가 이미 나뉘어지면, 그 쓰임새도 달라진다. 사지(四肢)를 발경(發勁)할 때와 같이 운기(運氣)하는 모습이 모두 밖으로 나타나되, 안으로는 고요하고 중후함이 유지되고 있으면, 이것은 강세(剛勢)이다. 그리고, 기(氣)가 안으로 쌓여 있지만 밖으로는 가볍고 온화한 기운이 나타나고 있으면, 이것은 유세(柔勢)이다. 유(柔)가 없으면 강(剛)을 사용할 수 없으니, 그것은 유가 없으면 환요(環繞)[66]가 신속하지 못하기 때문이요, 강(剛)이 없으면 유(柔)를 사용할 수 없으니, 그것은 강이 없으면 접근을 재촉하여도 민첩할 수 없기 때문이다. 이와 같이 강유상제(剛柔相齊)하게 되면, 점(粘)·유(游)·연(連)·수(隨)·등(騰)·섬(閃)·절(折)·공(空)·붕(掤)·리(攦)·제(擠)·날(捺)의 동작을 행함에 있어 자연스럽게 이루지 못할 데가 없는 것이다. 강유(剛柔)란 어느 한쪽으로 편중하여 사용할 수 없는 것이니, 무술에 응용함에 있어 어찌 이것을 소홀히 할 수 있겠는가!"
라고 하였다.

---

64) 運動之功夫, 先化勁爲柔, 然後練柔成剛, 及其至也, 亦柔亦剛. 剛柔得中, 方見陰陽, 故此拳不可以剛名, 亦不可以柔名, 直以太極之名名之.(운동지공부, 선화경위유, 연후연유성강, 급기지야, 역유역강. 강유득중, 방견음양, 고차권불가이강명, 역불가이유명, 직이태극지명명지).
65) 다른 힘으로 파괴하기 어려운 성질. 강인성이나 근성.
66) 전사경(纏絲勁)에 의해서 운용되는 나선식 회전운동.

강(剛)과 유(柔)의 변환을, 신(神)과 기(氣)의 측면에서 살펴보면[67], 은(隱)과 현(顯)[68]으로 표현할 수 있으니, 은(隱)은 곧 유(柔)이고 현(顯)은 곧 강(剛)이 된다.

이를 자세의 측면에서 살펴보면, 개(開)와 합(合)을 통해 표현할 수 있으니, 합(合)은 곧 유(柔)이고 개(開)는 곧 강(剛)이 된다. 따라서 축(蓄)은 곧 합(合)이니 유(柔)가 되고, 발(發)은 곧 개(開)이니 강(剛)이 된다.

또한, 동작의 과정에서 표현되는 것은 유(柔)이고, 동작이 끝나는 낙점(落點) 때의 표현은 강(剛)이다.

신기(神氣)의 은현(隱顯)과 자세(姿勢)의 개합(開合)이 있음으로써 강유(剛柔)가 충분히 표현될 수 있는 것이다.

낙점(落點)은 운동이 막바지에 도달하여 하나의 동작이 끝나는 순간을 말하는데 신(神)이 분명히 드러나고 기(氣)가 한 곳으로 모이는 때이므로 강(剛)으로 표현된다. 이것을 제외한 운기(運氣)의 전환 과정은 유법(柔法)을 사용하는 것이 마땅하다.

진씨태극권의 모든 동작에는 개(開)와 합(合)이 있으며, 또 모든 개합(開合)의 동작마다 운경(運勁)과 낙점(落點)이 있는데, 낙점(落點)에는 강경(剛勁)을 써야 하고, 다른 부분의 동작에서는 모두 유경(柔勁)을 사용해야 한다.

이것은 강유상제(剛柔相齊)를 하면서 반드시 숙지해야 하는 원칙이며, 또한 피실격허(避實擊虛)[69], 축이후발(蓄而後發)[70], 인진낙공(引進落空)[71], 송활탄두(鬆活彈抖)[72] 등을 연습하는 기초가 되는 것이다.

5. 의식(意識)과 호흡(呼吸)과 동작(動作)의 결합

진씨태극권은 내외겸수(內外兼修)를 추구하는 내가권술(內家拳術)이다.

---

67) 신(神)은 정신, 마음, 의(意)와 같이 기(氣)의 바탕이 되는 측면을, 기(氣)는 신(神)에 의하여 운용되는 동적(動的)인 측면을 나타내는 것임.
68) 은(隱)과 현(顯) : 속에 감추어져 있음과 겉으로 나타남.
69) 실(實)한 곳을 피하고 허(虛)한 곳을 공격함.
70) 모은 뒤에 사용함, 즉 축경(蓄勁)한 뒤에 발경(發勁)한다는 의미.
71) 상대의 공격을 이끌어 헛되게 함.
72) 방송(放鬆)상태에서 용수철처럼 튀기듯이 움직여 공격함.

내가권술의 동작은 모두 의식(意識)의 인도(引導) 아래 진행된다. 여기에서 '의(意)'라 함은 바로 '심의(心意)'를 일컫는 말이다.

진흠(陳鑫)은 ≪권론(拳論)≫에서 다음과 같이 논하였다.
"권(拳)을 쓸 때는 마음을 위주로 하여야 한다."
"묘기(妙機)는 본래 마음에서부터 발생한다."
"마음에서 운용하는 것, 이것이 참된 비결이다."
"마음을 위주로 하면, 오관(五官)과 백해(百骸)가 그 뜻을 따르지 않는 것이 없다."
"묻기를, '운행(運行)의 주재(主宰)가 무엇입니까?'라고 하자 '마음에서 주재합니다. 마음이 좌우로 번갈아 가면서 움직이고자 하면 좌우의 수족(手足)이 곧 번갈아 움직이고, 마음이 전사경(纏絲勁)으로 순전(順轉)하는 원(圓)을 이루고자 하면, 곧 좌우의 손이 순전하는 전사경의 원을 이루며 움직이게 됩니다. 마음이 팔꿈치를 가라앉히고 어깨를 내리려 하면, 곧 팔꿈치가 가라앉고 어깨가 내려갑니다. 또, 마음이 가슴과 배를 앞으로 모으고, 요경(腰勁)을 아래로 가라앉히고, 당(襠)을 둥글게 벌리고자 하면, 바로 가슴이 앞으로 모이고 요경이 아래로 움직이고 두 다리 사이를 둥글게 벌리게 되니, 마음 먹은 대로 되지 않는 것이 없습니다. 마음이 두 무릎을 굽히고자 하면, 두 무릎이 곧 굽혀지고, 오른발이 오른손을 따라 움직이고 왼발이 왼손을 따라 움직이게 하고 싶으면 곧 무릎과 발이 모두 그것을 움직이게 됩니다. 그렇게 하지 않으면 피로감을 많이 느끼게 되니 온몸이 그 마음을 따르지 않을 수 없습니다. 그런 까닭으로 나는 '마음이 온몸의 행동을 주재(主宰)한다.'라고 말하는 것입니다."
이상에서 말한 것은 바로 심의(心意)와 동작의 관계이다.

또, ≪권론(拳論)≫에서 이르기를,
"태극권을 수련하여 기혈(氣血)을 다스리게 되니, 호흡은 순기자연(順其自然)하고 … 끊임없이 조식(調息)하며, 안으로 의식을 모아 지키며 현관(玄關)[73]을 마음에 두고 새기니 … 가벼이 움직이고, 고요히 정지하는데, 오로지 마음으로써 이를

---

73) 현묘(玄妙)한 도(道)의 세계로 들어가는 어귀라는 뜻의 불교 용어로 선(禪)의 관문(關門)을 이르는 말. 그러나 여기에서는 내공(內攻) 수련의 중요 부위로써 단전(丹田)을 의미함.

운행한다."

라고 하였다.

    이상과 같이 의식(意識)과 호흡(呼吸)과 동작(動作)의 삼요소 간의 밀접한 관계를 살펴보았다.
    가식(架式)을 행할 때, 일거 일동이 모두 의식의 지휘 아래 수법(手法)·안법(眼法)·신법(身法)·보법(步法)의 동작과 호흡이 유기적으로 결합하고 조화되어, 개(開)하는 동작에서 내쉬고 축(蓄)하는 동작에서 들이쉬되, 그 행함이 지극히 자연스럽게 이루어지며[74], 심의(心意)가 기(氣)를 가볍게 운행하는 일이 없게 되면 곧 내외(內外)가 통일된 내공권(內功拳) 운동이 이루어지게 되는 것이다.

6. 실전성의 경기 운동 : 쌍인추수(雙人推手)[75]와 쌍인점창(雙人粘槍)

    옛날부터 무술에는 척(踢: 발차기)·타(打: 치기)·솔(摔: 던지기)·나(拿: 잡기)·질(跌: 넘기기) 등 다섯 가지 부분의 수련법이 있다.
    여기에서 솔(摔)에는 타(打)의 개념이 포함되지 않는다.
    솔법(摔法)을 제외한 나머지 네 종류는 종합적으로 단련하는 것이 일반적이지만, 솔법만은 몇 천년 동안 독립적으로 발전되어 왔다.
    무술을 하는 사람은 이러한 무술의 수련 과정을 거치면서 제각각 나름의 특색이나 주특기를 자연스럽게 가지게 된다.
    고대에는 "남권북퇴(南拳北腿)", "장권단타(長拳短打)"라는 말이 있었는데, 이것은 무술계에 여러 분파나 가지가 있음을 설명하는 것이다.

---

74) 開呼蓄吸(개호축흡), 順其自然(순기자연).
75) 推手라는 한자(漢字)는 추수 또는 퇴수라고 읽을 수 있는데 推라는 한자가 "민다"는 의미로 사용될 때는 "퇴"로 발음하는 것이 원래의 바른 한글표기법이나 오늘날 일반 대중이 이를 "퇴"로 읽는 사례가 거의 없고 대부분 "추"로 발음하고 있는 관행을 좇아 이를 추수라고 표기함. 또한 같은 의미로 쓰인 前推[앞으로 민다]는 전추로, 推按[안의 동작으로 밂]은 추안으로 표기하고, 투로의 명칭에서 雙推手는 쌍추수로, 抱頭推山은 포두추산으로 표기함.

척계광(戚繼光)과 더불어 동시대의 명수로 산동(山東)의 이반천(李半天)의 퇴(腿), 응조왕(鷹爪王)의 나(拿), 천질장(千跌張)의 질(跌), 장경백(張敬伯)의 타(打) 등이 있었는데 이들은 모두 나름대로 독특한 기술을 가지고 있었다.

이와 같은 척(踢)·타(打)·나(拿)·질(跌)의 사법(四法)을 비롯한 각종 권술은 그 동작을 실제로 사용하게 되면 상해를 입을 우려가 크기 때문에, 연습을 할 때에는 대부분 가상적이거나 상징적인 대련(對鍊)의 연습법을 선택하였다.

이것을 화가수법(花假手法)이라 하는데 나름대로 편리한 점은 있으나 겉보기만 화려하고 알맹이가 없는 위장수법이라는 비판을 면하기 어려운 점이 있다. 이 때문에 전인(前人)들이 무술을 전수하고 수련하는 과정에서 고심하며 쌓아온 경험들이 실전(實戰)의 부족으로 그 기술 수준을 향상시키기가 매우 어려웠다. 이것이 바로 중국 고대의 유명한 무술들이 전수되는 과정에서 그 본래의 진수(眞髓)를 잃어 버리게 되거나, 혹은 아무도 전수 받지 못하게 된 원인 가운데 하나이다.

진왕정(陳王廷)은 무예를 수련함에 있어 이러한 애로사항을 해결하기 위하여 쌍인추수법(雙人推手法)이라는 독특한 훈련 방법을 창안하였다.

그는 점(粘)·점(黏)·연(連)·수(隨)·붕(掤)·리(擺)·제(擠)·안(按)을 중심 내용으로 하는 모든 동작을 전사경(纏絲勁)의 나선전요(螺旋纏繞)를 기초로 하여 쌍인추수(雙人推手)의 방법으로 단련함으로써 대뇌의 반응과 피부 촉각의 민감성을 실전과 같은 감각으로 익힐 수 있는 연습 방법을 개발하였던 것이다.

뿐만 아니라 척(踢)·타(打)·솔(摔)·나(拿)·질(跌) 등의 경기 기술을 종합함으로써 더욱 발전된 면모를 보여 주었다.

나법(拿法)의 경우를 예로 들면, 상대방의 관절을 잡는 것에 한정하지 않고 상대방의 경로(勁路)를 잡는 데 중점을 두었으니, 이것은 종전의 일반 나법(拿法)의 기술보다 한 수 우위인 것이다.

진씨태극권의 이러한 추수(推手) 방법에서는 공방(攻防)의 기량이 비교적 강하게 표현되기 때문에 체력·지구력·속도·순발력·기교 등 모든 점에 있어서 실전에 가까운 훈련 효과를 얻을 수 있다. 그러므로 종래의 화가수법(花假手法)의 가상성(假想性)과 상징성(象徵性)을 극복하고 이를 대체하는 수련방법이 될 수 있을 뿐만 아니라, 실습할 때의 장소와 호구(護具)를 비롯하여 특별한 복장을 제작해야 하는 등의 문제점들도 동시에 해결하게 되었다. 그래서 이후부터는 시간과 장소에 크게 구애받지 않고 두 사람이 손을 맞대고 대련(對鍊)이나 연습경기를 할 수 있게 되었다.

또한, 진왕정(陳王廷)은 쌍인점창법(雙人粘槍法)이라는 훈련법을 창조하였다.

이것은 태극권파(太極拳派)에서 장병기(長兵器)를 이용하여 대련할 수 있는 독특한 훈련법으로서 점수불탈(粘隨不脫)[76] 하고, 축발상변(蓄發相變)하면서 자창술(刺槍術)과 팔간대련(八杆對鍊)을 수련할 수 있도록 구성되어 있는 기본 수련법이라 할 수 있다.

이와 같이 진씨(陳氏)의 권술과 여러 가지 전사경(纏絲勁)을 기계(器械)에 도입하여 결합시킴으로써 장병기(長兵器)의 대련을 간편하고도 쉽게 할 수 있으며 기술을 향상시킬 수 있는 길을 개척하였다.

---

76) 아교처럼 붙어서 떨어지지 아니함.

제 2 절 진씨태극권의 효용

호추불두(戶樞不蠹)라는 말이 ≪여씨춘추(呂氏春秋)≫라는 옛 문헌에 기록되어 있다. 이 말은 "문지도리는 좀이 먹지 않는다"라는 뜻으로 "흐르는 물은 썩지 않는다"는 말과 그 뜻이 서로 통한다.

이것은 옛날부터 중국 사람들에게 널리 전해져 내려오는 말로, 중국 사람들이 아주 오래 전부터 운동이 체질을 강화하고 질병을 치료하는 작용을 하고 있음을 잘 알고 있었다는 것을 설명한다.

중국 고대의 사학자인 진수(陳壽)는 ≪삼국지(三國志)≫의 위서(魏書) 화타전(華陀傳)에 화타(華陀)가 지은 "오금희(五禽戲)"를 기록해 놓았는데 이것은 바로 호랑이〔虎〕· 사슴〔鹿〕· 곰〔熊〕· 원숭이〔猿〕· 새〔鳥〕의 동작을 모방하여 관절을 움직이면 질병을 예방하고 수명을 연장시킬 수 있다는 내용이다.

중국 고대의 도가(道家)에서 전해져 내려오는 "정좌(靜坐)"· "도인(導引)"의 술법은 모두 양생(養生)과 치병(治病)의 방법이다.

≪소문(素問)[77]≫의 이법방의론(異法方宜論)에서는,

"그 백성들이 이것저것 잡된 것을 먹고 일을 하지 않아, 병이 많고 몸이 저리고 숨이 막히며 오한이 나니, 그 병을 고치려면 마땅히 도인(導引) 안교(按蹻)[78]해야 한다."

라고 하였다.

또한, ≪소문(素問)≫의 상고천진론(上古天眞論)에서는

"명예며 이익이며 세상 물욕을 버리고 편안하고 고요하게 비우고 집착하는 바가 없으니, 진기(眞氣)가 따라오게 되고, 정신이 안에서 지켜주니, 여태까지 병 없이 살게 되었다."

---

77) 동양에서 가장 오래된 의학서로 황제(黃帝)와 기백(歧伯)의 의학에 대한 문답이라 전해 내려오는 것을 주(周), 진(秦)나라 때 수록하여 만듦.
78) 안마(按摩)나 지압(指壓) 등을 통하여 잘못된 곳을 바로잡음.

라고 하였다.

이것은 운동과 정좌(靜坐)가 방법은 다르지만 다른 각도에서 양생하는 작용이 있어 몸을 건강하게 하고 질병을 치료하는 생리 효과가 있음을 충분히 설명하는 것이다.

옛날부터 지금까지 양생과 치병의 술법에는 그 종류도 많지만 그 특징도 가지가지다.

그런 가운데, 태극권은 고래로 전해져 내려오는 선인(先人)들의 각종 양생술(養生術)의 정화(精華)를 종합하고, 음양의 이치를 결합하여, 청정지중(淸靜之中)[79]에 나선전사(螺旋纏絲)운동을 행하고, 또한 나선전사(螺旋纏絲)운동의 과정에서 청정(淸靜)이 녹아들도록 하였다.

태극권은 동(動)과 정(靜)의 교묘한 결합을 통하여 내기(內氣)로써 외형(外形)의 움직임을 이끌고, 사유(思維)와 동작(動作), 쾌(快)와 만(慢), 개(開)와 방(放), 분(分)과 합(合) 등의 동작이 의기(意氣)와 상호 조화를 이루게 하여, 정신적인 안정과 신체적인 단련을 얻을 수 있도록 한 것이다.

그래서, 원기(元氣)[80]가 생동하고, 종기(宗氣)[81]가 충만해지고, 정기(精氣)[82]가 보호되어, 병을 물리치고 신체를 튼튼하게 할 수 있을 뿐만 아니라 공방(攻防)의 기량을 함양함으로써 신체를 방어하는 이중 효과를 얻을 수 있게 되었다.

1. 태극권의 건신(健身) 작용

첫째, 태극권을 오래도록 수련하면 신경계통의 기능이 개선되고, 병소(病巢)가 자리잡을 소지나 그 재발로 인한 영향력이 제거된다.

---

79) 맑고 고요한 마음으로 단전에 기를 모으고 정신이 집중된 상태.
80) 원기(元氣)는 기(氣)의 전반을 뜻하는 기본적인 말로서 진기(眞氣), 또는 원기(原氣)라고도 하며, 보통 선천적(先天的)으로 갖추어진 기(氣)를 동시에 뜻함.
81) 생명의 근원을 이루는 기운으로 특히 흉중(胸中)의 기(氣)를 의미하는 바, 폐의 호흡기능과 심장의 순환기능을 강조하여 일컫는 기(氣).
82) 정(精)이란 생명체가 선천적으로 갖고 있는 생장, 발육 등의 생명에너지의 기본이 되는 물질로서 이 물질을 지속적으로 유지해주는 기운을 정기(精氣)라 함. 따라서 정기(精氣)는 후천적으로 음식물 등에서 얻는 영양물의 끊임없는 보충이 있어야 유지되는 것임.

신경계통의 작용은 인체 각 기관의 기능과 활동을 조절하고, 인체 내부의 온전한 통일을 유지시켜서 외부의 환경변화에 적응할 수 있도록 해주기 때문에 그 기능이 안정되고 원만해지는 것은 건신(健身)과 직결된다 하겠다.

태극권은 청정(淸靜)한 상태에서 수련하는 것을 무엇보다 중요하게 여긴다. 여기에서 청정이 뜻하는 바는 의수단전(意守丹田), 즉 "마음이 단전(丹田)을 지키는" 상태를 말하는 것으로 이것은 바로 정공(靜功)을 통하여 양신(養身)하는 첩경인 것이다.

이러한 정공은 자아 의식의 조절 능력을 증가시켜 체내에서 병인(病因)과 병소의 활동을 저지하는 신호전달 체계를 생산하여 병소의 재발로 인한 악성 순환의 고리를 끊어 병의 진행이 악화되는 것을 억제함으로써 건강을 호전시켜 준다.

마음을 편안하게 하여 근심과 걱정을 버리고 의수단전(意守丹田)하는 훈련을 하는 것은 내기(內氣)의 순환을 촉진시켜 주는 기초가 되며, 굳센 의지와 기백을 일깨워 주는 조건이 된다. 굳센 의지는 연권(練拳)의 성공을 보증하는 첫 관문이니, 항심(恒心)으로 단련하면, 내기(內氣)와 외형(外形)의 움직임이 조화를 이루어 나가게 된다.

또한 기침단전(氣沈丹田)하여, 기(氣)가 미려(尾閭)[83]를 관통하고, 전신을 돌게 되면, 오장육부가 그 기운을 받아 충실해지고 온몸이 양생(養生)하여 정력이 왕성해지고 질병의 치료나 정신적 질환의 회복에 이롭게 된다.

이것은 대뇌 신경 세포의 기능을 완전하게 촉진시켜 흥분과 억제의 과정을 잘 조절하여 정신 질환 즉 신경 쇠약과 같은 신경 계통의 질병에 아주 좋은 치료 효과를 얻을 수 있다.

둘째, 태극권을 수련하면 심장의 기능이 강화되고, 미세 순환계통(微細循環系統)의 기능이 개선되고 폐활량이 확대되어 심폐(心肺) 기관의 노폐물 교환 능력이 향상된다.

혈액은 신체 각 조직과 기관에 영양을 공급해 주는 역할을 담당하고 있으며, 심장은 혈액 운행의 동력이고 모세 혈관은 미세한 순환물질의 교환장소이다.

---

83) 등뼈의 끝인 꼬리뼈, 또는 꼬리뼈의 끝에 있는 경혈(經穴) 자리.

오랫동안 태극권을 연마한 사람의 경우, 1분당 심장박동 회수가 60회 정도밖에 되지 않는데, 이것은 오랜 훈련을 통하여 그 심장 박동률을 감소시키고 이완시켜 심근(心筋)이 충분히 쉴 수 있도록 함으로써, 심근의 수축력이 높아져서 심장에서 나오는 혈액의 양을 증가시킴으로써 심장의 기능이 향상된 까닭이다.

태극권을 꾸준히 수련하여 내기(內氣)가 원활하게 소통되고, 전신의 긴장이 풀리고 방송(放鬆)상태가 유지되면, 미세 순환계통의 기능이 향상되어 모세혈관 내외의 물질대사가 촉진되고 산소의 공급량이 증가되어 근육에 축적된 노폐물을 감소시킴으로써 피로회복이나 질병의 회복에 도움이 된다. 특히 만성 관상동맥 심장병이나 고혈압 및 동맥경화증에 대한 치료 효과가 좋다.

폐는 기체를 교환하는 장소이다. 호흡을 통하여 기체를 교환함에 있어 가장 중요한 조건은 신장(腎臟)에까지 기(氣)가 미칠 수 있도록 호흡해야 한다는 것이다.

신(腎)이 기를 받아들이면, 기침단전(氣沈丹田)이 이루어지나, 신이 기를 받아들이지 못하면 그 기가 가슴속에 떠 있게 되어 숨이 차게 된다.

태극권을 수련하면서 단련해야 할 호흡(呼吸) 방법의 핵심은 '심장균유(深長勻柔)', 즉 '깊게, 길게, 고르게, 부드럽게' 호흡하는 것이다.

이런 호흡을 하면, 횡격막과 복부 근육의 운동량을 증가시키고, 늑간근(肋間筋)의 호흡 조절 능력을 높여서 폐와 흉곽 사이의 견인력(牽引力)을 증대시키고 폐활량을 높이며 폐포와 모세 혈관의 접촉 면적을 크게 하여 산소와 이산화탄소의 교환 능력을 높인다. 오랜 기간 단련을 하게 되면, 호흡의 빈도를 감소시키면서도 호흡의 효과는 더 크게 할 수 있다.

태극권을 연마할 때, "겨드랑이와 등에 땀이 흐르는데도 숨은 차지 않는다"라는 말이 있는데, 이에 대한 구체적인 표현이다.

이러한 호흡방법은 만성 폐기종(肺氣腫)을 비롯하여 각종 만성 폐 질환의 치료에 효과가 있다.

셋째, 태극권을 수련하면 근육을 튼튼하게 하고, 뼈의 이화학적(理化學的) 특성

---

84) 영위(營衛)는 영기(營氣)와 위기(衛氣)를 말하는 것으로, 영기(營氣)는 맥관(脈管) 내를 운행하는 기(氣)로서 혈(血)을 생성하고 인체의 영양을 조절하는 작용을 하고, 위기(衛氣)는 맥관(脈管) 밖을 운행하며 오장육부와 피부 근육 등 각 기관을 보호하는 작용을 한다.

을 개선시키며, 경락(經絡)의 소통을 원활하게 하여 영위기혈(營衛氣血)[84]의 운행을 순조롭게 한다.

태극권의 운동 방식 중의 한 가지 큰 특징은 일동무유부동(一動無有不動), 즉 하나의 움직임이 일어나면 전신에 움직이지 않는 곳이 없다라는 점이다.

내기(內氣)의 소통에서 외형의 변화에 이르기까지, 또 오장 육부에서 사지 백해(四肢百骸)에 이르기까지 모든 것이 그 "움직임(動)"에 달려 있는 것이다.

순전사(順纏絲)와 역전사(逆纏絲)의 나선운동(螺旋運動)을 비롯하여 상하상수(上下相隨), 내외결합(內外結合), 쾌만상간(快慢相間), 절절관관(節節貫串) 등이 뜻하는 바는 모두 모든 동작이 하나로 일체가 되어 서로 융합되어 있다는 것이다.

그리하여 장부(臟腑) 조직에서부터 피부 조직, 관절 인대, 힘줄 근육에 이르기까지 모두 움직이고 단련되는 것이다.

수련을 지속하면 근육이 발달하고 골격이 튼튼해져서 뼈의 이화학적 특성을 개선시키게 되므로 뼈의 항절(抗折)·항압(抗壓)·항만(抗彎)·항탈구(抗脫臼) 능력을 높일 수 있게 된다. 그러므로 태극권을 수련하게 되면 노인성 관절병(예를 들면, 관절 경화, 걸어다니거나 앉고 일어설 때의 불편, 다리와 무릎 관절의 약화, 구부리고 펴는 동작이 힘들고 잦은 골절 현상 등)의 예방에 아주 뛰어난 효과가 있다.

경락(經絡)은 기혈(氣血)이 운행하는 통로이다. 인체의 건강은 바로 이 기혈의 소통이 얼마나 순조롭게 이루어지는가 하는 것과 밀접한 관계가 있다.

태극권을 수련하는 사람은 그 수련 정도가 어느 수준에 이르게 되면, 곧 아랫배가 따뜻해지고 사지의 말초 부분이 확장되며 저려오는 느낌을 받게 된다.

중의(中醫)의 침구학(針灸學)에서는 이러한 현상을 "득기(得氣)"의 과정이라 표현하고 있는데, 이것은 내기(內氣)의 움직임이 고르게 조절되어 경락이 타통(打通)됨에 따라 기혈의 운행이 순조롭게 이루어지고 있는 것을 두고 하는 말이다.

태극권을 수련할 때는 "주재우요(主宰于腰)", "허령정경(虛領頂勁)", "기침단전(氣沈丹田)"하는 것이 운동의 주요한 원칙임을 잊어서는 안되며, 특히 허리는 신(腎)의 장부(臟腑)이며 대맥(帶脈)이 위치하여 기(氣)가 감고 돌아가는 곳임으로 태극권의 모든 동작에서 그 움직임을 잘 다스려야 한다.

요척(腰脊)의 움직임이 바로 전신의 움직임을 이끌어나갈 뿐만 아니라, 기혈 또한 요척의 움직임에 따라 손가락으로, 사초(四梢)로 운기(運氣)되었다가, 다시 단전(丹田)으로 돌아오게 되는 것이다.

아랫배 부위의 단전(丹田)은 일원삼기(一源三岐)하는 자리이니, 임맥(任脈)·독맥(督脈)·충맥(衝脈)의 근원이 바로 그곳이며, 회음(會陰)에서 나와 다시 여러 경맥(經脈)으로 갈라져 들어간다.

따라서 태극권을 장기간 단련하게 되면, 신기(腎氣)가 왕성해지고, 대맥(帶脈)이 충실하여지며, 음양이 조화를 이루고, 정신이 맑아지고 눈이 밝아진다.

또한 "미려중정(尾閭中正)[85]"은 태극권을 바르게 잘할 수 있는 요령이다.

이것은 자신의 중심을 확고하게 안정시켜 줄 뿐만 아니라, 발경(發勁)의 근본을 강화시켜 준다.

태극권에서 "허령정경(虛領頂勁)"과 "미려중정(尾閭中正)"은 각기 상체와 하체에서 이루어야 할 자세의 핵심적인 요체로서 상하가 이러한 동작으로 서로 조화를 이루고, "백회혈(百會穴)"과 "장강혈(長强穴)"이 서로 감응(感應)하여 관주(灌注)하면, 독맥(督脈)이 소통되어 기(氣)의 흐름이 순조로워질 뿐만 아니라 원만하게 입신중정(立身中正)을 이룰 수 있는 관건이 된다.

백회(百會)와 장강(長强)은 독맥(督脈)의 요혈(要穴)로서 이 혈이 타통(打通)되면 중기(中氣)[86]의 소통이 원활해지고 인대(靭帶)를 튼튼하게 하며 또한 근육의 기능을 강화시킨다. 그러므로, 탈항(脫肛)·치질(痔疾)·자궁하수(子宮下垂)에 대하여 모두 좋은 치료와 예방의 효과가 있다.

결론적으로 말하면, "미려중정(尾閭中正)"과 "허령정경(虛領頂勁)"은 임맥(任脈)과 독맥(督脈)에서 기(氣)의 운행이 잘 되도록 도와주는 동작이며 자세인 것이다.

임맥은 '음맥지해(陰脈之海)'로 신체의 음경(陰經), 즉 수족(手足)의 삼음경맥

---

85) 미려(尾閭), 즉 꼬리뼈 부위는 신체 구조상으로 몸무게의 중심점에 해당한다. 따라서 배가 좌우로 기울더라도 그 중심을 복원해주는 것처럼 신체의 운동 과정에서 안정된 중심점의 역할을 하여 항상 평형을 유지할 수 있는 것을 말함. 따라서 이것은 허령정경(虛領頂勁)하고 기침단전(氣沈丹田)하는 것과 아울러 입신중정(立身中正)을 유지하는 척도가 되는 것임.
86) 한의학적인 의미로는 장부(臟腑)의 기(氣), 특히 비기(脾氣)와 위기(胃氣)로 한정하여 소화흡수기능을 강조하여 기(氣)를 일컬을 때 쓰임. 그러나 태극권에서는 임맥(任脈)과 독맥(督脈)을 중심으로 대주천(大周天)의 근간이 되는 내기(內氣)의 흐름을 일컬음.

(三陰經脈)을 총괄한다. 독맥은 '양맥지해(陽脈之海)'로 신체의 양경(陽經), 즉 수족의 삼양경맥(三陽經脈)을 총괄한다. 또한 안으로는 기경(奇經)의 여러 맥들과 연결되어 있어 그것이 잘 소통될 수 있도록 한다.

여기에 덧붙여 기침단전(氣沈丹田)하고, 나선전요(螺旋纏繞)하면, 안에서 밖으로, 신체의 몸통에서 사지의 말초에 이르기까지 모두 특수한 동작으로 운동할 수 있으니, 화타전(華陀傳)에 이르는 말처럼 "움직인즉, 막혔던 기운이 통하고 혈맥이 흐르게 되니, 병이 생기지 않게 되는"[87] 것이다

당연한 이야기지만, 연권(練拳)을 통하여 병을 예방하고 몸을 튼튼하게 하여 건신(健身)의 효과를 얻는 것은 하루아침에 이루어지는 것이 아니다. 정확한 동작의 기초 위에서 오랫동안 꾸준히 단련하면 남녀노소에 관계없이 모두 병을 예방하고 건신하여 장수의 효과를 얻을 수 있다.

2. 태극권의 기격(技擊) 작용

진씨태극권은 신체를 튼튼하게 할 뿐 만 아니라, 오묘한 기격(技擊)의 작용을 가지고 있다. 중국 무술에는 그 문파가 매우 많으며 그 공격과 방어의 기교에도 각기 그 나름대로의 장점을 지니고 있지만, 일반적으로 그것들이 '권타각척(拳打脚踢)[88]'의 범주를 벗어나지는 않는다.

그러나, 진씨태극권은 당초부터 독자적으로 한 문파를 형성하며 300여 년의 세월이 흐른 지금에도 여전히 본래의 독특한 풍격(風格)과 특징을 유지하고 있다. 즉 진씨태극권은 붕(掤)·리(擺)·제(擠)·안(按)·채(採)·열(挒)·주(肘)·고(靠)를 중심 내용으로 하고, 점(粘)·점(黏)·연(連)·수(隨)의 기초 위에서 나선전사(螺旋纏絲)의 내경(內勁)을 운용함으로써 전체적인 흐름을 총괄하며, 조(抓)·나(拿)·솔(摔)·골(滑)·타(打)·질(跌)을 하나의 권술 안에 용해시키니, 내외겸련(內外兼練)[89]의 무술이며 무술계에서 가장 뛰어난 권법 중의 하나가 된

---

87) 動則谷氣得消, 血脈流通, 病不得生(동칙곡기득소, 혈맥유통, 병부득생).
88) 주먹으로 치고 발로 차는 것.

것이다.

진씨태극권을 수련함에 있어 연공(練功)의 기간이 3년을 지나면 소성(小成)이라 하고, 9년이 되면 대성(大成)이라 하였다.
그 연공이 최고의 경지에 이르러 일가(一家)를 이루게 되면, 정(靜)으로써 동(動)을 제압하고, 이일대로(以逸待勞)[90]하며, 자신은 전혀 변하지 않으면서도 온갖 변화에 대응할 수 있게 되는 것이다.
또한 득기득세(得機得勢) 사기종인(捨己從人)[91]하며, 임기응변으로 민첩하게 움직이며, 인진낙공(引進落空)하고 차력타인(借力打人)하게 되는 것이다.

진가구(陳家溝)에 전해지고 있는 갈수가(擖手歌)라는 가결(歌訣)에서는,
"붕리제안(掤攦擠按)을 열심히 하면, 전신이 서로 연결되어 어우러지니 누구도 침범할 수 없다네. 누군가가 커다란 힘으로 나를 치러오면, 사량(四兩)의 힘으로 천근(千斤)의 경력(勁力)을 발할 것이라네."[92]
하고 노래하였다.

또한 권론(拳論) 중에 이런 구절이 있다.
"이 기술에는 아류(亞流)가 매우 많은데, 차이가 있다고는 하나, '장기약(壯欺弱), 만양쾌(慢讓快)' 즉, '큰 힘이 약한 것을 누르고, 느린 것이 빠른 것에 밀린다'는 점에서는 크게 다를 바가 없다 할 것이다. 힘 센 자가 약한 사람을 이기고, 느린 손이 빠른 손을 당하지 못하고 물러난다는 것은 모두 자연스런 현상이며, 이것이 학력이나 권력과 무슨 상관이 있겠는가. 그러나 사량발천근(四兩拔千斤), 즉 4량(兩)의 힘으로 천근(千斤)의 무게를 움직인다는 말은 분명히 힘으로 이기는 것이 아니다. 이것은 마치 힘 없는 노인이 여러 사람들을 제압하는 모습과 같으니, 동작이 빠르다고 해서 반드시 이루어질 수 있는 일이 아닌즉, 과연 빠르다는 것은 어떤 능력을 말하는 것인가?"

---

89) 정신과 육체, 내기(內氣)와 형식, 내공(內功)과 외공(外功)을 같이 단련함.
90) (수세를 취해서)쉬면서 힘을 길렀다가 지친 적을 맞아 수월하게 물리침.
91) 제3장 3절 진씨태극권의 수련단계와 방법 제8단계의 내용 참조.
92) 掤攦 擠按須認眞, 周身相隨人難侵, 任人巨力來打我, 牽動四兩拔千斤

이 구절에서도 보듯이 태극권의 기격(技擊)은 힘을 겨루는 것이 아니라 그 기교(技巧)를 겨루는 것이다.

"장기약(壯欺弱), 만양쾌(慢讓快)"는 단지 자연적인 본능 현상일 뿐이며, 그 결과가 기교적인 능력을 나타내는 것은 아니다.

이른바 기교라는 것은 자연적 조건에 순응하면서도, 그 자연적 조건을 제약하고 있는 상황을 극복하여 "약승장(弱勝壯), 만승쾌(慢勝快)"에 도달하는 기량을 말하는 것이다.

자연계의 현상으로 우리는 지렛대와 나사못의 원리에 대하여 잘 알고 있다.

태극권에 있어서도 전사경(纏絲勁)의 나선전화(螺旋轉化)의 원리가 바로 그것이니, "사량발천근(四兩拔千斤)"의 작용을 설명하여 주는 근거가 또한 그것이다.

태극권의 기격(技擊)은 이러한 원리를 이용하여 일체의 중력(重力)을 유화(柔化)시킬 수 있는데, 이것을 화경(化勁)이라 한다. 이러한 화경의 기술을 지니게 되면, 경(輕)으로써 중(重)을 제압할 수 있게 된다.

동시에, 태극권은 원심력(遠心力)을 운용하는 운동이다. 그러면서도 일체의 동작들이 모두 요척(腰脊)을 중심축으로 하여 만들어지는 권내(圈內)에서 이루어지도록 하는 것이다.

이때 그 권내(圈內)에서 움직이는 속도는 비록 느리지만, 권외(圈外)에서 빠르게 움직이는 상대를 능히 이길 수 있는 것이다. 이것이 바로 "후인발 선인지(後人發 先人至)", 즉 "상대보다 늦게 공격하지만 그보다 먼저 치게"되는 것이며, "느린 손이 빠른 손을 이긴다"는 "만승쾌(慢勝快)"의 관건인 것이다.

지속적인 연공(練功)을 통하여 내기가 충만해지고 기초가 다져지면, 진씨태극권의 나선전사경(螺旋纏絲勁)을 기격의 용도로 사용할 수 있는데, 다음과 같이 세 가지 측면에서 그 방법을 살펴볼 수 있다.

첫째, 외부로부터 공격을 받아 서로 충돌했을 때는 붕경(掤勁)이 실려 있는 "선관력(旋貫力)"을 이용하여 상대의 역점(力点)[93]이 화해(化解)[94]되도록 한다. 상대

---

93) 공격하여 부딪치는 접촉점.
94) 화경(化勁)으로 유화(柔化)하여 공격점의 경력(勁力)이 흐트러지게 함.

에게 아직 힘이 남아 있으면, 다시 힘을 가해 상대의 동작을 헛되이 하여 넘어지게 만든다.

　만약 상대방이 역점(力点)이 풀린 것을 깨닫고 내빼려고 하면, 즉시 경(勁)을 돌려 상대의 회경(回勁)을 쳐서 넘어지게 한다. 이것은 인진낙공(引進落空)의 방법을 결합시킨 것이다.

　둘째, 진격할 때는 나선전사경(螺旋纏絲勁)의 '천투력(穿透力)'을 이용한다. 이것은 기회를 틈타 상대를 칠 때, 전신의 힘을 한 곳에 모아 매우 빠른 속도로 선전(旋轉)하며 힘을 가하는 것으로 마치 권총의 총구를 빠져 나온 총알이 목표를 향해 날아갈 때의 관통의 위력과 같은 것이다.

　셋째, 상대에게 붙잡혀 제압을 당했을 때에는 나선전사경(螺旋纏絲勁)의 "화해력(化解力)"을 이용한다. 즉, 상대의 경(勁)에 순응하며 나선전요(螺旋纏繞)를 분별하여 행하는데 상대의 공격을 피하고 허점을 찌르면서 공격할 틈을 내주지 않는다. 이렇게 하여 상대의 경력(勁力)이 풀리면 경을 따라 움직여서 상대를 제압할 수 있게 된다.

제 3 장
진씨태극권의 연공 법칙과 수련 방법

제 1 절 진씨태극권의 연공법칙(練功法則)

진씨태극권은,

그 첫 번째가 이치〔理〕를 연마하는 것이지 힘〔力〕을 연마하는 것이 아니며,

그 두 번째가 근본〔本〕을 연마하는 것이지 겉모양〔標: 표〕을 연마하는 것이 아니며,

그 세 번째가 신체〔身〕를 연마하는 것이지 수단〔招: 초〕을 연마하는 것이 아니라는 점을 유념해야 한다.

1) 연리불연력(練理不練力)

"이(理)"란 바로 태극권의 도리(道理)이며 원리(原理)이다.

태극권 수련은 대도(大道), 즉 태극의 음양(陰陽) 전환 과정에서 양극생음(陽極生陰)하고 음극생양(陰極生陽)하는 원리를 터득하는 것이다.

따라서, 태극권을 수련할 때에는 강중우유(剛中寓柔) 유중우강(柔中寓剛)하니, 강유상제(剛柔相濟)로써, 허극생실(虛極生實) 실극생허(實極生虛)하여, 허실전환(虛實轉換)을 실행하기를 요구한다[95].

정신을 집중하여 의(意)로써 기(氣)를 이끌고, 기(氣)로써 신(身)을 운행하여, 의(意)가 이르면 기(氣)가 이르게 되고 형(形)이 그것을 좇아 움직이는 연습을 하게 되면[96], 일동전동(一動全動)하고, 주신상수(周身相隨)하며, 내외상합(內外相

---

95) 이 내용을 풀이하면, 강함 중에 부드러움이 있고, 부드러움 중에 강함이 있으니, 강함과 부드러움이 서로 조화를 이룸으로써, 허(虛)의 정점에서 실(實)이 생겨나고, 실(實)의 정점에서 허(虛)가 생겨나도록 하여, 허(虛)와 실(實)의 원활한 전환을 이루는 것이 권법의 요체임을 뜻함.
96) 通過精神集中, 以意導氣, 以氣運身, 意到氣到形隨的練習 (통과정신집중, 이의도기, 이기운신, 의도기도형수적연습).

합)하게 되는 것이다.

또한 태극권 수련은 규율을 따르며 차분히 단계를 밟아나가야지 동작을 완성하는 데 급급해서는 안 된다.

기(氣)가 수반되지 않는 "력(力)"을 연마하는 수련법은 비록 국부적인 역량을 크게 높일 수는 있으나, 그것은 졸력(拙力)이나, 강력(僵力)[97]의 원인이 되며, 더욱이 그러한 력(力)에는 민첩함이 결여되어 있기 마련이다. 그러므로 태극권가(太極拳家)에서는 결코 취할 바가 아닌 일이다.

2) 연본불연표(練本不練標)

"본(本)"은 본원(本源) 또는 근본(根本)이며, 신(腎)의 원기(元氣)와 하반(下盤)의 공부(功夫)를 가리킨다.

신장(腎臟)은 원음원양(元陰元陽)의 장기로 선천적인 근본이며 발기(發氣)의 근원이다. 신기(腎氣)가 충만하면, 오장이 양생(養生)하고 심(心), 간(肝), 비(脾), 폐(肺), 신(腎)이 각기 그 맡은 바 직분을 충실히 수행하게 되어 정력(精力)이 넘쳐흐르고 반응이 민첩하며, 신체가 조화를 이루어 내기(內氣)가 충만하게 되니, 이것이 바로 본원의 첫 번째 작용이다.

본원(本源)의 두 번째 작용은 주신방송(周身放鬆)의 기틀을 다져서 기(氣)가 단전(丹田)으로 모아져 용천혈(湧泉穴)로 내려가면, 상반(上盤)은 민첩해지고 중반(中盤)은 활발해지며 하반(下盤)은 튼튼해져서 착지를 하면 발 아래로 뿌리를 내리는 것과 같아진다.

"표(標)"란 신체 각 부위의 역량(力量)과 경도(硬度)를 강화시키는 것을 주요 목적으로 삼는 국부적인 연습 방법을 가리킨다.

태극권은 내공권(內功拳)으로 내외겸수(內外兼修)를 수련의 원칙으로 삼는다. 그러므로 내공(內功)을 연마하여 근원을 배양함[98]을 위주로 하여 "배근윤원(培根潤源)"해야 한다 함이니, 곧 "뿌리를 배양하니 가지와 잎사귀가 절로 무성해지고,

---

97) 졸력(拙力): 서투른 힘.　강력(僵力): 억지로 만드는 힘.
98) 연내배원(練內培元).

그 근원을 윤택하게 하니 맥(脈)의 흐름이 자연스럽게 길어지게 된다."는 의미이다.

3) 연신불연초(練身不練招)

"신(身)"을 연마한다는 것은 전체적인 공력(功力)을 연마한다는 것이며, "초(招)"라고 하는 것은 매 동작마다의 공격과 방어를 함축하는 개념이다.

흔히 초급 수련자들은 전신의 공력을 연마하는 것보다는 여러 가지 초세(招勢)의 용법을 이해하고 배우는 데 더 많은 관심을 기울이며 진력하는 경우가 많다. 그러나, 단순히 초세의 용법에 매달려 태극권이 내포하고 있는 모든 뜻을 해석하고 이해하는 데 소홀하다면, 결코 태극권의 정수(精髓)를 얻을 수가 없다.

태극권을 수련함에 있어 반드시 지켜야 할 필수적인 사항은 투로(套路)와 동작을 정확하게 숙련하고, 거강구유(去僵求柔)[99]하는 과정을 거쳐, 주신상수(周身相隨)하고, 내외상합(內外相合)함으로써 내기(內氣)를 충실하게 채워나가며 신(身)을 연마하여 나가는 것이다.

태극권은 주로 자신의 총체적인 공력(功力)을 훈련시키는 것이다.

응용할 때는 객관적 형세에 따라 사기종인(捨己從人)하고, 임기응변해야 하며 결코 일초일세(一招一勢)에 얽매여 구애받는 일이 없도록 하여야 한다.

내기(內氣)가 충만해지면 온몸이 마치 공기가 가득 찬 구체(球體)와 같이 되어, 느낌이 있는 대로 반응하니, 어떤 상황에 처하더라도 공격할 수 있게 된다.

《태극권론(太極拳論)》에 따르면 다음과 같은 말이 있다.
"완성의 경계에 이르면, 적이 어떻게 오고 어떻게 응하든지, 굳이 생각하지 않아도 자연스럽게 방법이 나오게 된다."[100]

---

99) 힘을 써서 행하는 경직된 동작을 물리치고 부드러움을 구함.
100) 到成時, 敵人怎來怎應, 不待思想, 自然有法(도성시, 적인즘래즘응, 부대사상, 자연유법).

제 2 절 진씨태극권의 신체 각 부위별 기본 연공(練功)

진씨태극권에서는 소기의 목적을 효율적으로 달성하기 위하여 신체의 각 부위에 대하여 엄격하게 연공(練功)하기를 요구하는 사항들이 많다.
신체 각 부위별로 반드시 훈련해야 할 내용들을 살펴보기로 한다.

1. 두경부(頭頸部)─머리와 목

진흠(陳鑫)은 그의 ≪태극권도설(太極拳圖說)≫에서 이렇게 말하였다.
"머리는 육양(六陽)[101]의 우두머리요, 온몸의 주인이다. 오관백해(五官百骸)[102]가 모두 이것과 관계없이 존재하는 것은 없다."
또한 ≪권론(拳論)≫에서는 아래와 같은 규범을 정하고 있다.
"백회혈(百會穴)은 전신을 다스린다."
"시종일관 결코 정경(頂勁)을 잃어서는 안 된다."
또는 "허령정경(虛領頂勁)", "제정(提頂)", "조정(弔頂)", "두정현(頭頂懸)" 등의 말이 있다.[103]
이와 같이, 영(領)·제(提)·허(虛)·령(靈) 등의 글자를 사용하여 두경(頭頸) 부위를 묘사하는 표현들이 많은데, 여기에서 중요한 것은 이러한 자세나 동작을 행하는 과정에서 만약 중기(中氣)가 위로 솟구치게 되면 경부(頸部: 목)의 근육이

---

101) 12 경맥(經脈) 중 수삼양(手三陽)과 족삼양(足三陽)의 여섯 개의 양맥, 즉 양명(陽明), 태양(太陽), 소양(少陽)의 경맥을 말함.
102) 눈(시각), 귀(청각), 코(후각), 혀(미각), 피부(촉각) 등 다섯 가지 감각기관과 온몸을 이루는 모든 뼈.
103) 제정(提頂): 정수리를 들다, 조정(弔頂): 정수리를 매달다, 두정현(頭頂懸): 정수리에 실을 매어 위에 매달다.

경직되어 두부(頭部: 머리)의 민활성을 떨어뜨리게 되고 이로 인해서 전신이 경직되는 오류에 빠질 수도 있다는 것이다.

역학(力學)적으로 보면, 머리는 인체의 상하 수직선상에 놓여 있고, 생리학(生理學)적으로 보면, 두부의 대뇌는 신경계통의 중추이다.

만일 태극권을 연습할 때에 두부가 기울거나 비뚤어지면, 자세는 반드시 신체의 평형과 조화에 영향을 미치게 된다. 뿐만 아니라, 아름다운 동작과 자세를 얻기도 힘들며, 정신의 집중에도 영향을 끼치게 된다.

≪권론(拳論)≫에서는 말한다.

"요척(腰脊)은 제일(第一)의 주재자(主宰者)요, 후두(喉頭)는 제이(第二)의 주재자(主宰者)이다."

태극권을 수련할 때, 두경부(頭頸部)에 대한 요령을 확실하게 이해하고 그것을 몸으로 익혀야 비로소 정신을 잘 집중할 수 있으며, 일초 일세(一招一勢) 일거수 일투족(一擧手一投足)이 의식의 흐름을 따라 자연스럽게 움직여져서 비로소 온몸이 민활해질 수 있는 것이다. 그렇지 못하면 곧 정신이 산만해지고 동작이 부정확해지며 조화를 잃게 된다.

그래서 진흠(陳鑫)은 이를 가리켜 다음과 같이 지적하였다.

"일단 정경(頂勁)을 잃어버리면 사지(四肢)가 붙어 있어도 없는 것이나 마찬가지며 정신도 집중되지 않는다. 그러므로 반드시 머리를 바로 세우는 것을 신체의 강령(綱領)으로 삼아야 한다."

허령정경(虛領頂勁)을 이루는 구체적인 요령은 다음과 같다.

두부를 똑바로 세우되, 경부의 근육을 느슨하게 이완된 상태로 유지하여, 마치 머리를 공중에 매달고 있는 듯한 감각을 가진다. 억지로 힘을 쓰거나 경직되지 않도록 주의해야 하며, 머리를 숙이거나 쳐들거나 기울어지거나 비뚤어지지 않도록 한다.

신체를 이동하거나 회전할 때에는, 두경부와 사지가 서로 조화되어 신체의 상하가 일치하여 움직여야 하며, 두 눈은 똑바로 앞을 보되 시선을 멀리하여 둔다.

운행(運行) 중에는 동작의 핵심이 되는 손이나 양손 중의 하나를 선택하여 그 손의 중지 끝에 시선을 모은다.

턱은 약간 안으로 당기고, 치아와 입술은 살짝 다문다.

혀끝은 입천장에 가볍게 붙여서 타액의 분비를 촉진시킨다.

귀로는 몸의 뒤쪽의 동정을 들으면서, 아울러 좌우를 살핀다.

결론적으로, 모든 동작은 방송(放鬆)한 상태에서 가볍고 자연스럽게 이루어져야 하며, 조금이라도 조급하게 서두르는 마음을 가져서는 안 된다.

2. 구간부(軀幹部)—몸통부

인체의 몸통부를 이루고 있는 것은 흉배(胸背), 요척(腰脊), 복부(腹部)와 둔부(臀部)이다. 이 부위들은 인체에 있어서 내장의 소재지이며 내장을 보호하는 지지대이다. 그러므로 신체의 건강과 방어와 기격(技擊) 등 여러 방면에 있어서 매우 중요한 작용을 하고 있다.

1) 흉배(胸背)—가슴과 등

① 흉부(胸部)—가슴

진씨태극권에서 흉부의 운행과 관련하여 수련자가 지켜야 할 필수적인 사항은 함(含), 허(虛), 송(鬆)이라는 세 마디로 요약할 수 있다[104].

진흠(陳鑫)은 말했다.

"가슴은 경(勁)을 머금고 있어야 하며〔含住勁: 함주경〕, 또한 비울 수도〔虛: 허〕 있어야 한다."[105]

"흉간(胸間)을 송개(鬆開)하여 가슴이 일단 방송(放鬆)되면 온몸이 편안해

---

104) 이것을 한마디로 우리말로 옮기기는 어려우나, 함(含)은 품안에 품 듯이 담고 있는 것이며, 허(虛)는 불필요한 기운이나 잡된 생각을 없애는 것이며, 송(鬆)은 긴장이나 강력(僵力)이 없는 상태를 일컬음.
105) 胸要含住勁, 又要虛(흉요함주경, 우요허).
106) 胸間鬆開, 胸一鬆, 全體舒暢(흉간송개, 흉일송, 전체서창). 흉간(胸間) : 가슴의 사이.

진다."[106)]

흉부가 경(勁)의 함(含)과 허(虛)를 자연스레 행하고 흉간(胸間)이 송개(鬆開)되면 자연스럽게 복식호흡(腹式呼吸)이 이루어지게 되어 호흡이 깊으면서도 길고 편안하면서도 막힘 없이 이루어진다.

이를 기격(技擊)의 측면에서 그 의의를 말하자면, "가슴과 허리의 운용을 어떻게 하는가에 모든 것이 달려 있다." 라고 할 수 있다.

흉부의 함허(含虛)와 쇄골(鎖骨) 및 늑골(肋骨)의 송침(鬆沈)은 상지(上肢)를 가볍고 민첩하게 해주고, 신체의 중심을 아래로 내려가게 하기 때문에 기격에 있어서 대단히 큰 이점을 지니게 되는 것이다.

② 배부(背部)─등

진씨태극권에서 배부의 운행과 관련하여 수련자가 지켜야 핵심적인 요점은 서전송침(舒展鬆沈)[107)]하여, 중기(中氣)의 관통이 자연스럽게 이루어지도록 해야 한다는 것이다.

인체의 배부는 약간의 호형(弧形)을 이루고 있으며, 척추골이 상하로 연접하고 있고, 척수신경이 관통하고 있는 부위이다.

경락학설(經絡學說)의 관점에서 보면, 배부는 독맥(督脈)의 통로이고, 독맥은 양맥(陽脈)의 바다에 속해 있다[108)].

태극권을 수련할 때에는 배부의 근육을 이완시켜 아래쪽으로 방송하여 가라앉혀야 한다.

또한 척추를 굴신(屈伸)할 때 그 생리적 조건이나 상태에 어긋나지 않게 하고, 척추의 모양을 바르게 유지함으로써 기혈(氣血)의 소통이 순조롭게 이루어지도록 하여 기가 배부로 들고 나는 것이 원활하여지면 곧 힘이 척추로부터 절로 생겨나게 되는 것이다.

---

107) 동작을 시원스럽게 전개하되 강력(僵力)을 쓰지 않고 자연스럽게 방송하여 가라앉힘.
108) 흉부와 배부를 음양(陰陽) 면에서 보면, 흉부는 음으로, 배부는 양으로 파악함.

어떤 학파에서는 배부에 대하여 "발배(拔背)"해야 한다고 주장하기도 한다.

그러나 필자는 이 "拔(발)"자를 사용하는 것이 종종 배우는 사람들에게 오해를 불러일으키는 경우가 많다고 생각한다.

글자의 뜻으로 말하자면 "拔(발)"자는 위로 끌어올린다는 뜻이다. 이 글자의 뜻대로 척추와 등 부위를 억지로 위로 끌어올리려 하거나 둥글게 펴기 위해 구부리려고 하는 등의 애를 쓰다 보면 이러한 노력 자체가 자칫 잘못된 자세를 낳게 하는 원인이 된다는 것이다. 즉, 어느 경우에서나 배활근(背闊筋)과 늑간근(肋間筋)을 팽팽하게 당겨서 경직되게 할 뿐만 아니라 흉부를 안으로 수축시키고 두 어깨를 앞으로 당겨서 등이 활처럼 굽고 어깨가 솟나게 한다. 그리하여 신법(身法)의 우아한 아름다움을 망가뜨릴 뿐만 아니라 흉강(胸腔)이 압박을 받아 자연스러운 호흡을 유지하는 데에도 영향을 주거나 장애를 일으키기도 한다.

그러므로 흉부와 배부의 관계에 있어서 함흉(含胸)이 이루어지면 발배(拔背)는 억지로 하려 하지 않아도 자연스럽게 이루어진다는 점을 유념해야 한다.

2) 요척(腰脊)—허리와 척추

사람이 일상생활 중에 달리거나 걷거나 앉거나 누울 때 그 자세를 정확하게 유지하기 위해서는 허리와 척추의 작용이 매우 중요하다.

태극권을 연마하는 데에도 허리와 척추의 작용은 그 무엇보다 더욱 중요하다. 그래서 권론(拳論)에서는 "요척은 제일(第一)의 주재(主宰)이다"[109]라고 설법한다.

진씨태극권을 수련함에 있어 요부(腰部)와 관련하여 수련자가 유의하여 단련해야 할 사항은 요경(腰勁)을 하탑(下塌)해야 한다[110]는 것이다.

이 말은 바로 요부의 추궁(椎弓)[111]이 지니고 있는 생리적 특성에 따라 약간 내

---

109) 腰脊爲第一主宰(요척위제일주재).
110) 腰勁向下塌 (요경향하탑).
　하탑(下塌) : 아래로 내려놓거나 가라앉힘. 자세를 아래로 가라앉혀 안정시킴.
111) 척추의 모양이 활의 모양과 유사하다는 데서 비유하여 이를 가리키는 말.

수하침(內收下沈)[112]하고, 하탑주경(下塌住勁)[113]하여 허리가 상체와 하체 사이에서 모든 동작을 전환하는 중추기관의 역할을 원활하게 하도록 해야 한다는 것이다.

함흉(含胸)의 상태에서, 하탑주경(下塌住勁)하면, 심기(心氣)가 함께 하강하고 하반(下盤)이 견실해진다.

동시에 양 옆구리를 살짝 안으로 끌어 당겨 모으는 감각을 가지게 되면, 이것이 이른바 권론(拳論)에서 말하는 "속륵(束肋)[114]"이 되는 것이다.

그러나 요경(腰勁)을 하탑(下塌)함에 있어 힘을 써서 억지로 이루려고 하는 것은 절대 금물이다.

진흠(陳鑫)은 그의 논저(論著)에서 말하였다.

"요경(腰勁)은 아래로 내려가는 것과 견실(堅實)해야 하는 것이 중요하다."[115]

"허리는 허(虛)해야 한다. 일단 허(虛)하면 상체와 하체가 모두 민첩하게 움직인다."[116]

"허리는 상체와 하체의 중추로써 모든 동작의 전환이 이루어지는 곳[轉關處 : 전관처]이므로 너무 물러서도 안되고 너무 굳어서도 안 된다. 반드시 그 적당함을 취해야 비로소 얻을 수 있다."[117]

만약 요부(腰部)를 움직이는 동작에 힘이 들어가면 요대근(腰大筋)이 수축되고, 이 영향으로 상체와 하체의 연결운동에 민첩성이 떨어지게 된다.

요경(腰勁)을 아래로 내려 탑요(塌腰)[118]를 이룰 때는 요척(腰脊)을 바르게 세워야 하는데, 이것이 이른바 "직요(直腰)"라 하는 것이다.

성인의 척주(脊柱)는 24개의 추골(椎骨), 1개의 미저골(尾骶骨), 1개의 미골(尾

---

112) 안으로 당겨 모으듯이 거두어 자세를 아래로 내려 낮춤.
113) 자세를 아래로 가라앉히며 안정된 자세나 동작을 취하는 것으로 이러한 상태를 이루려면 기(氣)를 단전으로 가라앉혀 경(勁)이 아래쪽에 머물고 있다는 의식을 지녀야 하며 몸이 긴장되지 않도록 방송(放鬆) 상태를 유지하는 것이 주요함.
114) 늑골을 조여 모은다는 의미이나, 이것이 뜻하는 바는 요척(腰脊)의 자세가 바르게 이루어지고 운경(運勁)이 자연스러우면 옆구리에 그러한 감각이 생긴다는 뜻임.
115) 腰勁貴下去, 貴堅實(요경귀하거, 귀견실)
116) 腰中要虛, 一虛則上下皆靈(요중요허, 일허즉상하개령)
117) 腰爲上下體樞紐轉關處, 不可軟, 亦不可硬, 折其中方得(요위상하체추유전관처, 불가연, 역불가경, 절기중방득)
118) 하탑(下塌)이 이루어진 허리, 즉 허리를 아래로 가라앉혀 안정된 자세.

骨)이 연골, 인대 및 관절과 긴밀하게 연결되어 이루어져 있다.

인간의 척추는 직립(直立) 생활의 영향 때문에 측면에서 보면 경만(頸彎), 흉만(胸彎), 요만(腰彎)과 저만(骶彎) 등 4개의 생리적인 굴곡을 이루고 있다. 그 중에서 요추(腰椎)는 전만곡(前彎曲)을 이루고 있다. 또한 추골 사이에는 관절연골과 관절인대가 서로 연결되어 있기 때문에 활동성이 강하고 신축성이 크다.

이 때문에, 다른 부위의 근육에 의해 쉽게 끌려갈 수 있기 때문에 순식간에 일그러지거나 비틀리는 현상이 나타날 수 있다.

따라서 "직요(直腰)", 즉 허리를 바르게 함으로써 가능한 한 요만(腰彎)의 전곡도(前曲度)[119]를 줄일 수 있고, 전신을 방송(放鬆)한 상태로 이끌어 주면 척추의 정상적인 생리 상태에 영향을 주지 않으면서 입신중정(立身中正)을 유지하여 허리가 지니고 있는 "차축(車軸)"의 작용을 활발하게 할 수 있는 것이다.

권론(拳論)에 따르면,

"마음은 우두머리이며, 기(氣)는 깃발이고, 허리는 독(纛)이다."[120]

라고 하였다.

이 말은 허리와 척추를 깃대와 같이 바르게 세워야 한다는 것이다. 조금 더 부연하여 설명하자면, 수련 과정에서 요추와 그 위의 흉추 부분이 동작의 필요에 따라 때때로 가벼운 신축이 있을 수는 있지만 제멋대로 흔들거리며 움직여선 안되며, 곡중구직(曲中求直)하는 마음을 가지도록 유의해야 한다는 것이다.

즉, 허리가 생리적으로 굽어 있긴 하지만 반드시 그 속에서 직요(直腰)를 추구해야 하는 것이다.

3) 복부(腹部)—배

진씨태극권을 단련함에 있어 복부와 관련하여 수련자에게 이루기를 요구하는 핵심적인 사항은 "합(合)"이다.

진흠(陳鑫)은 다음과 같이 말하였다.

---

119) 앞으로 굽은 정도.
120) 心爲令, 氣爲旗, 腰爲纛(심위령, 기위기, 요위독). 纛: 고대 군대나 의장대의 큰 기.

"신체의 중간 부위에 해당하는 가슴과 배는 천돌혈(天突穴)에서부터 배꼽 아래의 음교(陰交)·기해(氣海)·석문(石門)·관원(關元)에 이르는 부위를 가리키며, 그 모습이 국궁형(鞠躬形)[121]을 이루며 가슴에 품은 듯이 머금고 있다 하여 함주흉(含住胸)이라 부른다. 그러므로 이곳에 기(氣)를 모아 여러 동작을 행하며 합주경(合住勁)[122]을 이루게 되더라도 허(虛)한 상태를 유지해야 한다."

또한 이르기를,

"가슴과 배가 넓고 크지만, 앞쪽으로 기(氣)가 원활하게 소통되고 모아져서 중기(中氣)가 관주(貫注)해야 한다."

복부는 단전(丹田)이 있는 곳이며, 단전은 중기(中氣)가 깃들이는 장소이다.

태극권을 연습할 때, 전신의 경(勁)이 밖으로 발산되는 것은 모두 단전에서부터 일어나는 것이다.

따라서 기(氣)가 원활히 소통되어 복근(腹筋)의 좌우에 있는 기충(氣衝)에서 유도혈(維道穴)·기해(氣海)·관원(關元)을 돌아 중극(中極)으로 이르며 중기(中氣)의 단전 출입이 용이해지도록 하고, 임맥(任脈)의 소통이 원활해지도록 하는 것이 중요하다.

태극권의 문파에 따라서는 "복송(腹鬆)", 즉 배의 힘을 빼야 한다고 주장하거나 "공흉실복(空胸實腹)", 즉 가슴을 비우고 배를 채워야 한다고 주장하기도 하였다.

실제로 복부 근육은 중기(中氣)가 단전을 출입할 때마다 긴장과 이완 운동을 하게 되므로 '복송(腹鬆)'과 '실복(實腹)'의 주장이 결코 모순된 것만은 아니다.

이런 연유로,

"중기(中氣)가 가운데에 자리잡고 있으니, 안으로 허령(虛靈)이 머무네."[123]

라고 하는 말이 나온 것이다.

---

121) 허리를 굽혀 절하는 모습.
122) 어느 특정 부위나 특정 동작에서 기(氣)가 실리며 이루어지는 동작의 흐름. 예: 기의 소통이 원활한 상태에서 두 장(掌)에 기가 실리며 합(合)하는 동작.
123) 中氣存于中, 虛靈含于內(중기존우중, 허령함우내).

4) 둔부(臀部)―엉덩이

진씨태극권을 수련함에 있어 둔부와 관련하여 수련자에게 요구하는 핵심적인 사항은 "범(泛)"이다.

진흠(陳鑫)은 ≪태극권도설(太極拳圖說)≫에서 여러 차례, 둔부는 "범기(泛起)" 해야 하고, "번기(翻起)"[124] 해야 한다고 제기하였다.

그는 말하기를,

"둔부가 범기(泛起)하지 않으면 전당(前襠)의 자세가 안정되지 못할 뿐만 아니라, 이로 인하여 상체도 역시 안정되지 못한다."

고 하였다.

탑요(塌腰)·합복(合腹)·개과(開胯)·원당(圓襠)이 원만하게 이루어진 상태에서 둔부를 뒤로 약간 내밀어 띄우면, 중기(中氣)가 척추를 관통하는 데 이롭고, 요경(腰勁)과 당경(襠勁)과 퇴경(腿勁)의 운용이 유리하여진다.

범둔(泛臀)은 절대 엉덩이를 치켜들거나 툭 튀어나올 정도로 뒤로 빼는 것이 아니다.

범둔(泛臀)이란 허리를 아래로 가라앉혀 안정시킨 상태에서〔塌腰: 탑요〕, 자연스럽게 배를 모으고〔合腹: 합복〕, 샅을 둥글게 하며〔圓襠: 원당〕, 고관절을 열며〔開胯: 개과〕, 무릎을 모으는〔合膝: 합슬〕 동작에서 나오는 필연적인 결과이다.

그래서, "전당(前襠)이 모아지면 뒤의 둔부가 자연스럽게 솟는다."[125] 라고 하는 것이다.

태극권의 어떤 문파에서는 "염둔(斂臀)"을 주장하기도 하는데, 이것은 둔부를 살짝 안으로 당기도록 요구한 것이다.

염둔(斂臀)은 물론 엉덩이를 치켜드는 나쁜 버릇을 고치는 데 도움을 줄 수는 있지만, 만일 둔부를 안으로 당기는 것만을 신경 쓰게 되면 전당(前襠)은 크게 벌어지고 후당(後襠)은 좁아지게 되어 당경(襠勁)을 제대로 둥글게 벌릴 수가 없게 됨으로 민첩한 동작을 전개하는 데 지장이 있게 된다.

---

124) '범기(泛起)'와 '번기(翻起)'는 모두 사물이 마치 물에 뜨듯이 혹은 하늘을 날 듯이 가볍게 올라가는 것을 말한다. 여기서는 엉덩이가 뒤쪽으로 약간 솟듯이 나오는 것을 형용하는 것이다.
125) 前襠合住, 後臀自然翻起(전당합주, 후둔자연번기).

3. 상지부(上肢部)

1) 견주(肩肘)—어깨와 팔꿈치

태극권과 관련하여 어깨나 팔꿈치의 올바른 자세를 말할 때에 태극권의 문파를 막론하고 공통적으로 수련자에게 요구하는 사항이 송견침주(鬆肩沈肘)이다.

문파에 따라서는 "침견수주(沈肩垂肘)" 혹은 "침견추주(沈肩墜肘)"라고도 말하는데, 어느 경우에서나 양어깨 관절을 아래쪽이나 바깥쪽으로 송개(鬆開)하고 양 팔꿈치 관절을 아래로 늘어뜨리는 자세를 말한다.

여기에서 송개(鬆開)한다는 것은 방송(放鬆) 상태에서 전개되는 움직임을 일컫는 것인데, 이 말에서 송(鬆)이나 방송(放鬆)이 뜻하는 바는 용의불용력(用意不用力), 즉 어떤 움직임을 행함에 있어 뚝심이나 졸력(拙力)이나 기타 어떤 힘을 써서 억지로 행하지 않고 심의(心意)로써 이끌어 가는 것을 의미한다. 그러므로 송개는 전신의 긴장을 풀고 이완된 자세에서 의(意)로써 기(氣)를 이끌고 기(氣)로써 몸을 이끌어야 제대로 이룰 수 있는 것이다.

송견(鬆肩)과 침주(沈肘)는 상호 연관되어 있다. 그러므로, 송견침주(鬆肩沈肘) 해야만 비로소 양팔의 동작이 원만하고 자연스럽게 이루어진다.

권론(拳論)에서는 이렇게 말하고 있다.
"어깨에서 전관(轉關)[126]하고, 손목에서 절첩(折疊)[127]한다."[128]

이것은, 금나(擒拿)에서 벗어나는 것과, 가슴과 허리에서의 내경(內勁)의 움직임이 밀접한 관계가 있다는 것을 설명하는 것으로, 상대에게 붙잡혔다가 수월하게 빠져 나오려면, 허리에서 발원한 내경이 어깨와 팔꿈치를 지나 손목에 원활하게 도달해야 하는데, 이때 어깨와 팔꿈치의 관절로 내경이 순조롭게 관통되야 비로소 손바닥과 손가락으로도 내경이 도달할 수 있게 된다는 것이다.

만약 어깨와 팔꿈치에 장애가 생기면 곧 내경의 운용에 영향을 주게 되어 온몸

---

126) 동작이나 힘의 방향이 전환되는 것.
127) 탄력을 주어 꺾거나 접는 동작을 취함으로써 동작에 파동을 주거나 경력(勁力)을 증폭시키는 것.
128) 轉關在肩, 折疊在腕(전관재견, 절첩재완).

의 조화에도 나쁜 영향을 미치게 된다.

　태극권을 연습할 때에는 항상 양어깨 관절을 방송(放鬆) 이완(弛緩)하도록 유의하고, 바깥쪽으로 끌어당겨 경(勁)을 아래로 내려보낸다는 의식을 가지도록 하고, 양팔꿈치는 아래로 늘어뜨린다는〔下垂: 하수〕느낌이 들도록 하는 것이 좋다.

　이렇게 하면 "호륵(護肋)", 즉 옆구리를 보호하는 작용이 생기게 된다.

　이때 겨드랑이 밑에는 대략 주먹 하나가 들어갈 만한 정도의 간격을 두어 팔이 늑골에 붙지 않도록 유의해야 한다. 그래야 손과 팔을 자유자재로 돌릴 수 있다.

　이때 어깨와 팔의 상하 좌우의 선전(旋轉)운동은 비록 가볍고 민첩함을 요구하지만, 그렇다고 이리저리 건들거리며 경박해지거나 맥이 빠져서는 안 된다. 이렇게 하여 신체의 모든 부분에서 원만한 자세가 이루어지게 되면, 가볍게 움직이되 경박하거나 위로 들뜨지 않고 아래로 낮추어 늘어뜨리되 경직되지 않게 되는 것이다. 그러나 이러한 경지는 반드시 오랜 연습을 통해서만 얻게 되는 것이다.

　진흠(陳鑫)은 다음과 같이 말하였다.

　"견박두골(肩膊頭骨)의 관절을 열어야 한다. 처음에 열지 못하면 나중에 억지로 하려 해도 되지 않는다. 공부가 미치지 못하여 스스로 열 수 있는 수준에 이르지 못하였을 때 마음속으로 이미 열렸다고 아무리 암시하지만, 그래도 열리지 않는다. 그러나 고된 훈련을 거치며 오랜 기간 공을 쌓으면, 반드시 자연스럽게 열리는 때가 오게 되니 비로소 그때 득개(得開)[129]하였다고 할 수 있다. 이곳이 한 번 열리면 팔의 놀림과 굴신(屈伸)이 마치 바람에 수양버들 날리듯, 천기(天機)가 동요하듯이 활발해져서 조금도 막힘이 없게 되니 모두 득개(得開)와 관련된 것이다. 이와 같으니, 팔이 민첩한 동작과 관련된 중추 기관임을 누가 모른다고 하겠는가."

2) 완(腕)—손목

　진씨태극권의 손목 동작에는 수완(豎腕)·좌완(坐腕)·절완(折腕)·선전완(旋轉腕) 등과 같은 여러 종류의 변화 동작이 있다.

　수완(豎腕)은 손목의 경(勁)이 손바닥과 팔을 이어주고 있다는 느낌으로 바르게

---

129) 관절이 열린다는 것이 무엇인지를 깨치고 그러한 상태에 이름.

세우는 것이며, 좌완(坐腕)은 손목을 방송하여 아래로 늘어뜨린다는 느낌으로 내리는 것이며, 절완(折腕)은 손목을 꺾거나 굽히는 것이며, 선전완(旋轉腕)은 손목을 돌리는 동작이다.

이러한 손목의 다양한 변화는 동작의 필요성에 따라서 또는 신법과의 조화를 기하기 위하여 자연스럽게 이루어져야 하는 것이다.

권가(拳架) 중에 루슬(摟膝)·나찰의(懶扎衣)·단편(單鞭)과 같은 권세를 행할 때는 손바닥과 손목을 모두 바르게 세우는 수완(竪腕)의 자세를 취해야 하고, 엄수굉권(掩手肱拳)·운수(雲手)·당두포(當頭炮)와 같은 권세에서는 손과 팔이 일직선상에 있도록 손목을 곧게 펴는 직완(直腕)의 자세를 취해야 하며, 포두추산(抱頭推山)·육봉사폐(六封四閉)와 같은 권세에서는 손목을 충분히 방송하는 좌완(坐腕)의 자세를 취해야 한다.

나찰의에서 육봉사폐로 바꾸는 것과 고탐마(高探馬) 뒤에 오는 중간 연결 동작 및 삼환장(三換掌) 등의 자세에서는 절첩완(折疊腕)[130]이 나오게 된다.

육봉사폐의 앞 부분의 연결 동작이나 도권굉(倒卷肱)의 전환 동작 등에서는 선전완(旋轉腕)을 하게 된다.

그러나 이러한 갖가지 변화는 어느 것을 막론하고 반드시 신법(身法)에 맞게 결합해야 하며, 중기(中氣)의 운행을 통해서 그러한 변화를 이루어 나가야 한다.

팔목 부분은 여러 가지 변화에 민첩하게 대응해야 할뿐만 아니라, 또한 어느 정도의 유연성과 인성(韌性)을 갖추고 있어야 한다. 화려한 동작을 내보이기 위하여 움직임이 경박해지거나 약하게 물러지게 되면, 팔목 부분의 붕경(掤勁)을 잃게 되고, 더욱이 이런 모양은 추수(推手)를 할 때 상대방에게 손목을 붙잡혀 제압 당하기 쉽기 때문에 절대로 해서는 안 된다.

3) 수(手)—손

진씨태극권은 손의 작용을 매우 중시한다.

---

130) 손목을 꺾어 접는 동작.

권론(拳論)에 다음과 같은 구절이 있다.

"태극권은 전적으로 마음으로 손을 움직이며, 손으로 팔꿈치를 이끌고, 팔꿈치로 몸을 이끌어 가는 무예이다."[131]

"모든 움직임에 있어 그 움직임의 운용은 몸에 있지만, 표현은 손에서 이루어진다."[132]

또한,

"초절(梢節)은 이끌고, 중절(中節)은 따르며, 근절(根節)은 재촉한다."[133]

라고 하였다.

수형(手形)에는 장(掌)과 권(拳)과 구(勾)의 세 가지가 있다. 그러므로 이것을 세 부문으로 나누어 설명하고자 한다.

① 장(掌)─손바닥

진씨태극권에서 요구하는 손바닥의 모양을 와롱장(瓦攏掌)이라 한다.

이것은 엄지손가락[拇指: 무지]과 새끼손가락[小指: 소지]을 상합(相合)하는 뜻으로 살짝 모으고, 중지(中指)·식지(食指)·무명지(無名指)는 뒤로 약간 젖힌다는 느낌이 들도록 하면 된다.

다섯 손가락 모두 서로 가볍게 모으되 힘을 써서는 안되며, 장심(掌心)[134]이 허(虛)가 되도록 해야 한다.

어떤 태극권의 문파에서는 "삼공(三空)"을 주장하기도 하는데, 즉 장심공(掌心空)·각심공(脚心空)·심공(心空)을 일러 하는 말이다. 그러나 이것은 절대적인 것이 아니며, 권식(拳式)의 운동 중에 변화가 있을 수 있는 것이다. 예를 들어 운경

---

131) 以心運手, 以手領肘, 以肘領身(이심운수, 이수영주, 이주영신)
132) 每一擧一動, 其運化在身, 表現在手(매일거일동, 기운화재신, 표현재수).
133) 인체를 세 부분으로 구분하여 이를 삼절(三節)이라 하는데, 上·中·下 혹은 根·中·梢라 한다. 전신을 나눌 때는 머리는 상절(上節), 몸통은 중절(中節), 다리는 하절(下節)이다. 얼굴에서는 이마가 상절, 코가 중절, 입이 하절이다. 몸통은 가슴이 상절, 배가 중절, 단전이 하절이다. 다리에서는 사타구니가 근절(根節), 무릎이 중절(中節), 발이 초절(梢節)이다. 팔은 상완이 근절, 팔꿈치가 중절, 손이 초절이다. 손에서는 팔목이 근절, 손바닥이 중절, 손가락이 초절이다.
134) 손바닥의 한 가운데 노궁혈(勞宮穴)이 있는 부위. 수심(手心)과 동의어.

(運勁)과 합경(合勁)시에는 장심이 허(虛)해야 한다. 그러나 개경(開經)과 발경(發勁)시에는 장심이 실(實)해야 하는 것이다.

진씨태극권에서 손을 논함에 있어 전사경(纏絲勁)을 언급하지 않을 수 없다.

그 전사경을 운용하는 데에는 순(順)이 있고, 역(逆)이 있는데, 그것을 손으로 표현하는 점에 있어 그 모양과 방법이 같지 않다.

먼저 역전사(逆纏絲)의 경우, 육봉사폐(六封四閉)에서처럼 좌우쌍역전(左右雙逆纏)[135]을 할 때는 엄지손가락으로 경(勁)을 이끌면서 외안(外按)[136]하게 되면 내경(內勁)이 엄지손가락으로부터 식지로, 중지로 차례차례 나아가 발가락 끝에까지 관통하게 된다.

순전사(順纏絲)의 경우에는, 운수(雲手)에서처럼 안으로 경(勁)을 모을 때는 모두 순전(順纏)으로 하고, 밖으로 경을 벌릴 때는 모두 역전(逆纏)으로 하게 되는데, 순전하여 새끼손가락으로 경을 이끌면서 내합(內合)하면, 새끼손가락에서 무명지로, 중지로 차례차례 도달하여, 이어서는 엄지손가락으로 모아지게 된다.

이러한 모든 것이 손과 팔의 선전(旋轉) 운동에 따라 차례대로 지두(指肚)[137]를 관통하고 힘이 지초(指梢)[138]에 까지 도달하는 것이다.

진씨태극권을 운행하는 중에는 신법(身法)과 팔의 선전 운동을 따라 차례로 내경(內勁)이 지두(指肚)에까지 관주(貫注)하는 것 외에도, 생각과 의식과 시선이 모두 중지로 관주하도록 해야 한다.

그래서 진흠(陳鑫)이 말했다.

"중지(中指)에 경(勁)이 도달하면 나머지 손가락에도 경이 도달한다."[139]

② 권(拳)—주먹

진씨태극권에서 주먹을 쥐는 형식과 그 유의점을 살펴보면 다음과 같다.

---

135) 두 손을 모두 역전(逆轉)으로 돌리며 전사경을 행함.
136) 바깥 방향으로 행하는 안(按)의 동작.
137) 손가락 안쪽의 도톰한 부분.
138) 손가락 끝.
139) 中指勁到, 余指勁也到(중지경도, 여지경야도).

네 손가락을 함께 둥글게 말고 손가락 끝을 손바닥 중앙에 붙인 다음, 엄지손가락을 구부려서 식지와 중지의 중간 마디에 붙여 주먹 모양으로 쥐는 것이다.

이때 너무 꽉 쥐어서는 안 된다. 너무 꽉 쥐면 손과 팔 그리고 신체의 근육이 긴장되어 뻣뻣하게 경직되고 이로 인하여 내경(內勁)이 권정(拳頂)[140]에까지 순조롭게 도달할 수가 없게 된다.

그래서 권법의 격언에 이런 말이 있다.

"축세산수(蓄勢散手), 착인성권(着人成拳)."

이 말은 바로 축경(蓄勁)할 때는 주먹을 허(虛)하게 하고, 발경(發勁)하여 주먹을 내지를 때는 상대의 몸에 주먹이 닿는 순간에 주먹을 실(實)하게 하여 경(勁)이 권정(拳頂)을 관통하게 한다는 것이다.

이와 같이 발경할 때에는 그 경(勁)이 발에서 생겨나, 다리에서 준비하고, 허리에서 주재(主宰)하여, 어깨와 팔꿈치를 지나 권정에 도달하게 되는데, 그 순간에 온몸이 완벽하게 한 기운을 완성하게 되는 것이다.

그러나 주먹을 뻗을 때에 손목 부분이 느슨하게 힘이 빠져 있어서는 절대로 안 되며, 또한 권정이 위로 치켜 올라가거나 아래로 처지지 않도록 반드시 손목 부분이 곧게 뻗어야 하는 점을 유의해야 한다. 만약 손목이 느슨하게 내려앉아 있는 상태에서 주먹을 쓰게 되면 상처를 입게 된다.

③ 구수(勾手)

구수(勾手)를 만드는 방법은 다섯 손가락을 오므리듯이 한데 모으고 손목을 갈고리 모양으로 구부리면 된다.

이때 손목을 확실하게 방송(放鬆)하여 손목에 힘이 들어가거나 억지로 구부려서는 안 된다. 만약 억지로 힘을 써서 구부리면, 손목과 팔이 경직되어 민첩하게 움직일 수 없고 또한 기(氣)의 순행에 장애를 일으킬 수 있다.

---

140) 주먹을 쥐었을 때 셋째 손가락 쪽의 가장 많이 튀어나온 부위.
141) 입으로 무는 것처럼 손가락을 모아 집는 것.
142) 손을 붙잡거나 사로잡음.
143) 상대에게 붙잡혔다가 벗어남.

구수(勾手)로는 손목 부분을 선전(旋轉) 운동함으로써 단련시킬 수 있으며, 조수(叨手)[141], 금수(擒手)[142] 및 금나해탈(擒拿解脫)[143]의 방법으로도 함께 결합시켜 응용할 수 있다.

그러므로, 투로(套路)를 연습할 때에는 구수 동작의 중요성을 가벼이 여겨서는 안 된다.

4. 하지부(下肢部)―퇴부(腿部)

하지(下肢)는 신체를 지탱하는 기초이며 경력(勁力)이 발동하는 근원이다.
권론(拳論)에 다음과 같은 말이 있다.
"그 근원은 발에 있으며, 다리에서 발달하고, 허리가 주재(主宰)하여, 손으로 나타낸다."[144]
"경(勁)이 이를 곳을 찾지 못하면 곧 몸이 흐트러지고, 반드시 기울어지게 되니, 그 원인은 반드시 허리와 다리에서 찾아야 한다."[145]
"걸음〔步: 보〕은 전신의 중추이며, 그 민첩성이 모두 걸음에 달려 있다."
이것은 모두 다리와 걸음의 동작과 자세의 중요성을 말하는 것이다.

1) 당(襠)―샅, 사타구니

진씨태극권을 수련함에 있어 당부(襠部)와 관련히여 유의해야 할 핵심적인 사항은 원(圓)·허(虛)·송(鬆)·활(活)을 유지해야 한다는 것이다.
그리고 첨당(尖襠)과 탑당(塌襠) 또는 사당(死襠)의 모습이 나타나는 것을 피해야 한다고 가르치고 있다.
권론(拳論)에서는 말한다.

---

144) 其根在脚, 發于腿, 主宰于腰, 形于手指(기근재각, 발우퇴, 주재우요, 형우수지).
145) 有不得勁處, 身便散亂, 必至偏倚, 其病必于腰腿求之(유부득경처, 신편산란, 필지편의, 기병필우요퇴구지).

"음낭(陰囊)의 양측을 일러 당(襠)이라 하는데, 원(圓)을 귀히 여기고 허(虛)를 귀히 여긴다."[146]

"당내(襠內)에는 스스로 용수철 같은 힘을 지니고 있는데, 재빠르게 한번 움직이면 새도 날기 어렵다."[147]

당(襠)은 투로(套路)의 운행이나 공방(攻防)의 기술적인 측면에서나 모두 중요한 기능으로 작용한다.

특히 원당(圓襠)의 자세를 유지하는 것이 중요하여 이에 대한 보충설명을 덧붙인다.

≪원당(圓襠)≫

원당(圓襠)은 양쪽 과근(胯根: 샅의 뿌리)과 양쪽 무릎을 열되 원(圓)의 모양으로 둥글게 열며, 동시에 서로 모으는 것〔相合: 상합〕이다.

개보(開步)하여 발을 내디딜 때는 그때마다 한 다리는 실(實)하고 한 다리는 허(虛)하게 해야 한다. 이때 허한 다리의 발끝을 안으로 당겨주면 하퇴부(下腿部)의 장딴지와 대퇴부(大腿部)의 근육 즉 넓적다리의 안쪽 근육을 안팎으로 회전하기가 수월해진다.

또 회음부(會陰部)를 가볍게 위로 당겨 올리면 당부(襠部)에 원(圓)과 허(虛)의 감각이 생기면서 허실(虛實)이 분명하지 않은 첨당(尖襠)[148]과 같은 부적절한 자세가 생기는 것을 피할 수 있다.

송당(鬆襠)과 활당(活襠)은 과관절(胯關節)과 둔부의 근육이 방송(放鬆)된 상태에서 이루어진다. 당부가 방송되지 않으면 허실의 변환이 민첩하게 이루어질 수 없기 때문에 결코 활당(活襠)을 이룰 수 없는 것이다. 그러므로 억지로 골반에 힘을 써가며 지탱하려고 해서는 안 된다.

당부의 허실 변환(虛實變換)은 괘종시계 추처럼 좌우로 흔들거리며 움직인다고

---

146) 腎囊兩旁謂之襠, 貴圓貴虛(신낭양방위지당, 귀원귀허)
147) 襠內自有彈簧力, 靈機一轉鳥難飛(당내자유탄황력, 영기일전조난비)
148) 인(人)자 모양으로 당부(襠部)가 원(圓)을 이루지 못하고 위가 뾰족하다 하여 인자당(人字襠)이라고도 함.

해서 이루어지는 것이 아니다.

일반적으로 허실 변환을 이루며 당부가 정상적으로 움직이는 모습을 시각적으로 표현하면, 좌우로 변환할 때에는 당부가 옆으로 누운 8자, 즉 "∞"의 모양을 그리며 안팎으로 회전하며 움직이고, 전후로 변환할 때에는 당부가 아래로 하호(下弧)를 그리며 움직인다. 이렇게 함으로써, 당부(襠部)의 움직임이 제대로 이루어지지 않아 움직임이 없는 것과 같거나 허실이 분명하지 못하여 단지 상체의 움직임만 보이는 현상〈이러한 현상을 사당(死襠)이라 한다〉을 피할 수 있는 것이다.

그리고 둔부를 무릎보다 낮추는 것을 탑당(塌襠)이라고 하는데, 이러한 자세를 유지하려면 무릎 관절을 지나치게 억지로 구부려야 하기〈이런 현상을 사만(死彎)[149]이라 한다〉 때문에 이로 인해 보법(步法)이 가볍지 못하여 민첩하게 움직이지 못하는 결함이 생기게 된다.

당부(襠部)의 회음혈(會陰穴)은 임맥(任脈)과 독맥(督脈)의 양맥이 시작되는 기점(起点)이다.

태극권을 수련함에 있어, 정수리의 백회혈(百會穴)과 당부의 회음혈이 위아래로 서로 호응하게 되면, 음양(陰陽)의 경락기혈(經絡氣血)이 원활하게 소통될 뿐만 아니라 입신중정(立身中正)에도 도움을 준다.

운동 과정에서 허리〔腰: 요〕와 당(襠)이 긴밀한 관계를 지니고 있는 것처럼, 또한 당(襠)은 샅〔胯: 과〕과 무릎〔膝: 슬〕과 서로 조화를 이루어야 한다.

허리를 이완하여 아래로 내리고, 샅을 벌리며, 무릎을 안으로 모을 수 있으면, 당경(襠勁)은 자연히 원당(圓襠)을 이루게 된다.

진흠(陳鑫)은 ≪태극권도설(太極拳圖說)≫에서 다음과 같이 말했다.

"요경(腰勁)을 아래로 내리고 엉덩이를 약간 번기(翻起)하면, 당경(襠勁)은 자연스럽게 모아지며 자리를 잡게 된다."[150]

"좌골(坐骨)[151]은 달리고 넘어지고 다시 일어나고 하는 일을 거듭하다 보면, 안쪽으로 퇴근(腿根)이 벌어지고 당(襠)도 자연스럽게 열리게 된다. 또한, 양 무릎을

---

149) 구부러짐, 휘어짐, 굽어짐 등 만(彎)을 이룸이 자연스럽지 못하거나 억지로 힘을 써서 행함에 따라 그 기능이 잘 수행되지 못하거나 오히려 경직되는 현상.
150) 下腰勁,尻微翻起,襠勁自然合住(하요경,고미번기,당경자연합주).
151) 고골(尻骨)과 같은 말로 엉덩이뼈를 말함.

모으면 당이 자연히 둥글게 된다."¹⁵²⁾

2) 과(胯)¹⁵³⁾—관(髖)—샅, 고관절, 엉덩이

진씨태극권을 수련함에 있어 과부(胯部)와 관련하여 수련자가 숙지해야 할 핵심적인 요점은 과근(胯根)을 열어야 한다는 것이다. 그리고 과근을 열기 위해서는 고관절(股關節)을 송개(鬆開)해야 한다는 것이다.

권론(拳論)에서 이르기를,
"허리는 차축(車軸)과 같고, 기(氣)는 차륜(車輪)과 같다."¹⁵⁴⁾
라고 하였다.
허리의 좌우 선전(左右旋轉)이나 퇴부(腿部)의 허실 전환(虛實轉換)은 고관절이 얼마나 송활(鬆活)¹⁵⁵⁾한가에 달려 있다. 만약 양쪽 고관절이 송활하지 못해 억지로 힘을 써서 뻣뻣하게 골반을 지탱해야 한다면 허리 역시 차축의 작용을 하기가 어렵게 된다.
사실 "송과(鬆胯)"라는 것은 말처럼 그렇게 쉬운 자세가 아니다. 왜냐하면 과부(胯部)가 상반신의 중량을 지탱하고 있기 때문에 과부를 방송(放鬆)하면 무릎관절의 부담은 곧 가중된다.
일반적으로 초보자들은 퇴부(腿部)의 역량이 부족하고 전신의 중량을 감당할 만큼 무릎 관절이 충분히 단련되어 있지 못하기 때문에 대부분 과부(胯部)를 원만하게 방송하는 데에 실패하여 체중을 무릎 앞쪽으로 싣고 배를 내밀며 가슴을 꼿꼿이 세워서 몸이 뒤로 젖혀지는 나쁜 자세를 만들게 되는 경우가 많다.
이를 방지하기 위해서는 다음 사항들을 정확히 지켜야 한다.
구간부(軀幹部), 즉 몸통 부문을 바르고 편안한 자세로 유지하고, 무릎을 굽혀서

---

152) 尻骨, 環跳蹶起來, 里邊腿根撐開, 襠自開;兩膝合住, 襠自然圓.(고골, 환도궐기래, 이변퇴근탱개, 당자개;양슬합주, 당자연원).
153) 고관절(股關節), 고관절이 있는 샅 부위나 엉덩이 부위.
154) 腰如車軸, 氣如車輪(요여차축, 기여차륜).
155) 방송(放鬆)이 되면 허실(虛實) 전환이 용이해지고 자연히 활동성이 증가되어 민첩해진다. 즉 방송함으로써 민첩성을 얻게 되는 것을 이름.

몸을 낮출 때 무릎이 앞쪽 발끝을 넘어가지 않도록 하며, 과부(胯部)와 둔부(臀部)는 엉덩이 끝으로 걸상에 걸터앉는 것과 같은 자세를 취한다.

또한 고관절(股關節)을 방송하는 것과 동시에 반드시 견관절(肩關節)도 함께 방송하여 상하가 호응하여 결합되도록 해야 한다.

만약, 과(胯)가 방송되지 않거나, 어깨가 굳어서 아래로 쳐지거나 하면, 옆구리와 복부 근육이 압박을 받아 방송(放鬆) 이완(弛緩) 하침(下沈)[156]하기가 어려워지며, 횡격막 근육의 자연스러운 하강에도 영향을 미치게 된다. 이렇게 되면, 기(氣)의 운행이 고르지 못하게 되어 "복부가 송정(鬆靜)하여 기가 자연스럽게 소통되는 [157]" 경지에 이를 수 없게 된다.

3) 슬(膝)―무릎

무릎은 경비골(脛腓骨)과 대퇴골(大腿骨)의 결합부분으로 관절과 관절인대 등의 주위 조직으로 이루어져 있으며, 특히 활동성과 신축성이 뛰어난 부위이다.

태극권은 그 대부분의 권세(拳勢)가 굴슬송과(屈膝鬆胯)의 기반 위에서 입신중정(立身中正)을 유지해야 하는 운동이기 때문에 무릎의 역할이 매우 중요하다.

투로(套路)나 가식(架式)을 연습할 때에는 시종일관 무릎 관절을 굽혀 일정한 만곡(彎曲)을 유지하고 있어야 하는 것이다.

권가(拳架)에서 신법(身法)의 고저와 보법(步法)의 대소는 모두 무릎 관절과 직접적인 관계가 있다. 그러므로 신법을 낮추고 보폭을 크게 하면 할수록 그만큼 무릎 관절의 부담은 더 커지게 된다.

그러므로 수련자가 투로의 연습과정에서 자신의 퇴부(腿部)의 지탱력이 어느 정도인지 가늠하지도 않고 무리하게 낮은 신법과 넓은 보법으로 수련하는 것은 올바른 수련법이라 할 수 없다. 반드시 자신의 다리와 무릎이 지탱할 수 있는 역량의 정도를 알고 자신의 체중에 의해서 무릎 관절이 상하는 일이 없도록 신법과 보법을 적절히 조절해 나가면서 자세를 점진적으로 완성시켜 나가야 한다.

태극권의 초보자는 마땅히 처음에는 고신법(高身法)으로 연습하고, 점차 다리의

---

156) 하침(下沈) : 자세를 아래로 낮추거나 손이나 팔 등 특정 부위를 아래로 내림.
157) 腹內鬆靜氣騰然(복내송정기등연).

지탱력이 증가하게 되면, 그 정도에 맞추어 저신법(低身法)으로 상체를 낮추어 가도록 해야 한다.

이렇듯 신법이 높은 데서 낮은 데로, 활동량이 작은 데서 큰 데로 점진적으로 나아가야 무릎 관절이 손상되는 것을 미리 막을 수 있다.

아울러 무릎 관절을 보호하기 위하여 특별히 몇 가지 주의를 환기하고자 한다.

태극권을 수련한 후에는 관절을 비롯하여 신체 조직의 혈액 순환이 빨라져서 관절 부위에서 열감(熱感)을 느끼게 된다. 이때에는 땀구멍을 열어 놓고 피부를 방송해야 하며, 덥다고 찬물로 씻거나 바람을 맞아서는 안 된다. 자칫 풍습(風濕)이 침입하여 관절을 비롯하여 신체에 류머티즘을 일으킬 수도 있으므로 절대 삼가야 한다.

진씨태극권에서 무릎 부위를 공격이나 수비의 용도로 이용하는 데 대하여 몇 가지 지적해 두고자 하는 사항이 있다.

쌍인추수(雙人推手)를 할 때에 두 다리를 서로 가지런히 하고, 두 무릎을 서로 맞붙여 따르면서 외별(外撇)[158] · 내구(內扣)[159] · 슬타(膝打)[160]할 수 있으니 그 기법을 익히고, 그리하여 상대가 자세를 잃도록 계속 몰아 붙일 수 있어야 한다. 또한 무릎으로 당(襠)과 정강이뼈를 보호하는 방편으로 활용할 수도 있는 것이다.

그래서, ≪권론(拳論)≫에서 이르기를,

"멀리 있으면 발로 차고, 가까이 있으면 무릎을 사용한다."[161]

라고 하는 것이다.

4) 족(足)—발

발은 신체의 근기(根基)이다. 그러므로 양발의 자세가 정확한가 그렇지 못한가 함은 보법(步法)의 민첩성과 안정성을 확보하는 데 매우 중요한 관건이다.

---

158) 바깥으로 쳐내거나 걷어냄.
159) 안으로 걸거나 압박함.
160) 무릎으로 가격함.
161) 遠用足踢, 近便加膝(원용족척, 근편가슬).

진씨태극권에서 양발과 관련하여 강조하는 사항은 다음과 같다.

양발로 땅을 밟을 때, 발가락과 발바닥과 발뒤꿈치의 모든 부분이 마치 땅을 움켜쥐듯이 딛으며, 용천혈(湧泉穴)162)이 허(虛)가 되도록 한다.

발가락은 위로 치켜세우지 말아야 하고, 발바닥은 좌우 어느 한쪽으로 기울어지지 않도록 해야 하고 전후로 땅을 비비거나 흔들려서도 안 된다.

개보(開步)하거나 매보(邁步)163)할 때는 방향과 위치가 정확해야 하고, 발을 딛으면 발 아래로 뿌리가 생겨나듯164) 견고하게 밟고 쉽게 흔들지 말아야 한다. 이렇게 함으로써 정확하고 침착하며 안정된 감각의 보법(步法)을 얻을 수 있다.

이밖에 앞으로 매보(邁步)하거나 좌우로 개보(開步)할 때는, 항상 굴슬송과(屈膝鬆胯)의 자세에서 발끝은 위로 세워 안으로 모으고, 발뒤꿈치는 안쪽으로 착지하되 적당한 위치까지 바깥쪽으로 땅을 깎으며 미끄러지듯이 뻗은 다음 중심을 옮겨서 안정시킨다.

퇴보(退步)할 때는, 발끝을 먼저 땅에 댄 다음 중심을 옮겨서 점차 안정시킨다.

좌우로 방향을 돌릴 때는, 한발은 중심을 지탱하고 다른 한발은 발끝을 위로 치켜세워 밖으로 벌리거나 혹은 안으로 당기면서 발뒤꿈치의 바깥쪽으로 착지한다. 방향과 위치를 정확하게 잘 잡았으면 중심을 옮겨서 안정시킨다. 특히, 발끝을 밖으로 벌리거나 안으로 당길 때에는 퇴부(腿部)의 나선전사경(螺旋纏絲勁)이 원활하게 운용되도록 해야 한다.

발을 공격이나 방어의 용도로 응용하는 데는 구(鉤)·투(套)·등(蹬)·척(踢)·채(踩)165) 등의 방법으로 동작을 나눌 수 있다. 구(鉤)·투(套)·척(踢)은 일반적으로 발끝을 이용하는 방법이며, 등(蹬)·채(踩)는 발꿈치와 발바닥을 사용하는 방법이다.

이상으로 신체 각 부위에 대하여 숙지해야 할 핵심적인 사항들을 설명하였다.

---

162) 기(氣)가 샘물처럼 솟아난다는 경맥혈(經脈穴)의 하나로 발바닥 가운데서 약간 앞쪽 오므라진 곳에 위치하며 정각심(正脚心)이라고도 함.
163) 큰 걸음으로 걷거나 성큼 성큼 나아가는 걸음.
164) 낙지생근(落地生根).
165) 구(鉤) : 걸기, 갈고리(처럼 걸다). 투(套) : 씌우기, 훑치기. 등(蹬) : 뻗어 차거나 힘껏 밟음. 척(踢) : 차기. 채(踩) : 짓밟기.

이것은 모두 진씨태극권의 투로(套路)를 전개하는 과정에서 일관되게 요구되는 사항들이다. 이러한 사항들은 서로 연관되어 있어 상호 의존적이며 동시에 상호 제약적인 속성을 가지고 있으므로 신체의 어느 일부분의 자세라 할지라도 그 자세가 갖는 정확성 여부는 결국 전신에까지 영향을 미치게 되는 것이다.

그러므로, 초보자들은 신체 각 부위의 요구 사항들을 충분히 이해하고 숙지하여 그 기초를 잘 닦아 놓으면, 이후 전체 투로를 운행하는 과정에서 신체 각 부위의 자세를 전체적으로 적절하게 결합시킬 수 있는 능력이 점차 생기게 된다.

이렇게 하여 동작의 속도와 노선과 방법을 몸에 익히게 되면, 점차 신법(身法)은 단정해지고 보법(步法)은 안정되어 동작의 연결이 원활해지며 절절관관(節節貫串)[166]하고, 상하상수(上下相隨)[167]하며, 주신협조(周身協調)[168]하여, 일동전동(一動全動)[169]하며, 일기가성(一氣呵成)[170]하니, 움직임〔動: 동〕은 흐르는 물과 같고, 고요함〔靜: 정〕은 정기(精氣)가 깃들인 산과 같으며, 느릴 때〔慢: 만〕는 흘러가는 구름과 같고, 빠를 때〔疾: 질〕는 번개와 같은 경계[171]에 이르게 된다.

---

166) 전신의 모든 부위의 마디마디가 연결되어 일관되게 움직임.
167) 상체와 하체의 모든 부위와 마디가 서로 호응하여 따름으로써 일관된 동작을 이룸.
168) 전신의 각 부위가 서로 조화를 이룸.
169) 신체의 한 곳이 움직이거나 한 가지 동작을 취하더라도 전신이 유기적으로 같이 움직이는 현상이나 효과로 나타남.
170) 태극권의 투로(套路)나 권세(拳勢)를 연습하고 단련함에 있어 처음부터 끝까지 내경(內勁)의 흐름에 끊김이 없이 한가지 기운으로 운경(運勁)하여 완성하는 것.
171) 動如流水靜若山, 慢如行雲疾似電的境界 (동여류수정약산, 만여행운질사전적경계).

제 3 절 진씨태극권의 수련 단계와 수련 방법

1. 제 1 단계 : 숙련투로(熟練套路) 명확자세(明確姿勢)
―투로(套路)를 숙련하고, 자세(姿勢)를 분명하게 한다.

소위 "투로(套路)"라고 하는 것은 태극권의 '정투가식(整套架式)'[172] 즉 가식(架式)을 정비하여 하나의 운동 체계를 이루어 놓은 것을 말하며, "자세(姿勢)"라고 하는 것은 매 가식의 동작 구조를 가리킨다.

처음 배울 때는 주로 투로를 숙련하고 동작의 방향을 정확하게 숙달하는 데 치중하고, 자세의 규칙이나 정확성에 대하여는 그 다음에 익히는 것이 좋다.

일정 기간의 연습을 거친 후 투로가 숙련되면, 이때부터는 반드시 자세의 정확성을 높이는 데 치중하여 수련해야 한다.

이렇게 하여 투로가 숙련되고 자세가 명확해지면, 내기(內氣)가 생성되어 체력 증진과 기격(技擊)의 효과를 발휘할 수 있게 된다.

제1단계 수련 과정의 핵심적인 사항과 수련 과정에서 특히 유의해야 할 내용을 보면 다음과 같이 두 가지로 요약할 수 있다.

첫째, 동(動)은 정(靜)의 안[內]에 있고, 정(靜)은 동(動)의 가운데[中]에 있다.[173]

진씨태극권을 수련함에 있어 수련자가 필수적으로 지켜야 할 것은 반드시 청정(淸靜)한 의식 상태를 유지하고, 자신의 마음은 물론이고 주위환경으로부터도 그것을 교란하는 모든 요인들을 제거하여, 내기(內氣) 수렴과 인동고탕(引動鼓蕩)[174]

---

172) 완전한 한 세트(set)로 구성된 가식(架式)의 연속적인 운동 모형. 여기에서 가식(架式)은 모양이나 자세를 나타내는 말임.
173) 動寓靜之內, 靜寓動之中 (동우정지내, 정우동지중)

에 이롭도록 노력해야 한다는 것이다.

≪태극권론(太極拳論)≫에 다음과 같은 말이 있다.
"정(靜)은 영근(靈根)을 기르고 기(氣)는 신(神)을 기른다."[175]
이른바 영근(靈根)의 "근(根)"은 바로 근본을 의미하는 것으로, 여기에서는 육신의 신장(腎臟)을 가리킨다.
중의학(中醫學)에서는 "신(腎)은 선천(先天)적인 뿌리"[176]라고 여긴다. 즉, 신장은 내장의 원음원양(元陰元陽)으로 인체에서 일어나는 생명 활동의 원동력이라고 보는 것이다.
또한 "정(靜)하면 근본을 양생(養生) 시킨다."[177]는 것 역시 의식이 청정(淸靜)한 상태를 유지하고 있으면 신기(腎氣)가 왕성해지고 그 수장(收藏) 능력이 좋아진다는 뜻이다. 이로써 오장(五臟)이 건강하게 활동하고 내기(內氣)가 충만해져서 정신이 고양되고 동작이 씩씩하고 힘차게 된다는 것이다.

둘째, 항상 자신의 신체에 주의를 기울여야 한다.

태극권의 초보자는 수련 과정에서 너무 지나친 요구를 하거나 너무 조급한 마음을 가지고 있지 않은지 항상 자신을 되돌아 보아야 한다.
처음 글자를 배울 때처럼 가로선, 세로선, 점, 체크(∨)표시 등의 필획(筆劃)을 쓸 수 있게 되면 그것을 조합하여 글자를 쓸 수 있게 되는 것과 같은 이치인 것이다.
그러므로, 태극권을 배우는 초기 단계에서는 먼저 신법(身法)의 기본자세를 확실하게 익혀서 두부(頭部)가 자연스럽게 단정(端正)해야 하고, 입신중정(立身中正)해야 하며, 불편불의(不偏不倚)해야 한다.
또한 보법(步法)에 있어서는 궁보(弓步), 허보(虛步), 개보(開步), 수보(收步) 등을 중점적으로 익히고, 그 방위(方位)를 잘 알고 그대로 움직일 수 있도록 해야

---

174) 풍선이나 북에 공기가 차듯이 인체에 내기(內氣)가 충만해지면, 북의 한 부분을 두드려 북 전체의 울림을 얻는 것처럼 적당한 움직임이나 자극을 통하여 기(氣)가 전신을 관주(貫注)하여 원활하게 소통되도록 함.
175) 靜養靈根氣養神 (정양영근기양신).
176) 腎爲先天之根(신위선천지근).
177) 靜則養根(정즉양근).

한다.

혹 수련과정에서 도견가주(挑肩架肘)[178], 횡기전흉(橫氣塡胸)[179], 호흡발천(呼吸發喘)[180], 수족전두(手足顫抖)[181] 등과 같은 현상이 나타나는 경우가 있는데, 이것은 초보자에게는 불가피하게 나타나는 하나의 과정이므로 지나치게 신경 쓰지 않는 것이 좋다.

그러나 투로(套路)의 운행 방위나 각도, 순서는 반드시 정확하게 익혀야 하며, 유연하고 대범한 자세로 거침없이 자연스러운 투로가 진행되도록 힘써야 한다.

투로를 숙달하는 데 소요되는 기간은 사람마다 차이가 있을 수 있겠지만, 일반적으로 하루에 10회 정도 투로를 매일 지속적으로 연습할 경우 보통 2개월 정도면 익힐 수 있게 된다.

그리고 이 때부터는 한 걸음 더 나아가, 모든 동작에 대하여 지켜야 할 정확한 요구사항이 무엇인가를 심사숙고하여 머리에서부터 발끝까지 일초일세(一招一勢)를 검토하고 교정하는 작업에 착수해야 한다.

이때에는 동작의 진행속도를 될 수 있는 한 느리게 해야 동작의 정확성을 판단하는데 도움이 된다.

이와 같은 방법으로 다시 일정 기간 동안 매일 10회씩 지속적으로 연습하면, 제1단계를 통과하여 제2단계로 진입하는 때가 오게 된다.

2. 제 2 단계 : 조정신법(調整身法) 주신방송(周身放鬆)

―신법(身法)을 조정하고, 온몸을 방송(放鬆)한다.

"신법(身法)"이라는 것은 태극권을 수련할 때 신체 각 부위에 대하여 지켜야 할 원칙을 말한다.

신법을 조정하려면, 먼저 상체와 하체를 방송(放鬆)시키는 훈련을 해야 한다.

---

178) 어깨를 올리고 팔꿈치를 치켜듬.
179) 기(氣)의 소통이 원활하지 못하거나 난잡한 기가 쌓여 가슴이 답답해지는 현상.
180) 숨을 헐떡거림.
181) 수족 떨림.

뼈와 관절을 송개(鬆開)하여 근육의 신축성과 뼈의 활동성을 높이도록 해야 하는데[182], 이를 효과적으로 하기 위해서는 투로(套路)의 가식(架式) 가운데 "금강도대(金剛搗碓)"·"엄수굉권(掩手肱拳)"·"파각질차(擺脚跌岔)" 등과 같은 동작을 선택하여 집중적으로 연습하는 것이 좋다.

이때, 반드시 지켜야 할 것은 몸을 방송하는 감각을 익혀, 절대로 졸력(拙力)[183]을 써서 억지로 하려고 해서는 안 된다.

이 단계의 연습 과정에서는 입신부정(立身不正)[184]이나 횡기전흉(橫氣塡胸) 또는 도견가주(挑肩架肘) 등의 좋지 못한 자세들이 나타나곤 한다.

이러한 결함이 나타나게 되는 주요 원인에는 대체로 두 가지가 있다.

하나는 "방송(放鬆)"의 뜻을 제대로 이해하지 못한 데서 발생하는 것이고, 다른 하나는 다리의 지탱력이 부족하여 방송하는 데 어려움이 따르기 때문이다.

≪권론(拳論)≫에 다음과 같이 이르고 있다.

"신체는 반드시 단정(端正)함을 그 근본으로 삼고, 온몸이 자연스러워짐을 최고로 여긴다."[185]

이것은 신법(身法)에 있어서 무엇보다 중요한 것은 입신중정(立身中正)이므로 이를 근본으로 삼아야 한다는 뜻이다.

"단정(端正)"이라는 말에는 두 가지 뜻이 담겨 있다.

하나는 몸통, 사지(四肢), 머리의 위치가 중정(中正)을 이룬다는 것으로, 즉 균형 있게 바로 위치하여 한 쪽으로 치우치거나 기울지 않는다[186]는 뜻이다.

다른 하나는 신체를 굽히거나 기울이는 상황의 경우 상대적인 평형을 유지해야 한다는 뜻이다. 개보(開步)할 때 상인하진(上引下進)[187]하는 동작을 그 예로 들 수 있다.

이른바 "방송(放鬆)"이라 함은 다리가 몸을 지탱하는 가운데, 신체의 각 부분이 자연스럽게 조화를 이루며 전신의 긴장을 풀고 편안하게 하여 기(氣)를 단전으로

---

182) 골절송개(骨節鬆開)하여 신근발골(伸筋拔骨)해야.
183) 서툴게 힘을 쓰거나 억지로 힘을 써서 하는 동작.
184) 몸을 바로 세우지 못함. 입신중정(立身中正)하지 못한 자세.
185) 身必以端正爲本 以周身自然爲妙 (신필이단정위본 이주신자연위묘).
186) 불편불의(不偏不倚).
187) 상체는 이끌어 빼고 하체는 내디며 전진하는 자세로 상체와 하체의 움직임이 대조적으로 움직이는 것. 이 동작에는 상대를 유인하여 공격하고자 하는 의도가 있음.

가라앉히는 상태를 말한다.

  초보자들의 경우에서는 이러한 문제들에 대하여 이해와 주의가 부족한 데다, 더욱이 공력(功力)이 얕기 때문에 위에서 언급한 결함들이 불가피하게 생겨나게 마련이다.

  그러나, 이러한 결함들은 점차적으로 연습량을 늘리고 저신법(低身法)으로 수련을 하면서 아울러 한 다리 혹은 두 다리를 이용한 하준운동(下蹲運動)[188]과 참장공(站樁功)을 통해서 극복할 수 있다. 이때에도 역시 송과(鬆胯)·굴슬(屈膝)·원당(圓襠)을 이루는 가운데 입신중정(立身中正)이 유지되어야 한다는 것을 잊어서는 안 된다.

  퇴부(腿部)의 지탱력이 증가하여 전신의 방송이 원만하게 이루어지면, 가슴, 등, 옆구리 및 횡격막의 근육이 자연스럽게 풀리고, 체내 기혈(氣血)의 오르내림이 원활해지며, 호흡은 자연스럽고 폐활량이 높아져서 앞서 언급했던 결함들이 하나 둘씩 없어지게 된다.

  이 단계의 연습을 하는 데는 대략 3~4개월의 시간이 필요하다. 이 기간 동안 열심히 수련하게 되면 신법이 조정되고, 자세의 기본도 확고해진다. 또한 연습의 질이 높아짐에 따라 내기(內氣)의 움직임에 대한 감각도 향상된다.

3. 제 3 단계 : 소통경락(疏通經絡) 인동내기(引動內氣)

―경락(經絡)을 소통시키고, 내기(內氣)로 동작을 유도한다.

  경락(經絡)은 온몸에 고루 분포하여 안으로는 오장육부와 연결되고, 밖으로는 피부의 표피와 연결되어 있다. 이로써, 인체의 상하내외(上下內外)를 소통시키고, 각 기관의 기능을 조절하며 내기(內氣)를 운행시키는 통로로 작용한다.

  "기(氣)"는 인체의 생명 활동을 구성하고 유지하는 정미(精微)한 물질로서 지극히 미세한 미립자 상태이기 때문에 직관적으로 살펴서 관찰하기는 매우 어렵다. 다만, 사람의 감각기관을 통해 나타나는 사물의 각종 변화에 근거하여 그 존재를

---

[188] 몸을 아래로 내려 쭈그려 앉거나 쭈그려 앉아서 걷거나 하는 등의 하체강화 운동.

깨달을 수 있을 뿐이다.

인체에 흐르는 기(氣)가 어디에서 어떻게 생기는가 하는 그 원천에 대해서는 다음의 몇 가지 관점이 있다.

첫째는 선천적으로 부모의 정기(精氣)를 타고나는 것이며,

둘째는 음식물로 화생(化生)한 수곡(水穀)[189]의 정기(精氣)이며,

셋째는 인체에 존재하는 정기(精氣)가 비(脾)·폐(肺)·신(腎) 삼장(三臟)의 종합적인 생리적 작용을 통하여 생성된 것이다.

≪태극권론(太極拳論)≫에 다음과 같은 말들이 있다.

"기(氣)는 생명의 근본이며, 경(經)은 기의 통로이다. 경이 통하지 않으면, 기가 흐르지 않게 된다."[190]

"본래 내 몸 안에 있던 원기(元氣)로서 내 몸을 운행(運行)한다."[191]

"기(氣)로써 형(形)을 운행(運行)하면 일기관통(一氣貫通)한다."

이러한 말들은 기(氣)라고 하는 것이 본래 몸이 지니고 있는 고유한 본원(本元) 물질이기는 하지만 그 통로인 경락이 막힘 없이 잘 소통되는 상황이 이루어져야 비로소 인동고탕(引動鼓蕩)할 수 있게 되어 일기관통(一氣貫通)하니, 이로써 병을 방지하고, 몸을 건강하게 하며, 기격(技擊)의 효과를 얻을 수 있다는 뜻이다.

이미 앞에서 설명한 것처럼, "조정신법(調整身法), 주신방송(周身放鬆)"의 단계를 거치고 나면 내기(內氣)의 흐름을 느낄 수 있는 감각이 생겨 태극권 수련에 대한 흥미가 더욱 높아지게 된다.

그러나, 이러한 감각은 파도의 기복처럼 늘 일정하게 나타나는 것이 아니다. 때로는 시도 때도 없이 나타났다 사라졌다 한다. 심지어 한동안은 전연 아무런 감각을 느낄 수 없는 경우도 있다. 이것은 경락의 기의 소통이 원활하지 못하고 기의 운행 기능이 순조롭지 못하여 동작을 유발하는 내기의 힘이 부족하기 때문이다.

그러므로 이 단계의 수련에서는 반드시 의념(意念)으로 기를 인도할 수 있도록 주의력을 집중해야 한다. 즉, 대뇌의 의식이 이끄는 바에 따라 의(意)로써 형(形)

---

[189] 물과 곡식.
[190] 氣者, 生之本, 經者, 氣之路, 經不通則氣不行 (기자, 생지본, 경자, 기지로, 경불통칙기불행).
[191] 以吾本身自有之元氣, 運行吾身 (이오본신자유지원기, 운행오신).

을 운행하여 내기가 전신의 모든 관절과 마디로 일관되게 관통해야 한다. 만약 순조롭지 못한 곳이 있으면 스스로 신법(身法)을 조정하고 의념의 집중력을 방해하는 요인을 찾아내어 이를 개선함으로써 기감(氣感)을 새로이 일깨워야 한다.

이 단계에서의 투로의 연습 속도는 마땅히 느려야 하고 빠른 것은 좋지 않다.
일초 일식(一招一式)을 행함에 모든 정력을 집중하여 막힘 없이 매끄럽게 진행시켜야 한다.
외형은 가능한 한 내기를 이끌어 가는 의식의 흐름과 일치시키도록 노력한다.
이것을 염두에 두고 열심히 수련을 계속해 나가면, 내기가 자연스럽게 소통되고 뻣뻣하거나 서툴게 힘을 써 부자연스럽게 움직이는 행동들을 극복할 수 있게 된다. 그리하여 점차로 주신상수(周身相隨)하여 끊임없이 이어지고 내기가 권세(拳勢)의 요구에 따라 기의고탕(氣宜鼓蕩)[192]하여 일기관통(一氣貫通)하는 경계에 도달할 수 있게 된다.

4. 제 4 단계 : 형기결합(形氣結合) 여환무단(如環無端)
—형(形)과 기(氣)가 결합되고 내기(內氣)가 끊임없이 순환한다.

소위 "형(形)"이란 형체를 가리키는 것으로, 밖으로 표현되는 태극권 권세(拳勢)의 동작을 말한다.
"기(氣)"는 내기(內氣)를 가리킨다.
의학적인 관점에서 보면, "형"이나 "기"는 동일한 대상에 대한 나삭적인 관념의 표현이기도 하지만, 그것은 오히려 상호 의존적이며 상호 보완적인 관계에서 통일된 개념을 이루고 있다.
《태극권론(太極拳論)》에 다음과 같은 말이 있다.
"마음으로 기(氣)를 운행하되 고요히 가라앉혀 수렴(收斂)하면 반드시 뼛속까지 들어갈 수 있다."[193]

---

192) 풍선이나 북 속에 공기가 차듯이 인체에 내기(內氣)가 충만하여지면, 북의 한 부분을 두드려 북 전체의 울림을 얻듯이 기(氣)가 충실하고 원만하게 소통되는 것을 말함.

"기(氣)로써 몸을 운행하되 순조롭고 자연스럽게 되도록 힘쓴다."[194]

이것은 바로 모든 동작과 자세를 만들 때, 의(意)로써 기(氣)를 이끌고 기로써 몸을 운행하되 자연스러움에 순응하여 외형으로 나타나는 동작을 재촉해야 한다는 것이다[195].

형(形)과 기(氣)의 결합(結合)은 꾸준하게 연습을 반복함으로써 이룰 수 있다.
이 수련을 통하여 내기(內氣)를 순환시키면, 마치 둥근 모양의 고리와 같이 끊임없이 체내에서 운행하게 된다.
그러므로 열심히 수련하면 주신일치(周身一致)하고, 내외합일(內外合一)하여, 내기가 이끄는 대로 신체가 따라 움직이게 된다.
그래서, 일단 움직임이 시작되면 곧 전신이 모두 움직이게 되고, 일단 움직임을 멈추게 되면 곧 전신이 고요해지는 것이다[196].
그리하여 움직이고[動] 멈추고[靜] 벌리고[開] 모으고[合] 올리고[起] 내리며[落] 돌리는[旋轉] 등 모든 움직임이 순기자연(順其自然)하지 않는 것이 없게 된다.

연습 과정에서 몸과 손, 몸의 안과 밖 어느 한 부분에서라도 조화가 깨어지거나 문제가 생기면, 곧 내기의 소통에 영향을 미치게 되어 의기(意氣)와 형체의 결합이 순조롭지 못하게 된다.
또한 동작의 운행 속도와 신법(身法)의 위치나 각도를 제대로 파악하지 못하면 균형을 얻지 못하게 되어 투로(套路) 가식(架式)의 연습 과정에서 몸은 느려지는데 손은 빨라지며 시선이 따라가지 못하는 등 산만한 현상들이 생겨나 몸과 손이 따로따로 놀고 동작의 조화를 이룰 수 없게 된다.
권법의 격언에 이르기를,
"손은 이르나 몸이 이르지 못하면, 적을 공격함에 묘(妙)를 얻을 수 없다. 그러나 손이 이르고 몸도 이르면, 적을 공격하는 것이 마치 풀을 베는 것과 같다."

---

193) 以心行氣, 務令沈着, 方能收斂入骨(이심행기, 무령침착, 방능수렴입골).
194) 以氣運身, 務令順隨(이기운신, 무령순수).
195) 以意引氣, 以氣運身, 順其自然, 催動外形.(이의인기, 이기운신, 순기자연, 최동외형.)
196) 一動卽周身全動, 一靜卽周身全靜(일동즉주신전동, 일정즉주신전정).

라고 하였다.
 이것은 형(形)과 기(氣)를 결합하는 것이 바로 몸통과 손발의 움직임을 순조롭게 엮어주는 첩경임을 설명한 것이다.

 이 단계의 수련에서는 의념(意念)과 자세를 결합하여 조화시키는 데 중점을 두고 연습해야 한다.
 이것은 바로 마음[心]이 이르고, 뜻[意]이 이르고, 기(氣)가 이르러, 형(形)이 이루어지면, 내기(內氣)가 일기관통(一氣貫通)하게 된다[197]는 것이다.

 아울러 이 단계에서 반드시 이해해야 할 것은 신체의 어느 일부분의 개합(開合)은 전신에서 일어나는 개합의 국부적(局部的)인 표현이라는 것이며, 따라서 전신의 총체적인 결함이나 문제점 역시 국부적인 반응으로 표출되어 나타나게 된다는 것이다.
 이 때문에, 부분적으로 국부적인 자세를 조정할 때에는 반드시 총체적인 전신의 조정을 염두에 두고 있어야 하며 이렇게 하여야 의기(意氣)가 합일(合一)될 수 있다.
 이 단계에 이르게 되면 다음과 같은 증상들이 왕왕 나타나기도 한다.
 근육과 피부가 붓는 것 같고, 손가락이 저리며, 발뒤꿈치가 무거워지고, 단전(丹田)에는 묵직하게 가라앉는 느낌이 있게 된다[198].

5. 제 5 단계 : 주신상수(周身相隨) 내외일치(內外一致)
―온몸이 서로 호응하면, 내기와 외형의 일치를 이룬다.

 "주신상수(周身相隨) 내외일치(內外一致)"는 전신이 하나의 완전한 운동 체계를 형성하고 있음을 의미한다.
 진장흥(陳長興)은 《태극권십대요론(太極拳十大要論)》에서 다음과 같이 말하

---
197) 心到, 意到, 氣到, 形到, 使內氣一氣貫通.(심도, 의도, 기도, 형도, 사내기일기관통).
198) 肌膚發張(기부발장), 手指發麻(수지발마), 足跟發重(족근발중), 丹田有發沈之感(단전유발침지감).

였다.

"태극권은 그 변화가 천변만화(千變萬化)하여 그 경(勁)이 머물지 않은 곳이 없으며, 비록 세(勢)가 같지 않다 하더라도, 경(勁)은 하나로 귀결된다. 무릇 하나〔一〕라고 하는 것은 정수리에서부터 발끝까지, 안으로는 오장육부와 근육과 뼈가 있고, 밖으로는 살과 피부가 있는데, 사지백해(四肢百骸)가 모두 하나로 연관되어 있음을 나타내는 것이다. 그것은 부숴도 갈라지지 않고, 부딪쳐도 흩어지지 않는다. 상체가 움직이려 하면 하체가 자연스럽게 따라 움직이고, 하체가 움직이려 하면 상체가 스스로 이끈다. 또한, 상체와 하체가 움직이면 가운데 부분이 호응해주고, 가운데 부분이 움직이면 상체와 하체가 그에 따라 움직여서 조화를 이루게 되어 내외가 서로 연결되고, 전후가 서로를 요구하며 진행되니, 이른바 '일이관지(一以貫之)'는 바로 이를 두고 하는 말인 것이다."

이 논술은 주신상수(周身相隨) 내외일치(內外一致)함으로써 일기관통(一氣貫通)할 수 있다는 총괄적인 표현을 구체적으로 설명한 것이다.

이 단계에서는 비록 내기(內氣)가 관통한다고는 해도 아직은 매우 약한 상태에 있으므로, 과도한 피로나 집중력 감퇴 등으로 운동에 부적합한 상태에 있을 때 수련을 하게 되면 내기의 소통과 운행에 영향을 받게 된다는 점을 참고로 해야 한다.

이전의 단계에서는 몸〔身〕이나 손〔手〕, 안〔內〕이나 밖〔外〕 등에서 문제가 생기면, 신법(身法)을 조정하는 방법으로 문제를 해결하여 자세를 바로잡고 내기의 소통을 원활하게 하였다.

그러나 이 단계에서는 신법의 조정보다는 주신상수(周身相隨)하여 내기가 외형을 이끌도록 하는 방법을 사용하도록 요구하고 있다.

기(氣)가 이르지 않으면 외형(外形)에 아무런 움직임이 없다가도 기가 일단 이르면, 곧 외형이 기를 따라 움직이기 시작한다. 마음으로 기를 이끌고, 기로써 몸을 움직이게 하는 것이다.

모든 동작과 자세에서 기는 단전(丹田)에서 일어나 안으로는 오장(五臟)과 백해(百骸)에 이르고 밖으로는 피부와 솜털에까지 이르며 전신을 돌다가 다시 단전으로 돌아오는데, 전요(纏繞)[199]로 왕래하며 자유자재로 전신을 순환한다.

---

199) 나선식으로 감듯이 움직이는 것으로 전사경의 움직임을 뜻함.

진씨태극권의 동작은 전사경(纏絲勁)을 그 운행의 핵심으로 삼고, 내기(內氣)를 그 통제의 수단으로 삼아 하나의 완전한 운동체계를 형성한 것이다.

전사경(纏絲勁)은 신(腎)에서 발원(發源)하고, 단전(丹田)에서 일어나, 전신의 곳곳으로 퍼져 흐르는데, 언제나 자연스럽게 사체(四體)의 안으로 흘러 넘쳐 백해(百骸)의 사이사이로 스며들고 사초(四梢)와 구규(九竅)[200]에까지 이르고, 내기(內氣)가 증가하여 내경(內勁)이 뼈 속에까지 전달된다. 그 결과, 근육이 강화되고 뼈가 튼튼해지며 기혈(氣血)의 소통이 원활해져서 소화력이 높아지고, 질병이 없어지며 수명이 늘어나는 등의 효과를 볼 수 있다. 이런 까닭으로 "전사경(纏絲勁)"을 가리켜 진씨태극권의 정화(精華)라고 하는 것이다.

이 단계에서는 매일 가식(架式)과 투로(套路)의 연마를 견지해 나가는 것 외에도 추수(推手)를 결합하여 연습하면, 점련점수(粘連黏隨)와 붕리제안(掤攦擠按)의 경(勁)을 체득하여 권세(拳勢)와 운경(運勁)의 정확성 여부를 점검하고 교정해 나갈 수 있다.

또한 매일 몇 차례씩 포추(炮捶)를 함께 연습하면 인내력과 폭발력을 증강시킬 수 있다.

아울러 도(刀), 창(槍), 검(劍), 곤(棍) 등의 기계(器械)를 사용하여 연습하면 손〔手〕, 눈〔眼〕, 신법(身法) 및 보법(步法)의 결합 상태를 점검해볼 수 있다.

따라서 태극권을 연습할 때에는, 자신이 성취할 수 있을 것인가 하는 문제에 대해서는 어떤 의심도 할 필요가 없으며, 오로지 요구하는 바에 따라 꾸준히 수련하다 보면, 어느 날 뜻밖에도 내외일치(內外一致)하고 주신상수(周身相隨)하는 경지에 이르게 되어 태극권의 요구 사항과 운동 규율을 완전히 장악할 수 있게 된다.

이 단계의 수련을 거치고 나면, 이미 스스로 자신의 결함을 교정할 수 있는 능력을 갖게 되어 스승의 지도가 없어도 잘못된 길로 빠지지 않는다. 그러므로 계속해서 깊이 연구해 나가면 차츰차츰 오묘한 경지로 들어서게 된다.

그래서 진흠(陳鑫)이 이르기를,

"이치에 밝지 못하면 이치에 밝은 스승을 찾고, 길을 모르면 좋은 친구를 방문한

---

200) 신체에 있는 아홉 개의 구멍으로 눈·코·귀·입·항문·요도를 가리킨다.

다. 이치에 밝고 길이 분명한데도 여전히 능하지 못하면, 다시 매일매일 쉬지 않고 열심히 연습해야 한다. 그렇게 오랜 시간을 정진하다 보면 자연히 이르게 된다."
라고 하였다.

6. 제 6 단계 : 온고근기(穩固根基) 충실내기(充實內氣)
— 근본(根本)을 튼튼하게 하고, 내기(內氣)가 충실하도록 한다.

"온고근기(穩固根基), 충실내기(充實內氣)"라는 말은 앞 단계에서 이룩한 수련의 기초 위에서 한 걸음 더 나가 하반(下盤)을 더욱 튼튼하게 단련시킴으로써 내기(內氣)를 충실하게 한다는 것이다.

≪권론(拳論)≫에 다음과 같은 말이 있다.

"뿌리가 견고하면, 가지와 잎사귀가 무성해진다."

"뿌리를 배양하면 가지와 잎사귀가 저절로 무성해지고, 원천을 윤택하게 하면 그 맥(脈)의 흐름이 저절로 길어진다."

권가(拳架)를 연마하는 것은 바로 뿌리를 배양하고 근본을 윤택하게 하는 방법과 같은 것이다. 여기에서 '뿌리' 나 '근본' 은 기초를 의미하는 뜻도 있지만 신체 중의 하반신을 가리키는 의미도 있다.

≪태극권론(太極拳論)≫에서는 말한다.

"하반(下盤)이 튼튼하면, 상체가 자연히 민첩하게 움직인다."

여기서 "하반"이라고 하는 것은 바로 지체(肢體)의 아랫부분인 "다리〔腿 : 퇴〕" 를 가리킨다. 두발을 초석으로 하여 다리의 지탱력으로 버티고 서면, 당경(襠勁)이 원활하고 자연스러워진다.

또 다른 견해로서는 "근본" 즉 뿌리는 원기(元氣)를 가리킨다는 것이다.

원기는 신(腎)에 저장되는데 신기(腎氣)가 충만하여 정력이 넘쳐흐르면 바로 "근본이 견고해진다"는 것이다.

"원(源)을 윤택하게 한다"는 말에서 원(源)이란 바로 근원(根源)을 가리키는 것으로 본원(本源)을 뜻한다.

원기(元氣)란 모든 기(氣)의 근본이다. 그것은 근원을 신(腎)에 두고 있으면서 단전(丹田)과 통해 있으며, 선천적으로 타고난 것이라 하여 선천지본(先天之本)이라고도 하며, 오장육부의 근본이라 부르기도 한다.

　신(腎)은 원음(元陰)과 원양(元陽)의 창고와 같은 장부(臟腑)로서, 원음으로는 오장(五臟)의 음(陰)을 기르고 원양으로는 오장의 양(陽)을 기른다.

　몸이 양(陽)을 얻으면 따뜻해지고 음(陰)을 얻으면 양생(養生)을 한다. 그러므로, 생기가 왕성해지면, 이번에는 거꾸로 신기를 북돋아 단전을 충만하게 한다. 이렇게 상호 유익하게 작용하면서 전신을 반복하여 순환하면 근본이 튼튼해지고 근원이 윤택해지게 된다.

　이상의 몇 단계를 거치면서 권법을 연마해 나가면, 온몸이 완전한 하나의 운동체계를 형성하게 된다. 그러나 이러한 운동체계에는 아직까지 호흡을 배합하는 데는 자연스러움이나 섬세함이 부족하다.

　제1단계에서 제4단계까지는 동작과 자세가 뻣뻣하고 전신이 조화를 이루지 못할 뿐만 아니라, 내기와 외형의 결합이 원만하지 못하기 때문에 동작과 호흡이 만족스럽게 배합되지 못한다.

　또한, 제5단계에 이르러서는 비록 주신상수(周身相隨)하고 내외일치(內外一致)한다고 해도, 동작의 가속이나 변속, 혹은 쾌만상간(快慢相間)할 때는 동작과 호흡을 배합하기가 쉽지 않다.

　이 단계의 수련에서는 연권(練拳)의 질적 수준이 높아짐에 따라 동작과 호흡을 엄밀하게 배합하여 반드시 복식호흡(腹式呼吸)을 해야 한다.

　여기에서 특별히 지적하고 싶은 것은 이 단계에서 수련해야 하는 복식호흡의 형식이 의학상의 복식호흡과는 상반되는 역식(逆式)호흡을 가리키며 연권(練拳)시에는 바로 이 역식(逆式)호흡을 해야 한다는 것이다.

　정상적인 생리조건하에서 사람들의 일반적인 호흡 방식은 폐, 흉막(胸膜), 늑간내외근(肋間內外筋), 격막근(膈膜筋) 등의 신체 기관에 의해 이루어진다.

　보통 사람들은 주로 흉식(胸式)호흡을 위주로 하면서, 동시에 복근을 사용하는 복식호흡이 다소 혼합되어 있다. 만약, 흉강(胸腔)과 장기(臟器)에 병이나 문제가 생겨 흉식호흡에 제한을 받게 되는 경우가 생기면, 이 기능을 대신 보상하려는 생리작용으로 복식호흡이 점차 강하게 작용하게 된다.

이 복식호흡의 운동 과정은 다음과 같이 나타난다.

숨을 들이쉴〔吸氣: 흡기〕때는 격막근이 수축하고 복강(腹腔)과 장기는 아래로 내려가 복부의 내압이 올라가고 복부는 밖으로 불룩해진다.

숨을 내쉴〔呼氣: 호기〕때는 격막근이 이완되고 복강과 장기는 위로 올라가 본래 자리로 되돌아가며 복벽이 수축한다.

태극권에서 행하는 "복식역호흡(腹式逆呼吸)"과 앞에서 서술한 복식호흡의 상황은 완전히 서로 반대이다. 즉, 숨을 들이쉴 때에는 아랫배가 안으로 수축하고 격막근이 위로 올라가며 단전(丹田)의 기(氣)가 아랫배에서 위로 올라간다. 따라서 위(胃) 부위는 자연스럽게 융기하고 흉곽(胸廓)은 자연스럽게 확장되며 폐활량이 커진다.

숨을 내쉴 때에는 아랫배가 불룩해지고 격막근이 아래로 내려가며 내기가 단전으로 내려가면 위(胃) 부위와 흉곽은 자연스럽게 원상태로 회복되며 다시 흡기(吸氣)할 준비가 된다.

이 과정에 내기(內氣)는 허리와 신(腎)을 돌아 단전으로 내려가서 내전(內轉)하는데, 이때 호흡과 내기와 외형이 하나로 결합하게 된다.

한편 발경(發勁)할 때의 호흡과 동작의 배합은 짧게 한번 들이마시고 급하게 내쉬는 일흡 일호(一吸一呼)의 호흡으로 한다.

동작과 호흡의 배합이 잘 일치되면, 정상적인 투로(套路)의 연습 이외에 별도로 보조공(補助功)의 연습을 조금 더해주면 공능(功能)의 향상에 큰 도움이 될 것이다.

예를 들면, 참장공(站樁功)과 같은 보조공을 대마보(大馬步), 궁보(弓步), 정보(丁步) 등 어느 하나의 자세를 선택하여 연권(練拳)을 시작하기 전이나 마치고 난 후에 20분 정도 지속적으로 수련하면 장보(樁步)가 안정되고 호흡과 행기(行氣)의 조화가 자연히 이루어지며 경력(勁力)과 내력(耐力)을 발달시킬 수 있다.

또한, 두간자(抖杆子)를 연습할 경우에는 후미(後尾)의 직경이 6~8센티미터, 길이는 3미터의 백랍(白蠟)나무로 만든 목간(木杆)을 사용하여 매일 란(攔: 막기), 나(拿: 잡기), 찰(扎: 찌르기) 등의 동작을 약 100번 정도 연습한다.

그 외에도 권식(拳式) 중에서 발경(發勁)을 특별히 강조하는 단세(單勢)를 선택하여 별도로 연습함으로써 근기(根基)를 단단히 하고 내기(內氣)를 충실하게 하여 축발력(蓄發力)을 증가시키도록 해야 한다.

7. 제 7 단계 : 촉각영민(觸覺靈敏) 지기지피(知己知彼)
―촉각(觸覺)이 영민해지니, 나를 알고 적을 안다.

이 단계에서는 우리 몸의 변화무쌍함과 신체 피부 감각의 민감성에 대해서 공부하고 이를 수련하는 것을 주 내용으로 한다.

다시 말하면 우리 몸에 들어오는 정보 전달에 대하여 행동을 취하는 응격반사(應激反射), 즉, 상대의 공격 신호를 재빨리 눈치채서 대처하는 반사 능력을 기르는 것이다.

태극권을 수련하는 사람은 공부가 깊어짐에 따라, 이러한 반사능력도 함께 강화되어, 번개처럼 신호의 전달을 감지해서 천둥처럼 빨리 대응할 수 있게 된다.

인체의 반사 활동의 기초를 반사호(反射弧)라 하는데, 이것은 다섯 개의 기본 부분, 즉 감수기(感受器), 전입신경(傳入神經), 신경중추(神經中樞), 전출신경(傳出神經) 및 효응기(效應器)로 이루어져 있다.

반사과정의 진행을 간단히 설명하면 이러하다. 어떤 자극이 어느 특정 감수기에 접수되면 감수기가 흥분된다. 그 흥분은 신경을 자극하는 방식으로 전입신경을 거쳐 신경중추로 전달되고 신경중추의 분석을 통해 자극에 대응하는 종합적인 활동을 흥분으로 생산하는 것이다. 그 흥분은 다시 특정한 전출신경을 거쳐 효응기에 도달하게 된다.

우리가 이 단계에서 수련할 목표는 바로 이 반사과정을 더욱 강하고 빠르게 단련시키는 것이다. 그래서, 이 단계를 열심히 수련하면, 충실해진 내기(內氣)가 단전(丹田)에서 넘쳐흘러서 전신을 관통하여, 안으로는 오장육부의 경락에 이르게 되고, 밖으로는 피부와 솜털에까지 이르게 되어 우리 몸의 각 부분이 마치 전기가 흐르는 것처럼 촉각이 극도로 민감해진다.

이 단계에 이르러 격투에 임하게 되면,

"움직임이 빠르면 빠르게 대응하고, 움직임이 느리면 느리게 따라간다."[201]

"상대가 움직일 기미가 있으면 이미 먼저 움직이고, 상대보다 동작이 늦어도 먼저 이르게 된다."[202]

라고 하는 경계에 이르게 된다.

---

201) 動急則急應, 動緩則緩隨(동급즉급응, 동완즉완수).
202) 彼微動, 己先動, 後發先至(피미동, 기선동, 후발선지).

이 단계에서도 여전히 이전 단계와 마찬가지로 투로(套路)와 보조공(補助功)을 연습해야 한다.

또한 항상 추수(推手) 경기를 연습해야 하며, 그것을 실천하는 중에 청경(聽勁)과 영경(靈勁)을 단련시켜 그 경(勁)이 신체의 상체와 하체에 자연스럽게 결합되도록 해야 한다.

특히 이 단계의 단련에서는 반드시 공력(功力)을 안으로 거둬들여야 하고, 기(氣)의 외형적 표현이나 전사경(纏絲勁)의 외형 동작 역시 안으로 거둬들여 축소시켜야 한다. 이것이 바로 대권(大圈)에서 중권(中圈)으로 접어드는 연습방법이다.[203]

권가(拳架)는 완만하면서도 부드럽게, 평온하면서도 크게 펼치며 연습해야 한다.

진복원(陳復元)이 다음과 같이 말하였다.

"배울 때는 마땅히 느리게 연습해야 하나, 느리되 굼뜨게 해서는 안 된다. 익힌 뒤에는 빠르게 하되 어수선해서는 안 된다. 빠른 것을 익힌 뒤에는 다시 느리게 하는데, 이것이 부드러움이다. 부드러움이 오래 되면 그 가운데에 강함이 저절로 있게 되니, 이것을 강유상제(剛柔相濟)라 한다."

이 단계의 연습이 바로 "쾌후복완(快後復緩)[204]"의 단계인 것이다.

오랫동안 공력을 쌓아 가면, 고요하기가 마치 산과 같고, 빠르기가 번개와 같이 되는 날이 오게 된다. 이것은 마치 화살을 쏠 때, 천천히 당긴 활시위가 만월과 같이 열릴 때는 활등으로 온 힘이 모아지나 그 모습은 고요하고, 활시위를 놓으면 화살이 질주하여 나가는데 그 위력이 크고 빠름을 비할 데가 없게 되는 것과 같다.

이 단계의 후반부에 이르면, 모든 것이 달라진다. 시선은 쥐를 잡는 고양이와 같고, 동작은 높이 나는 매와 같으며, 몸가짐은 민첩하고 씩씩해지며, 의식의 반응과 피부의 촉각은 매우 민감해진다. 그러므로 무심(無心)으로 움직이기 시작하여 알지 못하는 사이에 몸이 고무되는 것이다.

---

203) 전사경의 운동 궤적은 곡선, 즉 권(圈)을 이루는데, 처음 배울 때는 그 권(圈)을 크게 하여 연습하지만 권리(拳理)를 터득하게 되면 운권(運拳)의 범위를 작게 하더라도 크게 하는 것과 같은 효과를 거두어 가게 됨을 의미함.
204) 빠른 것을 익힌 뒤에는 다시 느린 것으로 돌아감.

8. 제 8 단계 : 득기득세(得機得勢) 사기종인(捨己從人)
—기회를 잡고 세를 얻으려면 나를 버리고 상대를 따라야 한다.

"득기(得機)"는 가장 적절한 시기를 이용하는 것이며, "득세(得勢)"는 자신이 상대의 등뒤를 쫓는 형세를 얻는 것을 말한다.

"사기종인(捨己從人)"이란 자기를 버리고 다른 사람을 따른다는 것이니, 상대의 공격에 순응하여 풀어내되, 대들거나 저항하지 않는다는 뜻이다.

상대방이 나의 손 관절을 제압하면, 나는 팔꿈치와 어깨로 융화하며 풀어내고, 팔꿈치와 어깨를 제압하면, 나는 가슴과 허리로써 융화하며 풀어내고, 가슴과 허리를 제압하면, 나는 당경(襠勁)과 팔로 융화하며 풀어놓는다.

진흠(陳鑫)은 "단편(單鞭)" 부분에서 이렇게 말하였다.

"머리를 치는데 꼬리가 움직이니 정신이 집중되었고, 꼬리를 치는데 머리가 움직이니 맥락(脈絡)이 통하였고, 중간 부분을 치는데 머리와 꼬리가 움직이니, 상하 사방이 마치 활을 당긴 것과 같구나…"

이것은 연권(練拳)시 주신상수(周身相隨)하고 축발상변(蓄發相變)하며 사기종인(捨己從人)하고 순수화해(順隨化解)해야 함을 형상적으로 설명한 것이다.

이른바 "차력타인(借力打人)" 혹은 "사량발천근(四兩拔千斤)"이라 하는 것은 바로 지렛대, 도르래, 원심력, 구심력, 마찰력 등의 역학 원리를 이용하여 상대가 공격해 온 힘을 다시 상대의 몸에 가해서 적은 힘으로 상대를 공격하여 넘어뜨리는 것이다.

이 단계는 중권(中圈)에서 소권(小圈)에 이르는 시기이다.

≪태극권론(太極拳論)≫에서 이르기를,

"태극권이 무르익은 단계에 이르면, 자연히 연권(練拳)이 소권(小圈)으로 변화하게 된다."[205]

라고 하였다.

이 단계에서는 외형이 경송자연(輕鬆自然)하고, 서전대방(舒展大方)해야 한다. 또한 내경(內勁)은 행운유수(行雲流水)와도 같이 끊임없이 운행되어야 한다.

---

205) 要想拳練好, 除非圈練小(요상권련호, 제비권련소)

권(拳)을 응용할 때는 경(勁)이 안에서부터 변화하기 때문에 일반인들은 알아보기가 어렵다.

체내에서 나타나는 이러한 내경(內勁)의 흐름을 상징적으로 표현하자면, 마치 한 줄기의 뜨거운 열류(熱流)와 같은 것이 단전(丹田)에서부터 일어나 의식이 이끄는 바에 따라, 근원에서 말초까지, 안에서 바깥으로, 끊임없이 온몸으로 고루 퍼지게 된다. 때때로 근육과 피부는 발장(發張)하고, 손가락은 발마(發麻)하고, 발뒤꿈치는 발중(發重)하고, 두정(頭頂)은 발현(發懸)하고, 단전은 발침(發沈)하고, 방광에서는 발열(發熱)하는 듯한 느낌이 들게 된다[206].

상대와 맞서게 될 때, 득기득세(得機得勢)와 사기종인(捨己從人)하는 것은 상대를 제압하는 방비가 될 뿐만 아니라, 결코 형체를 드러내지 않음을 묘수로 여기는 것이다.

9. 제 9 단계 : 신여화약(身如火藥) 일동즉발(一動卽發)
—몸이 화약과 같아 일단 움직이면 바로 터진다.

"신여화약(身如火藥), 일동즉발(一動卽發)"이라 함은 내기(內氣)가 충만한 단계에서 나타나는 기격(技擊)의 표현 형식이다.

이 단계는 태극권의 기본을 완수하는 단계로 공부는 이미 기틀이 잡혀 있어 강유상제(剛柔相濟)의 경계에 올라 있으며, 전신의 근육과 피부가 내기(內氣)로 충만해져 이미 막강한 반탄력(反彈力)을 지니고 있다. 그래서 상대의 힘이 일단 내 몸에 가해지기만 하면 마치 화약이 불을 만난 듯이 폭발하게 된다.

이 정도의 수준에 이르면, 온몸이 안팎으로 내기와 외형이 하나로 통일된 조화를 이루게 되어 그 모습이 태극지상(太極之象)[207]과 같아지게 된다. 이렇게 충만한 태극(太極)의 권내(圈內)에는 순수하고 두터운 진기(眞氣)를 바탕으로 하여 왕성한 기능을 지닌 기(氣)가 동력(動力)으로 작용하고, 내외로 연결되어 있는 십이경

---

206) 발장(發張): 붓는 느낌. 발마(發麻): 저린 느낌. 발중(發重): 무거워지는 느낌. 발현(發懸): 정수리가 천장에 걸려 있는 느낌. 발침(發沈): 가라앉는 느낌. 발열(發熱): 열이 나는 느낌.
207) 음양이 조화를 이루고 있는 태극의 형상.

락(十二經絡)이 자연스레 소통되어 의기(意氣)가 활발하게 작용하니, 어떤 외부의 힘도 자신을 공격할 수 없게 된다.

이와 같이 음양이 조화를 이루고 있는 상태에서는 어떤 공격에도 쉽게 무너지지 않으며 오히려 태극 내기의 무궁한 위력에서 나오는 막강한 반탄(反彈)작용으로 인하여 공격해오는 자의 의도와는 상반되는 커다란 효과를 얻게 된다. 이것은 마치 공기가 가득 찬 고무공을 치는 것과 같아서 힘을 크게 하면 할수록 그것은 높이 튀어 오르게 된다.

혼원일체(混圓一體)[208]의 태극의 둥근 형상이 지니고 있는 또 다른 작용은 어떤 외부의 힘이 몸에 닿을 경우 마치 회전하는 원구(圓球)에 부딪치는 것처럼 상대의 공격을 물거품으로 만들어 버린다는 것이다.

예를 들면, 진발과(陳發科) 노사(老師)가 북경(北京)에서 태극권을 가르칠 때 제자들 사이에 진(陳) 노사의 등에는 석궁(石弓)이 있다는 말이 분분하게 떠돌았다. 여기서 석궁이란 바로 그 강력한 반탄력(反彈力)을 비유하여 이르는 말이다.

어느 날 발과(發科) 공(公)이 몇몇 호기심 많은 제자들에게 호쾌하게 말하였다.

"자, 너희들이 한 번 만져보면 알게 될 것이다."

그는 이렇게 말하면서 벽을 대하고 서서 몸이 튼튼하고 힘센 두 명의 제자로 하여금 양쪽에서 등을 누르게 하였다. 그러자 단지 "얍"하는 소리만 들렸는데 두 사람은 2미터 밖으로 내동댕이쳐졌다. 하지만 진발과(陳發科)는 미동도 없이 꼿꼿이 그대로 서 있었다. 또, 그는 제자들에게 자신의 몸에 부딪치라고 시켰으나, 조금도 그를 움직이게 할 수 없었다. 오히려 그는 두 발을 움직이지도 않은 채 그들을 3미터 밖으로 밀어 떨어뜨렸다.

이것은 태극의 내기(內氣)가 충만해진 경지에 이르면 상대가 어디를 치든 그 곳으로써 상대를 반격할 수 있음을 설명하는 것이다. 그 때 진(陳) 노사는,

"누가 어디를 공격했는가. 나 역시 모르겠네, 그 오묘하고 오묘함을."

이라고 말했다고 한다.

이 단계의 수련에서는 적당한 운동량을 유지하는 것 외에도 본원(本元)의 배양에 중점을 두어야 한다.

---

208) 음양(陰陽)이 화합하여 원(圓)의 모양으로 이루어진 형상, 즉 태극의 모양.

진흠(陳鑫)은 다음과 같이 말했다.

"마음은 일신(一身)의 주인이고, 신(腎)은 성명(性命)의 근원이다. 마음을 깨끗이 하여 욕심을 버리고, 근본을 배양하면, 결코 상하는 일이 없다[209]. 뿌리가 튼튼하면 가지와 잎이 무성하고 모든 일이 제대로 이루어지니, 바로 이것이 지극히 필요한 것이다."

이른바 여기에서 진흠(陳鑫)이 지적한 "청심과욕(淸心寡欲)", "배기근본(培其根本)", "무사손상(無使損傷)" 등은 모두 이 단계에서 심정(心靜), 신안(神安), 정고(精固)[210]에 더욱 신경 써야 함을 설명한 것이다.

다만, 그 부족한 것을 배양하되, 그 남는 것을 버려서는 안 된다.

≪소문(素問)≫의 상고천진론(上古天眞論)에서는 이렇게 말하고 있다.

"고요한 마음으로 욕심을 비우니, 진기(眞氣)가 그것을 따르고, 안으로 정신을 지키니 병이 생기지 않는다. 뜻이 고요하고 욕심을 줄이니, 마음이 편안하고 두려운 것이 없다.…"

10. 제 10 단계 : 변화무방(變化無方) 신귀막측(神鬼莫測)
—변화가 다양하여 귀신도 예측할 수 없다.

"변화무방(變化無方) 신귀막측(神鬼莫測)"이란 권술(拳術)이 노화순청(爐火純靑)[211]하고 등봉조극(登峰造極)[212]의 경계, 즉 이미 최고봉에 도달했음을 형용하는 말이다.

그것은 운동의 변화와 기격(技擊)의 표현을 남이 알아차리거나 헤아리기가 어렵게 되는 심오하고 오묘한 경지인 것이다. 그러하니 상대는 나를 알지 못하지만, 나는 홀로 상대를 알게 된다.

연권(練拳)이 이 단계에 이르면, 공부는 이미 성숙하여 입신(入神)의 경지에 이

---

209) 청심과욕(淸心寡欲), 배기근본(培其根本), 무사손상(無使損傷).
210) 마음을 고요하게, 정신을 편안하게, 정기를 단단하게 함.
211) 연단(煉丹)하는 화로의 불이 완전한 청색으로 되다. 곧 수준이 최고봉에 이르다.
212) 학문이나 기능이 최고 수준에 이르다.

르니, 오묘(奧妙)함이 끝이 없다. 손과 발의 동작이 모두 음양의 평형을 이루고 팔면(八面)을 지탱할 수 있는 것이다. 내기(內氣)가 이미 피부와 솜털에까지 도달하여, 외력(外力)이 피부에 닿기도 전에 솜털이 먼저 감지하여 즉시 발경(發勁)하여 나가니 그 위력이 무궁하다.

진흠(陳鑫)은 이러한 경지를 표현하여 다음과 같은 글을 남겼다.

"정신은 심원(深遠)하고, 자태는 아름답구나. 기상은 비범하고, 모든 것을 비우니 한 마음을 갖추게 된다. 만상(萬象)이 오온(五蘊)[213]에 감추어져 있듯, 마치 정신나간 사람처럼 꼼짝도 않고 적막하게 있으니, 이 몸에 음양(陰陽)이 결합되었음을 어느 누가 알겠는가. 사면(四面) 팔방(八方)을 방치해 둔다 하여도 그에게 접근하기가 어렵겠지만, 설사 어느 용맹이 뛰어난 자가 있어 갑자기 달려든다 하여도, 무너질 자는 무너지고, 넘어질 자는 넘어지게 되니, 그 신묘함을 헤아릴 수가 없다. 더욱이 도망가려 하여도 빠져나가기 어렵고 앞으로 나아가려 하여도 나가기 어려우니, 마치 둥근 돌 위에 서 있는 것처럼 불안하고 위급하기 짝이 없는데, 후회해도 죽음을 면하기가 어렵다. 이러함에 어찌 다른 법문(法門)이 있겠는가. 다만 열심히 공부하여 순수하게 실력을 키워야 할 따름이다. 그 다음에 모든 것을 일개일합(一開一合)에 맡기면 한 번에 천 명의 병사라도 휩쓸 수 있다."

---

[213] 불교에서 정신과 물질을 다섯으로 나누어 일컫는 말로 색(色), 수(受), 상(想), 행(行), 식(識)을 이름.

제4장
진씨태극권의 기본동작과 전사경(纏絲勁)

제1절 진씨태극권의 수형(手形)과 보형(步形)

1. 수형(手形)—손의 모양

1) 장(掌)—손바닥

진씨태극권에서 갖추어야 할 손바닥의 모양을 "와롱장(瓦攏掌)"이라 한다.

엄지손가락〔拇指: 무지〕과 새끼손가락〔小指: 소지〕은 상합(相合)하는 뜻, 즉 서로 모은다는 감각이 살아 있도록 하고, 중지(中指)와 식지(食指), 무명지(無名指)에는 살짝 뒤로 젖히는 느낌이 실려 있도록 한다.

그리고 무지(拇指)를 제외한 네 개의 손가락은 모두 가볍게 모은다는 감각을 지니되, 힘을 써서는 안되며, 장심(掌心)이 허(虛)의 상태가 되도록 해야 한다.(그림1-1)

(그림 1-1)

2) 권(拳)—주먹

진씨태극권에서 주먹을 쥐는 형식은 네 손가락을 한데 모아 말아 쥐는 것이다.

손가락 끝을 손바닥 가운데 붙인 다음, 엄지손가락을 구부려 식지와 중지 중간 마디의 손가락뼈에 붙여 주먹 모양을 만든다.

(그림 1-2)

(그림 1-3)

그러나 주먹을 너무 꽉 쥐어서 손과 팔이 경직되는 것을 피해야 한다.(그림 1-2)

3) 구수(勾手)—갈고리손

다섯 손가락의 끝을 모아 손끝으로 쥐듯이 하고 손목을 구부려 방송한다.
이때 힘을 써서 억지로 손목을 구부리게 되면 기혈(氣血)의 순환에 영향을 미치게 되므로 주의해야 한다.(그림1-3)

2. 보형(步形)—걸음의 모양

1) 궁보(弓步)

진씨태극권의 궁보(弓步)와 여타 다른 권종(拳種)의 궁보에는 다소 구별되는 점이 있기는 하지만, 기본적으로 모두 굴슬송과(屈膝鬆胯)해야 한다는 점에서는 크게 다를 바가 없다.

(그림 1-4)　　　　　　　　　　　　　　　　　　　　(그림 1-5)

◇ 좌궁보(左弓步)

　왼다리를 실(實)하게 하고, 오른다리는 허(虛)하게 한 보형이다. 실한 다리의 무릎은 발꿈치와 상하 일직선상에서 서로 대조를 이루도록 위치하고, 방향은 발끝과 대조를 이루도록 한다. 허한 다리의 발끝은 안쪽으로 당기고, 무릎 관절은 약간 구부리되 구부린 중에 곧게 한다.[214] 무게 중심은 3대 7의 비율로 나누어, 실한 다리가 7, 허한 다리가 3이 되도록 한다.
　송과굴슬(鬆胯屈膝)하고, 당요개원(襠腰開圓)하는데, 바깥으로 벌어지면서 또 안으로 합해지니, "열린 중에 합함이 있고, 합한 중에 열림이 있다"[215]는 의미가 있다.
　"단편(單鞭)"의 한 동작이 이와 같다.(그림 1-4)

◇ 우궁보(右弓步)

　오른다리는 실(實)하게 하고 왼다리는 허(虛)하게 한 보형이다.
　기타 다른 사항은 좌궁보(左弓步)와 같으나, 단지 방향이 서로 반대이다.
　"나찰의(懶扎衣)"의 한 동작이 이와 같다.(그림1-5)

---

214) 屈中求直(굴중구직)
215) 開中有合, 合中有開

2) 허보(虛步)

(그림 1-6)

한쪽 다리로는 몸의 중심을 지탱하고, 다른 한쪽 다리는 허족(虛足)이다. 허족(虛足)은 땅에 발끝을 디딘 상태로 체중의 1/10 정도를 지탱하며 지렛목과 같은 작용을 하게 된다.

굴슬송과(屈膝鬆胯)하고, 허실분명(虛實分明)해야 한다.

허보(虛步) 역시 좌허보(左虛步)와 우허보(右虛步)로 나뉜다.

"백아량시(白鵝亮翅)"의 한 동작이 좌허보(左虛步)이고(그림 1-6), "전초(前招), 후초(後招)"의 한 동작이 우허보(右虛步)이다.

3) 부보(仆步)

(그림 1-7)

부보(仆步)는 낮은 보법(步法)의 일종으로 "단질차(單跌岔)"라 부르기도 한다. 한쪽 다리는 무릎을 구부려 아래로 웅크리듯 낮추고, 다른 한쪽 다리는 곧게 펴서 땅에 깐다. 그러나 완전히 주저앉아서는 안되며, 둔부가 땅에서 대략 손가락 네 개가 들어갈 정도로 사이를 두며, 당내(襠內)가 민첩한 회전력을 지닐 수 있도록 해야 한다.

이것은 퇴부(腿部)의 지탱력을 높이는 연습 방법의 하나로 "파각질차(擺脚跌岔)", "작지룡(雀地龍)"과 같은 권세(拳勢) 중에 이러한 동작이 있다.(그림 1-7)

(그림 1-8) (그림 1-9)

4) 독립보(獨立步)

　독립보(獨立步)는 높은 보법(步法)으로 부보(仆步)와 서로 대조를 이루는 자세로서, 하나는 높고, 하나는 낮은 자세이다.
　독립보는 한쪽 다리를 세워 신체의 중심을 지탱하고, 다른 한쪽 다리는 무릎을 구부린 상태에서 위로 들어올린다. 이때 무릎의 높이는 엉덩이〔胯: 과〕와 수평을 이루는 정도로 하고, 발끝은 안으로 당겨 샅〔襠: 당〕의 안쪽으로 돌린다.
　몸의 중심이 실리는 다리는 굳건하게 버티도록 하되 직선으로 너무 곧게 펴지는 않으며, 자연스럽게 중심을 잡아야 한다.
　"금계독립(金鷄獨立)"의 자세가 이와 같다.(그림 1-8, 그림 1-9)

5) 좌반보(坐盤步)

　좌좌반보(左坐盤步)는 오른다리를 앞에 두고, 왼다리는 뒤에 두어 교차시켜 책상다리를 하고 앉는 것처럼 몸을 낮춘 자세이다.

(그림 1-10)

(그림 1-11)

"좌찰각(左擦脚)"의 동작 중 하나가 이와 같다.(그림 1-10)
　이 자세에서는 오른다리로 중심을 지탱하고, 왼다리는 허족(虛足)으로 하여 발끝으로 땅을 찍고, 무릎을 구부려서 아래로 웅크린다.

　우좌반보(右坐盤步)는 왼다리를 앞에 두고, 오른다리는 뒤에 두어 교차시켜 책상다리를 하고 앉는 것처럼 몸을 낮춘 자세이다.
"우찰각(右擦脚)" 중의 한 동작이 이와 같다.(그림 1-11)
　이 자세에서는 왼다리로 중심을 지탱하고, 오른다리는 허족(虛足)으로 하여 발끝으로 땅을 찍고 무릎을 구부려 아래로 웅크린다.

제 2 절 진씨태극권의 기본동작과 전사경(纏絲勁) 연습

1. 관절운동(關節運動)[216]

인체에서 혈(血)은 음(陰)에 속하고, 기(氣)는 양(陽)에 속한다. 혈액은 기(氣)의 어머니이고 기(氣)는 혈액의 통솔자이다. 그러므로 혈액은 기(氣)를 따라 움직인다.

어깨와 팔·허리와 사타구니·무릎·팔꿈치·손목·발목 등의 관절 부위를 운동을 통해서 근육과 힘줄의 긴장을 풀고 이완시켜 주면 관절이 크게 벌어지며 혈맥(血脈)이 원활하게 소통되어 기혈(氣血)의 운행을 촉진시킨다.

따라서 관절 부위를 풀어주는 운동은 정식으로 태극권 수련이나 양생공 훈련으로 들어가기 전에 반드시 해야하는 준비운동으로 이 과정을 통해 정신을 진작시키고 연공(練功)의 효과를 높일 수 있다. 또한 어느 특정 부위의 관절을 특별히 집중하여 훈련하면 그 부위의 근육을 이완시키고 경락을 원활하게 소통시켜서 관절염을 예방하고 치료할 수 있는 부수적인 효과를 얻을 수 있다.

준비 운동은 충분히 하는 것이 좋으나 몸에서 약간 땀이 나고 숨이 차지 않을 정도로 하면 적당하다.

1) 두경(頭頸) 운동―목

양다리를 어깨너비로 자연스럽게 벌리고 선다. 양손을 허리에 붙이되 엄지는 뒤로 가고 다른 네 손가락은 앞으로 가게 한다.

---

[216] 관절운동(關節運動)은 진씨태극권의 투로(套路)나 양생공(養生功)을 수련하기 위하여 몸을 푸는 준비운동이다. 그러나 이 운동만으로도 일상생활의 건강과 관절의 유연성을 유지하는 데 도움이 될 수 있는 유익한 공법(功法)이다. 이 운동의 자세한 실기(實技) 내용은 동영상(動映像) 교재 양생공 편을 참조하기 바람.

목을 축(軸)으로 삼아서 머리를 왼쪽→뒤→오른쪽→앞→왼쪽으로 여덟 바퀴를 돌린다. 그리고 다시 반대 방향으로 여덟 바퀴 돌린다.

2) 완관절(腕關節) 운동—손목

양다리를 어깨너비로 자연스럽게 벌리고 선다. 양손을 가슴 앞에서 손가락으로 깍지를 낀다. 손목의 관절을 축으로 하여 돌린다. 동작은 가능한 한 가볍고 부드러우며 회전의 폭을 크게 한다. 횟수는 제한이 없고 좋아졌다고 생각되면 그만둔다.

3) 주관절(肘關節) 운동—팔꿈치

양다리를 어깨너비로 자연스럽게 벌리고 서서 양팔을 자연스럽게 몸의 양측으로 내린다. 몸이 팔을 이끌어 움직이도록 하는데, 먼저 역전사경(逆纏絲勁)으로 내보냈다가 순전사경(順纏絲勁)으로 바꾸어 바깥쪽의 전상방(前上方)으로 호(弧)를 그리며 복부의 앞으로 모은다.

앞의 동작을 멈추지 말고 양손을 역전사경으로 바꾸어 안쪽으로 하호(下弧)를 그리며 허리의 양측을 따라 바깥쪽으로 벌리며 사타구니의 양측까지 이르게 한다. 이를 반복하여 연습한다.

4) 견관절(肩關節) 운동—어깨

양다리를 어깨너비로 자연스럽게 벌리고 선다. 양손은 구수(勾手)로 만들고 그 끝을 어깨의 앞으로 놓는다. 어깨 관절을 축으로 하여 양 팔꿈치를 앞→위→뒤→아래로 한바퀴 돌리는데 모두 8바퀴를 반복한다.

다시 반대 방향으로 8바퀴 돌린다.

※ 솔비(甩臂)—팔 돌리기

어깨관절을 풀어주는 또 한가지 운동 방법이다.

왼손을 가슴에 붙이고, 견관절(肩關節)을 축으로 하여 장심(掌心)이 밖으로 향하게 하며 오른팔을 돌린다.

이어 왼손으로 바꾸어 돌린다.

5) 확흉(擴胸)—가슴펴기

양다리를 어깨너비로 자연스럽게 벌리고 선다. 양손을 가슴 앞으로 들어올려 장심(掌心)이 아래로 향하게 하고 손가락 끝을 마주보게 한다. 양다리는 움직이지 않은 채 양팔꿈치를 바깥쪽으로 펴면서 가슴을 벌린다.

양팔을 퉁기듯 뻗은 다음 양팔을 돌려 장심(掌心)이 위를 향하게 한다. 다시 팔을 가슴 앞으로 회수한다. 이를 반복하여 연습한다.

6) 진비(振臂)—팔 흔들기

양다리를 어깨너비로 자연스럽게 벌리고 선다. 왼손은 두부(頭部)의 좌측 위로 들어올려 팔을 곧게 펴며 장심(掌心)이 앞을 향하게 한다. 오른팔은 우측 아래로 내린다. 양팔을 동시에 뒤로 네 번 밀어붙이듯이 흔든다. 이를 반복하여 연습한다.

7) 윤비박타(掄臂拍打)—팔 휘둘러 치기

양다리를 어깨너비로 자연스럽게 벌리고 선다. 어깨·팔·사타구니를 방송(放鬆)하고 무릎을 굽힌다. 다리는 움직이지 말고 몸을 왼쪽으로 돌리면서 동시에 양팔을 휘두르며 몸을 친다. 오른팔은 왼쪽 앞으로 가슴·배·늑골·어깨를 치고, 왼손은 손등과 팔로 오른쪽 등을 친다. 이때 시선은 몸을 따라 좌후방을 바라본다.

다시 오른쪽으로 돌리고 똑같이 움직이되 반대 방향으로 한다.

이와 같이 아래에서 위로, 위에서 아래로 뜻에 따라 휘두르며 몸을 친다. 회수는 제한이 없고 스스로 좋아졌다고 생각되면 그만둔다.

8) 전요(轉腰)—허리 돌리기

양다리를 어깨너비로 자연스럽게 벌리고 선다. 양손은 가볍게 주먹을 쥐고 가슴 높이까지 들어올려서 주먹을 마주보게 한다. 다리는 움직이지 말고 허리를 왼쪽으로 90도까지 두 번 돌린다.

곧 이어 허리를 오른쪽으로 90도까지 두 번 돌린다. 이를 반복하여 연습한다.

9) 관관절(髖關節) 운동—엉덩이

양다리를 어깨너비로 자연스럽게 벌리고 선다. 양손의 호구(虎口) 즉 엄지와 검지 사이를 허리에 붙인다. 엄지는 앞으로 나머지 네 손가락은 신유혈(腎兪穴) 위에 놓는다. 허리는 움직이지 말고 관관절(髖關節)을 축으로 하여 왼쪽→뒤→오른쪽→앞쪽으로 내리누르듯이 여덟 바퀴 돌린다.

다시 방향을 바꾸어 여덟 바퀴 돌린다.

10) 슬관절(膝關節) 운동—무릎

양다리를 어깨너비로 자연스럽게 벌리고 선다. 양손바닥으로 무릎 위를 누르고 무릎관절을 축으로 하여 무릎을 돌린다. 먼저 안쪽으로 여덟 바퀴 돌리고, 이어 바깥쪽으로 여덟 바퀴 돌린다.

다음에는 양다리를 함께 모은 자세에서 돌린다. 손의 모양은 바꾸지 않고 무릎관절을 축으로 하여 왼쪽, 오른쪽으로 각각 여덟 바퀴씩 돌린다.

11) 과관절(踝關節) 운동—발목

양다리로 자연스럽게 바로 선다. 양손을 허리에 붙이되 엄지는 뒤로, 나머지 네 손가락은 앞으로 가게 한다. 중심을 오른다리에 두고 왼발 끝을 땅에 대고 허보(虛步)로 선다. 오른발은 움직이지 말고, 왼발 끝을 지렛목으로 삼고 왼발의 발목관절을 축으로 하여 돌린다.

이어 발을 바꾸어 오른발목의 관절을 돌린다. 반복하여 연습한다.

12) 탄두방송(彈抖放鬆)—마무리 방송

똑바로 선다. 왼발은 들어올리고 오른다리는 중심을 지탱한다. 사타구니를 방송(放鬆)하고 무릎을 굽힌다. 양팔은 방송한 채로 수축시키고, 몸은 약간 오른쪽으로 돌린다. 오른발을 가볍게 튕기듯 차며 동시에 양팔을 앞으로 흔든다. 이때 전신의 각 관절에서 방송(放鬆)과 이완(弛緩)의 감각을 느끼도록 한다.

오른발과 왼발을 교대로 바꿔가며 방송하고, 팔은 똑같이 동작한다.

2. 수법(手法)과 전사경(纏絲勁) 연습

1) 단운수(單雲手)

◇ 좌단운수(左單雲手)

동작1

두 발을 벌려 좌궁보(左弓步)를 만들고, 왼손을 왼쪽 무릎 위쪽으로 들어올려〔上掤: 상붕〕[217] 어깨와 수평이 되게 한다. 오른손은 허리에 대는데 엄지손가락은 뒤로 나머지 네 손가락은 앞쪽으로 둔다.

중심을 왼쪽에 두고 시선은 왼손을 본다.(그림 1-12)

동작2

이어 몸을 오른쪽으로 돌리며 오른다리로 중심을 옮긴다. 동시에 왼손으로 호(弧)를 그리며 아래로 돌

(그림 1-12)

(그림 1-13)

려 아랫배 앞쪽으로 오며〔內合: 내합〕[218] 순전사경(順纏絲勁)을 이룬다.(그림 1-13)

이 동작에서와 같이 몸의 안쪽 방향으로 움직이는 손이나 발의 회전동작을 순전사(順纏絲)라 하며 이러한 회전동작에 기(氣)가 실려 이루어지는 경(勁)을 순전사경(順纏絲勁)이라 한다.

동작3

이어 몸을 계속 우전(右轉)하며 중심을 왼다리로 옮긴다. 동시에 왼손을 우상방으로 천장(穿掌)[219]한 뒤 바깥으로 뒤집어 오른쪽 가슴 앞으로 오며 역전사경(逆纏絲勁)을 이룬다.

시선은 몸의 좌전방에 둔다.(그림 1-14)

이 동작에서와 같이 순전사(順纏絲)와는 반대로 몸의 바깥쪽 방향으로 움직이는 손이나 발의 회전동작을 역전사(逆纏絲)라 하며 이러한 동작에 기(氣)가 실려 이루어진 경(勁)을 역전사경(逆纏絲勁)이라 한다.

(그림 1-14)

동작4

이어 좌과(左胯)를 방송(放鬆)하며 몸을 좌전(左轉)한다. 왼손은 역전(逆纏)하며 바깥쪽으로 벌려 왼쪽 무릎 위쪽으로 와서 어깨와 수평이 되도록 하고 시선을 왼손에 둔다.

여기까지 하면 좌단운수(左單雲手)를 일회전하는 전체적인 동작이 완성된다.

시선은 앞쪽에 둔다.(그림 1-15)

일합일개(一合一開)를 일박(一拍)이라 한다. 즉, 한 박자(拍子)가 이루어진 것이다. 일반적으로 한 가지

---

217) 위쪽으로 행하는 붕(掤)의 동작. 일반적으로 위로 올리거나 치는 동작. 붕(掤)에 대한 자세한 내용은 편자(編者)의 글, 초심자를 위한 도움말을 참조할 것.
218) 내합(內合): 몸의 안쪽 방향으로 이끌거나 모으거나 합하는 동작.
219) 손바닥을 위로 밀어 올림.

동작을 따로 연습할 때에는 8박자씩 2회를 반복하면 충분한데, 이 것을 일절(一節)이라 한다. 물론 이를 반복하여 많이 연습해도 좋다.

태극권을 처음 배울 때는, 이 교재의 설명 내용과 도해(圖解)를 대조해가며 세심하게 검토하여 동작의 운행노선을 명확하게 익히는 것이 좋다.

숙련된 후에는 중심을 이동하는 회전 노선을 다시 살펴보고, 아울러 허리의 좌우회전과 손과 팔의 순역(順逆) 전사(纏絲)의 전환 속도를 잘 터득하도록 해야 한다.

(그림 1-15)

이렇게 수련하면 미숙하던 것이 익숙해지고, 자연스럽게 움직일 수 있게 되어 점차 주신상수(周身相隨)하고, 연면부단(連綿不斷)하는 단계에 이를 수 있게 된다.

동작이 자연스럽고 숙련된 단계에 이르렀으면 여기에 호흡을 배합한다.

개경역전(開勁逆轉)할 때는 호기(呼氣)를 한다. 그러면 내기(內氣)가 단전(丹田)에서 손가락으로 옮겨간다. 합경순전(合勁順轉)할 때에는 흡기(吸氣) 한다. 그러면, 자연계에서 모은 맑고 영험한 기(氣)가 손바닥의 순전사경으로부터 단전(丹田)의 안으로 모이게 되어 단전을 충실하게 한다.

◇ 우단운수(右單雲手)

동작

두 발을 벌려 우궁보(右弓步)를 만들고 오른손을 오른쪽 무릎 위로 상붕(上掤)하여 어깨와 수평이 되게 하고, 왼손은 허리에 붙이는 등, 동작의 요령은 좌단운수(左單雲手)와 동일하되 반대 방향으로 동작을 진행한다.(그림 1-16에서 그림 1-19까지 참조)

(그림 1-16)

(그림 1-17)

(그림 1-18)

(그림 1-19)

2) 쌍운수(雙雲手)

동작1

단편(單鞭) 동작에서부터 자세를 시작한다. 두 발을 벌려 좌궁보(左弓步)를 만들고, 두 팔을 단편 자세로 펼치며 입신중정(立身中正)한다.

시선은 앞쪽에 둔다.(그림 1-20)

동작2

이어 몸을 약간 좌전(左轉)하며 오른손의 구수(勾手)를 장(掌)으로 바꾸어 순전(順纏)하여 아래쪽으로 호(弧)를 그리며 아랫배 앞으로 돌려 내합(內合)하고, 왼손은 역전(逆纏)으로 바꾸어 어깨 높이 정도로 상붕(上掤)한다.

시선은 우전방에 둔다.(그림 1-21)

동작3

앞의 동작에 이어 몸을 계속 왼쪽으로 트는 듯이 하다가 우전(右轉)하며, 중심을 왼다리에서 오른다리로 옮긴다.

(그림 1-20)

(그림 1-21)

동시에 오른손은 좌상방으로 향했다가, 역전(逆纏)으로 바꾸어 우붕(右掤)한다. 왼손은 순전(順纏)하여 아래로 호(弧)를 그리며 돌려 왼다리 안쪽으로 온다.

시선은 좌전방에 둔다.(그림 1-22)

그런 후에 다시 원위치로 되돌아간다.

이와 같이 반복적으로 순환 운행함으로써, 당(襠)과 허리의 선전(旋轉) 요령, 두 팔의 좌우전사(左右纏絲) 방법, 온몸의 조화 일치 요령 등을 연마할 수 있다.

또한 병보(幷步)[220]나 투보(偸步)[221], 개보(盖步)[222] 와 같은 보법(步法)과 신체의 선전법(旋轉法)을 결합하여 진행하는 것을 연습할 수 있다.

(그림 1-22)

---

220) 한쪽 다리를 다른 한쪽 다리 옆으로 나란히 붙이며 행하는 옆 걸음.
221) 한쪽 다리를 다른 한쪽 다리의 뒤로 붙이며 나가는 옆 걸음. 삽보(揷步)라고도 함.
222) 한쪽 다리를 다른 한쪽 다리의 앞으로 붙이며 나가는 옆 걸음.

3) 측면전사(側面纏絲)

동작1
두 발을 벌려 좌궁보(左弓步)를 만들고 왼손은 왼무릎의 위로 상붕(上掤)하여 어깨와 수평이 되게 한다. 오른손은 허리에 붙이고 엄지는 뒤에 나머지 네 손가락은 앞에 둔다. 중심은 왼쪽에 두고 시선은 왼손에 둔다.(그림 1-23)

(그림 1-23)

동작2
이어 몸을 좌전(左轉)하여 왼손을 역전사경으로 호를 그리며 바깥쪽으로 돌려서 몸의 좌후방으로 간다. 시선은 왼손에 둔다.(그림 1-24)

동작3
몸을 우전(右轉)하며 중심을 오른다리로 옮기는 것과 아울러, 왼손은 순전사경으로 왼무릎의 위쪽에서 안으로 모은다. 시선은 왼손을 따라 좌측 하방(下方)을 바라본다.(그림 1-25)

(그림 1-24)

(그림 1-25)

(그림 1-26)

(그림 1-27)

동작4

몸을 약간 왼쪽으로 돌리고 왼손은 역전사경으로 상붕(上掤)하여 왼무릎의 상방(上方)까지 이르게 한다.(그림 1-26) 일개일합(一開一合)을 1박자로 하여 모두 8박자씩 두 번 연습한다.

(그림 1-28)

(그림 1-29)

(그림 1-30)

다시 왼손으로 바꾸어 연습하는데 동작의 요령은 똑같고 단지 좌우를 바꾸어서 연습한다.(그림 1-27, 1-28, 1-29 참조)

4) 좌우후리전사(左右後攦纏絲)

동작1

양다리를 우궁보(右弓步) 자세로 만들고, 왼손을 왼쪽 가슴 앞으로 들어올려 어깨와 수평이 되도록 한다.

오른손은 오른쪽 허리에 붙이고 시선은 앞쪽을 본다.(그림 1-30)

(그림 1-31)

동작2

이어 몸을 약간 좌전(左轉)하며, 중심을 왼다리로 옮긴다.

동시에 왼손은 역전(逆纏) 하리(下攦)하여 왼쪽 허리로 가고, 오른손은 먼저 역전(逆纏) 후리(後攦)하다가 순전(順纏) 상번(上翻)[223]하여 오른쪽 가슴 앞까지 전붕(前掤)한다.

시선은 앞쪽에 둔다.(그림 1-31)

동작3

이어 몸을 우전(右轉)하며 중심을 오른쪽으로 옮긴다. 동시에 오른손은 오른쪽 허리까지 역전(逆纏) 후리(後攦)하고, 왼손은 먼저 역전 후리하다가 순전(順纏) 상번(上翻)으로 바꾸어 몸의 좌전방에 이르게 한다.

시선은 앞쪽에 둔다.(그림 1-32)

---

223) 위쪽으로 뒤집다.

이러한 왕복순환을 반복하여 연습하는데, 유의해야 할 것은 반드시 몸으로 손을 이끌어 가야 한다는 것이다. 즉 허리로 어깨를 이끌고, 어깨로 팔꿈치를 이끌고, 그것이 다시 손으로까지 연결되어야 한다는 것이다.[224)]

이렇게 반복적으로 연습함으로써 전신이 결합된 후리경(後擺勁)을 익힐 수 있다.

〈주의〉 손을 후리(後擺)에서 상번(上翻)으로 전환할 때, 절대로 어깨를 치켜들어서는 안 된다.

(그림 1-32)

5) 전후쌍수전사(前後雙手纏絲)

동작1

먼저 똑바로 서서 예비 자세를 취한 후에 왼발을 들어 앞으로 한 걸음 상보(上步)한다.

이어 양손을 좌순우역전(左順右逆纏)하여 앞으로 호(弧)를 그리며 상붕(上掤)한 다음 후리(後擺)할 준비를 한다.

시선은 앞쪽에 둔다.(그림 1-33)

동작2

이어 양손을 후리(後擺)하며 몸을 우전(右轉)하고 동시에 중심을 왼다리로 옮긴다.(그림 1-34)

동작3

이어 몸을 좌전(左轉)하며 양손을 좌역우순전(左逆右順纏)하여 아래로 호(弧)

(그림 1-33)

---

224) 以腰催肩, 以肩催肘, 再貫于手.(이요최견, 이견최주, 재관우수.)

(그림 1-34)

(그림 1-35)

를 그리며 돌린 뒤 전붕(前掤)한다.(그림 1-35)

동작4

이어 양손을 계속해서 약간 위로 올리며 우역좌순전(右逆左順纏)으로 바꾸며 몸을 약간 우전(右轉)한다.

움직임을 멈추지 않고 계속 우전(右轉)하며 중심을 오른쪽으로 옮긴다. 아울러 양손은 오른쪽으로 후리(後擺)한다.(그림 1-36)

이러한 순환을 왕복하면서 여러 차례 연습을 반복하는 것이 좋다. 또한 오른발을 상보(上步)하여 좌우 자세를 반대로 바꾸어 연습하도록 한다.

양손으로 몸의 양쪽 측면에서 원(圓)을 그리는데, 당(襠)과 허리를 선전(旋轉)하여 양팔로 전사경(纏絲勁)을 유도함으로써, 몸으로 손을 이끌고, 의(意)로써 기(氣)를 인도하게 함이 주요하다.

(그림 1-36)

6) 좌우악권전사(左右握拳纏絲)

동작1

좌우 후리(後擺)의 기초를 쌓은 뒤에, 양손을 악권(握拳)²²⁵⁾하여 오른주먹은 권심(拳心)이 안으로 향하게 하여 몸 앞의 어깨높이로 들고, 왼주먹은 권심이 위로 향하게 하여 왼쪽 허리에 둔다.

중심은 왼다리에 두고 시선은 몸의 우전방에 둔다.(그림 1-37)

(그림 1-37)

동작2

이어 몸을 우전(右轉)하며 중심을 오른쪽으로 옮긴다.

오른주먹은 역전(逆纏)하며 먼저 왼쪽으로 향하다가 아래로 호(弧)를 그리며 오른쪽 가슴께로 거두어들인다.

왼손은 역전으로 호를 그리며 뒤를 향했다가 다시 위로 상붕(上掤)한다.

시선은 좌전방에 둔다.(그림 1-38)

동작3

이어 몸을 계속 우전(右轉)하며 오른주먹을 역전(逆纏)하여 뒤로 호(弧)를 그린 다음 오른쪽으로 붕출(掤出)한다.

동시에 왼주먹은 순전(順纏)으로 바꾸어 가슴 앞 중선(中線)²²⁶⁾으로 모으고 권심은 안으로 향한다.

시선은 왼편 앞쪽에 둔다.(그림 1-39)

(그림 1-38)

---

225) 주먹을 쥐다.
226) 기경팔맥(奇經八脈) 중 임맥(任脈)이 흐르는 몸의 가운데 선.

(그림 1-39)

동작4

이어 몸을 좌전(左轉)하며 중심을 왼쪽으로 옮긴다. 왼주먹을 역전(逆纏)하여 호(弧)를 그리며 안으로 거두어들인다. 이때 권심(拳心)은 아래로 향한다.

오른주먹은 순전(順纏)으로 바꾸어 위로 돌리고, 시선은 앞쪽에 둔다.(그림 1-40)

동작5

이어 몸을 계속 좌전(左轉)하며, 왼주먹을 역전(逆纏)하여 왼쪽 허리로 온다. 오른주먹은 순전(順纏)으로 바꾸어 가슴 앞 중선(中線)으로 오는데 권심이 안으로 향하게 한다.

시선은 앞쪽에 둔다.(그림 1-41)

이와 같은 동작을 여러 차례 반복하여 연습함으로써 주로 당부(襠部)와 요부(腰部)의 좌우 선전(旋轉) 운동과 두 주먹의 나선(螺旋) 순역전사(順逆纏絲) 그리고 외붕경(外掤勁)의 내합(內合)을 연마할 수 있다.

(그림 1-40)

(그림 1-41)

권론과 기본공 163

3. 보법(步法)과 전사경(纏絲勁) 연습

1) 전진보(前進步)

◇ 진보쌍수전사(進步雙手纏絲)

동작1

두 발을 나란히 하고 서서, 두 팔을 몸의 양옆으로 늘어뜨린다. 주신방송(周身放鬆)하고 의수단전(意守丹田)하며, 시선은 앞쪽에 둔다.(그림 1-42)

(그림 1-42)

동작2

이어 중심을 오른다리로 옮기면서 왼발을 들어 좌전방으로 한 발 내딛는다. 동시에 양손을 아래에서 위로 좌순우역전(左順右逆纏)하여 전상방으로 호(弧)를 그리며 올린 뒤 후리(後攦)한다.

시선은 앞쪽에 둔다.(그림 1-43)

(그림 1-43)

(그림 1-44)

동작3

이어서 중심을 왼다리로 옮기며, 오른발을 당겨 왼발 옆에 가지런히 붙인다. 동시에 양손을 좌역우순전(左逆右順纏)하여 아래로 호(弧)를 그리며 돌린 다음 전붕(前掤)한다.

시선은 앞쪽에 둔다.(그림 1-44)

(그림 1-45)

그런 다음 다시 상보(上步)하며 〈그림 1-37〉과 같이 후리(後掘)하며 반복한다. 이것은 주로 손과 발을 배합하여 주신상수(周身相隨)하는 것을 연습하는 것이다.

◇ 측신진보쌍수전사(側身進步雙手纏絲)

동작1

두 다리를 나란히 세우고 서서 두 팔을 몸의 양옆으로 늘어뜨린다. 주신방송(周身放鬆)하고, 의수단전(意守丹田)하며, 시선은 앞쪽에 둔다.(그림 1-45)

(그림 1-46)

동작2

이어 중심을 오른다리로 옮기면서 왼발을 들어 좌전방으로 한 걸음 상보(上步)한다.

동시에 양손을 아래에서 위로 좌순우역전(左順右逆纏)으로 전상방으로 호(弧)를 그리며 올린 다음 후리(後掘)한다.

시선은 앞쪽에 둔다.(그림 1-46)

동작3

이어 중심을 왼다리로 옮기면서 오른발의 발꿈치를 당겨 왼발 옆에 가지런히 붙인다.

동시에 양손을 좌역우순전(左逆右順纏)하여 아래로

권론과 기본공 165

호(弧)를 그리며 돌린 다음 전붕(前掤)한다.
시선은 앞쪽에 둔다.(그림 1-47)
그런 다음 다시 상보(上步)하고 〈그림 1-47〉과 같이 후리(後攔) 배합하고 주신상수(周身相隨)하는 것을 연습하는 것이다.

2) 후퇴보(後退步)
— 퇴보좌우전사(退步左右纏絲)

(그림 1-47)

동작1
두 발을 나란히 세우고, 시선은 앞쪽에 둔다. 오른손은 오른쪽 허리에 붙이고, 왼손은 손바닥을 앞으로 하여 밀어내는 자세를 취하며, 침주송견(沈肘鬆肩)한다.(그림 1-48)

동작2
이어 중심을 왼다리로 옮기면서 오른발을 들어 안으로 호(弧)를 그리며 뒤로 퇴보(退步)하여 발끝으로 착지한다.
동시에 오른손을 역전(逆纏)하여 아래로 호(弧)를 그리며 오른발의 퇴보를 따라 뒤로 후리(後攔) 한다.
아울러 왼손은 몸이 하침(下沈)하는 것과 아울러 전추(前推)[227]한다.(그림 1-49)

동작3
이어 중심을 뒤쪽 오른다리로 옮기고, 왼다리를 들어 안 쪽으로 호(弧)를 그리며 뒤로 퇴보(退步)하여 발끝으로 착지한다.

(그림 1-48)

---

227) 주로 손바닥을 이용하여 앞으로 밀어내는 공격법.

(그림 1-49)

(그림 1-50)

동시에 왼손은 역전(逆纏)하여 아래로 호(弧)를 그리며 왼발의 퇴보를 따라 뒤로 후리(後擺) 한다.

아울러 오른손은 뒤쪽에서부터 상번(上翻)하여 전추(前推)한다.

시선은 앞쪽에 둔다.(그림 1-50)

이 동작은 권세(拳勢) 중에서 "도권굉(倒卷肱)"이라 부르는 것으로, 퇴보(退步) 시에 상체와 하체를 배합하는 방법을 연습하는 것이다.

연습할 때는 걸음의 수를 3보, 5보, 7보 등 홀수로 후퇴하는 것이 좋다.

3) 개보(開步)

— 좌우개보전사(左右開步纏絲)

◇ 좌개보전사(左開步纏絲)

동작1

몸을 바르게 하여 선 자세에서 오른손은 허리에 대

(그림 1-51)

고, 왼손은 왼쪽으로 펼치는데 장심(掌心)이 왼쪽으로 향하게 한다.

침주송견(沈肘鬆肩)하며, 시선은 앞쪽에 둔다.(그림 1-51)

동작2

이어 몸을 약간 우전(右轉)하며 중심을 오른다리로 옮기고, 왼다리를 들어 좌측으로 한 걸음 개보(開步)한다.

동시에 왼손은 순전(順纏)하여 아래로 호(弧)를 그리며 내합(內合)한다.

시선은 좌전방(左前方)에 둔다.(그림 1-52)

동작3

이어서 몸을 약간 좌전(左轉)하며 중심을 왼다리로 옮기고, 오른다리를 들어 왼다리 안쪽으로 거두어들여 병보(幷步)를 이룬다. 동시에 왼손은 계속 내합(內合)하다가 위로 들어 바깥쪽으로 뒤집어서 역전(逆纏)하며 왼쪽으로 벌린다.

시선은 앞쪽에 둔다.(그림 1-53)

(그림 1-52)

(그림 1-53)

이 동작은 각개수합(脚開手合)과 수개각합(手開脚合)228) 및 상인하진(上引下進)의 방법을 연습하는 방법이다.

3보, 5보, 7보의 연속적인 동작으로 반복 연습하는 것이 유익하다.

◇ 우개보전사(右開步纏絲)

동작의 요령은 좌개보전사와 같으며 그 방향만 반대이다.

(그림1-54에서 그림1-56까지 참조)

---

228) 발을 벌리며 손을 모으고, 손을 전개하며 발을 모음.

(그림 1-54)

(그림 1-55)

4) 운수(雲手)의 보법(步法)

◇ 병보(幷步)

　위의 좌우개보전사(左右開步纏絲)와 같이 두 발을 나란히 붙이며 이동하는 운수의 보법.

◇ 삽보(揷步) : 투보(偸步)

　움직이는 발이 정지해 있는 발의 뒤로 가며 좌우로 이동하는 운수의 보법.

◇ 개보(盖步)

　움직이는 발이 정지해 있는 발의 앞으로 가며 좌우로 이동하는 운수의 보법.

(그림 1-56)

4. 중정신법(中定身法)

중정신법(中定身法)은 장공(樁功)이라 칭하기도 한다. 태극권의 가식(架式) 중에서 정공(靜功)을 수련할 수 있는 입신중정(立身中正)의 안정된 신법(身法)을 중정신법이라 한다. 이 신법에는 단편(單鞭)과 나찰의(懶扎衣)와 사형(斜形)을 비롯하여 바르게 선 정자세(正姿勢)의 네 가지 자세를 이용한다.

태극권을 수련할 때마다 기본 동작을 연습한 후에 5분에서 10분 정도의 참장공(站樁功)을 수련하면 매우 유익하다.

한 가지 자세에서 여러 가지 자세로, 짧은 시간에서 긴 시간으로, 높은 자세에서 낮은 자세로 점차 운동량을 늘려 나가는 것이 좋다.

장공(樁功)은 자세가 단순하고 마음을 집중하기가 쉬워 입신중정(立身中正), 주신방송(周身放鬆), 심기하강(心氣下降), 기침단전(氣沈丹田)을 체득하며 내공(內攻) 수련을 할 수 있을 뿐만 아니라 하체의 힘을 강화할 수 있는 유익한 수련 방법이다.

장공(樁功)을 수련하는 자세에 따라 단편식, 나찰의식, 사형식 그리고 혼원장의 네 가지 기법이 있다.

1) 단편(單鞭) 식

머리를 자연스럽게 바로 세워 허령정경(虛領頂勁)하고, 두 눈은 똑바로 앞을 보고, 입술과 이는 지긋이 다물고, 입신중정(立身中正), 침주송견(沈肘鬆肩)하며, 양손이 경(勁)을 이끌어 가되, 송과굴슬(鬆胯屈膝), 개당귀원(開襠貴圓)하며, 왼다리는 실(實)하고 오른다리는 허(虛)가 되도록 하며, 왼발 끝은 바깥으로 벌리고 오른발 끝은 안으로 당긴다.

의식을 집중하고 전신을 방송(放鬆)하며, 기침단전(氣沈丹田)하여 용천혈(湧泉穴)로 기(氣)가 내려가게 한다.(그림 1-57)

(그림 1-57)

(그림 1-58)

2) 나찰의(懶扎衣) 식

머리를 자연스럽게 바로 세워 정경령기(頂勁領起)하고, 입신중정(立身中正)하여 오른손은 벌리고 왼손은 허리에 댄다.

송견침주(鬆肩沈肘)하되 왼쪽 팔꿈치는 붕원(掤圓)하며, 송과굴슬(鬆胯屈膝)하고 당요개원(襠要開圓)하되 오른다리는 실(實)하고 왼다리는 허(虛)가 되도록 하며, 오른발 끝은 밖으로 벌리고 왼발 끝은 안으로 당긴다.

중심은 오른쪽에 7할, 왼쪽에 3할 정도 둔다.(그림 1-58)

3) 사형(斜形) 식

(그림 1-59)

보형(步型)은 사보(斜步)를 만들고, 중심은 왼다리에 둔다. 왼발 끝과 오른발 끝은 살짝 안으로 당기고, 송과굴슬(鬆胯屈膝)하며, 당경(襠勁)을 안으로 당기고, 입신중정(立身中正)한다.

몸을 약간 왼쪽으로 틀고 두 팔을 벌려 사형(斜形)의 세(勢)를 취하여 보형(步型)과 십자(十字)모양으로 교차시킴으로써 사우각(四隅角)[229]을 이루게 한다.

시선은 앞쪽에 둔다. (그림 1-59)

---

229) 동서남북 정방향을 사정각(四正角)이라 하는 것에 비추어 그 사이 네 방향을 사우각(四隅角)이라 함.

4) 혼원장(渾元樁)

의식을 집중하고, 마음을 청정(淸靜)하게 하여, 입신중정(立身中正), 주신방송(周身放鬆)한다. 양팔을 호형(弧形)으로 둥그렇게 감싸고, 장심(掌心)을 안쪽으로 향하게 하여 손끝이 서로 마주보게 하며, 침주송견(沈肘鬆肩)한다.

양발을 50센티미터 정도 벌리고, 굴슬송과(屈膝鬆胯)하며 자세를 낮춘다.

원당(圓襠)을 유지하고, 무릎은 안으로 당기고, 발은 발가락과 발의 바깥 측면, 발꿈치 모두가 땅에 단단히 달라붙은 듯이 착실하게 밟고, 용천혈(湧泉穴)이 허(虛)가 되도록 한다.(그림 1-60)

(그림 1-60)

제5장
태극권의 내기(內氣)와 경락학설(經絡學說)

제 1 절 태극권 내기(內氣)와 경락(經絡)의 관계

1. 태극도(太極圖)의 의의(意義)

(그림1-61)과 같이 태극(太極)의 이론을 전개하고 설명하기 위한 그림을 태극도(太極圖)라 한다. 이 그림의 태극도는 검은 부분과 흰 부분의 두 부분으로 나뉘어져 있는데, 하나는 음(陰)의 존재〔陰儀 : 음의〕를 뜻하고, 다른 하나는 양(陽)의 존재〔陽儀 : 양의〕를 뜻한다.

(그림 1-61)

이 태극도가 뜻하는 바는 세상의 모든 사물(事物)과 사상(事象)의 조화는 음양(陰陽)의 조화에 따라 이루어진다는 것이다. 즉 양(陽)이 극(極)에 달하면 음(陰)이 생겨나고, 음(陰)이 극(極)에 달하면 양(陽)이 생겨난다. 이 음양(陰陽)의 두 기(氣)는 끊임없이 활동하고, 그로 인해 무궁한 변화가 생기게 된다는 것이다.

중국 고대의 철학자들은 '음양(陰陽) 이기(二氣)가 물질 세계의 근원'이며, 만물은 모두 '기(氣)'로써 구성되어 있다고 생각하였다. 따라서 물질 세계와 만물의 형성은 바로 음(陰)과 양(陽)의 두 기(氣)의 상호 작용에 의한 결과로 보았다.

중의학(中醫學)의 유물관(唯物觀)에서도 '만물은 천지간의 음양(陰陽) 이기(二氣)가 상호 교감하며 움직이고 변화한 결과'라고 피력하고 있다. 바로 이것은 ≪소문(素問)≫ 육원기대론(六元紀大論)에서

"하늘에서는 기(氣)가 되고 땅에서는 형(形)을 이루었다. 형(形)과 신(神)이 서로 교감하니, 만물이 생겨나는 조화가 일어났다."[230]

고 말하는 것과 같은 것이다.

---

230) 在天爲氣, 在地成形, 形神相感, 而化生萬物矣(재천위기, 재지성형, 형신상감, 이화생만물의).

또한 ≪유경(類經)≫에서는

"생화(生化)의 도(道)는 기(氣)를 근본으로 한다. 천지만물 중에 기(氣)로부터 유래하지 않는 것이 없다."[231]

라고 하였다.

이른바 "형신상감(形神相感)"과 "생화지도(生化之道)"라고 하는 것은 천지간의 음양(陰陽) 이기(二氣)의 상호 작용을 가리키는 것이다. 이것이 바로 세상에 만물이 생겨난 까닭을 설명하는 것으로, 물질 세계의 근본은 모두 이것의 산물이며, '기(氣)' 운동의 변화에 의한 결과로 파악하는 것이다.

2. 태극팔괘도(太極八卦圖)의 의의(意義)

(그림 1-62)

중국 고대의 소박한 유물관은 세계를 이루고 있는 속성이 물질성(物質性)이라는 점에 동의하고, 기(氣)가 물질 세계를 구성하는 근본이라고 여겼다.

≪역경(易經)≫에 이르기를, '만물은 태극(太極)에서 비롯된다.'라고 하였다.

이것은 태극이 바로 태초의 시원(始原)이 되는 혼돈(混沌)의 기(氣)임을 가리키는 말이다. 이 세상의 물질세계를 이루는 근본이 무엇인가를 찾아 올라가 보면 그 근원의 자리에 기(氣)가 있음을 알게 된다는 것이다.

이른바 태극(太極)에서 양의(兩義)가 생기고, 양의(兩義)는 사상(四象)을 낳고, 사상(四象)은 팔괘(八卦), 곧 만물(萬物)을 이룬다 함이다.[232] (그림 1-62)

이것은 바로 태극의 음양(陰陽) 이기(二氣)가 끊임없이 움직이고 변화하여 세상의 모든 물질 세계를 만든다는 것을 의미한다. 이러한 소박한 유물관(唯物觀)과 방

---

231) 生化之道, 以氣爲本, 天地萬物, 莫不由之(생화지도, 이기위본, 천지만물, 막불유지).
232) 太極生兩義, 兩義生四象, 四象生八卦(태극생양의, 양의생사상, 사상생팔괘).

법론(方法論)은 그 속에서 작용하는 '운동(運動)'이 물질의 근본 속성이고, '정지(靜止)'는 물질 운동의 상대적인 모습에 지나지 않는다는 것을 나타내고 있다.

'태극생양의(太極生兩義)'에서 양의(兩義)는 음양(陰陽)을 말한다. 이것은 음양이라는 두 요소가 성질은 다르나 하나의 총체 속에 공존한다는 것을 의미하며, 모든 물질과 사상(事象)은 음양의 조화로 이루어짐을 설명해 주는 것이다.

이러한 음양(陰陽)의 상관관계는 상호 대립적이면서도 어느 하나가 없어서는 안 되는 상호 통일적 기반 위에 있으며, 상호 의존적이면서도 서로가 서로를 제약하고 제어하며, 소멸과 생성을 함께 하면서 그 음양의 근원을 같이하는 것이다.

≪역경(易經)≫에서는 이러한 음양의 논리를 부호를 사용하여 전개하였는데, "━"을 양(陽)을 표시하는 부호로 하여 양효(陽爻)라 하고, "- -"을 음(陰)을 표시하는 부호로 하여 음효(陰爻)라고 하여 사물의 양성(陽性)과 음성(陰性)을 구별하여 표시하였다.

그리고 이러한 양효(陽爻)와 음효(陰爻) 중에서 세 개의 효(爻)를 모아 만들 수 있는 여덟 개의 조합을 팔괘(八卦)라고 불렀다. 또한 이 효(爻)의 수와 위치를 일정한 규칙에 따라 조합함으로써 모든 사물과 사상(事象)의 발전과 변화의 이치를 설명하고자 하였다. 이것은 중국 고대의 소박한 우주관이라 할 수 있으며 모든 사상을 설명하는 방법론의 하나로 대립과 통일의 과정이 전개된다는 의미를 함축하고 있는 것이다.

음양(陰陽) 양의(兩義)는 자연계에서 상호 관련된 사물이나 현상에 대하여 대립되는 두 개념을 포괄하여 설명하는 것으로, 두 개의 상호 관련된 사물이나 세력을 나타냄과 아울러 또한 동일한 사물의 내부에 존재하는 상호 대립적인 두 개의 성향을 나타내는 것이기도 하다. 이것은 중국 고대의 유물주의 철학 영역 가운데 하나의 중요한 범주이며, 모순의 대립과 통일성을 담고 있다.

"양의생사상(兩義生四象)"에서 사상(四象)은 태음(太陰)·태양(太陽)·소음(少陰)·소양(少陽)을 가리킨다. 사상(四象)은 두 개의 효(爻)로써 이루어진다. 태음(太陰)은 "==" 와 같이 두 개의 음효(陰爻)로 구성되어 사물의 음성(陰性)이 주도적인 지위를 차지하고 있음을 표시한다. 태양(太陽)은 "═" 와 같이 두 개의 양효(陽爻)로 구성되어 사물의 양성(陽性)이 매우 왕성함을 표시한다. 소음(少陰)은 "==" 와 같이 구성되어 음효(陰爻)가 위에 있고 양효(陽爻)가 아래에 있으면서 사물의 음성(陰性)이 막 발생하여 아직 충분하지 않거나 분화하여 감소하고 있음을 표시한다. 소양(少陽)은 "⚎"와 같이 구성되어 양효(陽爻)가 위에 있고 음효(陰爻)가 아래에 있어서 사물의 양성(陽性)이 막 발생하여 충분하지 않거나 분화하여 감소된 상태를 나타낸다.

이른바 양의(兩義)가 사상(四象)을 낳는다는 것은 음양(陰陽) 이기(二氣)가 서로 작용하여 양(量)의 변화에서부터 질(質)의 변화에까지 이르는 모든 상호 변화의 과정을 가리키는 것이다.

"사상생팔괘(四象生八卦)"에서 팔괘(八卦)는 '건(乾)·감(坎)·간(艮)·진(震)·손(巽)·리(離)·곤(坤)·태(兌)'를 말한다. 기(氣)의 운동 변화로 음양이 만들어지고, 음양 이기(二氣)의 교감으로 말미암아 사상(四象)이 만들어진 것이다.

이 때문에 팔괘에 상응하여 하늘[天]·땅[地]·바람[風]·우레[雷]·물[水]·불[火]·산[山]·못[澤]의 여덟 가지 자연 현상이 출현하게 되었다. 이 각각이 의미하는 바는 하늘은 건(乾)이요, 땅은 곤(坤)이며, 바람은 손(巽)이요, 우레는 진(震)이며, 물은 감(坎)이요, 불은 리(離)이며, 산은 간(艮)이요, 못은 태(兌)인 것이다.

이러한 것이 의미하는 바는 생화지도(生化之道)라는 것이 천지간의 음양 이기(二氣)가 상호 작용한 결과라는 것을 드러내어 표시할 수 있다는 것을 보여주는 것이다. 그러므로 물질 세계를 사상(四象) 팔괘(八卦)로 파악하는 것은 그 세계 자체의 모든 물질이 기(氣) 운동에 의하여 일어나는 변화의 결과를 따라간다는 것을 말한다.

3. 태극(太極)과 십이경맥(十二經脈)의 도해(圖解)

태극생양의(太極生兩義)하고, 양의생사상(兩義生四象)한다는 ≪역경(易經)≫의 음양사상(陰陽四象)의 논리는 ≪소문(素問)≫ 열론(熱論)과도 그 이치가 서로 통한다. 사상학설(四象學說)은 육경(六經)[233]의 이론을 기초로 하여 자연계에 존재하고 있는 "풍(風)·화(火)·습(濕)·조(燥)·한(寒)·서(暑)"의 변화를 논설하는 육기(六氣)의 이론과 결합하여, 상호 연결되는 관계를 궐음풍목(厥陰風木)·소음군화(少陰君火)·소양상화(少陽相火)·태음습토(太陰濕土)·양명조금(陽明燥

---

233) ≪황제내경(黃帝內經)·소문(素問)≫ 열론(熱論)에 나오는 태양(太陽), 소양(少陽), 양명(陽明), 태음(太陰), 소음(少陰), 궐음(厥陰)을 일컬음.

金)·태양한수(太陽寒水)와 같이 분류하여 명명하였다.

옛 사람들은 천인합일(天人合一), 즉 하늘과 사람은 하나로 통한다는 사상적 기초 위에서 이 육경(六經)을 다시 십이경맥(十二經脈)의 이론으로 전개하였다(그림 1-63).

이에 따르면, 수족(手足)을 삼음(三陰)과 삼양(三陽)으로 나누고, 그 각각의 세 가지를 하나로 묶어 모두 육경(六經)이라 칭하고, 인체의 음양 기혈(氣血)이 변화하는 법칙을 설명하고자 하였다.

(그림 1-63)

이것은 바로 ≪역경(易經)≫의 음양 양의(兩儀)의 이론을 바탕으로 하여 삼양경(三陽經)을 태극의 양단(陽端)에 귀속시키고, 삼음경(三陰經)을 태극의 음단(陰端)으로 귀속시켜서 하나의 통일된 논리 체계를 형성하였을 뿐만 아니라, 이와 아울러 인체의 십이경맥(十二經脈)을 육경(六經)의 테두리 안에 포함시켜 인체와 대기(大氣)가 서로 결합되어 움직인다는 순환 모형을 구성하였다.

4. 음양(陰陽) 이기(二氣)와 경맥(經脈)의 관계

음양(陰陽) 이기(二氣)와 삼음(三陰) 삼양(三陽)의 경맥(經脈)간의 관계는 바로 ≪십사경발휘(十四經發揮)[234]≫의 주석에서 말하고 있는 바와 같다.

"삼음(三陰)은 태음(太陰)·소음(少陰)·궐음(厥陰)이며 삼양(三陽)은 태양(太陽)·소양(少陽)·양명(陽明)으로, 이것은 각 경맥에서 기혈(氣血) 음양(陰陽)의

---

[234] 원(元)나라의 활백인(滑伯仁)의 편저(編著).

양에 따라 명명한 것이다."

≪소문(素問)≫ 지진요대론(至眞要大論)에서는 다음과 같이 말하였다.

"기(氣)에는 많고 적음이 있는데, 그 쓰임을 따른다."

'태(太)'는 많다는 뜻으로 음기(陰氣)가 많으면 '태음(太陰)'이라 하고, 양기(陽氣)가 많으면 '태양(太陽)'이라 한다.

'소(少)'는 막 생겨서 아직 충분하지 않다는 의미로 음기(陰氣)가 막 생겨나면 소음(少陰)이고 양기(陽氣)가 막 생겨나면 소양(少陽)이 된다.

양명(陽明)은 두 개의 양(陽)이 밝기를 합하여 양기(陽氣)가 많이 모여 있다는 의미다.

궐음(厥陰)은 두 개의 음(陰)이 서로 없어져 음기(陰氣)가 소진되었다는 의미이다.

그러므로 음양의 기(氣)는 분리하면 삼음(三陰) 삼양(三陽)이 되고, 합치면 일음일양(一陰一陽)이 된다고 설명하는 것이다.

십이경맥(十二經脈)의 삼음(三陰) 삼양(三陽)은 경락 기혈 그 자체에 있어 기혈과 음양의 많고 적음을 대표하는 것에 불과하다. 예를 들어 위(胃)는 '수곡지해(水穀之海)'라 하여 다양다기(多陽多氣)의 경(經)이기 때문에 그것을 '족양명위경(足陽明胃經)'이라고 부른다. 다른 경맥(經脈)도 이러한 방법에 따라 유추할 수 있다.

5. 태극권과 경락학설(經絡學說)

중의(中醫)의 경락학(經絡學)은 앞에서도 살펴본 바와 같이 인체의 경락계통의 생리 기능과 병리(病理)의 변화, 그리고 경락과 장부(臟腑)간의 상호관계를 연구하는 학문으로, 중의학(中醫學)의 핵심적인 이론을 구성하고 있는 부분이다.

진씨태극권에 있어 내기(內氣) 이론의 기본 바탕은 이 경락학설에 근거하고 있다. 태극권의 권론(拳論)의 이해를 돕기 위하여 그 내용을 요약하여 간략히 소개한다.

1) 경락(經絡)에 대한 개술(槪述)

경락(經絡)은 경맥(經脈)과 낙맥(絡脈)의 총칭으로 인체의 기혈(氣血)이 운행

(運行)하는 통로이다. 태극권은 양기(養氣)와 운기(運氣)에 중점을 두고 있으므로 태극권을 수련하면서 경락을 알지 못하면, 마치 치수(治水)를 함에 있어 강과 호수와 바닷물의 분포와 크기를 제대로 이해하지 못하고 맹목적으로 공사를 해서 잘못을 저지르는 것과 같다. 그래서 권문(拳門)에 들어서고자 하는 사람은 경락에 대하여 명확하게 이해할 필요가 있다.

'경(經)'은 길을 뜻하고, '락(絡)'은 회로를 뜻한다. '경(經)'은 상하(上下)를 관통하고 내외(內外)를 소통시키는 경락(經絡) 계통의 큰 줄기이다. '락(絡)'은 경(經)의 갈래로 경맥(經脈)보다 가늘고 작으며, 경(經)에서 갈라져 나와 종횡으로 교차하여 전신에 망상(網狀)으로 널리 퍼져 있다.

≪영추(靈樞)≫ 맥도편(脈度篇)에 이런 설명이 있다.

"경맥(經脈)은 경락(經絡)의 주간(主幹)으로 몸의 심부(深部)를 순행하며, 경맥의 지선(支線)으로 가로로 놓여 있는 것은 락(絡)이고, 락(絡)에서 별도로 갈라져 나온 것이 손(孫)이다."

경락(經絡)은 안으로는 장부(臟腑)와 연결되어 있고, 밖으로는 사지(四肢)의 관절과 이어져, 인체의 각 기관을 하나의 온전한 유기체(有機體)로 형성하고, 그 각 조직 기관으로 하여금 평형을 유지하고 조화를 이루게 한다.

경락은 생리적 측면에서 기혈을 움직이고 음양의 조화를 유지하는 기능을 가지고 있으며, 또 병리적(病理的) 측면에서 병균을 막고 질병의 증상을 알리는 기능을 가지고 있어 질병을 예방할 수 있을 뿐만 아니라, 치병(治病)에 있어서도 경락이 적절하게 반응하여 허실(虛實)을 조정하는 기능을 이용하게 되는 것이다.

【경락(經絡) 계통의 구성 체계】

경락(經絡)은 경맥(經脈)과 낙맥(絡脈)을 총괄하여 지칭하는 것으로, 경맥은 12경맥과 기경팔맥(奇經八脈)을 포괄하면서, 또한 그 부속으로 12경맥에 붙어 있는 12경별(經別)과 12경근(經筋), 12피부(皮部)을 포괄한다.

낙맥(絡脈)은 15낙맥과 부락(浮絡) 및 손락(孫絡)을 포괄한다.

12경맥(經脈)은 수삼음경(手三陰經), 수삼양경(手三陽經), 족삼음경(足三陰經) 및 족삼양경(足三陽經)의 총칭이며 경락 계통의 주체이다. 그러므로 이것을 '십이정경(十二正經)'이라고 부른다.

이 수족(手足) 음양경(陰陽經)의 각각을 살펴보면, 수삼음경은 수태음폐경(手太陰肺經), 수궐음심포경(手厥陰心包經), 수소음심경(手少陰心經)이며, 수삼양경은 수양명대장경(手陽明大腸經), 수소양삼초경(手少陽三焦經), 수태양소장경(手太陽少腸經)이며, 족삼음경은 족태음비경(足太陰脾經), 족궐음간경(足厥陰肝經), 족소음신경(足少陰腎經)이며, 족삼양경은 족양명위경(足陽明胃經), 족소양담경(足少陽膽經), 족태양방광경(足太陽膀胱經)을 가리킨다.

기경팔맥(奇經八脈)은 임맥(任脈), 독맥(督脈), 충맥(衝脈), 대맥(帶脈), 음유맥(陰維脈), 양유맥(陽維脈), 음교맥(陰蹻脈), 양교맥(陽蹻脈)의 8경맥을 포괄한다.

이 기경(奇經)은 그 분포와 작용이 12경맥과는 다르다. 기경은 12경맥의 나머지 부분에서 그 사이를 종횡(縱橫)으로 교차하며 경맥간의 연계를 밀접하게 한다. 그러나 기경팔맥은 특정 장부(臟腑)와 연결하여 음양의 표리(表裏) 관계를 이루지 않고 독립적으로 그 기능을 수행한다. 그러므로 기경(奇經)이라고 한다.[235] 그래서 기경팔맥은 12경맥을 제외한 그 나머지 경락에 대한 통솔과 락(絡)의 연결 및 성쇠를 조절하는 작용을 한다.

12경별(經別)은 12경맥의 순환 통로와는 별도로 가슴·배·머리부분으로 연결되어 12경맥의 지맥(支脈)과 같은 역할을 하는 것으로 장부(臟腑)의 기혈 소통을 돕고 경맥과 밀접한 관계를 지니며 그 기능을 보강하는 작용을 한다.

15낙맥(絡脈)[236]은 사지(四肢)의 12경맥과 신체의 앞·뒤·측면을 연결하여 주는 경맥의 지맥(支脈)으로 안과 밖으로 기혈의 소통을 운행하는 작용을 한다.

12경근(經筋)은 12경맥에서 이어져나가 근육 내에 있는 관절 체계로 기혈을 연결하여 소통시키는 것으로, 골격과 근육을 결속시켜 원활한 관절 활동이 이루어지도록 하는 작용을 한다. 이것은 사지(四肢), 구간(軀幹), 흉부, 복강(腹腔)에만 분포되어 있고 장부(臟腑)에는 진입하지 않는다.

12피부(皮部)는 12경맥의 기혈이 체표(體表) 부위로 운행하여 경맥의 기능과 활동이 체표 부위에까지 반영되도록 하는 경(經)의 지맥이라 할 수 있다. 이것은 외부의 자극이나 장애로부터 보호하거나 대응할 수 있는 작용을 일으킨다.

경락 계통의 구성 체계를 간단하게 종합하여 보면 (표1-1)과 같다.

---

[235] 기경(奇經)의 기(奇)는 '단독', '독립'의 의미를 지니고 있다.
[236] 15낙맥은 12경맥에서 갈라져 나와 다른 경맥과 경맥 사이를 연결하는 활동을 하기 때문에 15별락(別絡)이라고 부르기도 한다.

〈표1-1〉 경락계통의 구성표

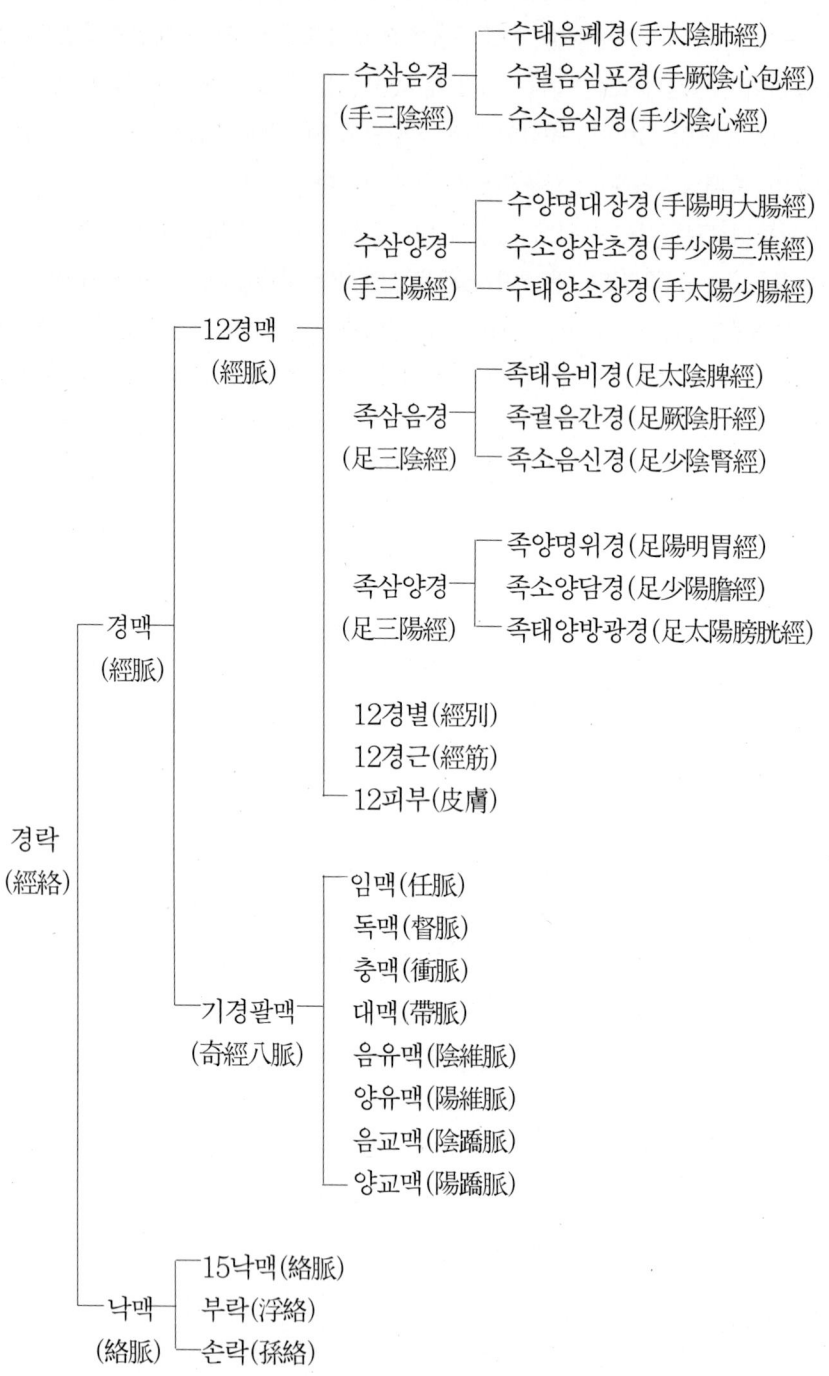

이제 12경맥이 주행(注行)하는 규율을 살펴보면 다음과 같다.

"손[手]의 삼음(三陰)은 오장(五臟)에서 손[手]으로 간다. 손[手]의 삼양(三陽)은 손[手]에서 머리로 간다. 발[足]의 삼양(三陽)은 머리에서 발[足]로 간다. 발[足]의 삼음(三陰)은 발[足]에서 배로 간다."

수족(手足)의 각 경맥은 서로 연결되어 있고, 음경(陰經)은 상승을 하며, 양경(陽經)은 하강을 하는데, 이것은 기혈의 운행에 있어 "음양이 서로 이어지고 있어서 둥근 고리와 같이 그 끝이 없다."[237]는 것을 설명한다.

12경맥(또는 14경맥)[238]이 흘러 들어가는 체계를 요약하면 (표1-2)와 같다.

(표1-2) 14경맥의 순환표

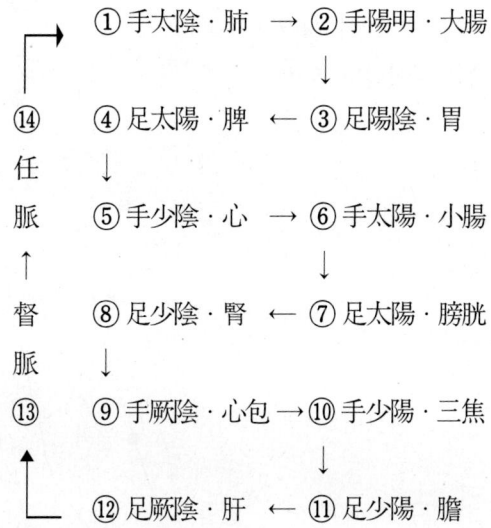

---

237) 陰陽相貫, 如環無端(음양상관, 여환무단).
238) 14경맥(經脈)이라 함은 12경맥에 기경(奇經)의 임맥(任脈)과 독맥(督脈)을 합한 것을 말한다.

2) 14경맥(經脈)의 순행(循行)

(1) 수태음폐경(手太陰肺經)

폐경(肺經)은 12경(經)의 첫 번째 경맥(經脈)으로 중부혈(中府穴)에서 시작하여 엄지손가락의 소상혈(少商穴)에 이르는데, 한쪽에 11개 혈(穴)이 있어 양쪽을 합하여 모두 22개의 혈이 있다.(그림 1-64)

≪영추(靈樞)≫ 경맥(經脈)에 의거 폐경(肺經)의 순행 경로를 요약하면 다음과 같다.[239]

① 맨 처음 중초(中焦)의 중완혈(中脘穴)에서 시작하여 대장(大腸)으로 내려갔다가 다시 위(胃)를 돌아 횡격막을 뚫고 올라가 폐로 들어간다. 다시 인후까지 올라갔다 겨드랑이 쪽의 중부(中府)에서 시작된다.

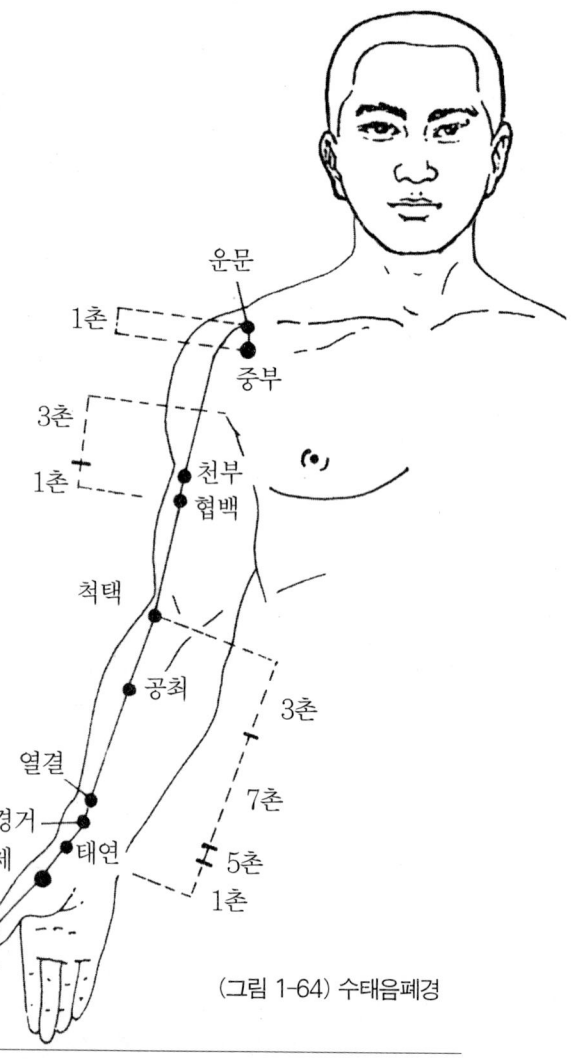

(그림 1-64) 수태음폐경

---
239) 이하 12경맥(經脈)의 설명은 그 원전(原典)이 모두 ≪영추(靈樞)≫ 경맥(經脈)임.

② 폐경(肺經)의 순행 경로

중부(中府) - 운문(雲門) - 천부(天府) - 협백(俠白) - 척택(尺澤) - 공최(孔最) - 열결(列缺) - 경거(經渠) - 태연(太淵) - 어제(魚際) - 소상(少商)

③ 소상(少商)에서 끝난 폐경은 그 지맥(支脈)이 팔목의 뒤쪽으로 나와 대장경(大腸經)과 만난다.

(2) 수양명대장경(手陽明大腸經)

대장경(大腸經)은 폐경(肺經)에 이어 집게손가락의 상양혈(商陽穴)에서 시작하여 코 옆의 영향혈(迎香穴)로 이어지는데, 한쪽 경락에 20개씩 모두 40개의 혈(穴)이 있다.(그림 1-65)

① 대장경(大腸經)의 순행 경로

상양(商陽) - 이간(二間) - 삼간(三間) - 합곡(合谷) - 양계(陽谿) - 편력(偏歷) - 온류(溫溜) - 하렴(下廉) - 상렴(上廉) - 수삼리(手三里) - 곡지(曲池) - 주료(肘髎) - 오리(五里) - 비노(臂臑) - 견우(肩髃) - 거골(巨骨) - 천정(天鼎) - 부돌(扶突) - 화료(禾髎) - 영향(迎香)

② 대장경은 그 지맥(支脈)이 콧날 옆의 영향혈(迎香穴)에서 위경(胃經)으로 이어지며 끝난다.

(3) 족양명위경(足陽明胃經)

위경(胃經)은 위(胃)의 기능을 조절하는 경맥으로 대장경(大腸經)의 영향혈(迎香穴)에서 그 분지(分枝)를 이어받아 승읍(承泣)에서 시작하여 둘째 발가락

끝의 여태(厲兌)에서 끝나며 한쪽 경락에 45개씩 모두 90개의 혈(穴)이 있다.(그림 1-66)

① 위경(胃經)의 순행 경로

승읍(承泣) - 사백(四白) - 거료(巨髎) - 지창(地倉) - 대영(大迎) - 협거(頰

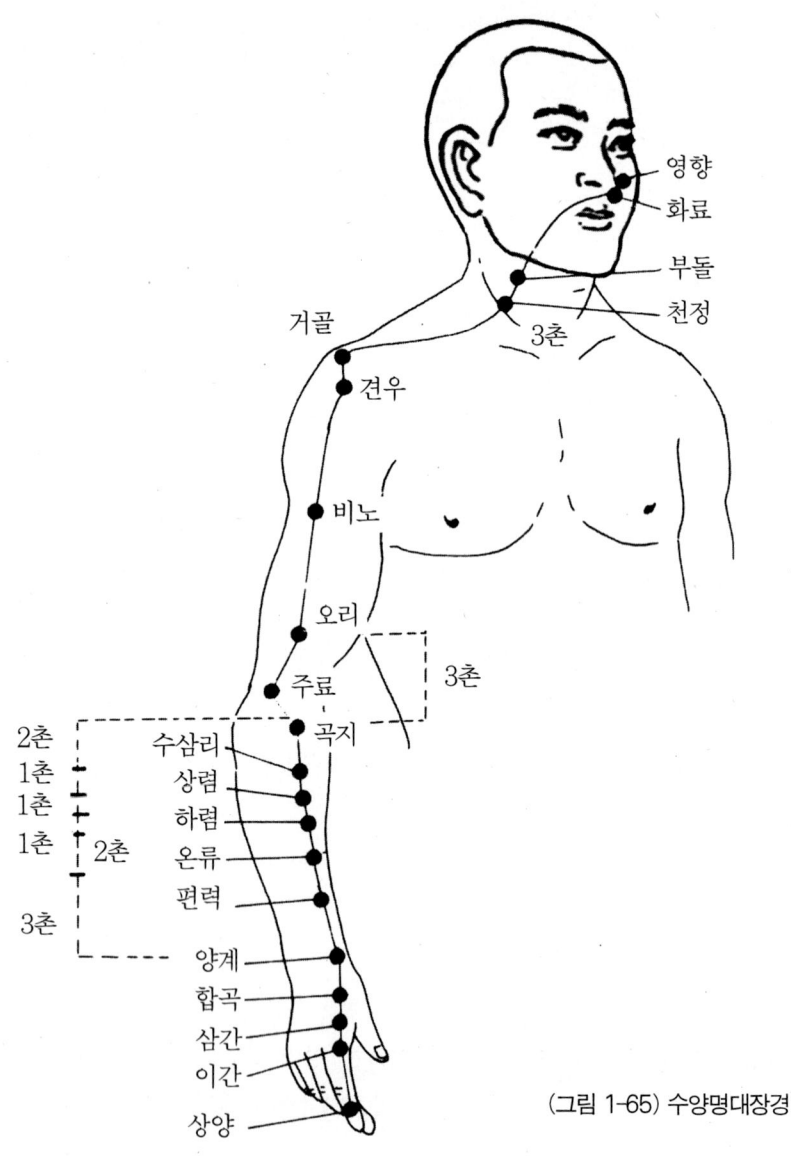

(그림 1-65) 수양명대장경

車) - 하관(下關) - 두유(頭維) - 인영(人迎) - 수돌(水突) - 기사(氣舍) - 결분(缺盆) - 기호(氣戶) - 고방(庫房) - 옥예(屋翳) - 응창(膺窓) - 유중(乳中) - 유근(乳根) - 부용(不容) - 승만(承滿) - 양문(梁門) - 관문(關門) - 태을(太乙) - 활육문(滑肉門) - 천추(天樞) - 외릉(外陵) - 대거(大巨) - 수도(水道) -

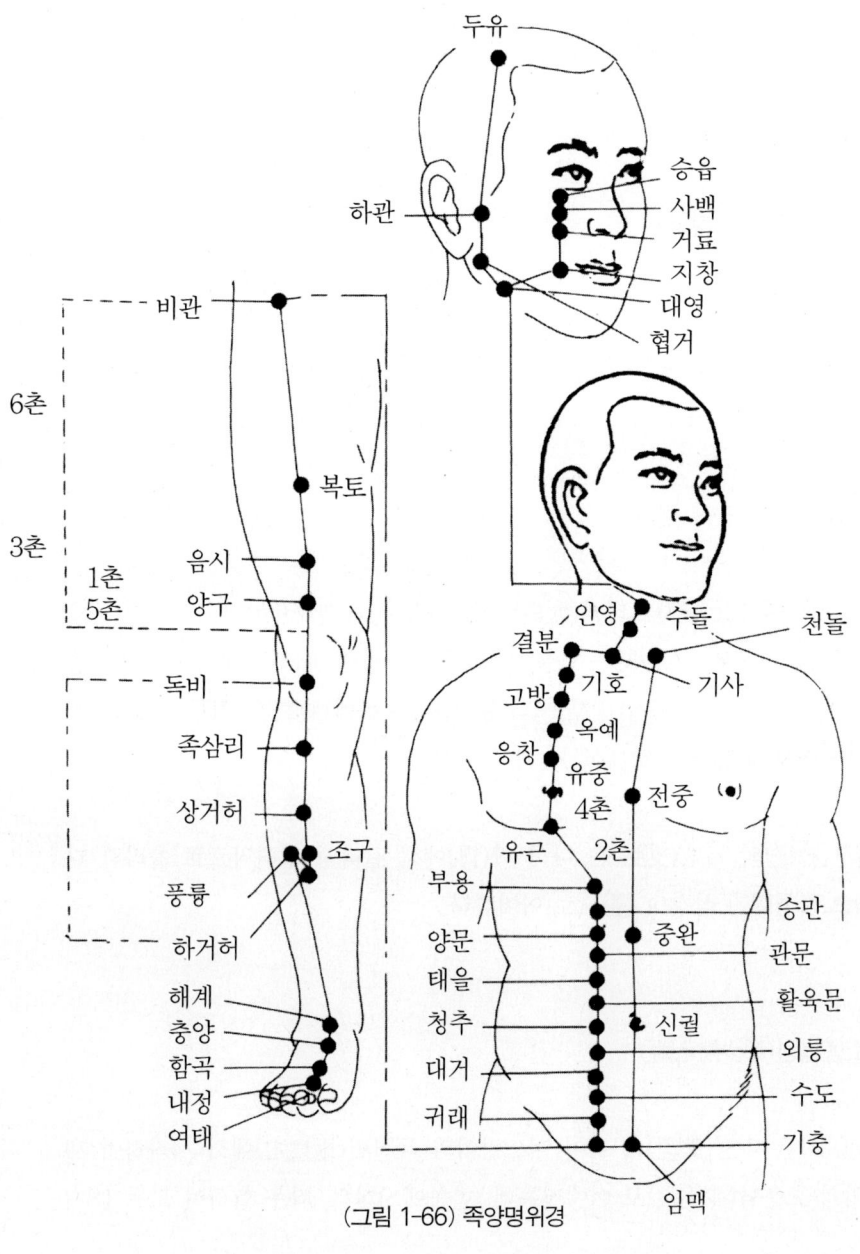

(그림 1-66) 족양명위경

귀래(歸來) - 기충(氣衝) - 비관(髀關) - 복토(伏兎) - 음시(陰市) - 양구(梁丘) - 독비(犢鼻) - 족삼리(足三里) - 상거허(上巨虛) - 조구(條口) - 하거허(下巨虛) - 풍륭(豊隆) - 해계(解谿) - 충양(衝陽) - 함곡(陷谷) - 내정(內庭) - 여태(厲兌)

② 위경은 발등에서 그 지맥(支脈)이 엄지발가락 사이로 들어가 그 끝으로 나와 비경(脾經)으로 연결된다.

(4) 족태음비경(足太陰脾經)

비경(脾經)은 위경(胃經)에 이어 엄지발가락의 끝 은백혈(隱白穴)에서 시작하여 상완(上腕)의 안쪽 대포혈(大包穴)로 이어지는데, 한쪽에 21개씩, 모두 42개의 혈(穴)이 있다.(그림 1-67)

① 비경(脾經)의 순행 경로

은백(隱白) - 대도(大都) - 태백(太白) - 공손(公孫) - 상구(商丘) - 삼음교(三陰交) - 누곡(漏谷) - 지기(地機) - 음릉천(陰陵泉) - 혈해(血海) - 기문(箕門) - 충문(衝門) - 부사(府舍) - 복결(腹結) - 대횡(大橫) - 복애(腹哀) - 식두(食竇) - 천계(天谿) - 흉향(胸鄕) - 주영(周榮) - 대포(大包)

② 비경(脾經)의 지맥(支脈)은 다시 위(胃)에서 갈라져 횡격막으로 올라간 다음, 심장으로 들어가 심경(心經)으로 이어진다.

(5) 수소음심경(手少陰心經)

심경(心經)은 비경(脾經)에 이어 겨드랑이의 극천혈(極泉穴)에서 시작하여 새끼손가락의 소충혈(少衝穴)로 이어지는데, 한쪽에 9개씩, 좌우 합하여 모두 18개

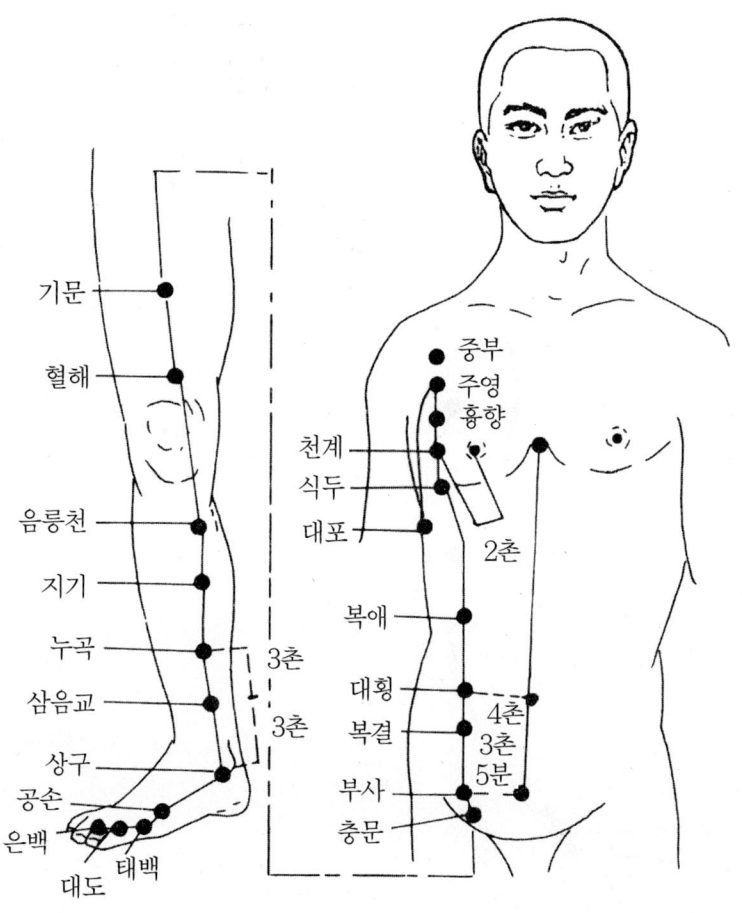

(그림 1-67) 족태음비경

혈이 있다.(그림 1-68)

① 심경(心經)의 순행 경로

극천(極泉) - 청령(靑靈) - 소해(少海) - 영도(靈道) - 통리(通里) - 음극(陰郄) - 신문(神門) - 소부(少府) - 소충(少衝)

② 새끼손가락의 바깥쪽으로 가서 소장경(小腸經)과 연결된다.

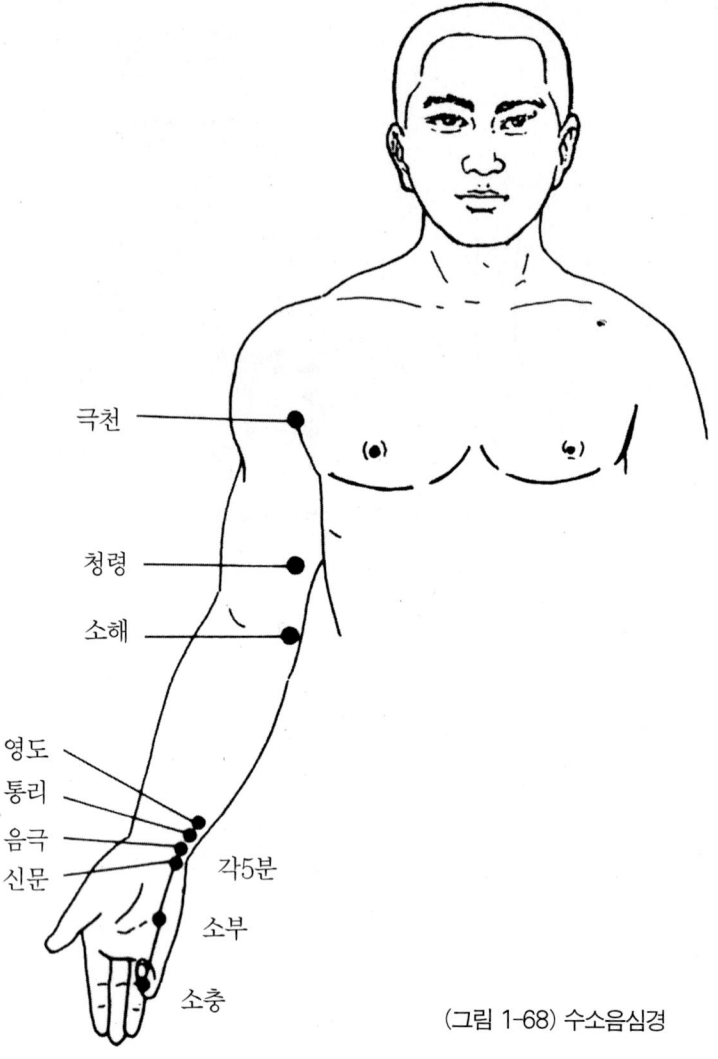

(그림 1-68) 수소음심경

(6) 수태양소장경(手太陽小腸經)

　소장경(小腸經)은 새끼손가락의 끝에서 심경(心經)에 이어 소택혈(少澤穴)에서 시작하여 귀 옆의 청궁혈(聽宮穴)에까지 이어지는데, 한쪽에 19개씩 모두 38개의 혈이 있다.(그림 1-69)

① 소장경(小腸經)의 순행 경로

소택(少澤) - 전곡(前谷) - 후계(後谿) - 완골(腕骨) - 양곡(陽谷) - 양로(養老) - 지정(支正) - 소해(小海) - 견정(肩貞) - 노유(臑兪) - 천종(天宗) - 병풍(秉風) - 곡원(曲垣) - 견외유(肩外兪) - 견중유(肩中兪) - 천창(天窓) - 천용(天容) - 권료(顴髎) - 청궁(聽宮)

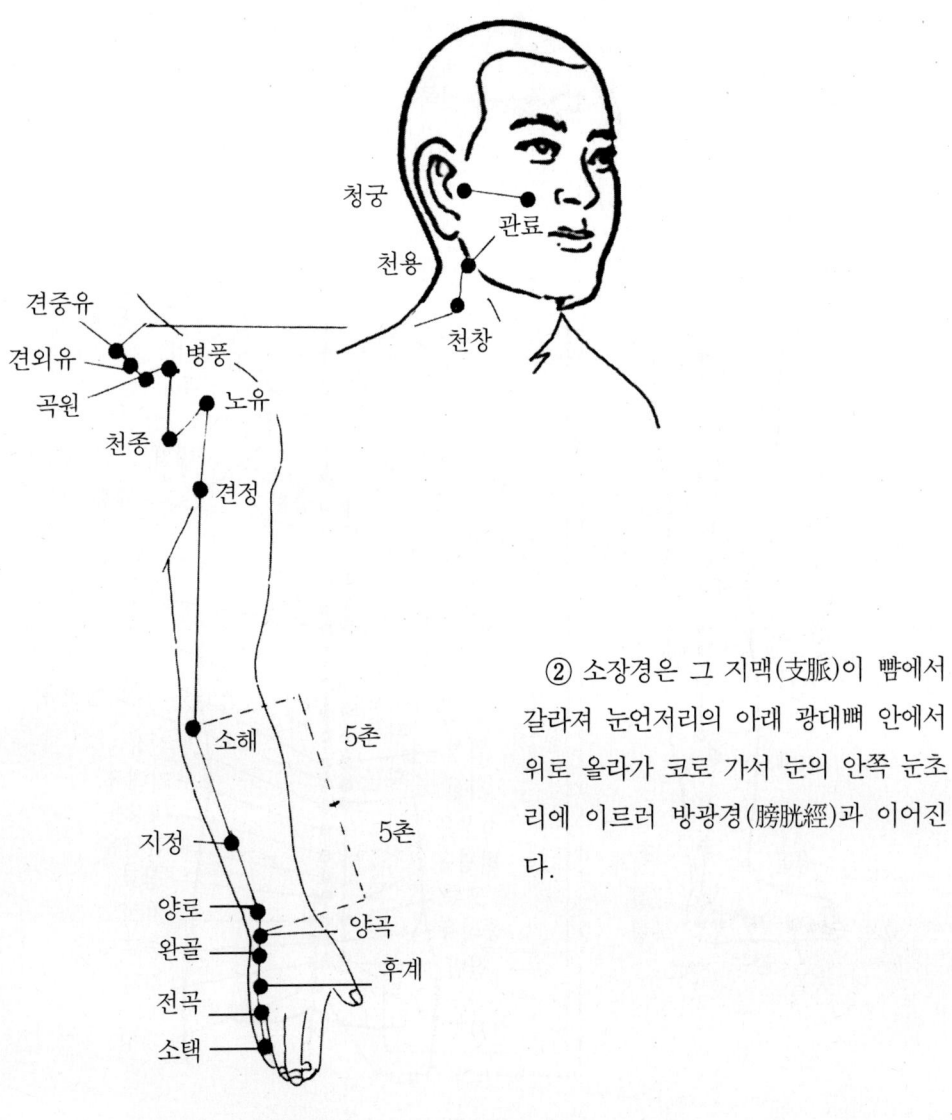

② 소장경은 그 지맥(支脈)이 뺨에서 갈라져 눈언저리의 아래 광대뼈 안에서 위로 올라가 코로 가서 눈의 안쪽 눈초리에 이르러 방광경(膀胱經)과 이어진다.

(그림 1-69) 수태양소장경

(7) 족태양방광경(足太陽膀胱經)

방광경(膀胱經)은 소장경(少腸經)에 이어 정명혈(睛明穴)에서 시작하여 등을 거쳐 새끼발가락의 지음혈(至陰穴)에까지 이어지는데, 한쪽에 67개씩 모두 134개

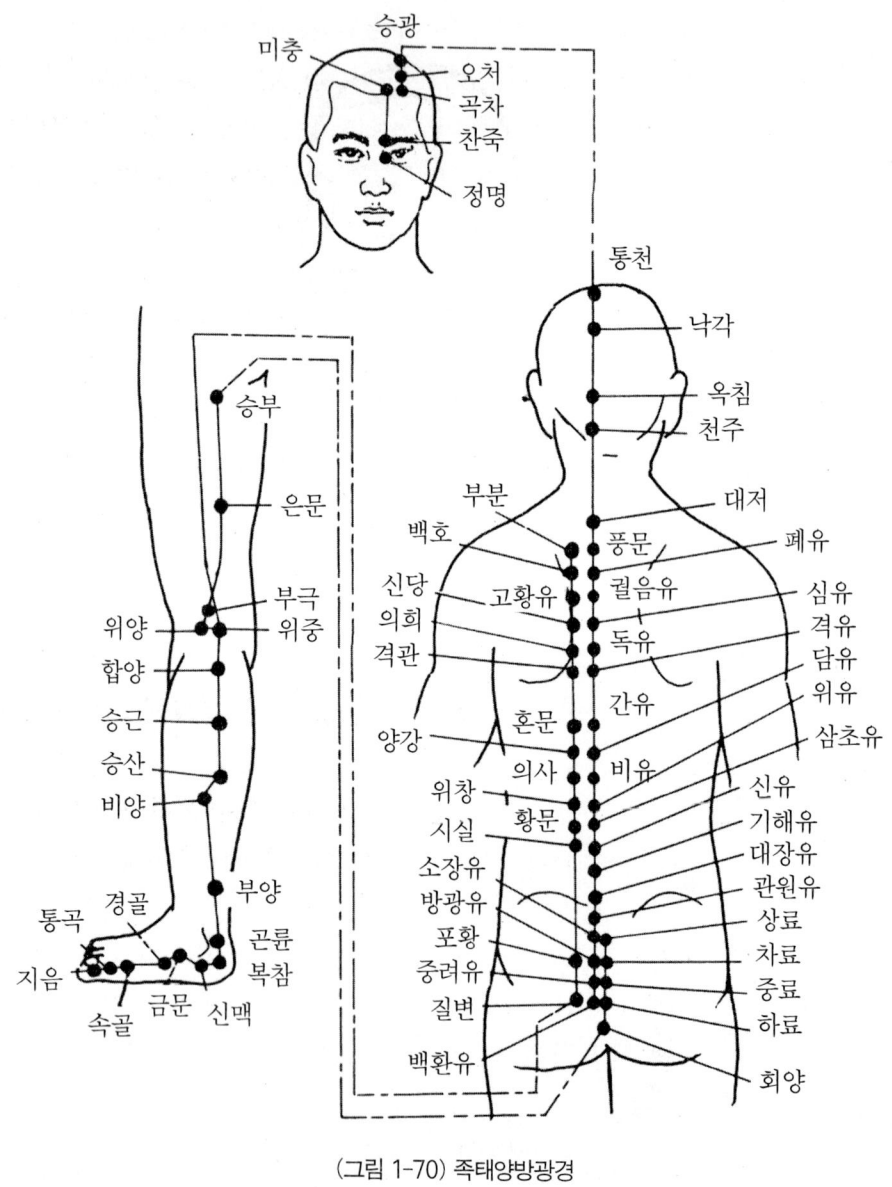

(그림 1-70) 족태양방광경

의 혈이 있어 모든 경락 중에서 가장 길다.(그림 1-70)

① 방광경(膀胱經)의 순행

정명(睛明) - 찬죽(攢竹) - 미충(眉衝) - 곡차(曲差) - 오처(五處) - 승광(承光) - 통천(通天) - 낙각(絡却) - 옥침(玉枕) - 천주(天柱) - 대저(大杼) - 풍문(風門) - 폐유(肺兪) - 궐음유(厥陰兪) - 심유(心兪) - 독유(督兪) - 격유(膈兪) - 간유(肝兪) - 담유(膽兪) - 비유(脾兪) - 위유(胃兪) - 삼초유(三焦兪) - 신유(腎兪) - 기해유(氣海兪) - 대장유(大腸兪) - 관원유(關元兪) - 소장유(小腸兪) - 방광유(膀胱兪) - 중려유(中膂兪) - 백환유(白環兪) - 상료(上髎) - 차료(次髎) - 중료(中髎) - 하료(下髎) - 회양(會陽) - 승부(承扶) - 은문(殷門) - 부극(浮郄) - 위양(委陽) - 위중(委中) - 부분(附分) - 백호(魄戶) - 고황(膏肓) - 신당(神堂) - 의희(譩譆) - 격관(膈關) - 혼문(魂門) - 양강(陽綱) - 의사(意舍) - 위창(胃倉) - 황문(肓門) - 지실(志室) - 포황(胞肓) - 질변(秩邊) - 합양(合陽) - 승근(承筋) - 승산(承山) - 비양(飛陽) - 부양(跗陽) - 곤륜(崑崙) - 복참(僕參) - 신맥(申脈) - 금문(金門) - 경골(京骨) - 속골(束骨) - 통곡(通谷) - 지음(至陰)

② 방광경은 새끼발가락의 바깥쪽에서 신경(腎經)과 연결되며 끝난다.

(8) 족소음신경(足少陰腎經)

신경(腎經)은 방광경(膀胱經)에 이어 발바닥의 용천혈(湧泉穴)에서 시작하여 가슴으로 올라가 유부혈(兪府穴)에까지 이르는데, 한쪽에 27혈씩 모두 54개의 혈이 있다.(그림 1-71)

① 신경(腎經)의 순행 경로

용천(湧泉) - 연곡(然谷) - 태계(太谿) - 대종(大鍾) - 수천(水泉) - 조해(照

海) - 복류(復留) - 교신(交信) - 축빈(築賓) - 음곡(陰谷) - 횡골(橫骨) - 대혁(大赫) - 기혈(氣穴) - 사만(四滿) - 중주(中注) - 황유(肓兪) - 상곡(商曲) - 석관(石關) - 음도(陰都) - 통곡(通穀) - 유문(幽門) - 보랑(步廊) - 신봉(神封) - 영허(靈墟) - 신장(神藏) - 혹중(或中) - 유부(兪府)

② 신경은 그 지맥(支脈)이 폐에서 나와 심장으로 이어진다.

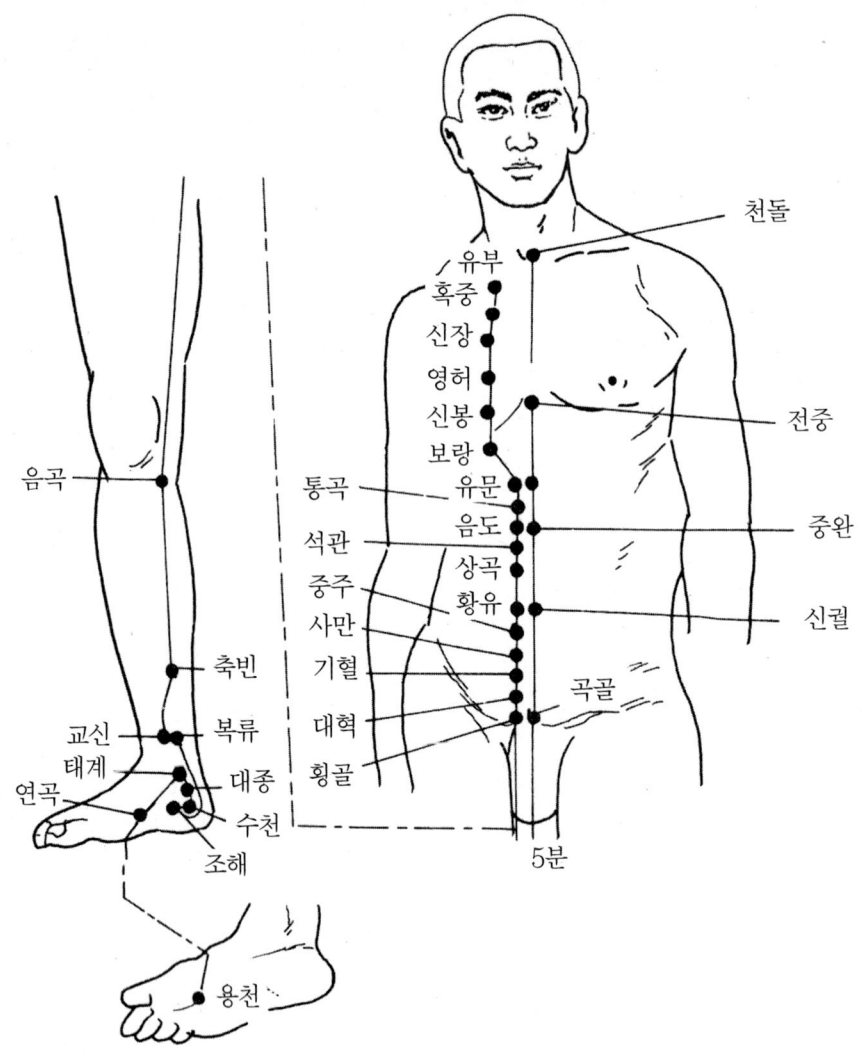

〈그림 1-71〉 족소음신경

(9) 수궐음심포경(手厥陰心包經)

심포경(心包經)은 일명 심주경(心主經)이라고도 하는데, 신경(腎經)에 이어 천지혈(天池穴)에서 시작하여 중지(中指)의 중충혈(中衝穴)에까지 이어지는데, 한 쪽에 9혈씩 모두 18개의 혈이 있다.(그림 1-72)

① 심포경(心包經)의 순행 경로

천지(天池) - 천천(天泉) - 곡택(曲澤) - 극문(郄門) - 간사(間使) - 내관(內關) - 태릉(太陵) - 노궁(勞宮) - 중충(中衝)

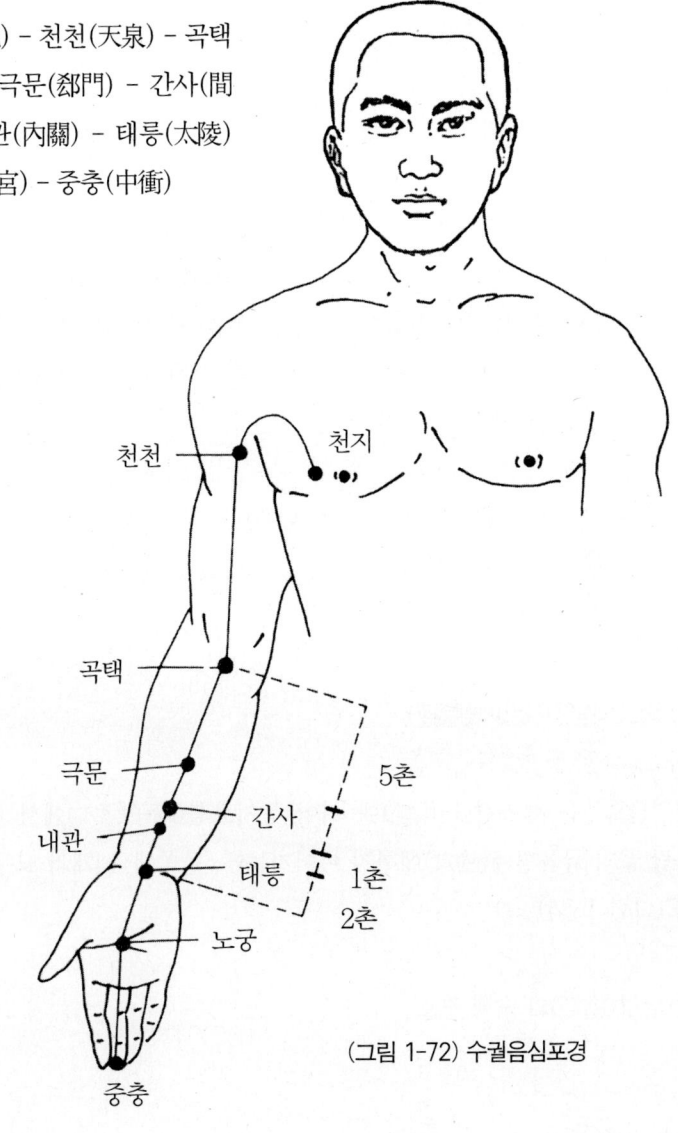

(그림 1-72) 수궐음심포경

② 심포경은 그 지맥(支脈)이 손바닥에서 갈라져 무명지(無名指)를 따라 그 끝으로 나와 삼초경(三焦經)으로 연결된다.

(10) 수소양삼초경(手少陽三焦經)

삼초경(三焦經)은 심포경(心包經)에 이어 무명지(無名指) 끝의 관충혈(關衝穴)에서 시작하여 눈썹 끝의 사죽공혈(絲竹空穴)로 이어지는데, 한쪽에 13개씩 모두 46개 혈이 있다.(그림1-73)

① 삼초경(三焦經)의 순행 경로

관충(關衝) - 액문(液門) - 중저(中渚) - 양지(陽池) - 외관(外關) - 지구(支溝) - 회종(會宗) - 삼양락(三陽絡) - 사독(四瀆) - 천정(天井) - 청냉연(淸冷淵) - 소락(消濼) - 노회(臑會) - 견료(肩髎) - 천료(天髎) - 천유(天牖) - 예풍(翳風) - 계맥(瘈脈) - 노식(顱息) - 각손(角孫) - 이문(耳門) - 화료(和髎) - 사죽공(絲竹空)

② 삼초경은 그 지맥(支脈)이 귀의 앞부분으로 나온 다음 뺨을 거쳐 눈초리 끝에 이르러 담경(膽經)으로 이어진다.

(11) 족소양담경(足少陽膽經)

담경(膽經)은 삼초경(三焦經)에 이어 동자료혈(瞳子髎穴)에서 시작하여 넷째 발가락 끝의 규음혈(竅陰穴)에까지 이어지는데, 한쪽에 44개씩 모두 88개의 혈이 있다.(그림 1-74)

① 담경(膽經)의 순행 경로

동자료(瞳子髎) - 청회(聽會) - 상관(上關) - 함염(頷厭) - 현로(懸顱) - 현리(懸釐) - 곡빈(曲鬢) - 솔곡(率谷) - 천충(天衝) - 부백(浮白) - 규음(竅陰) - 완골(完骨) - 본신(本神) - 양백(陽白) - 임읍(臨泣) - 목창(目窓) - 정영(正營) - 승령(承靈) - 뇌공(腦空) - 풍지(風池) - 견정(肩井) - 연액(淵液) - 첩근(輒筋) - 일원(日月) - 경문(京門) - 대맥(帶脈) - 오추(五樞) - 유도(維道) - 거료(巨髎) - 환도(環跳) - 풍시(風市) - 중독(中瀆) - 양관(陽關) - 양릉천

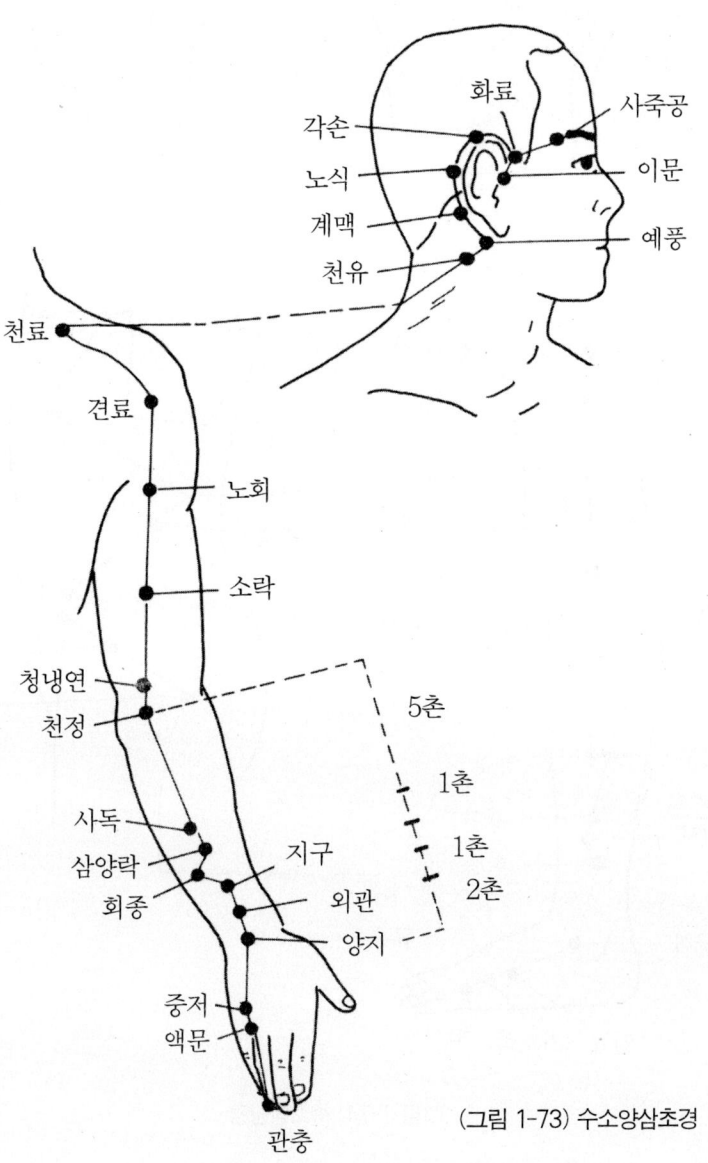

〈그림 1-73〉 수소양삼초경

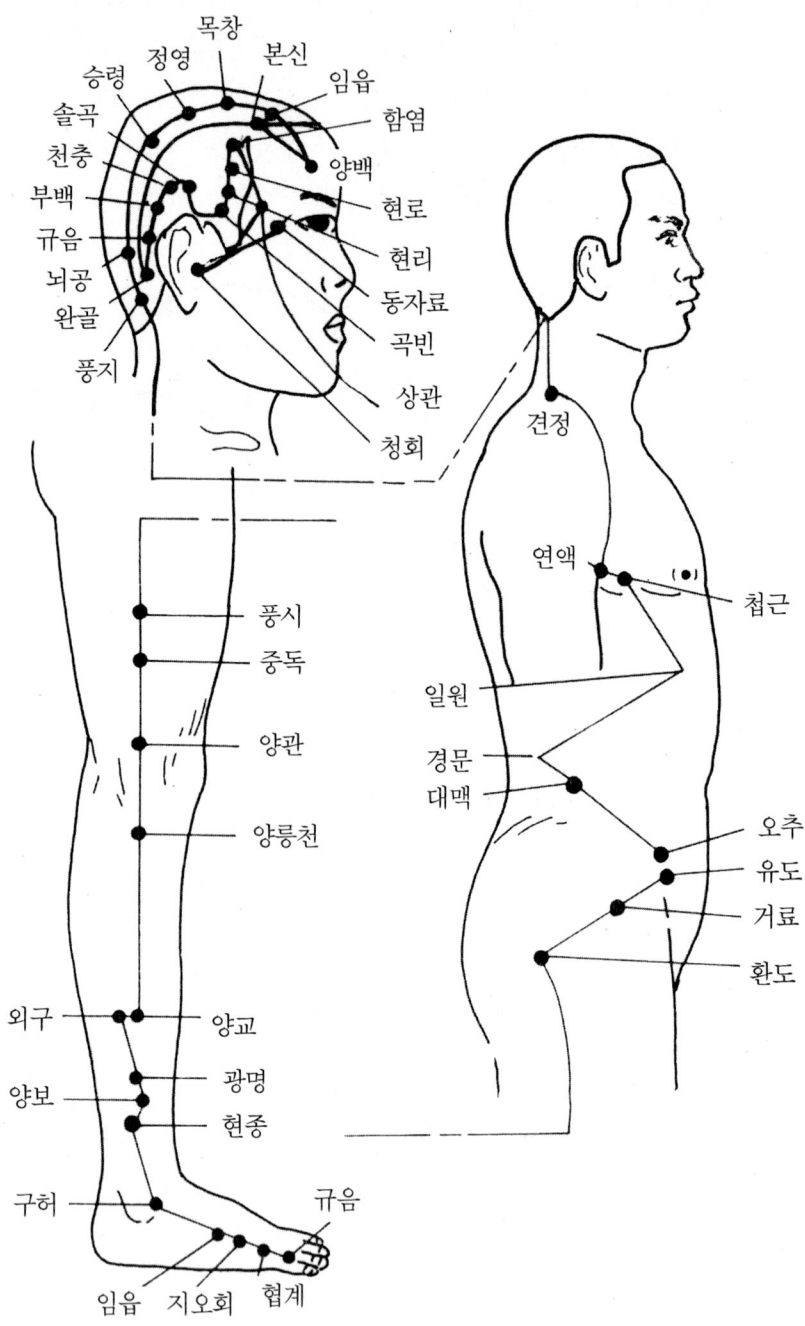

(그림 1-74) 족소양담경

(陽陵泉) - 양교(陽交) - 외구(外丘) - 광명(光明) - 양보(陽輔) - 현종(懸鐘) - 구허(丘墟) - 입읍(臨泣) - 지오회(地五會) - 협계(俠谿) - 규음(竅陰)

② 담경은 그 지맥이 발등에서 갈라져 엄지발가락으로 들어가 발톱을 관통하여 간경(肝經)으로 이어진다.

(12) 족궐음간경(足厥陰肝經)

간경(肝經)은 담경(足少陽膽經)에서 이어져 태돈혈(太敦穴)에서 시작하여 갈비

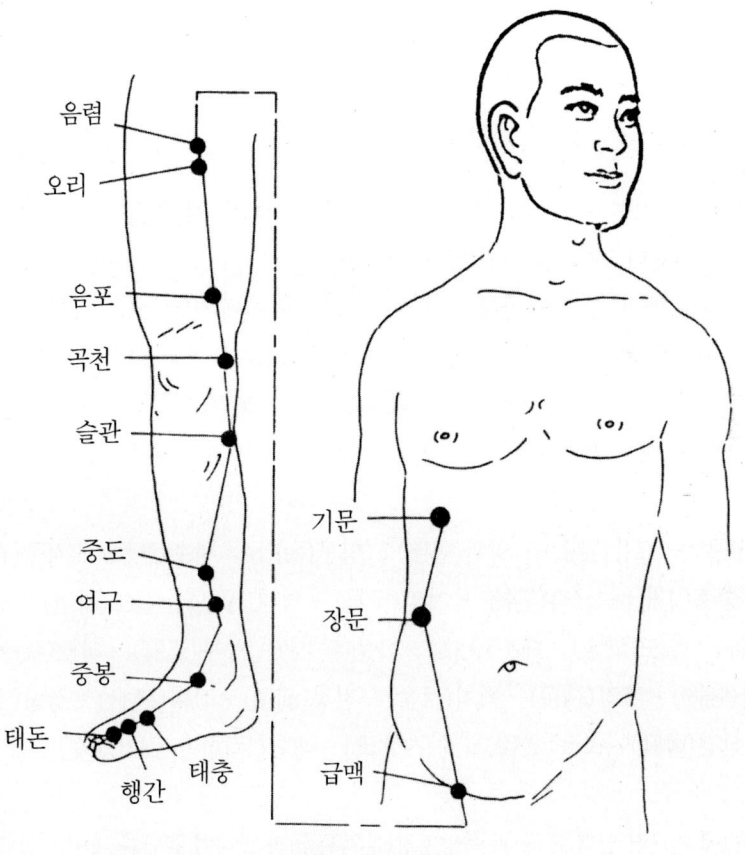

(그림 1-75) 족궐음간경

뼈 끝에 있는 기문혈(期門穴)로 이어지는데, 한쪽에 14개의 혈(穴)이 있어 양쪽을 합하여 모두 28개의 혈이 있다.(그림 1-75)

① 간경(肝經)의 순행 경로

태돈(太敦) - 행간(行間) - 태충(太衝) - 중봉(中封) - 여구(蠡溝) - 중도(中都) - 슬관(膝關) - 곡천(曲泉) - 음포(陰包) - 오리(五里) - 음렴(陰廉) - 급맥(急脈) - 장문(章門) - 기문(期門)

② 간경은 그 지맥(支脈)이 간(肝)에서 갈라져 횡격막을 뚫고 폐경(肺經)으로 이어진다.

(13) 독맥(督脈)

독맥(督脈)은 꼬리뼈 아래에서 시작하여 머리 정수리의 백회혈(百會穴)을 지나 윗입술 속에서 끝난다. 모두 28개의 혈(穴)이 있다.
　이 맥은 신(腎)에서 일어나 아래로 내려가 회음(會陰)에 이르는데, 남자는 경(莖)을 돌아 회음(會陰)으로 내려가고, 여자는 음기(陰器)를 돌아 회음(會陰)으로 모여 척추를 관통하여 장강혈(長强穴)에 이른다.(그림 1-76)
　≪기경팔맥고(奇經八脈考)≫에 의거 독맥의 순행 경로를 요약하면 다음과 같다.

장강(長强) - 요유(腰兪) - 양관(陽關) - 명문(命門) - 현추(懸樞) - 척중(脊中) - 숭추(中樞) - 근축(筋縮) - 지양(至陽) - 영대(靈臺) - 신도(神道) - 신주(身柱) - 도도(陶道) - 대추(大椎) - 아문(瘂門) - 풍부(風府) - 뇌호(腦戶) - 강간(强間) - 후정(後頂) - 백회(百會) - 전정(前頂) - 신회(顖會) - 상성(上星) - 신정(神庭) - 소료(素髎) - 수구(水溝) - 태단(兌端) - 은교(齦交)

은교(齦交)에 이르러 임맥(任脈)과 족양명경(足陽明經)과 만나며 끝난다.

(14) 임맥(任脈)

　임맥(任脈)은 회음혈(會陰穴)에서 시작하여 배 한가운데를 가르는 선을 따라 올라가 승장혈(承漿穴)에 이르는데, 모두 24개의 혈(穴)이 있다.(그림 1-77)
　≪소문(素問)≫ 골공론(骨空論)에 의거 임맥의 순행 경로를 요약하면 다음과 같다.

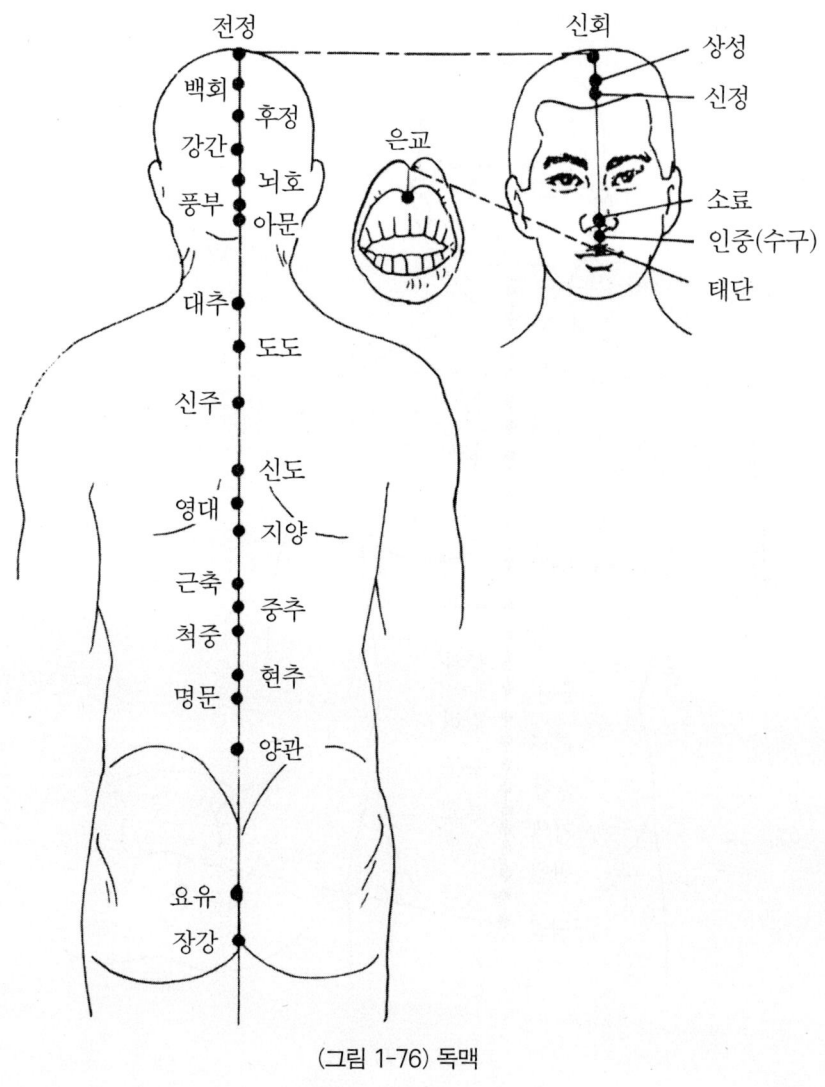

(그림 1-76) 독맥

회음(會陰) - 곡골(曲骨) - 중극(中極) - 관원(關元) - 석문(石門) - 기해(氣海) - 음교(陰交) - 신궐(神闕) - 수분(水分) - 하완(下腕) - 건리(建里) - 중완(中腕) - 상완(上腕) - 거궐(巨厥) - 구미(鳩尾) - 중정(中庭) - 전중(膻中) - 옥당(玉堂) - 자궁(紫宮) - 화개(華蓋) - 선기(璇璣) - 천돌(天突) - 염천(廉泉) - 승장(承漿)

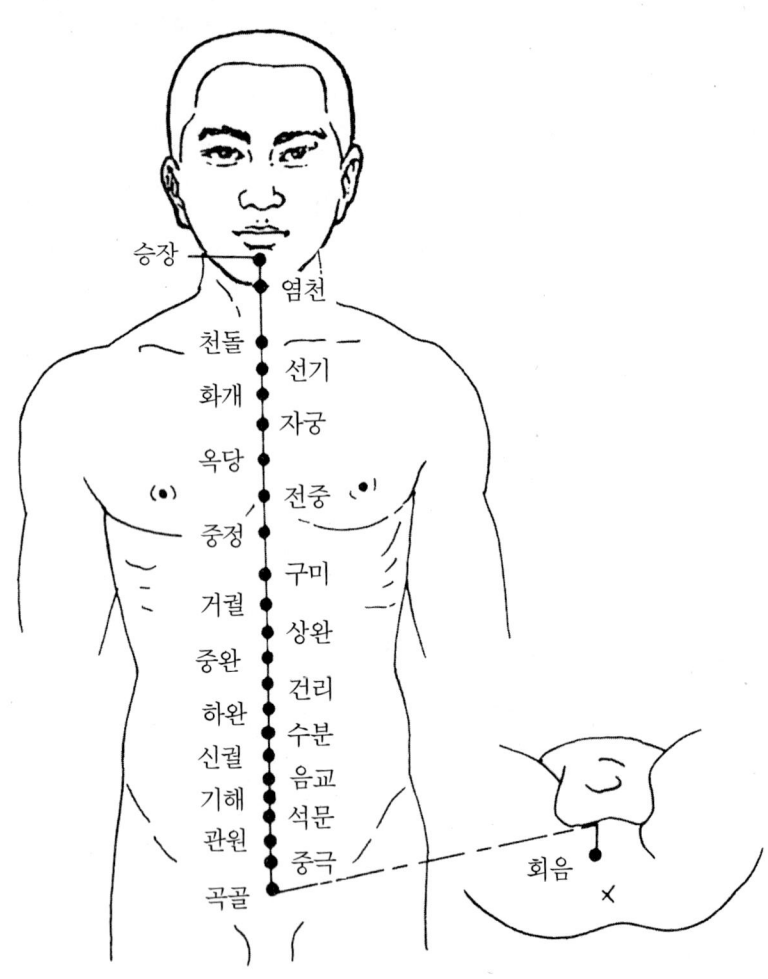

〈그림 1-77〉 임맥

제 2 절 태극권 내기(內氣)의 수련 방법

1. 무극도(無極圖)와 태극도(太極圖) (그림 1-78, 1-79)

　무극(無極)은 정해진 것이 아무 것도 없는 태초의 고요한 상태이다.[240] 태극권을 연마함에 있어 이 무극(無極)의 의미를 되새기는 뜻은 이러하다.
　권(拳)을 쓰는 마당에 등장하여, 단정하고 공손하게 서서 시선을 모으고 숨을 고르며, 두 손은 자연스럽게 아래로 늘어뜨리고, 몸은 단정하게 세우며, 두 다리는 동일선상에 나란히 세우고, 발끝은 약간 바깥쪽으로 벌리고, 마음속에는 아무 것도 두는 바가 없고, 어떤 것도 생각하는 바가 없으면 바로 '태극혼목(太極渾穆)'의 형상이 된다는 것이다.

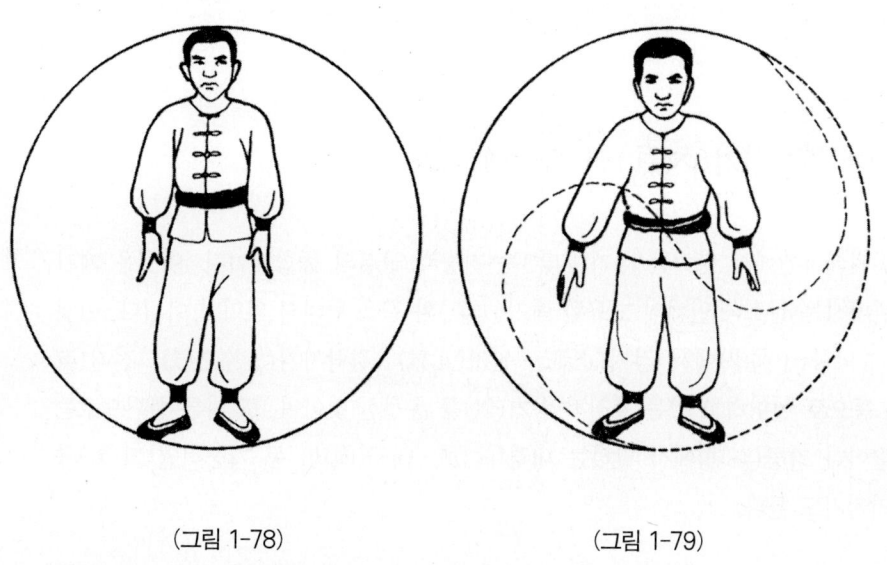

(그림 1-78)　　　　　(그림 1-79)

---

240) 원저(原著)에서는 이를 태극혼목(太極渾穆)의 상태라 표현하였음.

태극(太極)은 무극(無極)에서 생겨난다. 그때의 태극에는 형태도 없고 소리도 없다. 다만 태초의 조짐만이 그 안에 감추어져 있을 뿐이다. 마치 큰 과일의 씨가 그 생명의 조짐〔生機: 생기〕이 생겨서 움직일 듯 말 듯한 때와 같다. 그 생기(生機)가 충족되어지면 껍질을 깨고 나오게 된다. 이 시기에는 비록 음양이 나누어지지 않았으나, 분리의 기미가 실제로 움직여 곧 나뉘게 되면, 청기(淸氣)는 상승하여 하늘〔天〕(陽氣: 양기)이 되고 탁기(濁氣)는 하강하여 땅〔地〕(陰氣: 음기)이 된다. 그러나 이때는 청기(淸氣)가 아직 상승하지 않고 탁기(濁氣)가 아직 하강하지 않았기 때문에 이것을 일러 태극(太極)이라고 부른다.

이것은 태극권을 시작하기 전, 수족(手足)은 아직 움직이지 않고 있으나 단정하며 공손한 상태에서 그 음양(陰陽) 개합(開合)의 조짐과 소식영허(消息盈虛)[241]의 술수가 이미 심중에 정비되어 있음을 비유하여 하는 말이다.

이때는 정신이 하나로 모여 정(靜)의 상태로 집중하고 있으면서 음양개합(陰陽開合)하고 소식영허(消息盈虛)하는 움직임이 아직 형체를 드러내지 않는 상태인데, 그것을 일러 태극(太極)이라고 한다. 이 말의 의미는 태극권을 배우는 사람들이 처음 권(拳)의 장(場)에 들어설 때는 마음을 비워 잡념을 없애고 심기(心氣)가 평정(平靜)된 상태에서 동작을 기다려야 비로소 참다운 권(拳)을 배울 수 있다는 뜻이다.

2. 태극권 내기(內氣)의 개술(槪述)

진씨태극권에서 말하는 내기(內氣)는 기능과 물질의 종합체이다. 이것은 폐가 들이마시는 산소나 인체의 고유한 력기(力氣)와 같은 협의의 의미가 아니다. 이것은 중의학(中醫學)에서 정기(正氣)·원기(元氣)·경락지기(經絡之氣)·진기(眞氣) 등으로 설명하고 있는 물질적인 기(氣)를 총괄한 것이며, 또 다른 한편으로는 무술이나 기공(氣功)에서 말하는 내경(內勁)·내공(內功) 등 기능적인 기(氣)를 가리키기도 한다.

---

241) 없다가도 생기고 차고 나면 기우는 자연의 순환원리를 일컫는 말.

따라서 진씨태극권에서 말하는 태극 내기(內氣)는 이 두 가지 성격이 결합되어 상호 촉진하고 보완하는 작용을 하며 조성되는 기(氣)라고 할 수 있다.

진씨태극권을 수련함에 있어 언제나 유념해야 할 중요한 사항은 의념(意念)·동작(動作)·호흡(呼吸)이라는 세 가지 요소가 긴밀하게 배합되어야 한다는 점이다.

의념(意念)은 연권(練拳)의 핵심적인 사항으로 수련 중에는 의념이 동작 속으로 유입될 수 있도록 정신을 집중해야 하며, 이와 동시에 호흡이 가식(架式)의 동작 흐름과 자연스럽게 조화되도록 훈련해야 한다.

이 세 가지 요소가 완벽하게 조화를 이루며 운행될 때, 허실개합(虛實開合), 나선전사(螺旋纏絲), 절절관관(節節貫串) 등과 같은 태극권의 특수한 운동방식이 원만하고 자연스럽게 이루어지고, 이러한 수련이 쌓이고 쌓이면 태극권 내기(內氣)가 자연적으로 충만해지게 된다.

내기가 충실해지면 질병에 대한 면역력이 생길 뿐만 아니라, 상대를 제어하거나 상대를 공격하고 자신의 몸을 방어하는 생리적인 효과를 얻을 수 있게 된다.

3. 태극권 내기(內氣)의 수련 방법

태극권 내기(內氣)의 수련은 일반적으로 다음과 같이 세 단계를 거치며 단련하게 된다. 각 단계별로 단련의 목표와 방법을 충분히 숙지하고 수행을 계속해 나가면 내기(內氣)가 충만해져 일기관통(一氣貫通)의 단계에 도달할 수 있다.

이 세 단계는 수련자 자신이 열심히 연습하고 세심하게 체득하는 것도 중요하지만, 반드시 지도자의 지도를 받아 몸이 구부러지거나 곧추 세우게 되는 등의 결함이나 나쁜 습관이 몸에 배지 않도록 미리 방비를 하는 것도 난관을 극복하고 성공할 수 있도록 하는 지름길이 될 것이다.

《제1단계》

이 단계의 연습 목적은 주로 투로(套路)의 숙련과 가식(架式)의 교정에 있다.

먼저 마음을 맑게 하여 연습에 영향을 미치는 여러 요인들을 제거하고 정신을 하나로 집중해야 한다. 그러한 상태가 이루어지면, 권보(拳譜)에서 요구하는 대로 연공(練功)에 들어간다.

먼저 입신중정(立身中正)을 이루어야 한다. 입신중정이 유지되는 가운데 허령정경(虛領頂勁), 침주송견(沈肘鬆肩), 함흉탑요(含胸塌腰), 굴슬원당(屈膝圓襠) 등의 자세와 동작이 병행되어야 하는데, 이 때 머리·손·몸통·다리·발 등 신체의 각 부위에 대하여 유의해야 할 사항을 철저히 지켜야 하고, 투로를 진행할 때는 가식(架式)의 일초일세(一招一勢)를 충분히 숙달하여 중간에 동작이 끊어지지 않도록 하는 것이 좋다.

초조해 하거나 긴장된 상태를 없애고 차근차근 천천히 하도록 하며, 절대 조급하게 이루려고 하는 마음을 가져서는 안 된다.

노가 일로(老架一路)의 경우, 매일 5~10번을 반복하여 연습하는데, 약 6개월에서 1년의 시간이 되면 투로를 익숙하게 할 수 있다.

숙련의 정도가 향상됨에 따라 점차 체내에 내기(內氣)가 고탕(鼓蕩)[242]하는 것이 느껴지고 때때로 기(氣)가 이르는 곳에서 시리거나 저린 느낌이 들거나 무거운 중량감을 느끼거나 붓는 듯한 느낌을 받기도 한다(이러한 감각은 신체의 특정 부위에서 자주 나타나는데 특히 손가락에서 이런 감각을 쉽게 느낄 수 있다).

이 단계에서 훈련하는 태극권 가식(架式)의 모든 초식(招式)에는 아직까지 경(勁)이 형성되어 있지 않기 때문에 투로가 원만하게 진행되지 못하는 결함이 있을 수밖에 없다.

따라서 이 단계에서는 가식의 기본 틀을 갖추는 데에 진력해야 한다.

《제 2단계》

제 1단계를 1년 정도 수련하게 되면 어느 정도 기초가 쌓이게 되어 제 2단계 수련을 시작할 수 있게 된다. 1단계 과정을 성실하게 수련한 사람은 이 단계에서부터 차츰 임맥(任脈)과 독맥(督脈)이 열리기 시작하며 그것을 따라 십이경맥(十二經脈)도 연이어 통하게 된다.

제 2단계 수련의 중점이 되는 것은 허실개합(虛實開合)과 전사경(纏絲勁)을 체

---

242) 전신으로 퍼지거나 부풀어 움직이는 것과 같은 느낌.

득하는 것이다. 물론 이것은 제 1단계의 수련이 만족한 수준에 이르렀다는 전제하에서 감각적인 검증이 가능하다.

개합(開合)의 연습은 내기(內氣)가 고탕(鼓蕩)하고 내기를 조절할 수 있는 기초가 이루어져 있어야 효과적으로 할 수 있다. 그렇지 못하면 태극권의 음양(陰陽) 이기(二氣)가 대립하면서도 통일되어 가는 활동 형식을 이해하기가 어렵다.

개합(開合)은 내합(內合)과 외합(外合)으로 나누어진다.

외합(外合)은 손과 발이 상합(相合)하고, 팔꿈치와 무릎이 상합하고, 어깨와 고관절이 상합하는 것이 그 첫 번째이고, 왼손과 오른발이 상합하고, 왼쪽 팔꿈치와 오른쪽 무릎이 상합하고, 또한 오른손과 왼발이 상합하고, 오른쪽 팔꿈치와 왼쪽 무릎이 상합하는 것이 그 두 번째이며, 손과 몸이 상합하고, 손과 머리가 상합하고, 몸과 걸음이 상합하는 것이 그 세 번째이다.

내합(內合)은 근(筋)과 뼈[骨]가 상합하고, 기(氣)와 력(力)이 상합하고, 심(心)과 의(意)가 상합하고, 간(肝)과 근(筋)이 상합하고, 지라(脾)와 살[肉]이 상합하고, 폐와 신체의 외피(皮毛)가 상합하고, 신(腎)과 뼈[骨]가 상합하는 것이다.

심의(心意)가 하나로 합(合)하여지면 전신이 하나로 합(合)하여지고, 심의(心意)가 일단 열리면 내외(內外)가 모두 열리게 된다. 동시에 개(開)하는 중에 합(合)이 있고, 합(合)하는 중에 개(開)가 있는 것이다.[243] 그러므로 일개일합(一開一合)에 음양이기(陰陽二氣)가 번갈아 가며 서로 이어가게 되는 것이다. 이것이 바로 "음(陰) 중(中)에 양(陽)이 있고, 양(陽) 중(中)에 음(陰)이 있어서 음(陰)이 양(陽)의 도움을 받으면 그 생화(生化)[244]가 무궁하며, 양(陽)이 음(陰)의 도움을 받으면 화원(化源)[245]이 마르지 않는다."는 것이다.

진씨태극권의 전사경(纏絲勁)은 다른 권술의 운동 형식과 구별되는 독특한 부분이다. 전사경의 연습이 잘되고 못되고는 태극권 내경(內勁)의 주(走)·화(化)·점(粘)·발(發)의 질(質)과 양(量)이 어느 정도인가에 달려 있다.

전사경은 그 독특한 나선전요(螺旋纏繞)의 운동형식으로 청기(淸氣)를 상승시키고 탁기(濁氣)를 하강시켜서 내기(內氣)가 여러 경맥(經脈)으로 통하여 운행되도록 한다.

---

243) 開中寓合, 合中寓開(개중우합, 합중우개).
244) 생성(生成)과 변화(變化).
245) 변화(變化)의 근원(根源).

≪태극권론(太極拳論)≫에서는 이렇게 말하고 있다.

"전사경(纏絲勁)은 그 발원을 신(腎)에 두고 있고, 어느 곳에도 전사경으로 운행되지 않는 곳이 없으며, 잠시라도 전사경으로 운행되지 않는 때가 없다."

배우는 사람은 이 점을 명심하고 전사경의 연습방법과 그 운동의 특징을 확실하게 파악해야 한다.

전사경이 제대로 이루어지도록 하려면, 먼저 침주송견(沈肘鬆肩)·함흉탑요(含胸塌腰)·개관굴슬(開髖屈膝)하는 신체 조건을 갖추어야 하며, 모든 동작이 허리를 축(軸)으로 하여 일동전동(一動全動)해야 한다.

장심(掌心)은 안팎으로 뒤집으며 돌리고, 손은 바깥쪽을 오가며 돌리고, 허리로 어깨를, 어깨로 팔꿈치를, 팔꿈치로 손의 움직임을 이끌어나가도록 해야 한다.[246]

전신의 동작을 운행함에 있어 상지(上肢)는 팔과 어깨를 선전(旋轉)하여 표현하고, 하지(下肢)는 샅과 다리를 선전(旋轉)하여 표현하며, 몸통은 허리와 척추를 선전(旋轉)하여 표현한다. 이 세 부분의 동작이 하나로 조화를 이루기 위해서는 그 동작의 뿌리를 다리에 두고, 허리가 주재(主宰)하여, 손에서 공간 곡선으로 표현되도록[247] 각부문의 기능이 형성되어야 한다.

만약 연습할 때 불편하거나 적절하지 못한 감각이 느껴지는 부분이 있으면, 전사경의 경(勁)을 운용하는 방향에 따라 신체의 중심을 조정하여 신체의 모든 부분에서 경(勁)의 운행이 순조롭게 이루어지도록 한다.

(그림 1-80)에서 (그림 1-82)까지의 모양은 손과 다리에 있어서 전사경의 운행 노선을 보여주는 것이다.

두 다리의 경(勁)은 모두 발끝에서 시작하여 상전(上纏)하면서 복사뼈와 무릎을 지나 대퇴근(大腿根) 부위로 상행(上行)하여 곧장 당부(襠部)의 안쪽 임맥(任脈)의 회음혈(會陰穴)에 이르게 된다.

다리를 움직이며 발꿈치로 땅을 밟으면 점차 발끝으로 경(勁)이 움직여 태음비경(太陰脾經)의 은백혈(隱白穴)에 이르게 된다(엄지발가락의 맨 끝 부분). 또한 발바닥으로의 기혈 소통이 충실해지면 발 중심에 있는 족소음신경(足少陰腎經)의 용천혈(湧泉穴)로도 경(勁)이 이르게 된다.(그림 1-80)

---

246) 掌心內外翻轉, 手往外轉, 以腰催肩, 以肩催肘, 以肘催手(장심내외번전, 수왕외전, 이요최견, 이견최주, 이주최수).
247) 其根在脚, 主宰于腰, 行于手指的空間曲線(기근재각, 주재우요, 행우수지적공간곡선).

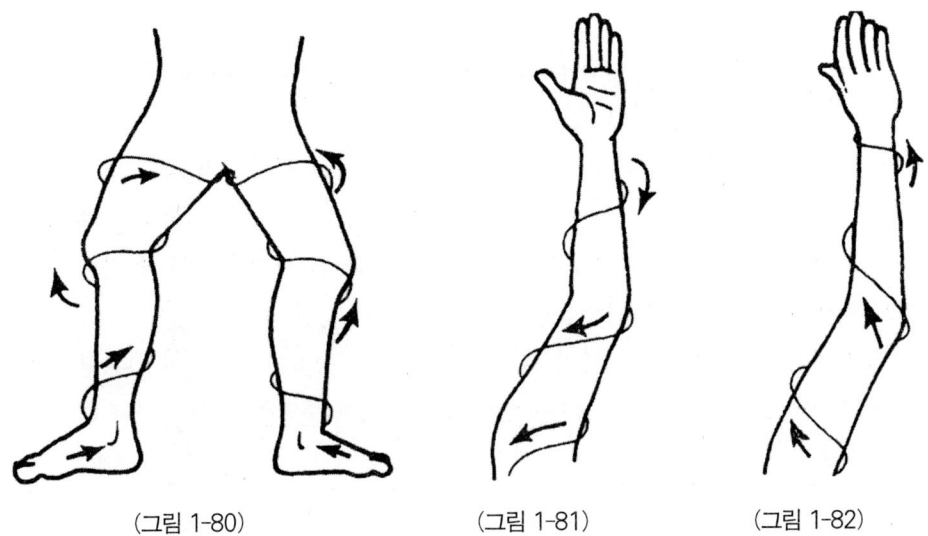

(그림 1-80)　　　　(그림 1-81)　　　　(그림 1-82)

손가락에서부터 어깨로 전사(纏絲)하여 오르는 것을 도전법(倒纏法)이라 한다. 이 방법은 내경(內勁)을 손가락에서부터 팔꿈치와 어깨로 거두는 것이다. (그림 1-81)

이와는 반대로 손과 팔 부위의 전사경(纏絲勁)으로 마음[心]에서부터 출발하여 어깨와 팔꿈치를 지나 손가락에 이르는 것을 순전법(順纏法)이라 한다. 이것은 내경(內勁)이 뼈에서 피부로, 어깨에서 손가락으로, 팔에서 손가락 끝으로 가는 것이다. (그림 1-80)

그림에서 화살표 방향은 전사경(纏絲勁)의 운행 방향이다. 전사경의 경로는 역학(力學)이론상의 나선운동(螺旋運動)의 원리를 채용하여 곡률반경(曲率半徑)이 변화하는 것을 이용한 것이다. 외부에서 어떤 강제적인 힘이나 압력이 이 나선운동을 하는 반경(半徑)면에 닿게 되면, 어떠한 힘이나 압력이라 할지라도 모두 자연스럽게 그 성질을 변화시킬 수 있다.

이와 같이 전사경은 자연스럽게 힘을 변화시키는 방식이라고 말할 수 있으며, 따라서 상대를 인진낙공(引進落空)할 수 있는 수법을 익히기 위해서는 반드시 전사경을 터득하여야 하는 것이다.

전사경(纏絲勁)을 연습할 때는 먼저 붕경(掤勁)과 리경(攦勁)의 수법을 이해함으로써 순전사경(順纏絲勁)과 역전사경(逆纏絲勁)의 의미를 깨쳐야 한다. 이 순역(順逆)의 전사경은 투로 중의 '운수(雲手)' 동작을 연습함으로써 쉽게 터득할 수 있다.

  이 두 가지의 순역(順逆) 전사경(纏絲勁)은 각기 다른 별개의 운동형식처럼 보이나, 진씨태극권의 모든 가식(架式)에서 이 두 가지 전사경을 구사하지 아니하고 행할 수 있는 수법은 처음부터 끝까지 하나도 없다. 태극권의 모든 가식은 그 경(勁)의 크기와 방향 등 그것을 사용하는 방법에는 차이가 있으나 순역전사(順逆纏絲)하는 경(勁)을 떠나서는 존재할 수 없는 것이다. 따라서 진씨태극권의 매 가식(架式)은 최소한 두 개 이상의 전사경으로 구성되어 있다고 할 수 있다.

  전사경을 연습할 때 항상 유념해야 할 것은, 운행하는 동작이 직선적이거나 평면적으로 되거나 요철(凹凸)을 만들어서는 안 된다는 점을 주의해야 하며, 하나 하나 투로의 고리를 연결해 나감에 있어, 개합허실(開合虛實)과 절절관관(節節貫串)의 기본 틀을 유지한다는 전제하에서 진행하도록 해야 한다. 이렇게 해야 비로소 태극권의 기초를 두텁게 할 수 있으며, 내기고탕(內氣鼓蕩)하여 경(勁)의 순환(循環)을 자연스럽게 운행(運行)할 수 있게 된다.

《제 3단계》

  앞의 두 단계의 수련 과정을 거치며 투로(套路)와 가식(架式)에 대하여 숙달되고 전사경(纏絲勁)과 개합(開合)의 운동 원리를 터득하고 나면 이미 기초가 확립된 상태라 할 수 있다.

  제 3단계의 과정에서 수련의 중심이 되는 핵심사항은 '의(意)'라고 하는 개념이다.

  《태극권론(太極拳論)》에서는 이와 관련하여 다음과 같이 이르고 있다.

  "의(意)로써 기(氣)를 움직이고, 기(氣)로써 몸을 움직인다."[248]

  "몸의 뜻〔意〕은 신(神)에 있는 것이지, 기(氣)에 있는 것이 아니다. 기(氣)에 있게 되면 막히게 된다."[249]

  '의(意)'에 관한 해석으로 《영추(靈樞)》 본신편(本神篇)에 이르기를,

  "마음〔心〕에서 기억하는 것이 있으니, 그것을 의(意)라고 한다."

  명대(明代) 의학자 장경악(張景岳)은 이에 한 걸음 더 나아가 《유경(類經)》이라는 책에서 이렇게 해석하고 있다.

---

248) 以意行氣, 以氣運身(이의행기, 이기운신).
249) 全身意在神, 不在氣, 在氣則滯(전신의재신, 부재기, 재기즉체).

"마음[心]에 두고 있는 것이 있으나 움직이는 바가 없으면 그것을 의(意)라고 한다."

≪갑을경(甲乙經)≫ 정신오장론(精神五臟論)에서도 이르고 있다.

"생각[思]은 비(脾)에서 생겨서 마음[心]에서 이루어지는데 이것을 의(意)라고 한다."

이러한 내용들을 총괄적으로 요약하면, 의념(意念)의 생산은 마음[心]에서 신명(神明)이 이끄는 바에 따라 진행되는 정신 의식의 사유(思惟) 활동이라고 할 수 있다.

그러므로 이 단계에서 이루어지는 수련의 주요 목적은 정신 의식의 사유(思惟) 활동과 투로(套路) 가식(架式)을 밀접하게 배합하여 진정으로 "형(形)이 의(意)의 안[內]에 있고, 의(意)가 형(形)을 행하는 중(中)에 있도록"[250] 하여 동작과 내기(內氣)가 합일(合一)되도록 하는 것이다.

따라서 의(意)가 움직이지 않으면 내기(內氣)가 움직이지 않고, 외형(外形) 역시 움직이지 않는 상태로 있게 된다. 의(意)가 움직이려 하면 내기(內氣)가 움직이고 외형도 그것을 따라 움직이게 된다.

정(靜)하면 마음에 생각하는 바가 없는 것이고, 따라서 의(意)로써 하고자 하는 바 욕구가 없게 되니, 형(形)은 오로지 정(靜)한 상태로 있게 되어, 그 고요함[靜]이 마치 산과 같다 하는 것이다.

동(動)하면 의(意)가 움직이고 내기(內氣)가 고탕(鼓蕩)하여 움직이니, 그 형(形)이 마치 번개와 같다 하는 것이다.

이 단계를 수련하는 사람들은 체내에 내기(內氣)가 고탕(鼓蕩)하면 연권(練拳)할 때 기(氣)가 이르는 곳에서 스스로 시리거나, 붓거나, 열이 나거나, 무겁다는 느낌을 받을 수 있다.

투로(套路)와 가식(架式)을 연습하면서 신체적으로 혹은 정신적으로 불편하거나 적절하지 못하다고 느끼는 경우가 자주 있게 된다.

만약 자세가 자꾸 비틀어지고 운경(運勁)이 순조롭지 않다고 느낀다면, 수련의 수준이 전보다 떨어졌다고 생각할 수 있으며, 발경(發勁) 할 때 '호호' 하는 바람 소리만 나고, 진각(震脚) 할 때 '쿵쿵' 하는 발소리만 난다고 생각하거나, 추수(推

---

250) 形在意之內, 意在形之中 (형재의지내, 의재형지중).

手)를 할 때 손이 순조롭게 움직이지 않는다고 느끼게 되는 때도 있는데, 이러한 때는 그것이 마치 아직까지 비법을 터득하지 못한 때문이라고 생각할 수도 있을 것이다.

어떤 사람들은 이 단계를 수련하면서 기(氣)가 아래로 내려가 가라앉지 않아서 가슴이 답답하고 더부룩하여 밥을 제대로 넘기지 못하는 등의 현상이 나타나기도 하는데, ≪태극권론(太極拳論)≫에서는 이것을 일러 '횡기전흉(橫氣塡胸)'이라 하였다. 이것은 기(氣)의 소통이 원활하지 못하여 몸을 움직이기가 힘들어지거나, 난잡한 기나 탁기(濁氣)가 위로 올라가 머리가 어지럽고 가슴이 답답해지는 느낌을 받게 되는 것이다.

이러한 현상이 나타날 때는 조급해 하거나 낙담하지 말고, 태극권을 가르치는 지도자에게 교정을 부탁하거나 조언을 받도록 하는 것이 좋으며, 그 문제점의 원인을 없애고 나면 대개는 상황이 자연스럽게 호전되거나 폐단이 없어지게 된다.

제 3단계는 태극권 수련의 성공을 판가름하는 관건이 되는 단계이다. 그러면서도 이 단계에서는 실망과 낙심의 정서가 생기기 쉬워 정상적인 수련을 계속 유지할 수 없게 되는 경우도 왕왕 있다.

이 단계에서 이러한 실망의 정서가 나타나게 되는 것은 보통 다음과 같은 두 가지 상황이 발생하는 데에 주로 그 원인이 있다.

첫째는 지도자와 수련자 사이의 신뢰 관계가 원만하지 못할 때이다. 예를 들면, 어느 수련자가 태극권 가식(架式)을 열심히 연마하여 왔음에도 추수(推手)와의 결합이 원만하지 않아 손을 뜻대로 쓸 수가 없을 때에, 그것은 사범이 기술을 숨기고 전수해주지 않는 데에 원인이 있다고 의심을 하게 되는 상황이 생기면, 이로써 쉽게 중간에 수련을 그만두는 경우가 있다.

둘째는 본인의 의지력이 충분하지 못해서 연권(練拳)이 다른 잡다한 일로 방해를 받아 잘못되는 경우이다. 의지력이 부족하고 항심(恒心)이 없으면, 수련자가 스스로 결심을 굳히고 게을러지지 않겠다고 아무리 다짐을 하여도 대개는 다른 일이 생기면 쉽게 결심을 꺾게 마련이다.

이러한 상황을 극복하는 데는 다음과 같은 두 가지 방법 이외에는 다른 방법이 없다.

하나는 굳센 의지와 항심(恒心)을 키워 어떠한 방해 요소가 다가오더라도 이를 물리칠 수 있어야 한다. 이렇게 하기 위해서는 매일 매일 일이 아무리 많고 바빠도 일정한 시간을 내어 연습을 진행하는 습관을 붙이는 것이 중요하다. 더불어 "결심은 전진의 문을 여는 것이고, 굳센 의지는 성공의 어머니이다."라는 점을 명심해야 한다.

다른 하나는 태극권의 동작과 규율을 정확하게 배워 태극권의 참 맛을 터득하고 연권(練拳) 그 자체가 즐거운 일이 되도록 해야 한다. 이렇게 하기 위해서는 신뢰하는 스승의 지도가 필요하다. 자신이 공부하는 학습내용에 대하여 확고한 자신감이 있어야 성취욕이 일어나고 더욱 열심히 수련하게 된다. 그래야 어려운 난관을 이기며 오랜 기간 수련할 수 있고 자연히 높은 경지에 올라 성공의 길로 접어들 수 있다.

이상에서 말한 세 단계의 연습을 거치면 태극권의 투로가 이미 숙련되어 자유자재로 할 수 있게 되고, 동작의 가식(架式)이 호흡과 자연스럽게 배합될 뿐만 아니라, 수련자는 이미 일정한 공력(功力)이 쌓여 내기(內氣)도 이미 기본적으로 여러 경맥(經脈)들을 원활하게 소통하는 단계에 있게 된다.

또한 이때가 되면 본인 스스로 태극권을 수련하면서 나타나는 결점을 교정할 수 있는 능력을 지니게 된다. 그러나 이때에도 내기(內氣)가 충분하게 충족되지 않는다면 여전히 규율에 따라서 동작 하나 하나를 오랫동안 꾸준하게 열심히 연습해야 한다. 이렇게 하면 자연히 이해하게 되고 마음속으로도 깨닫는 바가 있게 되어 이후에는 스승이 없어도 대성할 수 있을 것이다.

제6장
진씨태극권 양생공(養生功)

제 1 절 진씨태극권 양생공(養生功)의 공리(功理)와 특성

1. 진씨태극권 양생공(養生功)의 이치

진씨태극권 양생공(養生功)의 공리(功理)는 진씨태극권 그 자체에 근원을 두고 있다. 그래서 진씨태극권은 신체를 튼튼하게 길러주는 양생(養生)과 질병을 예방하는 보건(保健)의 정화(精華)라 할 수 있다.

양생공(養生功)은 진씨태극권의 특성 가운데 채기(採氣)[251]·집기(集氣)[252]·연기(煉氣)[253]·연의(煉意)[254]의 방법과 같은 독특한 연공법(練功法)을 이용하여 의(意)와 기(氣)와 형(形)과 호흡(呼吸)을 유기적으로 결합할 수 있도록 하였다. 아울러 그 형식에 있어서도 진씨태극권 투로(套路)에서 나오는 고난도의 동작들은 모두 제외하고 단순화함으로써, 득기(得氣)가 빠르고 기감(氣感)을 강하게 느낄 수 있도록 하였다. 그래서 질병을 예방하고 신체를 튼튼하게 하는 효과가 있으며, 또한 배우기 쉽다는 장점을 지니고 있다.

이 공법(功法)에는 편차(偏差)가 없고 부작용이 없으며 고혈압, 관상동맥경화증, 골질(骨質) 증식, 신경쇠약, 위장염 등 만성질병에 비교적 치료 효과가 좋으며, 수련 장소나 시간 등의 제약 조건이 까다롭지 않고 남녀노소 모두에게 적합한 공법이다.

2. 양생공법(養生功法)의 특징

양생공은 동정결합(動靜結合)·내외겸수(內外兼修)·형신합일(形神合一)을 특징으로 한다. 수련에 임할 때에는 심신(心身)이 송정자연(鬆靜自然)의 상태가 되도록 유도하고 일동무유부동(一動無有不動)의 원칙을 관철함으로써 의식과 동작과 호흡의 세 가지 단련요소가 밀접하게 결합되도록 한다. 그리고, 인간과 대자연이 일체(一體)로 융합되어 천지(天地)의 맑고 신령한 기운을 모아 신체를 보양하며, 동시에 체내의 사기(邪氣)와 탁기(濁氣)를 배출하여 건강을 증진시키고, 지혜를 돕고 수명을 연장할 수 있도록 도와준다.

따라서 양생공을 지속적으로 수련하면 원기(元氣)가 점차 단전(丹田)으로 모이고, 나아가 충실(充實) 포만(飽滿) 장대(壯大)해져서 자연히 지극히 크고 강한 호연지기(浩然之氣)를 기르게 된다. 이로써 도덕(道德)을 함양하고 인격을 도야하며 웅대한 뜻을 가슴에 품게 된다.

이러한 호연지기(浩然之氣)로 심신을 단련하면 강건한 신체와 아울러 질병을 예방하는 효과를 낳는다. 또한, 상대를 방어할 때에는 강력한 충격력(衝擊力)을 발휘하여 상대방의 오장육부에까지 쇼크를 줄 수 있다. 이 공법은 반응이 민첩하여 임기응변하며, 모든 동작이 자연스럽게 나타나고 권(拳)이나 발의 형식적인 방법에 얽매이지 않는다.

3. 건신양생(健身養生)의 작용

1) 신경계통(神經系統)을 보건하고, 조건반사(條件反射)의 능력을 높인다.

정상인의 모든 활동은 신경 계통의 통제 아래 진행된다. 신체의 여러 근육 기관에서 일어나는 근육과 내장 활동, 각 기관(器官)과 계통(系統) 사이의 밀접한 관계 그리고 신체의 내외 환경의 조화와 통일은 모두 대뇌피질(大腦皮質)의 조절 작용에 달려 있다.

---

251) 기(氣)를 가려서 모은다.
252) 기를 모아 집결시킨다.
253) 기를 수련한다.
254) 마음을 수련한다.

그러므로 연공(練功)을 할 때 청정(淸靜)한 상태에서 마음을 닦고 정신(精神)을 안으로 지킬 수 있도록 단련하면[255] 의념(意念)의 제어 능력을 증강시킬 수 있고, 외부 세계로부터의 간섭과 교란작용을 감소시킬 수 있다. 그래서 감각피질(感覺皮質)의 흥분과 억제의 기능을 더욱 엄격하고 절도있게 진행시켜 정확하게 작용하도록 하고, 감수기(感受器)의 기능도 더욱 향상시켜 정확하게 외부의 상황을 감지할 수 있도록 한다.

이와 같이 감각기관의 지각능력(知覺能力)이 향상되면 인체의 반응이 더욱 적극적으로 나타나서 언어나 문자 등의 정보에 대해 더욱 빠르고 예리하게 조건반사를 일으키게 되므로 제2의 신호체계가 더욱 완전해진다. 이렇듯 문화지식에 대한 학습은 물론 동작기술을 장악하는 것까지 모두 신속하고 정확하게 이루어진다.

일반적으로 양생공을 단련하는 사람들은 정력(精力)이 좋아지고 머리가 맑아지며 사고가 논리 정연해져 일에 대한 열정과 효율성이 제고되어 가는 정황을 명확하게 느낄 수 있다.

의식과 동작이 서로 결합된 훈련 방법은 신경계통에 있어서 말초신경과 중추(中樞)간의 기능과 활동이 더욱 조화롭게 이루어지도록 한다. 그러므로 대뇌피질의 운동중추신경과 제2신호계통은 고도의 흥분상태에 놓이게 되더라도 피질의 다른 부위는 보호되어 억제 상태에 놓이게 된다. 그래서 대뇌를 충분히 쉬게 하고 인체의 피로를 깔끔히 없애준다. 만성질환자들의 경우 대뇌의 충분한 휴식을 통해 만성병의 병리적 소인(素因)을 파괴하고 병소(病巢)의 부작용을 제거하여 건강 상태를 개선하고 최종적으로는 만성질환을 치료하는 목적을 이루게 된다.

우리는 인간의 감정 활동과 건강 사이의 밀접한 관계를 알고 있다. 낙관적인 태도는 건강에 유익하나 지나친 기쁨[喜: 희]·노여움[怒: 노]·근심[憂: 우]·그리움[思: 사]·슬픔[悲: 비]·두려움[恐: 공]·놀람[驚: 경] 등의 일곱 가지 감정 활동(七情: 칠정)은 모두 건강에 해를 끼칠 수 있다. 칠정(七情)은 질병을 유발시키는 내부적인 원인이다. 지나친 기쁨은 심장에 좋지 않고 지나친 노여움은 간에 좋지 않으며 근심은 비장에 슬픔은 폐에 공포는 신장에 놀람은 쓸개에 해롭다.

칠정이 지나치면 외부의 바람[風]·추위[寒]·더위[暑]·습기[濕]·건조[燥]·불[火] 등의 육음(六淫)이 곧 허약한 부분을 틈타 들어온다. 그리고, 내외로 교감

---

255) 淸靜用意, 精神內守(청정용의, 정신내수).

하여 질병을 일으킨다. 그래서 ≪내경(內經)≫에서는 특히 사리사욕이 없이 마음을 비운 상태와 정신의 내수(內守)를 강조한다. 양생공은 바로 이러한 요구들을 관철하고 있다. 매우 바쁘고 긴장된 현대 도시 생활은 사람들에게 정신적인 긴장과 정서적인 초조, 사고의 복잡함 등의 부작용을 초래하였으며 신체의 건강에까지 영향을 주어 작업의 효율을 떨어뜨렸다.

양생공은 청정무위(淸靜無爲)[256]의 정신 상태를 요구한다. 이러한 상태에서는 자아를 의념(意念)의 통제하에 두게 되어 신체와 정신을 최대한 방송(放鬆)하고, 이로써 정신적인 긴장과 압력을 완화시켜서 차분하고 평온한 감정활동이 이루어지도록 한다. 이러한 정신적인 상태는 육체적으로 질병의 내부적인 요인들을 감소시켜 더욱 건강한 신체가 되도록 영향을 미치게 된다.

2) 골격 · 관절 · 근육의 구조를 개선하고 운동능력을 높인다.

양생공은 전요나선(纏繞螺線)의 운동방식을 이용하여 생리적 기능을 개선함으로써 골격과 관절과 근육의 전반을 계통적으로 단련시킨다.

예를 들면 골질(骨質)의 밀도를 높여 골경(骨徑)이 두꺼워지도록 하고 골면(骨面)에 붙은 근육을 단단히 하여 뼈대의 배열을 더욱 공고히 한다. 이러한 변화들은 뼈의 신진대사를 향상시켜서 형태의 구조를 개선시키는 효과를 가져온다. 형태의 구조가 개선됨에 따라 뼈는 더욱 견고하게 변한다. 이로써 항절(抗折) · 항압(抗壓) · 항류전(抗扭轉) 등의 기능이 높아진다.

양생공은 이와 같이 심신의 방송(放鬆)과 전요나선(纏繞螺線)의 운동으로 관절의 골질(骨質)을 조밀하게 하고 힘줄과 인대(靭帶)가 강해지며 뼈와 근육을 이어주는 부분의 직경이 커진다. 또한, 점성(粘性)이 증가하고 관절의 연골층이 두꺼워지며 세포의 밀집도가 증가한다. 게다가 근육의 힘이 커져서 관절의 안정성과 관절낭(關節囊)[257] 주위의 힘줄과 인대의 연성(延性)이 커져서 관절 활동의 폭이 넓어진다. 그러므로 늘 양생공을 연습하는 사람은 유연성이 좋을 뿐 아니라, 나아가 금나(擒拿)와 반금나(反擒拿)의 기술을 쉽게 터득하여 탄탄한 기초를 세울 수 있다.

---

256) 맑고 고요하며 작위적(作爲的)으로 일을 꾸미려고 하는 마음이 없는 상태.
257) 두 개의 뼈를 연결하는 막.

나선식의 전요운동은 비틀거나 돌리는 동작을 반복하는 가운데 의식을 방송(放鬆)함으로써 전신의 모든 부위가 같이 활동하도록 한다. 이렇게 함으로써 근섬유(筋纖維)들이 보통의 운동으로는 도달하기 어려운 정도까지 늘어나게 된다. 오랫동안 훈련을 지속하면 근섬유의 섬유질과 입자가 증가하여 체적이 증대되고 근육 속의 지방은 감소하여 결합조직(結合組織)[258]이 증가하게 된다. 또한 운동에 참여하는 근섬유와 모세혈관의 수가 증가한다. 그래서 늘 양생공을 수련하는 사람은 피부가 부드럽고 매끄러워지며 근육의 탄력이 좋아져서 건강미가 넘친다. 너무 마르거나 너무 살이 찐 사람들이 양생공을 훈련하면 체형이 눈에 띠게 개선된다.

그리고 대뇌(大腦)가 방송입정(放鬆入靜)하고 있는 상태에서 신체의 방송(放鬆) 운동을 서로 결합하게 되면 신경계통의 제어과정이 개선되고, 동시에 운동과정에서 일어나는 체력의 소모를 줄이고 ATP[259]라는 에너지를 전달하는 매개물질을 근육 속에 저장시키게 된다. 근육 속의 ATP 함량이 증가하면 신경조직의 충동에 대한 인체의 반응속도가 빨라지고 빠른 운동에 대한 적응능력도 높아짐으로써 빠른 동작의 운동 요령을 터득하고 그 기술을 향상시킬 수 있다.

3) 소화기 계통을 단련시키고 호흡 기능을 증강시킨다.

소화기계통은 소화관(消化管)과 소화선(消化腺)으로 구성되어 있으며, 그 기본 기능은 음식물을 섭취하여 소화하고 영양분을 흡수한 다음, 잔여물을 배출하는 것이다. 인체의 건강의 여부는 소화계통에 있는 각 기관의 기능과 밀접하게 관련되어 있다.

양생공의 동작은 부드럽고 느리지만, 그 동작이 이끄는 바에 따라 내기(內氣)가 오장육부를 관통한다. 깊고 길게 하는 복식호흡(腹式呼吸)은 횡격막의 근육을 상하로 크게 움직이게 하고, 복부 근육을 크게 활동하게 하여 위장 기관에 대하여 탁월한 안마(按摩) 운동을 형성한다. 이때 소화선에서 분비하는 소화액이 증가하여 소화시간을 단축시키고 영양물질의 흡수를 촉진시킨다. 그래서 양생공을 수련하면 식욕이 왕성해지고 소화가 잘 돼서 소화불량이나 위장 장애 또는 궤양 등의 질

---

258) 동물체의 기관이나 조직의 사이에 있어, 이것들을 결합하고 받쳐주는 조직.
259) adenosine triphosphate 아데노신 3인산(燐酸) : 근육에서 에너지 전달을 매개하는 물질.

병 치료에 도움을 준다.
  양생공은 동작과 호흡이 밀접하게 배합되어야 한다. 기(氣)가 사초(四梢)에까지 관통하게 되면 반드시 호흡이 느려지면서 점점 깊고 길어져서 횡격막 근육의 수축과 이완 능력이 높아진다. 또한, 흉곽의 활동력도 커지게 되어 폐포(肺胞)와 모세혈관의 접촉 면적이 넓어져서 폐활량이 점차 증가한다. 수련을 지속하면 폐의 통기량(通氣量)과 최대 흡기량(吸氣量)이 모두 뚜렷이 증가하고 호흡과 동작의 배합도 더욱 조화를 이루게 된다. 그러므로 일상 생활에 있어서도 일정량의 일을 할 경우 비교적 오랜 기간 동안 연속적으로 일할 수 있으며 작업능률 또한 떨어지지 않는다. 그래서, 양생공은 만성 폐병을 예방하고 치료하는 데에도 유익할 뿐만 아니라, 노동의 효율도 크게 높일 수 있다.

4) 심장의 기능을 강화하고 순환기(循環器) 계통의 기능을 개선시킨다.

  지속적으로 양생공을 훈련하면 심근섬유(心筋纖維)가 강해지고 심벽층(心壁層)이 두터워지며 심장의 수축력이 증강된다. 그래서 심장 박동시 혈액의 배출량도 증가한다. 또한 동맥벽의 탄성(彈性)과 인성(靭性)을 개선시키고, 관상동맥의 구경(口徑)이 커진다. 이러한 변화들은 순환기계통을 더욱 개선시켜서 소화기관으로 흡수된 영양분과 폐를 통해 흡수된 산소와 내분비기관에서 분비된 호르몬이 더욱 순조롭게 각 기관과 조직으로 전달되어 신진대사를 촉진시키며 신체 내부의 환경을 안정시키는 데 유리하게 작용한다.
  오랫동안 양생공을 훈련한 사람의 경우, 심장 활동의 적응 능력이 매우 크다. 그 구체적인 현상으로 조용히 있을 때에는 물론 심장박동수가 낮지만, 일반적인 운동을 할 때는 심장 박동수가 비교적 높이 올라가지 않으며, 격렬한 운동을 할 때에는 심장 박동수가 높이 올라가더라도 그 회복이 비교적 빠르다.

5) 내기(內氣)를 고탕(鼓蕩)시키고, 경락(經絡)을 원활히 소통시킨다.

  경락은 인체에서 기혈(氣血)이 운행하는 통로로서 인간의 생리질병과 밀접한 관계를 가지고 있다. 경락이 원활하게 소통되면 신체가 건강하고 그렇지 않으면 질병이 생긴다.

그래서 ≪영추(靈樞)≫ 경별(經別)편에서 이르기를,

"무릇 12경맥(經脈)이라 하는 것은 사람의 생명이 있는 곳이며, 동시에 병이 생기는 곳이다. 그래서 사람이 편안해지는 까닭과 병이 일어나는 까닭이 여기에 있으므로 배움의 시작이고 완성의 끝이다."

라고 하였다. 또,

"생사(生死)를 결정하고 뭇 병을 물리치는 자리가 여기에 있으니, 허실(虛實)을 조절함으로써 통하지 않을 것이 없다."

라고 하였다.

기공(氣功)을 비롯한 대부분의 양생공 단련은 그 훈련의 방식이나 과정이 서로 비슷한 부분이 많을 뿐만 아니라, 그 근본 목적 또한 모두 수련을 통해서 신체의 내기(內氣)를 충실하게 하는데 있다. 즉, 내기(內氣)가 12경맥(經脈)과 기경(奇經) 8맥을 원활히 운행하도록 함으로써 소주천(小周天)과 대주천(大周天)을 관통하여 질병을 치료하고 예방하여 건신(健身)을 도모하며, 지혜를 돕고 수명을 연장시키는 데 있는 것이다.

내기(內氣)는 체내의 생명력의 흐름으로 그 강약이 인체의 건강 정도를 결정한다. 비록 내기가 선천적으로 주어지는 것이기는 하지만, 그 성쇠(盛衰)는 오히려 후천적인 관리와 배양에 의해서 이루어진다. 따라서 합리적이고 과학적인 방법으로 주어진 바탕을 가꾸고 키워나가면, 후천적으로 내기를 모으고 증강시킬 수 있으며 나아가 충만한 내기로 심신을 강건하게 단련함으로써 체질을 강화하고 적의 공격으로부터 자신을 방어할 수 있는 기량을 쌓을 수 있다.

진씨태극권 양생공은 그 특유의 수련 방식에 따라서 청정(淸靜)한 의식과 합리적인 자세를 단련함으로써 인체의 선천적인 기(氣)를 짧은 시간 내에 모아 충실하게 하고 활성화 시켜 수련 정도가 깊어짐에 따라 점차 12경락과 기경 8맥을 관통하고 전신을 충실하게 만든다.

이러한 과정에서 의식이 이끄는 바에 따라 내기(內氣)가 심장으로 운행하게 되면 심화(心火)가 일지 않아 화를 내지 않게 되고, 내기가 신장으로 운행하게 되면 신수(腎水)가 차가워지지 않는다. 또한 내기가 폐로 운행하게 되면 오르내림〔昇降: 승강〕이 자연스러워지고, 폐기(肺氣)가 신장으로 내려가서 기(氣)가 단전(丹

田)으로 가라앉게 되면 움직여도 숨이 차지 않는다. 내기가 간으로 운행하게 되면 간화(肝火)가 평정되어 신경질을 내지 않으며 뇌가 맑아지고 눈이 밝아진다. 내기가 비장으로 운행하게 되면 움직임이 강건해지고 후천적인 생리 기능이 왕성해지며 피부에 윤기가 흘러 건강미가 돋보인다. 내기가 혈맥 사이로 운행하게 되면 영위(營偉)[260]에 막힘이 없어지게 되고, 내기가 피부와 털로 운행하게 되면 감각이 영민(靈敏)하여지고 초절(梢節)에까지 충실하여진다.

이것이 바로 양생가(養生家)들이 말하는 "내 마음으로써 기(氣)를 움직여 나의 몸을 쾌적하게 하고 질병을 처치하니, 어찌 내기(內氣)가 흐르는 곳에 유쾌하지 못한 곳이 있겠는가!"라는 것이다.

---

[260] 신체의 '영기(營氣)'와 '위기(偉氣)'를 가리키는 것으로 영기는 신체 영양을 조절하고 위기는 각 기관의 보호 작용을 한다.

제 2 절 양생공의 연공(練功) 요령과 숙지사항

1. 송정안일(鬆靜安逸), 자연순수(自然順遂)

송(鬆)은 형체를 가리키는 것으로 근육뿐만 아니라 골격·내장·피부·모발까지도 모두 방송(放鬆)해서 전신의 모든 부분이 조금도 긴장된 곳이 없는 상태이다.

정(靜)은 의념(意念)을 가리키는 것으로 마음을 청정(淸靜)하게 집중하여 모든 잡념을 버리고 연공(練功)에 몰두하는 것이다. 양생공을 훈련할 때에는 반드시 모든 잡념을 버리고 일심일의(一心一意)해야 비로소 좋은 효과를 얻을 수 있다.

자연(自然)이라 함은 수련할 때 억지로 숨을 참거나 억지로 힘을 쓰지 않고 동작과 호흡의 배합을 자연스러움에 맡기고 동작을 진행하는 과정에 조금도 억지로 하거나 무리한 점이 없는 것을 말한다.

2. 의기상수(意氣相隨), 형신합일(形神合一)

이의영기(以意領氣)[261] 함으로써 동작과 호흡이 밀접하게 배합되고, 의(意)가 이르면 기(氣)가 이르고, 경(勁)이 이르게 된다.

동공(動功)을 수련할 때 동작과 호흡을 원만하게 배합하는 일반적인 규범을 살펴보면, 합흡개호(合吸開呼), 인흡방호(引吸放呼), 상승흡기(上升吸氣), 하강호기(下降呼氣), 축경흡기(蓄勁吸氣), 발경호기(發勁呼氣) 등과 같은 요령으로 하면 아주 자연스럽게 이루어진다. 요컨대 이러한 규범은 그 동작에 있어서 가장 자연스러운 상황에 맡겨야하고, 동작에 맞추기 위하여 고의로 호흡을 늘려서는 안 된다. 호흡이 자연스럽고 원활하지 못하면 신기(神氣)가 막히게 된다.

---

261) 의(意)로써 기(氣)를 이끌어 감.

3. 입신중정(立身中正), 분청허실(分淸虛實)

연공(練功)을 할 때는 동공(動功)뿐만 아니라 정공(靜功)에서도 모두 입신중정(立身中正)하여 전후좌우 어느 한쪽으로 기울어지거나 비틀어지는 데가 없어야 한다. 그 구체적인 방법은 다음과 같다.

머리를 자연스럽게 바로 세우고 목을 방송(放鬆)하며, 송견(鬆肩), 침주(沈肘), 함흉(含胸), 탑요(塌腰)한다. 몸을 이동하거나 돌릴 때는 머리와 목, 몸통 및 사지(四肢)가 모두 상하일치(上下一致)하여 움직여야 한다. 시선은 똑바로 앞을 바라보아야 하고, 백회혈(百會穴)과 장강혈(長强穴)이 서로 관주(貫注)해야 한다. 수련 과정에서 중심의 이동과 전환에 대하여 그 방법과 감각을 확실하게 체득하고 그것을 행할 때는 음양허실(陰陽虛實)이 분명해야 한다. 만일 경로(勁路)가 원활하게 소통되지 않거나 동작이 순조롭게 진행되지 못할 때는 이러한 요구 조건에 부합하게 수련을 하고 있는지 여부를 검토하고 결함을 발견하여 즉시 조정해야 한다.

연공시에는 일동무유부동(一動無有不動)의 훈련의 원칙을 관철하고 신체의 전체적인 조화와 균형을 이루도록 주의를 기울여야 한다. 그래서 손과 눈과 신법(身法)과 보법(步法)이 조화 일치되어야 하고, 정(精)·기(氣)·신(神)·력(力)·공(功)이 한 방향으로 집중되어, 규범에 맞게 움직이며 조금도 어긋남이 없어야 한다.

4. 훈련 시간과 운동량

수련 시간은 매번 20분에서 1시간 정도로 하다가 점차 조금씩 늘린다. 운동량은 개인의 신체적 소질과 역량에 따라 적절히 맞춘다. 건강한 사람의 경우 연습을 마친 후에 다소 피로를 느끼지만 정신적으로 편안한 정도면 적당한 것이다. 체질이 약한 사람의 경우는 정공(靜功)에 중점을 두고 연습할 수 있으며, 동공(動功)을 할 때에는 그 가식(架式)을 적당히 높여서 연습하는 것이 좋으며, 신체가 튼튼해지면 다시 천천히 신법(身法)을 낮추어 가도록 한다. 체질적으로 튼튼한 사람은 동공(動功) 훈련에 중점을 두고 신법(身法)을 아래로 낮게 내려서 연습한다.

〈주의사항〉 환자들의 경우, 피로를 느낄 정도로 수련하는 것은 좋지 않다. 피곤하다고 느끼면 바로 휴식을 취하고 체력이 회복된 다음 다시 수련을 계속함으로써 피로가 가중되는 것을 피하도록 한다.

제 3 절 태극배원양기법(太極培元養氣法)

태극배원양기법은 정좌양기법(靜坐養氣法)과 장공취기법(樁功聚氣法) 및 와공(臥功)[262]을 포함한다. 이 양생공법(養生功法)은 모두 사지(四肢)를 방송하고 정신을 안정되게 하는 방법을 통하여 인체의 잠재능력을 개발하고 기초대사를 낮추며 칠정(七情)을 조화롭게 하여 기혈(氣血)과 경락(經絡)을 원활하게 소통시키며 심신을 수양하고 지혜를 늘리며 수명을 연장시키는데 목적을 둔다.

1. 정좌양기법(靜坐養氣法)

1) 정좌(靜坐) 수련의 준비사항

정좌에 들어가기 전에 먼저 허리띠를 헐렁하게 하고, 관절의 마디마디를 움직여 풀고 관절 주변의 근육과 근막(筋膜)을 이완시켜 풀어주면 기혈(氣血)을 원활하게 소통시키는 데에 매우 이롭다.

정좌할 때는 벽이나 다른 물건에 등을 기대지 않으며, 맑은 공기가 잘 통하는 곳에 자리해야 한다. 바람이 많이 부는 곳이나 사람들이 소란스럽게 떠드는 곳은 피하는 것이 좋다.

---

262) 와공(臥功)은 누워서 하는 공법으로 원저(原著)에서 이에 대한 설명을 생략하고 있음.

2) 정좌(靜坐)의 자세

◇ 자유반좌(自由盤坐)

넓은 걸상 혹은 딱딱한 침대에 다리를 꼬아 앉고 양쪽의 넓적다리가 바닥에 닿지 않도록 한다. 얼굴은 남쪽, 등은 북쪽을 향하게 하고, 양팔은 방송하여 둥글게 호형(弧形)을 이룬다. 손바닥을 복부의 앞에 겹쳐 놓되 오른손바닥은 위로 왼손바닥은 아래로 놓는다. 장심(掌心)은 모두 위를 향하게 한다.

◇ 평좌(平坐)

넓은 걸상 혹은 나무 침대 위에 둔부(臀部)를 바르게 대고 똑바로 앉는다. 두 발 바닥은 어깨너비 정도로 벌려서 땅을 딛는다. 대퇴부와 소퇴부를 직각에 가깝도록 만들고 양손바닥을 펴서 대퇴부 위에 놓는다. 장심(掌心)은 위나 아래로 향하게 한다. 눈은 약간 지긋이 감되 억지로 하지 않는다. 몸은 똑바로 펴고 앞으로 숙이거나 뒤로 젖히지 않으며 좌우로 기울어지지 않도록 한다. 아래턱은 약간 안쪽으로 당기고 입은 지긋이 다물며 혀끝은 윗턱을 가볍게 밀 듯이 댄다. 눈은 지긋이 감고 얼굴 표정은 자연스럽고 편안하게 한다. 어깨·팔·팔꿈치·손목을 모두 방송한다. 가슴은 약간 모으고 등은 편안하게 펴서 방송한다. 복부(腹部)는 침착하게 방송하고, 회음혈(會陰穴)을 조금 위로 당겨 올린다.

3) 양생공 훈련의 요령

① 자연호흡(自然呼吸), 경수의념(輕守意念)

의념(意念)과 호흡과 자세를 바로잡은 다음, 가볍게 일기일복(一起一伏)하는 복부(腹部)의 움직임을 따라 균일하고 부드럽게 자연호흡(自然呼吸)을 한다.

처음 훈련할 때에는 취기(聚氣)를 빠르게 하기 위하여 하침법(下沈法)으로 기(氣)를 인도하는데, 즉 자연스럽게 흡기(吸氣)하고 의념(意念)을 덧붙이지 않는 것이다. 두 귀로는 조용히 자신의 호기(呼氣)를 들으며 불필요한 소리가 나지 않도록 하고, 호기(呼氣)와 더불어 의념(意念)이 명치에서 아랫배로 가라앉는 것을 따라 심기(心氣)가 단전(丹田)으로 내려가도록 한다. 이 훈련을 지속적으로 연습하면 단전이 점차 따뜻해진다. 단전의 열감(熱感)을 확실하게 느끼게 되면 기(氣)를 이끌어 하침(下沈)시키는 것을 멈춘다. 그리고, 편안한 마음으로 호흡을 이어가며 가볍게 단전에서 멈추고 기(氣)를 양생한다.

연공(練功)을 하면서 마음을 단전(丹田)에 집중시킬 때에는 의념을 가볍게 하고 긴장하지 않도록 한다. 의식이 청정(淸靜)하고 사리사욕이 없는 상태일수록 체내의 진기(眞氣)가 더욱 쉽게 단전에 모이고 경락(經絡)의 소통이 원활해진다. 그러나, 마음이 긴장되어 있거나, 급히 이루고자 하는 마음이 있으면 오히려 진기의 정상적인 운행에 영향을 준다.

≪내경(內經)≫에서, "사리사욕이 없는 마음으로 텅 비우면 진기(眞氣)가 그것을 따른다."라고 한 것은 바로 이런 뜻이다. 신체의 방송(放鬆)이 잘되면 잘될수록 마음이 더욱 청정(淸靜)해지고, 마음이 청정해지면 내기(內氣)의 축적이 왕성해지고 내기(內氣)의 운행 역시 더욱 활발해진다.

② 지지이항(持之以恒), 순서점진(循序漸進)

정좌(靜坐)를 처음 수련한다면 자연호흡(自然呼吸)으로 시작한다. 수련의 정도가 점차 깊어지면 점진적으로 복식호흡으로 이행하여 균일하고 부드러우며 느리고 길고 깊게 호흡하는 법을 익히도록 한다. 복식호흡은 정확한 연공(練功)방법에 따라 지속적으로 훈련하면서 자연스럽게 형성되는 것으로 결코 처음 배우는 사람들이 단번에 이룰 수 있는 것이 아니다.

그런데 초보자들이 깊고 길며 고르고 가늘게 호흡하기 위해서 억지로 호흡을 길게 하거나 고의적인 호흡을 하게 되면 심신(心身)의 자연스런 형평과 규칙을 잃게 되고 기(氣)가 막히게 되므로 피하는 것이 좋다.

처음 배우는 사람들은 일반적으로 1분에 12~14회 호흡하고, 숙련된 사람들은 1분에 2~3회 호흡하면 적당하다.

③ 배제잡념(排除雜念), 소제긴장(消除緊張)

정좌(靜坐)를 처음 하는 초보자에게 잡념이 생기는 것은 누구나 겪게되는 필연적인 현상이기는 하나, 잡념이 있게 되면 양생공의 효과에 영향을 미치게 된다.

그러나, 이 때문에 긴장할 필요는 없다. 잡념은 훈련의 깊이가 심화되면 점차 감소되어 없어지기 마련이다.

몇 가지 간단하고 효과적인 방법들을 소개한다.

◇ 수식법(數息法)

연공(練功)을 할 때 묵묵히 자신의 호흡 회수를 세며 일호일흡(一呼一吸)을 1번으로 하여 하나부터 세어나간다. 이것은 일념(一念)으로 만념(萬念)을 대신하는 쉬운 방법 중의 하나이다.

◇ 규권법(規勸法)

연공(練功) 도중에 생활주변의 여러 가지 일로 잡념이 생길 때면 스스로 자신에게 말한다.

"지금은 오로지 연공(練功)에 몰두해야 하니, 다른 일들은 연공(練功)이 끝나면 다시 하자. 지금은 아무리 많이 생각해도 소용없으니, 편안한 마음으로 연공(練功)에 임하자."

이와 같이 스스로 자신에게 몇 번씩 다짐하면 잡념이 점차 줄어들게 된다.

◇ 혜검참심마(慧劍斬心魔)

눈을 감고 수련을 할 때 잡념이 너무 많으면 없애기 어렵고 때로는 환영이 나타나기도 한다. 이런 상황에 빠져서 그 속에서 스스로 빠져 나오기가 어려울 때에는 즉시 두 눈을 크게 뜬다. 그러면 모든 잡념과 환영이 사라진다.

마귀는 마음에서 일어난다고 하여 이름을 "지혜로운 칼로 마음 속의 마귀를 벤다"라고 이름 붙였다. 잡념이 없어지면 다시 계속해서 훈련을 진행한다.

④ 청기자연(聽其自然), 수주단전(守住丹田)

얼마 동안 정좌(靜坐)를 연습하면 신체의 내부나 표면에서 여러 가지 느낌이 생겨난다. 예를 들면 춥고 따뜻하며 가볍고 무거우며 가라앉고 서늘하며 저리고 붓거나 가려운 현상들이 나타난다.

처음에는 대개 사지(四肢)의 말초감각에서 가장 뚜렷하게 느끼고 점차 장(腸)에서 소리가 난다. 더 나아가면 전신 혹은 국부적으로 청량감이나 온열감을 느끼게 되거나 근육이 약동하는 듯한 기분이 들기도 하고 저리거나 붓는 현상들이 나타나는데, 개인의 체질에 따라 조금씩 다르다.

이러한 감각들은 훈련 과정에서 나타나는 정상적인 반응으로 이러한 현상은 "득기(得氣)"의 과정이라고 할 수 있다. 또, 어떤 경우에는 산(山)이나 물(水)이나 인물(人物) 등의 환영이 나타나기도 하는데 긴장하거나 두려워할 필요가 없다. 더 이상 쫓아갈 수 없으면 그런 상태에서 벗어나게 된다. 이러한 것들은 모두 허상이지 실제가 아니며 대뇌가 객관세계에 대해서 작용하는 왜곡된 반응이다. 모든 환각들은 마음을 움직일 수 없으며 아무런 문제가 되지 않는다. 단지 가볍게 단전을 지키고 있으면 환영은 자연히 사라지게 된다.

이렇게 나타나는 각종 현상들은 모두 공부가 깊어짐에 따라 점차 평정(平靜)을 찾게 되어 안정(安定)·허무(虛無)·평화(平和)의 상태를 회복할 것이다. 이때의 마음은 마치 고요한 물처럼 잡념이 일지 않으며, 호흡은 끊임없이 이어지고, 의념(意念)은 있는 듯 없는 듯 마치 감추어져 있는 것 같기도 하고 겉으로 나타나는 것 같기도 하니, 진정으로 편안하고 고요한 허무(虛無)의 경계를 느끼게 될 것이며, 호흡방식도 역시 자연스럽게 복식호흡이 몸에 배이게 된다.

4) 수공(收功)

양손을 단전(丹田) 위에 놓고 단전을 중심으로 하여 시계 방향으로 서른 여섯 바퀴를 돌리며 문지르는데, 손이 닿는 면적을 점차 넓혀가서 마지막에는 원지름이 가슴과 복부에까지 이르게 한다.

다시 반대방향으로 스물 네 바퀴를 문지르는데, 이번에는 그 원의 크기를 점차 축소시켜 마지막에는 단전에서 멈춘다.

문지르기가 끝나면 열이 난 두 손바닥으로 얼굴을 열두 번 문지른다. 이렇게 하면 비장(脾臟)이 튼튼해진다.

이어 양손 엄지손가락의 뒷면을 서로 문질러 열이 나면 눈가를 열두 번 비비는데, 이렇게 하면 눈이 밝아진다.

이어 양손바닥으로 귓바퀴를 앞으로 젖혀 눌러서 귓구멍을 꼭 막고, 식지와 중지로 풍부혈(風府穴)을 서른 여섯 번 두드린다.

이어 두 다리와 두 발을 주물러 안마(按摩)하고 천천히 몸을 일으켜 세우며 연공(練功)을 마친다.

〈주의사항〉 수련할 때에는 엄숙하고 경건한 마음으로 집중하고 정성이 담긴 자세로 연공(練功)을 해야 하며, 결코 연공(練功)의 결과나 효과에 집착해서는 안 된다. 옛사람이 말하길, "마음이 가지 아니하고 뜻이 이루어질 수 없다. 그러니, 마음이 자리를 잡으면 그 뜻이 결코 헛되이 되지는 않을 것이니, 지키면서도 지키지 않은 듯 끊임없이 존재하게 된다."[263]라고 하였다.

총체적인 원칙은 "마음의 안정을 구하여 마음이 흔들리지 않도록 하되 소홀히 하지도 말고 너무 지나치지도 말아야 한다. 연공(練功)에만 뜻을 두고, 공(功)을 이루는 데에는 뜻이 없어야 한다."[264]

2. 장공취기법(樁功聚氣法)

1) 채기법(採氣法)

동작 1

양발을 어깨 너비로 벌리고 선다. 굴슬송과(屈膝鬆胯), 입신중정(立身中正)하고 전신을 방송(放鬆)하며 양팔을 자연스럽게 몸의 양측으로 내린다. 머리는 자연스럽게 똑바로 들고 두 눈은 지긋이 감은 채로 안쪽의 단전(丹田)을 바라본다. 입술과 치아는 지긋이 다물고 혀끝은 윗니의 이뿌리를 약간 밀듯이 대며 자연스럽게 호흡한다.

---

263) 不可用心守, 不可無意求, 用心着相, 無意落空, 似守非守, 綿綿若存(불가용심수, 불가무의구, 용심착상, 무의낙공, 사수비수, 면면약존)
264) 求放心, 不動心, 勿忘勿助, 有意練功, 無意成功(구방심, 부동심, 물망물조, 유의연공, 무의성공)

동작 2

앞의 자세에 이어 양팔을 천천히 자연스럽게 순전(順纏)하여 바깥쪽으로 돌리다가 좌우양측을 향해 위로 올려 정수리와 평행하게 한다. 호기(呼氣)한다.

동작 3

위의 동작에서 그대로 움직이지 않은 채 양손을 계속 위로 올리며 역전(逆纏)하여 이마 앞에서 안으로 모은다. 장심(掌心)은 아래를 향하게 하고 흡기(吸氣)한다.

동작 4

호기(呼氣)하고 양손바닥은 아래로 내려가는 몸을 따라서 가슴의 앞을 지나 아래로 내리고 단전을 지날 때 잠시 멈춘다. 그런 다음 계속해서 방송하여 아래로 내리고 의념(意念)과 기(氣)를 발바닥까지 내린다. 호기(呼氣)한다.

동작 5

원래 상태로 되돌린 다음, 다시 위로 올리면서 흡기하고 아래로 내리면서 호기하며 반복적으로 연습하여 신체 내부에서 기(氣)가 상하로 관통하는 듯한 느낌이 있도록 한다.

〈요점〉 연습할 때 호흡은 깊고 길며 고르고 가늘게 해야 한다. 처음 배우는 사람들에게는 쉽지 않지만 억지로 할 필요는 없고 호흡에 맞추어 자연스럽게 움직이면 된다. 흡기를 할 때에는 천지의 맑고 영험한 기를 모아서 백회혈(百會穴)부터 단전(丹田)까지 관통하게 하여 전신을 충실하게 한다. 이렇게 용천혈(湧泉穴)까지 운행하며 끊임없이 순환하면 체내의 탁기(濁氣)나 병기(病氣)가 자연스럽게 체외로 배출된다.

2) 조기법(抓氣法)

동작 1

똑바로 선다. 굴슬송과(屈膝鬆胯), 함흉탑요(含胸塌腰)하고, 머리를 자연스럽고 바르게 든다. 경부(頸部)를 방송하고 입술과 치아는 지긋이 다물며 혀끝은 가볍게 윗니의 뿌리를 밀듯이 댄다. 시선은 똑바로 전방을 바라보고, 자연스럽게 호흡한다.

동작 2
앞의 자세에 이어서 왼다리는 앞으로 내딛어 좌궁보(左弓步)를 만들고 양손은 위로 호를 그리며 앞으로 민다. 시선은 전방에 두고 호기(呼氣)한다.

동작 3
앞의 동작을 그대로 고정시키고 중심은 호(弧)를 그리며 뒤로 옮긴다. 양손바닥은 주먹을 쥐고 기(氣)를 끌어서 아래로 내린 다음 단전(丹田)으로 모은다. 시선은 전방에 두고 흡기(吸氣)한다.

동작 4
앞의 동작에 이어서 호기(呼氣)를 하며, 양주먹을 펴서 단전에서 위로 호를 그리며 앞으로 민다.

〈요점〉 앞에서 설명한 동작을 반복적으로 연습하며 좌우양쪽으로 연습한다. 이 수련을 통하여 원만하고 자연스러운 허실전환(虛實轉換)을 꾀하고, 단전(丹田)과 명문(命門)이 서로 소통하게 된다.

3) 단전내전운기법(丹田內轉運氣法)

동작 1
양발을 어깨너비보다 약간 넓게 벌리고 선다. 굴슬송과(屈膝鬆胯)하고, 두 눈을 약간 감은 채 안쪽을 바라본다. 입술과 치아는 지긋이 다물고 혀끝은 가볍게 윗니의 이뿌리를 밀듯이 댄다. 호흡은 자연스럽게 한다. 왼손의 수심(手心)으로 가볍게 배꼽을 덮고 오른손 손바닥을 왼손의 손등 위에 올려놓는다.

동작 2

신법(身法)의 조화를 이루며 허실(虛實)을 전환한다. 배꼽을 중심으로 하여 양손을 시계방향으로 점점 크게 36바퀴를 돌려서 위로는 가슴 아래로는 배에 이르게 한다. 36바퀴를 완성한 다음, 두 손의 위치를 바꾸어 오른손을 아래에 두고 왼손은 위에 둔다. 이번에는 시계 반대방향으로 돌리는데 점점 작게 24바퀴를 돌려서 배꼽에서 거둔다.

〈주의사항〉 여자들은 먼저 역방향으로 36바퀴를 돌리고 다시 순방향으로 24바퀴를 돌린다. 양손의 상하 위치는 남자와 반대로 한다.

4) 혼원장(渾元樁)

양발을 어깨너비보다 약간 넓게 벌리고 선다. 굴슬송과(屈膝鬆胯), 함흉탑요(含胸塌腰), 입신중정(立身中正)하고 전신(全身)을 방송(放鬆)한다. 머리를 바르게 세우되 약간 위로 들어올린다. 경부(頸部)는 방송하고 입술과 치아는 지긋이 다물며 혀끝은 가볍게 윗턱을 밀듯이 댄다. 양팔은 호형으로 가슴 앞에서 둥근 모양을 만들고 수심(手心)이 안쪽을 향하게 하여 손가락끝을 마주보게 한다. 어깨는 방송하고 팔꿈치는 아래로 내린다. 당(襠)은 둥글게 벌리고 발바닥은 충실히 땅을 디딘다. 발가락·발의 외측·발꿈치 등 발바닥 전체로 땅을 움켜쥐듯이 디딘다. 용천혈(湧泉穴)은 허(虛)해야 하고, 중심은 양다리의 사이에 둔다.

〈요점〉 의식을 고요하게 집중시키고 전신을 방송하여 자연(自然)의 대기(大氣)가 운행하는 것에 자신을 맡긴다.

5) 수공(收功)

수공은 정좌양기법(靜坐養氣法)의 수공 방법과 내용이 같다.

제 4 절 진씨태극권 정요(精要) 18식[265]

〈동작 명칭〉

제1식   태극기세(太極起勢)
제2식   금강도대(金剛搗碓)
제3식   나찰의(懶扎衣)
제4식   육봉사폐(六封四閉)
제5식   단편(單鞭)
제6식   백아량시(白鵝亮翅)
제7식   사행(斜行)
제8식   루슬(摟膝)
제9식   요보(拗步)
제10식   엄수굉권(掩手肱拳)
제11식   고탐마(高探馬)
제12식   좌등일근(左蹬一根)
제13식   옥녀천사(玉女穿梭)
제14식   운수(雲手)
제15식   전신쌍파련(轉身雙擺蓮)
제16식   당두포(當頭炮)
제17식   금강도대(金剛搗碓)
제18식   수세(收勢)

---

265) 이 정요(精要)18식은 진씨태극권의 투로(套路) 중에서 비교적 편이한 동작을 선택하여 동공(動功)의 형식으로 양생공을 수련할 수 있도록 진정뢰(陳正雷) 대사가 창안한 간단한 투로이다. 동작의 자세한 설명과 실기(實技) 방법은 동영상 교재와 부록의 해설 및 제2권의 노가일로(老架一路) 편을 참조하기 바람.

제 7 장
태극권론(太極拳論)

1. 권경총가(拳經總歌)

진왕정(陳王廷)

종방굴신(縱放屈伸)²⁶⁶⁾하는 것을 남들은 모르겠지만,
제고전요(諸靠纏繞)²⁶⁷⁾하니 나는 그에 따라 움직인다네.
벽타추압(劈打推壓)²⁶⁸⁾을 터득한 자라 하여도,
반료횡채(搬撩橫採)²⁶⁹⁾를 대적하기는 어렵다네.
구붕핍람(鉤掤逼攬)²⁷⁰⁾을 모르는 사람은 없지만,
섬경교취(閃驚巧取)²⁷¹⁾함을 그 누가 알겠는가?
양수사주(佯輸詐走)²⁷²⁾함을 졌다고 말하는 자는 없겠지만,
인유회충(引誘回衝)²⁷³⁾하니 승리를 쟁취하게 되는구나.
곤전탑소(滾拴搭掃)²⁷⁴⁾함은 재빠르고 미묘하며,
횡직벽감(橫直劈砍)²⁷⁵⁾함은 기이하고도 기이하구나.
절진차란(截進遮攔)²⁷⁶⁾하니 천심주(穿心肘)²⁷⁷⁾를 이루고,
영풍접보(迎風接步)²⁷⁸⁾하니 포추(炮捶)가 되는구나.

---

266) 풀어주고 내치며 구부리고 펼침. 곧 상대와의 공방(攻防)에서 자유자재로 움직임.
267) 모든 것이 전요(纏繞), 즉 전사경(纏絲勁)의 운용에 달려 있음(이니).
268) 내려치고 때리고 밀치고 누르는 것.
269) 잡아당겨 쓰러뜨리며 종횡하며 캐듯이 움직임.
270) 낚아채고 쳐 올리며 죄고 잡아당김.
271) 날쌔게 피하고 놀라게 하며 교묘하게 취하는 것.
272) 짐짓 패한 척 거짓 동작으로 도망가며 수작을 부림.
273) 유인하여 이끈 뒤 되돌려 공격함.
274) 굴리며 붙잡고 맞붙어 처치함.
275) 가로로 세로로 쪼개고 패는 것.
276) 끊어 막으며 나아가 들어오는 것을 저지함.
277) 진씨태극권 2로권의 한 동작으로 팔꿈치를 이용하여 공격하는 수법.
278) 영풍세(迎風勢), 즉 맞바람을 맞는 굳건한 자세로 보법(步法)을 이어나감.
279) (두 발을) 연이어 되돌려 후려치고 쓸어 누름.
280) 발이 상대의 얼굴에 걸리는 상황, 곧 발로써 상대의 얼굴을 자유로이 공격할 수 있는 형세.

이환소압(二換掃壓)²⁷⁹⁾하니, 괘면각(掛面脚)²⁸⁰⁾을 이루고,

좌우변잠(左右邊簪)²⁸¹⁾은 장근퇴(樁根腿)²⁸²⁾가 되는구나.

절전압후(截前壓後)²⁸³⁾함에 빈틈이 없도록 할 것이며,

성동격서(聲東擊西)²⁸⁴⁾하는 뜻을 숙지해야 한다네.

상롱하제(上籠下提)²⁸⁵⁾를 그대는 꼭 기억하시고,

진공퇴섬(進攻退閃)²⁸⁶⁾함에 주저함이 없어야 할 것이오.

장두개면(藏頭盖面)²⁸⁷⁾하는 일은 세상에 왕왕 있으나,

찬심타협(攢心剁脇)²⁸⁸⁾하는 것은 세상에 드문 일이네.

가르치는 자가 이 속의 이치를 모른다면,

장차 무예의 높고 낮음을 어찌 논하겠는가.

---

281) 좌우의 말뚝 : 두 다리의 자세를 좌우로 말뚝을 박은 것에 비유하여 표현한 것.
282) 참장공(站樁功)을 이룰 때와 같이 두 다리의 확고한 자세를 뜻함.
283) 앞을 끊어 막고 뒤를 눌러 제압함. 즉 방어를 확실하게 해야한다는 의미.
284) 동쪽에서 고함을 지르며 적을 유인한 뒤 서쪽을 공격함. 즉 공격의 요령을 의미함.
285) 위쪽은 새장에 가둔 듯이 방어하고 아래는 들어 올려놓고 공격함. 즉 확실하게 방어를 한 상태에서 기회를 틈타 공격함.
286) 나아가고 물러남과 공격하고 피함.
287) 머리를 숨기고 얼굴을 가리는 것. 즉 상대를 속이거나 잔재주를 부려 유리한 위치에 서거나 불리한 상황에서 벗어남.
288) 마음을 틀어잡고 옆구리 살을 저며냄. 즉 상대의 마음을 빼앗고 옆구리 살을 저며낼 정도로 신출귀몰한 재주와 기술은 태극권에서나 연마할 수 있다는 의미.

2. 태극권경보(太極拳經譜)

진흠(陳鑫)

태극(太極)에는 두 개의 의미가 담겨 있으니,
하늘과 땅, 음(陰)과 양(陽), 닫힘과 열림, 정(靜)과 동(動)이 있다네.
오로지 유(柔)와 강(剛)으로써
굴신(屈伸)하고 왕래(往來)하며, 나아가고 물러서며 나타났다가 사라지는데,
일개일합(一開一合)에 변화가 무상하구나.
허(虛)와 실(實)이 겸비되니, 홀연히 나타났다가 홀연히 사라지고,
강건(剛健)함과 유순(柔順)함이 더불어 조화되니,
이끌고 나아감이 정밀하고 빈틈이 없네.
때로는 거두어들이고 때로는 내치고, 돌연히 늦추었다가 돌연히 펼치며
변화함이 끝이 없는데, 누르고자 하더니 먼저 들어올리는구나.
반드시 먼저 해야할 일은 호연지기(浩然之氣)를 기르는 것이니
억지로 일을 조장하지도 잊어버리지도 말라.[289]
그리하여 일취월장(日就月將)하면 그 바탕이 두루 빛을 낼 것이네.
차고[盈] 기우는[虛] 데는 모양이 있어도, 들고 나는 데는 정해진 방향이 없으니,
정신(精神)으로 오는 것을 알아채고 지혜(智慧)로 가는 것을 감추기 때문이네.
주객(主客)이 분명하고 중도(中道)가 훌륭하며
경법(經法)과 권도(權道)를 함께 써 짧은 것은 보태고 긴 것은 잘라내네.[290]
신룡(神龍)처럼 변화하니 그 광대한 모습을 누가 헤아릴 수 있으랴
투로(套路)를 따라 연이어 이어가며 조용히 움직이니 당황하는 법이 없다네.

---

[289] ≪맹자(孟子)≫, "반드시 호연지기를 기름에 종사하되 효과를 미리 기대하지 말고 마음으로 잊지 않으며 억지로 조장하지 말라.(必有事焉而勿正 心勿忘, 勿助長也.)"
[290] 경법과 권도는 합쳐서 경권(經權)이라고도 부른다. 일정 불변한 법칙과 임기 응변의 처세를 가리키는 말이다.

피부와 골절(骨節)의 곳곳에서 전개되는 모든 움직임에
앞서지도 뒤지지도 아니하니, 맞고 보내는 동작이 서로 잘 들어맞는다네.
전후좌우(前後左右)와 상하사방(上下四方)으로
회전하고 연결함이 민활하고, 완급(緩急)이 절묘하여
위로 높이 쳤다가 아래에서 낮게 취하니 마치 서로 보상하는 듯하네.
걸음을 내딛음에 주저함이 없고 헛된 곳에 발을 들여놓지 아니하며,
지성으로 움직이며 사로잡고 놓아주는 것이 나에게 달려 있으니,
천지조화의 기지(機智)가 활발하고 호연지기(浩然之氣)가 넘쳐흐른다.
허(虛)한 가운데 실(實)이 있으니 힘을 겨루면 승리하고
순전(順纏)하며 왔다가 역전(逆纏)하여 나아가니 예측할 수 없구나.
때에 맞게 대처하고, 오묘한 비결은 안으로 감춘 채,
겉으로 유인하고 안으로 공격하니 그 행동이 적당하고 치우침이 없네.
동쪽에서 소리를 지르고 서쪽을 공격함은 옛날부터 모두 그러하였네.
겨울이 가면 여름이 오는 법, 누가 그 끝을 알겠는가?
오랜 옛날부터 지극한 이치는
순환하고 상하상수(上下相隨)하니 헛소리를 할 수가 없구나.
순서에 따라 점진(漸進)하며 자세히 배우고 연구하면
능히 모든 어려움을 물리치고 결국은 혼연(渾然)한 경지에 이르게 될 것인즉,
지극히 날쌔고 지극히 빠르게 전요(纏繞)로 돌아가니
형체를 벗어난다 하여도 그 모습이 어찌 달처럼 둥글지 않겠는가?
정련(精練)함이 지극한 경지에 오르니 아무리 작아도 또한 권(圈)이라네.
해가 중천에 뜨면 기울기 마련이고 달이 차면 이지러지는 것이네.

적이 유인하는 듯하면 급히 쫓아가지 말 것이며,
만약 경계를 넘으면 화를 피하기 어려우니라.
게다가 한번 기세를 잃으면 후회한들 어찌 뒤쫓아 갈 수 있겠는가?
나는 나의 경계를 지키며 비굴하지도 거만하지도 말아야 한다네.
구절양장(九折羊腸)의 오솔길에서 조금도 양보할 길이 없는데,
만약에라도 상대에게 길을 내주게 되어,
혼비백산하며 다급하게 싸우더라도
위로 아래로 공격할 수 있으니 조금은 유리하다네.
내가 형세를 점거하고 홀로 관문을 지키면 만 명이라도 용기를 잃어버리네.
점련점수(粘連黏隨)하며 정신을 집중하여
나의 허령(虛靈)을 움직이고
더욱 신중하고 세심하게 살펴서 안정됨을 얻어야 한다네.
권도(權道)를 사용한 후 경(勁)을 써서 슬슬 유인하니
단지 일회전으로도 맥(脈)이 기세를 얻게 되니 전관(轉關)이 어찌 어렵겠는가?
실(實)한 가운데 허(虛)가 있으니 도중의 변고를 예방할 수 있고,
허(虛)한 가운데 실(實)이 있으니 누가 이 몸을 칠 수 있겠는가?
막지도 않고 받쳐 주지도 아니하며, 억지로 버티지도 늦추지도 아니하며,
부드럽지도 딱딱하지도 아니하며, 떨어지지도 붙지도 아니 하는데,
갑자기 나타나는 까닭을 사람들은 알지 못한다네.
그저 회오리바람이 분 것 같다고만 느끼니 그 민첩함을 설명하기가 어렵구나!
한번 그것을 형용해보자면 경법(經法)과 권도(權道)가 있어서,
가벼워야 할 때는 가볍게 하되, 치우침이 없는지 살펴야 하고

무거워야 할 때에는 무겁게 하되, 산을 내려오는 호랑이 같아야 하네.
상대가 오도록 시선을 끌어 유인하고, 나는 공격하고 나면 물러나는데,
상대가 오면 마땅히 청경(聽勁)하고, 공격할 때는 신속해야 한다네.
먼저 그 기세를 몰래 살피고, 계속하여 그 틈을 살펴서
틈이 생기면 즉시 쳐들어가야 한다네
이 기회를 잃는다면 아마도 다시 얻기는 어려울 것이니,
민첩함의 경지에 들어섰는가 이것이 바로 그대가 지적할 것이네.
신법(身法)으로 말하자면 본래 정해진 바가 없으나,
그 정해진 바가 없는 가운데 정함이 있으니 스스로 찾아 쓸 것이라네.
옆으로 위로 움직이다 엎어지고, 서고 앉고 눕고 엎드리나,
중심이 흔들리는 것이 아니니 스스로 오묘한 기술을 지닌 탓이로다.
앞으로 숙이고 뒤로 젖히며 왼쪽으로 기대었다가 오른쪽으로 기울어도,
중기(中氣)가 관통하니 얻지 못하는 것이 없다네.
변화의 모습이 무궁하여 그 형상을 다 말하기 어렵지만,
기(氣)가 이(理)를 벗어나지 못하니, 한 마디로 모든 것을 설명할 수 있겠네.
개합(開合)과 허실(虛實), 이것이 바로 권경(拳經)의 핵심이로다.
열심히 단련하는 가운데 세월이 흐르면 활연(豁然)히 꿰뚫게 되어,
나도 모르는 사이에 융화되어 점차 신성(神聖)의 경지에 오르게 된다네.
혼연(渾然)함에는 아무런 자취가 없으니, 묘수(妙手)는 텅 빈 맨손이로구나.
마치 귀신이 있어 나의 허령(虛靈)을 돕기라도 하는 것처럼,
오로지 이 마음에 간직할 것은 묵묵히 경건함을 지녀야 한다는 것이네.

3. 태극권권보(太極拳拳譜)²⁹¹⁾

진흠(陳鑫)

중기(中氣), 곧 태화(太和)의 원기(元氣)가 발에까지 관통하면,
정신(精神)이 백 배(百倍)로 충만해진다네.
전투에 임하여 먼저 공격하는 것은 절대로 삼가야 되느니,
만약 부득이 하다면 가볍게 응대하며 유인한다네.
정(靜)으로써 동(動)을 기다리며 누벽(壘壁)을 지키듯 굳게 수비하네.
당당한 진용(陣容), 정연하게 늘어선 깃발
유비무환으로, 항상 그 진수(眞髓)를 지킨다네.
일인일진(一引一進)함에 기정(奇正)²⁹²⁾이 상생(相生)하니
짐짓 패한 척하나 오히려 패배가 승리로 바뀌네.
이끌면 나아가고, 바람같이 우회하며 전진하고
7할 정도 나아갔으면 재빨리 멈추어 살피어야 하네.
싸움에는 궤계(詭計)가 횡행하니, 배후의 공격에 엄격히 대비하고
전후좌우로 모두 세심한 주의를 기울여야 한다네.
걸음을 내딛고자 하면 머뭇거리지 말아야 할 것이니,
즉시 움직이지 않으면 쫓아갈 수 없다네.
발은 손을 따라 움직이니, 그 원활함이 귀신처럼 돌아가는데,
홀연히 손발이 위로 향했다가 홀연히 아래로 향하고

---

291) 당초의 제목은 太極拳權譜로 되어 있으나 후에 개작(改作)되어 太極拳拳譜로 바뀜.
292) 임시변통의 수단과 정도(正道)

때로는 순전법(順纏法)을 쓰고, 때로는 도전법(倒纏法)을 쓴다네.
마치 햇빛이 두루 비추어 빠뜨리는 곳이 없는 것과 같도다.
내가 나아가 취할 때는 상대가 방어하지 못하게 해야 하나,
설사 상대가 방어할 수 있다한들, 필시 그것은 묘방(妙方)이 아니라네.
장군이 적을 맞으니, 신중하지 않은 곳이 없구나.
사방으로 포위하여 일제히 공격하며 나아가니
적장의 목을 베고 기(旗)를 빼앗겠네.
그 절묘함이 입신(入神)의 경지로다.
태극의 지극한 이치를 어찌 한마디로 다할 수 있겠는가.
음양(陰陽)의 변화란 모두 그 사람에게 있는 것.
조금이라도 거짓된 면이 있다면 묘리(妙理)를 찾아보기 어렵다네.

4. 태극권십대요론(太極拳十大要論)

진장흥(陳長興)

1) 일리(一理)

　무릇 만물은 흩어지면 반드시 한데 모이고, 나뉘어지면 반드시 합쳐지기 마련이다. 천지간 사면팔방(四面八方)에 어지럽게 흩어져 있는 것들도 제각각 소속된 곳이 있고, 혼란스럽게 뒤엉켜 있어 보여도 그 원류(源流)가 있는 법이다.
　대개 하나의 근원에서 흩어져 나와 수 만가지 형상을 이루고 있어도, 그 갖가지 형상들은 모두 하나의 근본으로 되돌아가니, 권술(拳術)의 학문 또한 이 법칙에서 벗어나지 않는다.
　무릇 태극권이 변화무쌍하다 하여도 경(勁)이 아닌 것이 없고, 비록 그 세(勢)가 똑같지 않다 할지라도 경(勁)은 하나로 귀속된다.
　무릇 하나[一]라고 하는 것은 정수리에서 발끝에 이르기까지, 안으로는 오장육부와 근골(筋骨)이 있고, 밖으로는 근육과 피부가 있는데, 사지백해(四肢百骸)가 모두 하나로 서로 연결되고 연관되어 있음을 말한다.
　그것은 깨뜨리려 해도 나뉘지 않고, 부딪쳐도 흩어지지 않으며, 위에서 움직이려 하면 아래에서 스스로 따라오고, 아래가 움직이려 하면 위에서 스스로 이끌며, 위아래가 움직이면 가운데가 그에 따라 호응하고, 가운데가 움직이면 위아래가 그에 조화를 이룬다. 이렇게 몸의 안팎이 서로 연결되어 어우러지고 앞뒤가 서로를 요구하며 도와주니, "일이관지(一以貫之)[293]"라는 말은 바로 이를 두고 하는 말이 아니겠는가.
　이것은 이루고자 하여 무리하게 억지를 쓴다고 이루어지는 바가 아니니, 거듭하여 숙련해 나가면 저절로 그렇게 되어지는 것이다.

---

293) 하나로써 또는 하나의 이치로 모든 것을 꿰뚫음.

움직여야 할 때에 이르러서는 그 움직임〔動〕이 용호(龍虎)와 같이 출수(出手)하여 번개같이 빠르고, 멈추어야 할 때에 이르러서는 그 고요함〔靜〕이 마치 산이 굳건하게 머물러 있는 것과 같다.

정(靜)하면 정(靜)하지 아니하는 것이 없으니, 몸의 상하 안팎에서 혼란스러움과 걱정하는 마음이 사라지게 된다.

동(動)하면 동(動)하지 아니하는 것이 없어 몸의 앞뒤 좌우에서 머뭇거리는 모습이 사라지니, 진실로 세차게 흘러가는 물과 같아 막을 수가 없다.

만약 내공(內攻)을 쓴다 하면 그 위력이 대포와 같아 귀 막을 틈조차 없겠구나.

생각하거나 번거로이 헤아리지 않아도 성실하게 나아가면 저도 모르는 사이에 이미 이루어지게 된다.

무릇 경(勁)은 하루하루 쌓아 갈수록 이로움이 더해지고, 공(功)은 오래도록 단련한 후에야 이루어지는 것인데, 이는 유가(儒家)의 일이관지(一以貫之)하는 학문이 아니더라도 많이 듣고 열심히 배워 그 이치를 깨치면 반드시 공을 쌓을 수 있는 것과 같다.

그러므로 배우는 일에는 처음부터 어렵고 쉬운 것이 있는 것이 아니며, 공(功)은 오로지 이루어짐에 따라 저절로 진보할 뿐, 등급을 건너뛸 수도 없고, 급하게 이루어지는 것도 아니며, 순서에 따라 차례로 점차 나아가는 것이다. 그런 연후에야 백해근절(百骸筋節)이 서로 관통하고, 상하(上下)와 표리(表裏)가 원만하게 어우러지게 되며, 흐트러진 것이 한데 모아지고, 나뉘어진 것이 합해지니, 사지백해(四肢百骸)가 마침내 일기(一氣)로 귀속하게 될 것이다

2) 이기(二氣)

천지간(天地間)에 한번 갔다가 돌아오지 않는 것이 없고, 또한 곧으면서 휘지 않는 것이 없다. 무릇 세상 만물의 이치는 상대적이며, 그 형세는 돌고 도는데, 이것은 옛날이나 지금이나 바뀌지 않는 이치이다.

세상에서 추(捶)[294]를 논했던 사람들은 언제나 기(氣)를 함께 논의해 왔다.

---

294) 치거나 두드리는 행위. 여기에서는 권법(拳法), 기격(技擊), 공방(攻防), 무술(武術)의 의미.

무릇 그 주된 논의는 하나가 둘이 되는 이치가 무엇인가 하는 것이다. 소위 둘이라 하는 것은 곧 호흡(呼吸)이니, 그것이 바로 음양(陰陽)이다.

추(捶)에 동(動)과 정(靜)이 없을 수 없는 것과 같이, 기(氣)에는 호(呼)와 흡(吸)이 없을 수 없다.

숨을 내쉬면 양(陽)이 되고, 숨을 들이쉬면 음(陰)이 된다.

위로 오르는 것은 양이 되고, 아래로 내려가는 것은 음이 된다.

양기(陽氣)가 상승하면 양이 되고, 양기가 하강하면 음이 된다. 음기(陰氣)가 상승하면 양이 되고, 음기가 하강하면 여전히 음이 된다. 이것이 음양(陰陽)이 나뉘어지는 이치이다.

무엇을 청탁(淸濁)이라고 하는가?

상승하여 위에 있는 것은 청(淸)이며, 하강하여 아래에 있는 것은 탁(濁)이다. 맑은 것은 양이고, 탁한 것은 음이다.

이처럼 나누어진 그것을 일러 음양(陰陽)이라 말하고, 섞이어 합쳐지면 그것을 기(氣)라고 말한다.

이와 같이 기(氣)에 음양(陰陽)이 없을 수가 없으니, 이것이 바로 사람에게 동정(動靜)이 없을 수 없는 까닭이며, 코로는 호흡(呼吸)을 하지 않을 수 없으며, 입으로는 출입(出入)이 없을 수 없는 까닭이다.

그러므로 만물의 이치는 상대적이며, 그 형세가 순환되는 것이라 하는 것이다.

그러한즉 기(氣)는 둘로 나뉘면서도 하나로 통하니, 이 길에 뜻을 둔 자가 이것으로 구속받을 일이 무엇이 있겠는가.

3) 삼절(三節)

무릇 기(氣)는 신체에 바탕을 두고 있는데, 그 중에서도 신체의 마디[節]에 가장 많다.

(그러나 신체의 마디는 매우 복잡하므로) 그 마디를 모두 논한다는 것은 권술(拳術)을 논하는 본래의 취지와는 먼 것이므로 신체와 기를 논함에 있어 신체를 삼절(三節), 즉 세 마디로 나누어 논리를 전개하면 적절한 방법이라 할 수 있을 것이다.

삼절(三節)은 상(上)·중(中)·하(下) 혹은 근(根)·중(中)·초(梢)로 나눌 수

있다.

　전신을 두고 구분할 때는 머리는 상절(上節), 가슴은 중절(中節), 다리는 하절(下節)이 된다.

　얼굴만을 두고 볼 때는 이마가 상절, 코가 중절, 입이 하절이다.

　몸통은 가슴이 상절, 배가 중절, 단전(丹田)이 하절이다.

　다리는 과(胯)가 근절(根節), 무릎이 중절(中節), 발이 초절(梢節)이 된다.

　팔은 상완(上腕)이 근절, 팔꿈치가 중절, 손이 초절이다.

　손은 팔목이 근절, 손바닥이 중절, 손가락이 초절이다.

　이와 같이 보건대, 발을 두고 보아도 더 이상 논할 것이 무엇이겠는가.

　그러한즉 정수리에서 발끝에 이르기까지 제각기 삼절(三節)로 나뉘지 않는 곳이 없다.

　요컨대, 삼절(三節)이 아닌 곳이 없다면, 곧 의(意)가 이르지 않는 곳이 없다는 뜻이다.

　상절이 분명하지 못하면 근본을 찾지 못하여 중심을 이루지 못하게 된다.

　중절이 분명하지 못하면 속이 텅 비어 공허하게 된다.

　하절이 분명하지 못하면 반드시 뒤집히어 넘어지게 된다.

　이와 같으니 어찌 신체의 삼절부(三節部)를 소홀히 할 수 있겠는가?

　기(氣)가 움직이게 되면, 초절에서부터 움직이기 시작하여 중절이 그것을 따르고 근절이 그것을 재촉하게 된다.

　그러나 이와 같은 논리는 논의의 편리함을 위하여 굳이 신체를 나누어 설명한 것이다. 이를 전신을 두고 말하자면, 위로는 정수리에서부터 아래로는 발바닥에 이르기까지 사지백해(四肢百骸)의 전체가 하나의 절(節)로 이루어진 것인데, 어찌 삼절이 있다고 하겠는가! 하물며 삼절 속에 각각의 삼절이 있다고 어찌 말할 수 있겠는가!

4) 사초(四梢)

　신체의 외부를 논함에 있어 사초(四梢)를 빼놓을 수는 없다.

　무릇 사초라 하는 것은 신체의 나머지 부분이다. 신체에 대하여 논하면서 처음부터 사초에 대해 언급하는 사람은 드물고, 기(氣)를 논하는 사람들 중에서도 사초를 더불어 논하는 사람은 드물다.

 그러나 추(捶)라 하는 것은 안에서부터 바깥쪽으로 행하는 것이고, 기(氣)는 신체에 바탕을 두고 초(梢)에까지 발(發)함으로써 그 기(氣)의 쓰임을 얻는 것이니, 근본을 신체에 두지 않으면 허(虛)하여 실(實)하지 못하게 되고, 초에까지 이르지 못하면 실하다고 하여도 여전히 허하게 되니, 어찌 초에 대하여 논하지 않을 수가 있겠는가.

 만약 손가락과 발만을 가리켜 특별히 신체의 초(梢)라고 할 수 있을까? 그러나, 이것은 초의 초도 언급하지 못한 것이다.

 그러면 사초(四梢)란 무엇인가?
 터럭[髮: 발]이 그 중의 하나이다.
 무릇 터럭이 소속하는 계통이 어디인가. 터럭은 오행(五行)에도 들어 있는 바가 없고, 사체(四體)와도 관련되는 것이 없으니, 무엇으로 논할 수 있겠는가.
 그러나 터럭은 혈(血)의 초(梢)이고, 혈은 기(氣)의 바다라고 할 수 있다. 설령 터럭이 그 근본은 아니라 하더라도 이와 관련하여 기를 논할 수는 있는 것은 혈을 떠나서는 기를 논할 수 없기 때문이다. 그러하니 부득불 터럭에까지 기운이 미치도록 하지 않을 수 없다. 이와 같으니 머리카락이 관(冠)에 닿을 정도로 쭈뼛쭈뼛 서는 듯 해야 혈초(血梢)가 충족되었다 할 수 있는 것이다.
 그 다음의 초는 혀로서, 혀는 육(肉)의 초(梢)이다.
 육(肉)은 기(氣)의 주머니라 할 수 있다. 기(氣)가 육(肉)의 초(梢)에까지 가지 못하면 기(氣)가 그 양을 충분히 채울 수 없게 된다. 그러므로 반드시 혀가 치아를 부러뜨릴 듯이 충실해야 육초(肉梢)가 충족되는 것이다.
 그 다음은 골초(骨梢)인데 그것은 치아이고, 나머지 하나는 근초(筋梢)인데 그것은 손톱과 발톱이다.
 기(氣)는 뼈에서 생겨나 근육으로 이어지는 것인데, 치아에 이르지 못한다 함은 골(骨)의 초(梢)에 이르지 못한다 함이며, 손톱에 이르지 못한다 함은 근(筋)의 초(梢)에 이르지 못한다 함이다.
 그러므로 비록 이러한 모든 것이 충족된다 할지라도 치아가 근육을 끊거나, 손톱이 뼈를 파고들지는 못하는 것이다. 그러나 만일 그러한 기세(氣勢)를 이룰 수만 있다면 사초(四梢)는 충만해질 수밖에 없는 것이다.

사초가 충만해지면 기 또한 자연히 충만해지니, 어찌 다시 허(虛)하다고 하며 실(實)하지 못한 일이 있겠으며, 실(實)하다고 하며 여전히 허(虛)한 폐단이 있겠는가!

5) 오장(五臟)

무릇 추(捶)로써 세(勢)를 말하고, 세(勢)로써 기(氣)를 말한다.

사람들은 오장(五臟)이 있음으로 해서 형체가 이루어진다고 한다. 이것은 곧 그 오장으로부터 기(氣)가 발생하니 오장은 실로 성명(性命)의 근원이며 생기(生氣)의 근본이라 아니 할 수 없다.

오장(五臟)이란 심(心)·간(肝)·비(脾)·폐(肺)·신(腎)을 말한다.

심(心)은 화(火)에 속하며 불꽃의 형상을 지니고 있다.

간(肝)은 목(木)에 속하며 곡직(曲直)의 형상을 지니고 있다.

비(脾)는 토(土)에 속하며 돈후(敦厚)의 기세를 지니고 있다.

폐(肺)는 금(金)에 속하며 새롭게 바꾸는 능력을 지니고 있다.

신(腎)은 수(水)에 속하며 하초(下焦)[295]를 윤택하게 하는 기능을 지니고 있다.

오장의 의미가 이러하나, 이 모든 것이 기(氣)를 근간으로 하여 함께 배합되며 조화를 이루어 나간다.

무릇 이 세상에서 권술을 논하는 자는 결코 이것의 의미를 소홀히 해서는 안 된다.

폐는 흉곽 속에 위치하여 폐경(肺經)의 자리를 이루는 오장의 화개(華盖)[296]이다. 그러므로 폐경이 움직이면 여러 장기들도 움직이지 않을 수 없다.

양쪽 젖가슴의 가운데에 심(心)이 있는데, 폐가 그것을 감싸서 보호해준다.

---

295) 한의학에서는 흉부 이상의 부위와 심·폐를 상초(上焦), 흉부 밑에서 배꼽까지의 부위와 비·위를 중초(中焦), 배꼽 아래 부위와 간·신을 하초(下焦)라 하여 이를 삼초(三焦)라 부름. 삼초는 수액(水液)의 통로로서 음식물의 소화·흡수·배설의 기능을 담당함.
296) 옛날 어가(御駕) 위에 씌우는 일산(日傘). 임맥(任脈) 상의 허파를 가리키는 혈(穴) 자리.

폐 아래와 횡격막의 위에 심경(心經)이 자리한다.

심(心)은 군주(君主)와 같으니, 심화(心火)가 움직이면 상화(相火)[297]가 그 명령을 받지 않을 수 없다.

양쪽 젖가슴의 아래에서 오른쪽은 간(肝)이고, 왼쪽은 비(脾)이다.

등의 열네 번째 척추에 신(腎)이 있고, 허리는 양신(兩腎)의 본위(本位)이다.

신(腎)은 선천지기(先天之氣)의 첫 번째 자리요, 다른 모든 장기의 근원(根源)이다.

그러므로 신(腎)이 충실하면 금(金)·목(木)·수(水)·화(火)·토(土)의 모든 기관에 생기가 넘치게 된다.

이것은 오장의 부위를 논한 것이다.

즉, 오장이 안에 존재하여 각각 정해진 위치에 있다 하나, 전신을 놓고 보면 제각기 기능에 따라 특별하게 관련되는 곳이 있다.

그러나 그 연결되는 경우가 매우 다양하고 복잡하여 일일이 다 열거하기는 어렵지만, 대략 신체의 중심과 연결된 부분은 심(心)에 속하고, 움푹하여 둥지처럼 감싸고 있는 듯한 곳은 폐에 속하며, 뼈(骨)가 드러나는 부분은 신(腎)에 속하고, 근(筋)이 이어지는 부분은 간(肝)에 속하며, 살(肉)이 두터운 부분은 비(脾)에 속한다.

그 의미를 새겨 보면, 심(心)은 맹렬한 것 같고, 간(肝)은 화살과 같으며, 비(脾)는 그 힘이 매우 커서 끝이 없으며, 폐경(肺經)은 그 위치가 가장 빨리 변하고, 신기(腎氣)의 움직임은 바람처럼 빠르게 느껴진다.

허나 이것은 그때그때 당사자들이 스스로 체험을 통하여 알 수 있는 일이거늘, 어찌 모두 글로 표현할 수 있겠는가.

6) 삼합(三合)

오장(五臟)이 분명해졌으면, 이제 삼합(三合)을 논하여 보자.

무릇 삼합(三合)이라 하면, 내삼합(內三合)과 외삼합(外三合)이 있다.

---

[297] 콩팥에서 나는 열. 심장에서 나는 열은 군화(君火)라고 한다.

심(心)과 의(意)가 합(合)²⁹⁸⁾을 이루고, 기(氣)와 력(力)이 합을 이루고, 근(筋)과 골(骨)이 합을 이루는 것을 내삼합(內三合)이라 하고, 손[手]과 발[足]이 합을 이루고, 팔꿈치[肘]와 무릎[膝]이 합을 이루고, 어깨[肩]와 샅[胯]이 합을 이루는 것을 외삼합(外三合)이라 한다.

　만약 왼손과 오른발이 상합(相合)하고, 왼쪽 팔꿈치와 오른쪽 무릎이 상합하고, 왼쪽 어깨와 오른쪽 사타구니가 상합하였다면, 이것 역시 우삼(右三)과 좌삼(左三)이 상합하였다 할 것이다.

　또한 머리[頭]와 손[手]이 합을 이루고, 손[手]과 몸[身]이 합을 이루고, 몸[身]과 걸음[步]이 합을 이루면 누가 이를 외합(外合)이 아니라고 하겠는가?

　또한 마음[心]과 눈[目]이 합을 이루고, 간(肝)과 근(筋)이 합을 이루고, 비(脾)와 육(肉)이 합을 이루고, 폐(肺)와 몸[身]이 합을 이루고, 신(腎)과 골(骨)이 합을 이루면 누가 이를 내합(內合)이 아니라고 하겠는가?

　그러나 이러한 것들은 특별히 몇 가지 경우에 대해서만 그 변화와 이루어짐을 언급한 것일 뿐이다.

　결론적으로, 일단 움직임이 시작되면 움직이지 않는 데가 없고, 하나가 합을 이루면 합을 이루지 않는 것이 없으니, 오장백해가 모두 그 안에 있는 것이다.²⁹⁹⁾

7) 육진(六進)

　이제 삼합(三合)을 알았으니, 육진(六進)에 대하여 살펴보자.

　육진(六進)이란 무엇인가?

　머리는 육양(六陽)의 우두머리이고 온몸의 주인인데, 오관백해(五官百骸)가 모두 이것을 기준으로 하여 향배(向背)의 형세를 하고 있음에 머리는 앞으로 나아가지 않을 수 없다.

　비록 손이 선봉(先鋒)이기는 하나, 근기(根基)는 다리에 있으니, 다리가 나아가지 않으면 어찌 손이 앞으로 나아가겠는가, 이러하니 다리 역시 앞으로 나아가지

---

298) 합해지거나, 모이거나, 서로 어우러져 조화를 이룸. 그 결과로 더 큰 위력을 발휘함.
299) 總之, 一動而無不動; 一合而無不合, 五臟百骸悉在其中矣. (총지, 일동이무부동; 일합이무불합, 오장백해실재기중의.)

않을 수 없는 것이다.

  기(氣)는 손목에 깃들이나, 이를 움직이는 원동력은 허리에 있는지라, 허리가 나아가지 않으면 기(氣)가 부족하게 되어 실(實)하지 못하게 된다. 바로 이것이 나아감에 있어 허리가 소중한 까닭인 것이다.

  심의(心意)가 전신을 관주(貫注)하면 걸음[步]으로 그 뜻을 나타내는 것인즉, 걸음이 나아가지 아니하면 그 심의가 무슨 뜻이 있겠는가. 이것이 바로 그 나아감을 반드시 취해야 하는 까닭이다.

  또한 왼쪽으로 가고자 하면 반드시 오른쪽으로 나아가야 하고, 오른쪽으로 가고자 하면 반드시 왼쪽으로 나아가야 한다.

  이것을 모두 합하여 육진(六進)이라 하는데, 여기에는 어느 곳에도 힘을 써서 이룰 데가 없음을 알아야 한다.

  결론적으로, 나아가도 미치지 못하는 것은 전신이 움직이고자 하는 마음[意]과 무관하게 움직이기 때문이다. 한마디로 그 나아감[進]이라 함은 전신이 완전하게 통합되어 어느 곳에도 끌고 당기며 비틀거리는 모습이 없도록 하는 것이니, 육진(六進)의 도리가 바로 이와 같은 것이다.

8) 신법(身法)

  무릇 손을 뻗어 적을 공격할 때는 모두 적절한 신법(身法)을 구사해야 하는 것인데, 그러면 신법(身法)이란 무엇인가?

  종(縱)·횡(橫)·고(高)·저(低)·진(進)·퇴(退)·반(反)·측(側)이 바로 그것이다.

  종(縱)은 그 세(勢)를 펼치는 것으로 한 번 가면 되돌아오지 않는다.

  횡(橫)은 그 힘[力]을 다스리는 것으로 벌려나가되 막지 않는 것이다.

  고(高)는 그 몸[身]을 세우는 것으로 신체를 늘리려는 뜻이 담겨 있다.

  저(低)는 그 몸을 낮추는 것으로 몸을 줄여 숨기는 형국이다.

  나아가야[進] 할 때는 나아가되 힘을 다해 앞으로 돌진한다.

  또한, 물러나야[退] 할 때는 물러나되 기(氣)를 빠르게 회전시켜 그 세(勢)를 돕는다.

몸을 반대로 돌려서〔反〕 뒤를 돌아보면 뒤가 바로 앞이 되고,

옆으로 좌우를 살피니〔側〕, 좌우에서 어찌 나를 감당하겠는가!

그러나 무엇보다 중요한 것은 이러한 신법에 얽매이지 않아야 한다.

상대의 강약(强弱)을 살피고 이미 세워 놓았던 계책을 운용하여 홀연히 종(縱)을 하다가 홀연히 횡(橫)을 하는데, 종횡(縱橫)은 각각의 세(勢)에 따라 변용하는 것이지 일률적으로 밀어붙이는 것이 아니다.

홀연히 고(高)를 취하기도 하고, 홀연히 저(低)를 취하기도 하는데, 고저(高低)의 신법은 수시로 변화하는 것이니, 어찌 하나만을 고집할 수 있겠는가!

나아가야 할 때를 맞이하여 물러나서는 안 된다. 이때 물러서면 기가 빠지게 된다.

물러나야 할 때는 즉시 물러나고, 물러섬으로써 나아감을 도모해야 한다.

이러한 나아감이 나아감을 굳건히 하는 것이며, 또한 이러한 물러섬이 진실로 나아감을 돕는 것이다.

만약 자세를 반대로 한 채 뒤를 돌아보면 뒤가 뒤인 것을 깨닫지 못한다.

몸을 측면으로 돌린 채 좌우를 돌아보면 좌우가 좌우인 줄 알지 못한다.

요컨대 관찰은 눈으로 하고, 변화를 깨닫는 것은 마음으로 하는 것이며, 그 핵심을 헤아리는 근본이 모두 몸에 있는 것이다.

몸이 앞으로 나아가면 사지(四肢)는 명령하지 않아도 움직이게 되지만, 몸이 머뭇거리면 백해(百骸)가 알맞은 자리를 찾지 못해 불안정하게 된다.

이래서 신법은 해 보일 수는 있어도 논하기는 진실로 어렵다.

9) 보법(步法)

무릇 사지백해(四肢百骸)는 움직임〔動〕을 위주로 하는데, 실제로 그 움직임은 걸음〔步〕으로써 운용된다.

걸음〔步〕은 일신(一身)상의 근기(根基)이자, 운동의 중추이다.

적과 맞서 싸울 때에 그 본(本)은 모두 몸에 있다. 그러나, 몸의 기둥 역할을 하는 것은 다름 아닌 걸음이다.

임기응변은 손에 달려 있다. 그러나, 손이 움직일 수 있도록 해주는 것도 걸음

이다.

　진(進)·퇴(退)·반(反)·측(側)의 동작에서 보(步)가 아니면 무엇으로 그 움직임의 기틀을 만들 수 있겠는가?

　억(抑)·양(揚)·신(伸)·축(縮)의 동작에서 보(步)가 아니면 무엇으로 변화의 오묘함을 나타낼 수 있겠는가?

　그래서, 관찰은 눈으로 하고 변화는 마음으로 깨달으며, 온갖 곡절과 변화 속에서도 궁지에 이르지 않도록 하는 것은 바로 걸음의 사명이라 할 것이다.

　그러나 그것은 억지로 이루고자 한다고 하여 이루어지는 것이 아니다.

　무심(無心)한 가운데 움직임이 일어나고, 느끼지 못하는 가운데 고무(鼓舞)되는 바가 있어, 몸을 움직이고자 하면 이미 몸이 돌아가고, 손을 움직이고자 하면 이미 걸음이 나아가며, 의도하지 않아도 이미 그러하며, 내몰지 않아도 이미 달리는 것과 같으니, 이른바 위를 움직이려 하면 아래가 저절로 따른다 함이 바로 이를 두고 하는 말이 아니겠는가!

　또한 보(步)는 전후(前後)로 나뉘어지는데, 그 위치가 정해진 것이 보(步)이다.

　또한 위치가 정해지지 않는다 하여도 그것 역시 보(步)이다.

　만약 전보(前步)가 나아가면 후보(後步)가 이를 따라가니 전후의 위치가 자연스럽게 생긴다.

　만약 전보(前步)를 후보(後步)로 하고, 후보를 전보로 하면 곧 전보는 후보의 전보가 되고, 후보는 전보의 후보로 되어 전후의 위치가 자연스럽게 정해진다.

　요컨대, 추(捶)로서 세(勢)를 논한다면, 그 요체는 바로 보(步)에 있는 것이다.

　공방(攻防)의 원활함의 여부는 보(步)에 달려 있으며, 또한 민첩함의 여부 역시 보(步)에 달려 있다.

　그러니 보(步)의 쓰임이 실로 크다 아니할 수 없다.

10) 강유(剛柔)

　무릇 권술(拳術)에 있어 그 쓰임이 되는 것은 바로 기(氣)와 세(勢)일 따름이다.

　기(氣)에는 강약(强弱)이 있고, 세(勢)는 강유(剛柔)로 나뉘는데, 기(氣)가 강(强)하다 함은 수세(手勢)의 강(剛)을 취함이며, 기(氣)가 약(弱)하다 함은 수세

(手勢)의 유(柔)를 취해서이다.

강(剛)하다 함은 천 균(鈞)[300]의 힘으로 백 균(鈞)을 억누르는 것이고, 유(柔)하다 함은 백 균(鈞)의 힘으로 천 균(鈞)을 격파하는 것이다.

힘〔力〕을 중시하는가 기교(技巧)를 중시하는가에 따라 강유(剛柔)가 나뉘어진다.

강유(剛柔)가 이미 나뉘어지면 그 쓰임새도 자연히 달라지게 된다.

사지(四肢)를 움직여 운기(運氣)하는 모습이 모두 밖으로 나타나지만, 안으로는 고요하고 중후함이 유지되고 있으면 이것은 강세(剛勢)이며, 기(氣)가 안으로 쌓여 가지만 바깥으로는 가볍고 온화함만이 나타난다면 이것은 바로 유세(柔勢)이다.

강(剛)을 사용함에 유(柔)가 없을 수 없는데, 유(柔)가 없으면 신속하게 환요(環繞)[301]할 수가 없기 때문이요, 유(柔)를 사용함에 강(剛)이 없을 수 없는데, 강(剛)이 없으면 민첩하게 동작을 몰아붙일 수 없기 때문이다.

이와 같이 강유상제(剛柔相濟)하게 되면 점(粘)·유(游)·연(連)·수(隨)·등(騰)·섬(閃)·절(折)·공(空)·붕(掤)·리(攦)·제(擠)·날(捺)의 동작을 행함에 있어 자연스럽게 이루지 못할 데가 없는 것이다.

강유(剛柔)란 어느 한쪽으로 편중하여 사용할 수 없는 것이니, 무술에 응용함에 있어 어찌 이것을 소홀히 할 수 있겠는가!

---

300) 균(鈞)은 무게의 단위로 1균(鈞)은 30근(斤)에 해당한다.
301) 전사경(纏絲勁)을 운용하기 위한 나선식 회전운동.

5. 용무요언(用武要言)과 전투편(戰鬪篇)

진장흥(陳長興)

요결(要訣)에 이르기를;

"추(捶)[302]는 마음[心]으로부터 나오는 것이고, 권(拳)은 의(意)를 따라 나오는 것이다. 항상 지피지기(知彼知己)하여 임기응변(臨機應變)해야 한다."

"심기(心氣)가 일단 일어나면 사지(四肢)가 모두 움직이게 되는데, 발을 들었다 놓음에 자리가 있고, 움직이고 회전함에 정한 위치가 있으니, 혹은 점(粘)하여 유(游)하고, 혹은 연(連)하여 수(隨)하며, 혹은 등(騰)하여 섬(閃)하고, 혹은 절(折)하여 공(空)하며, 혹은 붕(掤)하고 리(攦)하며, 혹은 제(擠)하고 날(捺)한다."

"권(拳)은 3척(尺)에서 5척(尺)의 범위 내에서 쓰는 것이다. 멀리 떨어진 것에 팔꿈치를 쓰거나, 가까이 붙은 것에 손을 쓰는 것은 쓸모가 없다. 전후좌우를 막론하고 일보일추(一步一捶)[303]하며, 적을 만나 공격할 수 있는 위치에 있으면서도, 자신의 형체를 상대에게 내보이지 않는 것이 권(拳)을 쓰는 묘수의 기준이다."

"권술(拳術)은 전술(戰術)과 같아서 상대방이 대비하지 않는 곳을 치고 예기치 못하는 곳을 습격하며, 기회를 틈타 습격하고 습격을 틈타 공격한다. 허(虛)한 듯 하면서도 실(實)하게 하고, 실(實)한 듯 하면서도 허(虛)하게 한다. 실(實)을 피하여 허(虛)를 공격하고, 본(本)을 취하여 말(末)을 구한다. 여러 사람의 포위망을 빠져 나올 때에는 살아있는 용호(龍虎)와 같이 생동감 있게 하고, 한 사람의 적을 맞아 공격할 때에는 대포와 같은 기세로 상대한다."

---

302) 치거나 두드리는 행위. 여기에서는 권법(拳法), 기격(技擊), 공방(攻防), 무술(武術)의 의미.
303) 한 걸음에 한번의 가격.

"신체의 상중하(上中下)가 일기(一氣)로 다스려지면, 몸과 수족(手足)이 규범에 따라 움직이게 되므로, 손이 헛된 것을 향해 움직이지도 않으며, 또한 움직여 헛되이 되는 일도 없게 된다. 따라서 정민(精敏) 신교(神巧)함이 모두 활(活)에 달려 있다."

옛사람들이 말하기를;
"거취(去就)와 강유(剛柔)와 진퇴(進退)를 능히 할 수 있게 되면, 움직이지 아니한즉 산악(山岳)과 같고, 음양(陰陽)처럼 헤아리기 어려우며, 천지(天地)와 같이 무궁하고, 태창(太倉)304)과 같이 충실하며, 사해(四海)와 같이 넓고 아득하며, 삼광(三光)305)처럼 밝게 빛난다. 공격해 들어오는 세(勢)의 기회를 살피고, 상대의 장단점을 헤아려, 정(靜)으로 동(動)을 대하고, 동(動)으로 정(靜)에 대처해야 한다. 그런 연후에야 가히 권술(拳術)을 말할 수 있다."

요결(要訣)에 이르기를;
"법(法)을 빌려오기는 쉽고, 법(法)을 깨우치기는 어렵다. 그래도 법(法)을 깨우치는 것을 가장 우선하는 길로 삼아야 한다."

전투편(戰鬪篇)에 이르기를;
"손으로 가격할 때는 용맹스럽게 공격하되, 초(梢)를 가격하지 말고 정면으로 중당(中堂)306)을 취해야 한다. 위아래로 공격하는 기세는 호랑이와 같고, 마치 매가 닭을 잡으러 내려오듯이 해야 한다. 번강발해(翻江撥海)307)는 서둘러서 되는 일이 아니고, 단봉조양(丹鳳朝陽)308)은 강하기가 으뜸인데, 구름 뒤로 해와 달이 가는 뜻은 하늘과 땅이 교차하는 것이니, 무예도 겨뤄봐야 상대방의 장단점이 드러난다."

---

304) 큰 창고. 속이 가득 찬 창고.
305) 해, 달, 별.
306) 중국 당(唐)나라 때 재상이 정무를 보던 곳, 또는 재상(宰相)의 다른 말. 천태종(天台宗)의 본존불을 안치하는 본당. 여기에서는 핵심이 되는 곳.
307) 물살이 거칠어 강을 뒤집고 바다를 움직임을 형용하는 것으로 역량(力量)이나 성세(聲勢)가 대단히 장대한 것을 비유하는 말.
308) ≪시경(詩經)≫의 "봉황새가 우네, 저 높은 언덕에서. 오동나무가 자랐네, 산의 동쪽 기슭에서.(丹鳳鳴矣, 于彼高岡. 梧桐生矣, 于彼朝陽.)"의 구절을 인용한 것으로 단봉(丹鳳)은 어진 인재를 조양(朝陽)은 태평세월을 비유함.

요결(要訣)에 이르기를;

"걸음을 내딛어 나아갈 때에는 반드시 몸이 같이 나아가야 하고, 몸이 나아가면 또한 손이 함께 이르러야 진실로 제대로 하는 것이다. 법(法) 중에 요결(要訣)이 있으니, 그 비결을 어떻게 취할 것인가? 그 이치를 풀어보니 신묘하기 짝이 없다."

"예로부터 섬진타고(閃進打顧)의 법이 있었으니, 무엇이 섬(閃)이고 무엇이 진(進)인가? 진(進)이 곧 섬(閃)이요, 섬(閃)이 곧 진(進)이니 먼 곳에서 찾을 필요가 없다. 무엇이 타(打)이며 무엇이 고(顧)인가? 고(顧)가 곧 타(打)이며, 타(打)가 곧 고(顧)이니 손을 뻗어 내미는 것이 바로 이것이다."[309]

옛사람들이 이르기를;

"마음[心]은 화약과 같고, 손은 탄알과 같다 하였으니, 영기일동(靈機一動)하면 나는 새조차 피하기 힘들다. 몸이 활시위라면, 손은 화살과 같으니, 시위가 울리면 나는 새가 떨어져 그 신묘함이 드러난다. 손을 움직일 때는 번개와 같이 빨라서, 미처 눈을 깜박일 틈조차 없다. 적을 칠 때에는 벼락처럼 빨라서 미처 귀 막을 시간조차 없다. 왼쪽으로 가더니 오른쪽으로 오고, 오른쪽으로 가더니 왼쪽으로 온다. 손은 마음[心]을 따라 안에서 나가지만, 멈추는 것은 앞을 향해 떨어진다. 힘은 발끝에서부터 일어나는데 그 움직임은 마치 불이 일어나는 것과 같다."

"왼쪽으로 가려면 먼저 오른쪽으로 나아가야 하고, 오른쪽으로 가려면 먼저 왼쪽으로 나아가야 한다.

발을 옮길 때는 발뒤꿈치가 먼저 땅에 닿아야 하며, 열 발가락으로 땅을 움켜쥐듯 하여 걸음을 굳건히 안정시키고 몸은 장중해야 한다.

손이 나갈 때는 (그 주먹이) 느슨하게 쥐어져 있지만, 상대에게 닿는 순간에는 권(拳)을 이루어야 하며, 위아래로 기(氣)가 고르게 머물게 하고, 권(拳)이 나가고 들어오는 것을 몸으로 주재(主宰)하되, 지나치게 나아가려 하거나, 물러나려 하거나, 붙으려 하거나, 떨어져 나가려 해서는 안 된다.

권(拳)은 마음으로부터 나가되, 몸[身]으로 그 손의 움직임을 다스리면, 손가락

---

309) 섬(閃): 후퇴, 진(進): 진격, 타(打): 공격, 고(顧): 방어

하나의 움직임에도 백해(百骸)가 모두 따르게 된다. 한 번 구부림〔一屈〕에 온몸이 연계하여 굽혀지고, 한 번 펴는 것〔一伸〕에 온몸이 연계되어 펴진다. 펼 때에는 쭉 다 펴야 하고, 구부릴 때에는 바싹 구부려야 한다. 이것은 마치 권포(卷炮)[310]를 단단하게 다질수록, 터지는 힘이 더 커지는 것과 같다."

전투편(戰鬪篇)에 이르기를;
"제타(提打)를 비롯하여 안타(按打), 격타(擊打), 충타(衝打), 박타(膞打), 주타(肘打), 과타(胯打), 퇴타(腿打), 두타(頭打), 수타(手打), 고타(高打), 저타(低打), 순타(順打), 횡타(橫打), 진보타(進步打), 퇴보타(退步打), 절기타(截氣打), 차기타(借氣打) 및 상하로 이루어지는 모든 타법은 항상 일기상관(一氣相貫)해야 한다고 하였다."

"공방(攻防)의 장(場)에 나서게 될 때는 먼저 유리한 위치를 확보함이 전투의 요결(要訣)이다. 골절(骨節)이 원만한 상태에 있어야 하는데, 그렇지 못하면 힘을 얻지 못한다. 손으로 쥘 때는 민첩해야 하는데, 그렇지 못하면 변고(變故)를 당할 수가 있다. 손이 나갈 때는 빨라야 하는데, 그렇지 못하면 늦어서 일을 그르치게 된다. 타수(打手)는 매서워야 하는데, 그렇지 않으면 쓸모가 없게 된다. 손발은 민첩해야 하는데, 그렇지 못하면 위험에 빠지게 된다. 마음에는 맑은 총기(聰氣)가 깃들이고 있어야 하는데, 그렇지 못하면 어리석은 일을 당하게 된다."

"몸을 움직일 때에는 매처럼 용맹한 기상을 떨치고, 무뢰한처럼 대담하게 행동하면서, 끊임없이 기지(機智)를 발휘해야 한다. 결코 두려워하거나 머뭇거려서는 안 된다. 마치 관우(關羽)가 백마파(白馬坡)에 임하듯, 조운(趙雲)이 장판교(長坂橋)에 임하듯, 그 신비로운 위엄은 늠름하여 물결을 가를 듯한데, 멈추어 서면 산악과 같이 고요하고, 움직이면 번개처럼 빠르다."

요결(要訣)에 이르기를;
"상대가 공격해 오는 기세를 자세히 살펴서 발로는 머리의 앞쪽을 차고, 주먹으

---

310) 종이로 화약을 말아 싸서 만든 폭죽. 화약을 단단하게 쟁여 말수록 힘이 커진다.

로는 겨드랑이를 공격하고, 몸을 옆으로 비키며 걸음을 내딛고, 몸을 낮추었다가 일어나며 공격할 수 있다고 하였다."

"또한 발이 들어오면 무릎을 들어 막고, 주먹이 오면 팔꿈치로 젖혀 막고, 순(順)으로 오면 횡(橫)으로 치고, 횡(橫)으로 오면 움켜잡아 누른다. 왼쪽으로 오면 오른쪽에서 받아주고, 오른쪽으로 오면 왼쪽에서 받아준다. 멀리 있으면 손을 쓰기가 좋고, 가까우면 팔꿈치를 쓰는 것이 유리하다. 또한 멀리 있으면 발로 차는 것이 좋고, 가까우면 무릎으로 가격하는 것이 유리하다."

"권(拳)으로 맞설 때 상대보다 유리하려면 먼저 지형을 자세히 살펴야 한다. 손은 빠르고, 발은 가벼워야 하며, 세(勢)를 살피되 고양이처럼 행동해야 한다. 마음은 동요가 없이 안정되고, 눈은 맑아야 한다. 몸과 손이 함께 움직여야 공(功)을 이룰 수 있다. 만약 손이 나가는데도 몸이 따르지 않으면, 적을 공격하더라도 묘수(妙手)를 얻을 수 없다. 손과 몸이 함께 이르러야 마치 잡초를 짓밟듯 적을 무너뜨릴 수 있다."

전투편(戰鬪篇)에 이르기를;
"격투에 능한 자는 먼저 발 디딜 위치를 살핀 다음에 손의 공세를 취한다. 위로는 인후(咽喉)를 치고, 아래로는 음부(陰部)를 치며, 좌우의 양옆구리와 중심을 친다. 앞으로 칠 때는 일 장(一丈)의 거리도 멀다고 생각지 아니하며, 가까이 칠 때는 일 촌(一寸)의 사이에서도 칠 수 있는 것이다."

요결(要訣)에 이르기를;
"연습할 때는 면전(面前)에 상대가 있는 듯이 하고, 대적할 때에는 상대가 있어도 없는 듯이 여기라 하였다. 면전으로 손이 공격해 오더라도 상대의 손을 보지 않으며, 가슴 앞으로 팔꿈치가 공격해 와도 팔꿈치를 보지 않는다. 손이 움직이기 시작하면 발은 움직임이 끝나가고, 발이 멈추면 손은 나아가야 한다."

"마음[心]으로 기선(機先)을 잡으려면 뜻[意]이 상대를 능가해야 하며, 몸[身]으로 상대를 공격하고자 하면 걸음[步]이 상대보다 앞서야 한다. 머리는 바로 들고, 가슴은 드러내며, 허리는 바르게 세워, 단전의 기를 운행하여 정수리에서 발에까지 일기상관(一氣相貫)해야 한다."

전투편(戰鬪篇)에 이르기를;
"담력(膽力)을 겨룸에 있어 마음이 움츠러드는 자는 결코 승리할 수 없다고 하였다. 또한 형세를 살필 수 없는 자는 반드시 상대를 방어할 수도 없다."

"먼저 움직이는 자[先動: 선동]가 스승이요, 뒤에 움직이는 자[後動: 후동]는 제자이다. 하나를 가르치더라도 나아갈 것을 생각하게 하고 물러날 것을 생각하도록 가르쳐서는 안 된다. 담(膽)은 커지려 하더라도 마음[心]은 조심스러워 하는 법이니, 운용의 묘(妙)는 그 한 마음에 달려 있을 따름이다.

이러하니 일리(一理)가 이기(二氣)로 운행되고, 삼절(三節)에서 행해지며, 사초(四梢)에서 드러나고, 오행(五行)으로 통합되는 것이다.

시시때때로 연마하고 날마다 단련하면, 처음에는 힘들고 어색하지만 오래 되면 자연스러워진다. 권술(拳術)의 도학(道學)이란 결국 이러한 이치에서 벗어나지 않는 것이다."

6. 태극권론(太極拳論)의 주요 어록(語錄)

진장흥(陳長興) 진흠(陳鑫)

1) 심정신정 이의운동(心靜身正 以意運動)

"태극권을 배우는 자가 권(拳)을 쓰는 무대에 올라, 단정하고 공손한 자세로 서서 두 눈을 감고 숨을 고르며, 두 손을 자연스럽게 아래로 내리고 두 발은 가지런하게 놓는데, 마음에는 물질에 대한 집착이나 잡된 사념(思念)이 티끌만큼도 없고 경건하고 엄숙한 자세로 임하니, 그 혼연(渾然)한 모습이 천지가 열리기 이전의 고요한 모습과 같다. 그러므로 그 형상을 이름지을 수 없어 무극(無極)이라고 부르는데, 이것은 형상을 본뜬 것이다."

"태극(太極)이라고 하는 것은 무극(無極)에서 생긴다. 음양(陰陽)은 조그맣고 하찮은 것에서부터 거대하고 귀한 것에 이르기까지 그 순환함에 끝이 없는데, 이것이 바로 생(生)의 비밀인 것이다. …… 태극권을 하려는 마당에 나서서 아직 수족(手足)을 움직이지 않은 채 단정하고 공손하게 있을지라도, 음양개합(陰陽開合)할 때와 소식영허(消息盈虛)[311]할 속셈이 이미 마음 중에 깃들이고 있는 것이다. 이때 정신을 하나로 집중시키고 경건한 태도로 있으면, 음양개합(陰陽開合)과 소식영허(消息盈虛)가 일어나나 겉으로는 아무런 변화가 없고 어떠한 형상을 드러내지 않는다. 그 형상을 이름지을 수 없으니 또한 태극(太極)이라 부른다. 배우는 자가 처음 무대에 올라갈 때, 먼저 마음에서 잡념을 버리고 망령된 생각을 없애서 심기(心氣)를 평정(平靜)하게 한 뒤에 동작을 기다린다. 이와 같이 된 후에야 태극권을 배울 수 있다."

"권(拳)을 태극(太極)이라 부르는 것은, 실로 천기(天機)의 운행이 자연스럽게

---

311) 없다가도 생기고 차고 나면 기우는 자연의 순환원리를 일컫는 말.

이루어지고, 음양(陰陽)은 자연스럽게 개합(開合)하니, 억지로 이루어질 것이 하나도 없음인 까닭이다. 억지로 이루려 하는 것은 태극자연(太極自然)의 이치가 아니므로 태극권이라 부를 수 없다."

"정신은 안으로 축적하여 겉으로는 드러내지 않음을 귀히 여기니, 모난 성격이나 행동을 밖으로 드러내는 것은 좋지 않다."

"정(靜)으로 동(動)을 기다린다."
"태화원기(太和元氣)가 정(靜)에 이르고자 할 때 정(靜)을 이루지 못하면, 동(動)의 기묘(奇妙)함이 나타나지 않는다."

"뽐내거나 과장하지 않고 넓은 도량을 가지게 되면, 비록 무(武)를 익히는 것이지만, 문(文)이 또한 그 가운데에 있는 것이다."

"신체는 단정(端正)함을 그 근본(根本)으로 삼아야 한다."

"신법(身法)의 핵심을 한마디로 헤아릴 수는 없지만, 정신을 집중하는 것 이외에 다른 어떤 특별한 비결이 있겠는가. 심기(心氣)를 평화롭게 하면 얻어지는 것이다."

"신법(身法)이 바르다는 것은 몸을 단정(端正)하게 하여 어느 한쪽으로 기울어진 곳이 없으며, 그 안에 허령(虛靈)[312]을 담고 있는 것이다. 그러므로 어느 누가 밀어도 넘어지는 것을 두려워하지 않는다."

"불편불의(不偏不倚)[313]하면, 지나치는 일도 없거니와 미치지 못할 바도 없다."

"불편불의(不偏不倚)는 겉으로 드러나는 외양을 말하는 것이 아니라, 자연스럽게 얻은 중(中)[314]의 정신을 일컫는 것이다."

---

312) 마음에 잡념이 없고 영묘한 것. 잡된 것을 버리니 가벼워지고, 가벼워지니 민첩하고 생동적이 됨.
313) 자세가 한쪽으로 치우치거나 기울어지지 않음.
314) 적당함. 적합함. 중용(中庸).

"여기에 부앙신축(俯仰伸縮)[315]의 법을 겸비하게 되면, 권법(拳法)의 규칙을 비로소 완전히 터득했다고 할 수 있다. 오랫동안 연마하면 기락진퇴(起落進退)[316]와 선전(旋轉)이 자유롭게 되고 경중(輕重)과 허실(虛實)과 강유(剛柔)를 모두 얻게 된다."

"권(拳)에는 원래부터 갖추어진 신법(身法)이 있다. 신법에 정(正)과 사(邪)가 있고, 직(直)과 곡(曲)이 있으며, 순(順)과 역(逆)이 있고, 편전(偏前)과 편후(偏後)가 있고, 편좌(偏左)와 편우(偏右)가 있고, 편상(偏上)과 편하(偏下)가 있다. 땅에 앉기도 하고 공중으로 날아오르기도 하며, 한 곳으로 모으기도 하고 분산시키기도 한다. 신법의 종류를 일일이 다 열거할 수는 없지만, 모두가 중기(中氣)의 관통에서 비롯되는 것이다. 이러한 것들은 마음으로 깨닫게 되면 자연히 알게 되는 것이다."

"몸이 때때로 뒤틀리고 비뚤어지는 경우가 있으나 그러한 가운데 스스로 중정(中正)의 모습을 담고자 하니 구애될 것이 없다."

"자세를 취하는 사이에 신법(身法)이 비뚤어지는 경우가 있는데, 이는 중정(中正)이 치우쳤기 때문이다. 치우침 속에 바름이 있으니 진의(眞意)를 구해야 한다. 진의(眞意)가 조금이라도 있으면 그 뜻을 벗어나지 아니하므로 경직되어 억지로 자세를 만드는 일은 없게 된다."

"심중(心中)의 호연지기(浩然之氣)가 온몸을 움직이게 되면, 비록 형체가 비뚤어지는 때가 있어도 스스로 중정(中正)의 기(氣)로써 잘못된 자세를 주재하여 나간다."

"신법(身法)에 관하여 말하자면, 원래 한가지로 정해진 바가 있는 것이 아니나, 정해진 바가 없는 듯 하면서도 일정한 규칙이 있으니 사람들은 스스로 이것을 터득해야 한다. 옆으로 위로 움직이다 엎어지고, 서고 앉고 눕고 엎드리고, 앞으로

---

315) 아래를 내려다보고 위를 올려다보며 몸을 굽히고 폄.
316) 오르고 내리며 나아가고 물러남.

숙이고 뒤로 젖히고, 기정(奇正)[317]이 상생(相生)하며, 회전하였다가 옆으로 기울이며, 움츠리고 도약하는 것이 모두 치우치지 않고 천변만화(千變萬化)하니 그 모습을 형용하기 어렵다."

"신법(身法)은 대신법(大身法)의 전관(轉關)이나 소신법(小身法)의 과각(過角)을 막론하고 모두 민첩하게 움직이는 것이 중요하다."

"몸을 회전하고 이동하는 방법을 터득하고 있다면, 신기한 변화가 그 안에서 일어나게 된다."

"타권(打拳)은 마음이 주(主)이다."
"마음을 위주로 하니, 오관백해(五官百骸)가 그 뜻을 따르지 않는 바가 없다."

"천군(天君)이 주재(主宰)하니 백해(百骸)가 그 명을 따른다."

"마음으로 운용하는 것, 이것이 참된 비결이다."
"중화원기(中和元氣)는 의(意)를 따라 가고, 의(意)가 이르는 곳에 온 정신이 관주(貫注)한다."

"마음이 사체(四體)를 운용하면, 오관백해(五官百骸)가 모두 순종하여 따르며, 건곤(乾坤)의 정기(正氣)[318]로써 그것을 움직인다."

"마음속에서 일체의 물심(物心)을 버리면 허령(虛靈)을 다할 수 있다. 그러나, 조금이라도 물심이 남아 있다면 불허불령(不虛不靈)해진다. 오로지 정(靜)으로 지키고 보살피면 진실로 동(動)과 정(靜)이 모두 마땅한 상태에 이르게 되어 그 변화를 예측할 수 없다."
"묘기(妙機)는 본래 마음에서 나오는 것이다."

---

317) 임시 변통의 수단과 정도(正道).
318) 원기(元氣), 진기(眞氣)와 마찬가지로 선천적으로 갖추어진 기(氣)의 전반을 의미하나, 특히 생리적 기능 면에서 사기(邪氣)에 대한 인체의 저항력을 강조하여 표현하는 기(氣).

"'무엇이 운행(運行)의 주재(主宰)인가?' 하고 물으니, '마음에서 주재합니다' 라고 답하였다. 마음이 좌우로 번갈아 가며 움직이고자 하면 좌우의 손발이 번갈아 움직이고, 마음이 전사경(纏絲勁)의 전권(轉圈)을 꾀하고자 하면 곧 좌우의 손이 그 전권(轉圈)을 이루게 된다. 마음이 침주(沈肘) 압견(壓肩)하고자 하면 팔꿈치는 내려가고 어깨는 눌려진다. 마음이 가슴과 배를 앞으로 모으고 요경(腰勁)을 아래로 움직이며 당(襠)을 둥글게 벌리고자 하면, 가슴이 앞으로 모이고 요경(腰勁)이 아래로 움직이며 당(襠)이 둥글게 벌어지게 되니 마음먹은 대로 되지 않는 것이 없다. 마음이 두 무릎을 굽히고자 하면 두 무릎이 굽혀지고, 오른발이 오른손을 따라 움직이고 왼발이 왼손을 따라 움직이게 하고 싶으면 무릎과 발이 모두 그에 따라 움직이게 된다. 그렇게 하지 않으면 많은 피로감을 느끼게 되므로 온몸이 마음을 따르지 않을 수 없다. 그런 까닭에 나는 '마음이 온몸의 운행을 주재한다' 라고 말하는 것이다."

"어떤 사람이 '권(拳)의 개요는 바로 명(命)을 따르는 것이라고 했는데, 정신을 차릴 수 없으면 어찌해야 합니까?' 하고 물으니, '이때에는 편안한 상태로 조급한 마음을 버려야 한다. 맹자(孟子)가 이르길 반드시 호연지기를 기르도록 하되 효과를 미리 기대하지 말고 마음으로 잊지 않으며 억지로 조장하지 말라' 고 하였다.
권장(拳場)에 들어서면, 먼저 경박하게 들뜨거나 당황하는 기운을 없애고, 마음을 맑게 하여 욕심을 줄이고, 심기를 편안하게 하여 규범을 하나하나 따르면서 오랫동안 연습하고 숙련하여 공(功)을 쌓아간다. 이와 같은 과정 속에서 많은 역경과 고생을 참고 이겨내면 고진감래(苦盡甘來)하게 되고, 어려웠던 일의 실마리가 풀리면서 모든 일이 수월하게 진행되는 것이다. 이로써 마음속에서 이는 정경(情景)이 자연스럽게 신명으로 통하게 된다.
요컨대 이러한 모든 것을 인력(人力)으로 도모하고자 한다면, 무심(無心)으로 변화를 도모하고 함양하며 오래도록 유유자적(悠悠自適)하면서 스스로 이를 때까지 기다리면 자연히 얻게 된다."

"일편영기(一片靈機)가 태화(太和)[319]를 그대로 그려 나가니 오로지 마음가는

---

319) 천지간 부드럽고 온화한 기운.

대로 수없이 변하고, 있는 마음이 움직여 무심처(無心處)에 이르게 되면, 추수(秋水)가 맑아서 태아(太阿)[320]가 드러나는 격이다."

"권(拳)이 비록 작은 기예(技藝)이지만, 모두 태극의 정리(正理)를 근본으로 한다."

"권(拳)이 비록 무예(武藝)이나 정도(正道)를 얻으면 마땅히 이르지 못할 바가 없다."

2) 개합허실 호흡자연(開合虛實 呼吸自然)

"개합허실(開合虛實), 이것이 바로 권경(拳經)이다."

"내 몸에 본래부터 있어온 원기(元氣)로써 내 몸을 움직인다. 굴신왕래(屈伸往來)[321]하고 수방금종(收放擒縱)[322]함은 일개일합(一開一合)과 일허일실(一虛一實)에 불과할 따름이다."

"일개일합(一開一合)이 권술(拳術)의 모든 것이라 하여도 지나치지 않는다."

"동정(動靜)이 순환함에 어찌 틈이 있겠는가! 나는 '일동일정(一動一靜)과 일개일합(一開一合)으로 권술의 오묘함을 다하기에 충분하다'라고 생각한다."
"일개일합(一開一合)이 오묘하고, 상하사방(上下四旁)의 혼란이 기회로 변하니, 설령 육자(六子)[323]가 아무리 교묘한 구변을 갖추고 있다 하여도 날아다니는 눈꽃을 묘사하기는 어려울 것이다."

---

320) 보검의 이름
321) 구부리고 펴고 오고 감.
322) 거두었다 풀어놓고 붙잡았다 놓아줌.
323) 중국의 대표적인 성현(聖賢)인 노자, 장자, 공자, 맹자, 순자, 주자를 지칭하는 말.

"개합(開合)은 원래 정해진 바가 없고, 굴신(屈伸)의 기세는 서로 연결되어 있다. 태극은 음양(陰陽)으로 나뉘어지고, 신룡(神龍)의 변화에는 일정한 방향이 없다."

"개벽강유(盖辟剛柔)의 순환은 자연의 순리이고, 일양일억(一揚一抑)[324]은 순환의 이치이다."

"일개일합(一開一合)은 변하는 듯 하면서 무변(無變)하고, 허실(虛實)이 함께 이르러 홀연히 나타났다가 홀연히 숨어버린다."

"개중유합(開中有合)하고, 합중유개(合中有開)하며, 허중유실(虛中有實)하고, 실중유허(實中有虛)한다."

"실중유허(實中有虛)하고 허중유실(虛中有實)함은, 태극(太極)이 지니고 있는 자연스럽고 오묘(奧妙)한 운용이니, 그 결과에 이르러서야 비로소 그 이치의 정묘(精妙)를 깨닫게 된다."

"온몸이 일제히 하나로 조화 일치되면, 신기(神氣)가 흩어지지 않아서 바야흐로 일기유통(一氣流通)하여 전신을 보호할 수 있게 된다."

"권(拳)으로 혈기(血氣)를 다스리고 양생(養生)하면 호흡이 기(氣)에 순응하여 자연스러워진다. 끊임없이 호흡을 조절하고 정신을 공고히 하며, 단전에 마음을 모은다. …… 가볍게 운행(運行)하다가 고요히 멈추니, 오직 마음으로 운행(運行)한다."

"머리는 바르게 하고, 눈은 앞을 바라본다. 어깨와 어깨를 합(合)하고, 팔꿈치와 팔꿈치를 합하고, 손과 손을 합하고, 대퇴근(大腿根)과 대퇴(大腿)를 합하고, 무릎과 무릎을 합하고, 발과 발을 합하고, 심기(心氣)를 평정(平靜)하면, 이를 일러 상하(上下)가 하나로 합치되었다고 말한다. 이때 기(氣)는 단전(丹田)으로 되돌아가

---

324) 한번 오르면 한번 내려옴. 오르고 내림; 좋은 일이 있으면 나쁜 일도 있음.

며, 이 합법(合法)에 모두 도전법(倒纏法)〈혹은 역전법(逆纏法)〉이 사용된다."

"개(開)하면 모두 개(開)하고 합(合)하면 모두 합(合)한다."
"합(合)에 이르면, 기(氣)는 반드시 단전(丹田)으로 돌아간다."
"일개일합(一開一合)은 자연스럽지 않은 것이 없다."

"비단 세(勢)로써 합(合)을 이룰 뿐만 아니라, 마땅히 먼저 정신으로 합(合)을 이루어야 한다."

"합(合)이라 함은 전체의 정신을 합(合)하는 것이지, 단지 사지(四肢)만 합(合)하는 것이 아니다."

"일개일합(一開一合)의 음양(陰陽)이 갖추어지면, 사체(四體)는 따뜻해지고 골절(骨節)이 열린다."

"날마다 태극도(太極圖)를 자세히 살피니, 일개일합(一開一合)이 내 몸에 있구나."

"마음은 허(虛)가 되어야 한다. 마음이 허(虛)를 이루면 사체(四體)가 모두 허(虛)로 된다. 단전(丹田)·요경(腰勁)·발바닥의 세 부분이 하나로 실(實)이 되면 사체(四體)의 허(虛)가 모두 실(實)이 된다. 이것이 곧 허(虛)가 실(實)이 되는 것이다."

"천지음양(天地陰陽)의 이치는 소식영허(消息盈虛)에 불과할 따름이다. 그러므로 공자(孔子)는 소식영허를 중시하였다. 태극권을 행하는 것 역시 소식영허이다. 식(息)은 숨을 헐떡이는 것으로 호흡의 기(氣)를 생장(生長)시킨다. 그러므로 사람의 아들을 '식(息)'이라고 부르는 까닭은 갓 태어나면 기가 미약하기 때문에 식(息)이라고 한 것이다. 소(消)는 감(減)이며 퇴(退)이다. 영(盈)은 가운데가 충만한 것이고, 허(虛)는 가운데가 텅 비어 있는 것을 말한다."

3) 경령원전 중기관족(輕靈圓轉 中氣貫足)

"정(靜)하고 경(敬)[325]할 수 있으면, 스스로 허령(虛靈)을 지킬 수 있다."

"심신(心身)이 기(氣)가 소진되어서는 안되며, 가볍게 움직여야 한다."
"민첩하게 움직이는 것이 중요하다."

"또한 마음이 일단 허(虛)가 되면 전신이 모두 허(虛)가 된다. 허(虛)하면 민첩해지고, 민첩하면 충분히 대적할 수 있다."
"권(拳)을 하는 자는 손이 가장 허령(虛靈)하여 상대가 가까이 있으면 즉시 알아채어 임기응변할 수 있다. 손뿐만 아니라 등뒤의 어느 곳도 허령(虛靈)을 다할 수 있다."

"왕래굴신(往來屈伸)은 마치 버드나무에 바람이 부는 듯이 하고, 천기(天機) 동탕(動蕩)[326]하여 활발하게 움직이니 그 움직임에 하나도 막히는 데가 없다."

"허령지심(虛靈之心)으로 강중지기(剛中之氣)를 기른다."

"수족(手足)의 운동에 관한 한, 하나의 권(圈)[327]을 이루지 않는 것이 없다. 절대로 직선으로 왔다가 직선으로 가는 법이 없다."
"권(圈)을 이루는 데에는 정(正)과 사(斜)가 있으며, 하나의 권(圈)이 하나의 태극(太極)을 이루지 않는 것이 없다."
"길을 따르면 벗어나지 아니하고, 고요하게 움직이면 당황하지 않는다."
"발이 손을 따라 운행하여 나가면, 신기할 정도로 원활히 움직인다."

"형을 벗어나 그 이루어지는 모습을 찾아본다면 어찌 달처럼 둥글다 하지 않겠

---

325) 평온한 상태로 마음을 모아 집중함.
326) 물이 끓듯이 활발히 움직인다는 의미.
327) 태극권의 운동 궤적은 전사경(纏絲勁)의 운용으로 둥근 곡선의 형태를 나타내니 이를 권(圈)이라 표현한 것임.

는가? 권술(拳術)이 높은 경지에 이르면 아무리 작아도 그 또한 권(圈)을 이루고 있다."

"권(圈)은 수족(手足)을 포함하여 온몸이 회전하는 것이다. 그러나, 수족의 회전이 가장 쉽게 바깥에 드러나니, 바로 손이 회전하는 것을 가리키게 되었다."

"점점 작아져 권(圈)이 없어질 정도에 이르면, 비로소 태극(太極)의 진정한 신묘(神妙)함에 귀착하게 된다."

"권(拳)을 씀에 중기(中氣)로 행하면 이를 막을 상대가 어디 있겠는가?"

"호연지기(浩然之氣)로 행하게 되면 마땅히 이르지 못할 데가 없어진다."

"심경(心勁)이 일단 움직이면, 온몸의 근(筋)과 맥(脈)과 골(骨)과 절(節)이 따르지 않는 것이 없고, 바깥으로 형(形)을 나타내고 있는 것은 모두 안(中)으로부터 생기는 것이니, 그러므로 그것을 일러 내경(內勁)이라 하는 것이다."

"내경(內勁)은 어떻게 생기고 어떻게 운행되는가? 마음에서 일어나 사지(四肢)의 골수(骨髓)로 운행되고, 사지의 근육과 피부를 가득 채운다."

"막혀서 멈추지 않으며, 어긋나 괴리되지 않으며, 기울거나 치우치지 않으니, 이것이 바로 중기(中氣)이다."

"중기(中氣)가 매우 충족되면, 기세(起勢)가 왕성해진다."

"중기(中氣)로 권(拳)을 운행하면 상대가 곧 심복(心腹)이 되니 천하(天下)를 얻을 수 있게 된다."

"겨우 발을 내딛는 정도에서 중지하는 것은 배우는 자들의 성격이 너무 조급하고 공력(功力)을 쌓기도 전에 먼저 사람 치기를 즐기기 때문이다. 어디를 공격해야 하는 지도 모르는데, 격식이야 어찌되었건 불문에 붙이더라도 어찌 공격을 유인하겠는가."

"중기(中氣)가 발에까지 관통하니, 모든 것이 순응하고 따르지 않는 것이 없다."

"태극권을 수련하여 어느 날 일가(一家)를 이루게 되면, 자신의 마음을 평안하게 다스릴 수 있게 되어, 자연히 난폭하고 방자한 기운이 없어진다."

"중기(中氣)가 손가락 끝에까지 이르면, 비로소 발에까지도 운행된다."

"수기(手氣)가 발에까지 이르게 되면, 엄지발가락은 손과 더불어 하나를 이루게 되는데, 이때 비로소 모든 것이 안정된다."

"경(勁)은 모두 마음에서 시작되어, 안으로는 골(骨)로 들어가고, 밖으로는 피부 표면에 이른다. 이것은 하나의 경(勁)으로서 여러 가닥으로 갈라져 있는 것이 아니다. 그것은 기(氣)가 마음에서부터 일어난 것인 까닭이다. 중정(中正)을 얻으면 바로 중기(中氣)를 얻게 되고, 그것을 기르면 바로 호연지기(浩然之氣)가 된다."

"중기(中氣)는 척추를 관통한다."

"만약 이 가운데 진정한 소식(消息)을 묻는다면, 반드시 척추의 골절 중에서 찾아야 한다."

"중기(中氣)는 위로는 백회혈(百會穴)에서부터, 아래로는 장강혈(長强穴)을 관통하여, 마치 하나의 선(線)이 뚫고 지나가는 듯 하다."

"중기(中氣)는 심장과 신장의 가운데를 관통하여, 위로는 정수리를 통하고, 아래로는 회음(會陰)에 이른다 …… 중기(中氣)가 안으로 충실해지면, 개합금종(開合擒縱)하니, 저절로 장애가 없어진다."

"중기(中氣)는 반드시 팔에서부터 천천히 운행(運行)하니, 이를 방치하여 간과해서는 안 된다. 당연한 법칙을 따르고, 자연스럽게 운행하며, 한쪽으로 치우치지 아니하면, 심기(心氣)가 두 팔뚝의 한가운데로 운행하니, 이것을 중기(中氣)라고 한다."

"그 형(形)은 멈춘 듯하지만 그 의(意)는 멈추지 않아서 점점 내경(內勁)을 충실하게 한다. 그 경(勁)으로 골(骨)에서부터 피부 및 손끝에까지 내경(內勁)을 충족시켜서 전체적으로 내경이 충실해지면 하세지기(下勢之機)가 저절로 움직이게 된다."

"한번 기(氣)가 움직이면 절대로 멈추지 않는데, 이것은 순전히 호연지기(浩然之氣)가 전신을 감돌게 되어 그 기세를 막을 수 없기 때문이다."

"온몸이 공령(空靈)[328]에 이르게 되면, 중기(中氣)가 그 기세를 따라 발양하게 된다."

"두 사람이 대적하는 것은 성명(性命)에 관련되는 것인데, 겉은 상대에게 내보이고 안은 자신이 보게 되는 것이니, 지피지기(知彼知己)하면 백전백승(百戰百勝)이다. 중기(中氣)로 상대를 방어하면 중정(中正)의 도(道)를 잃지 않게 된다."

"마음의 중기(中氣)로 사지(四肢)를 운용하면, 상대는 나를 알아보지 못해도 나는 홀로 상대를 알게 된다. 시시때때로 정신을 가다듬어 나가면, 세월이 지나 반드시 저절로 깨치는 때가 오게 된다."

"정경(頂勁)을 이끌어야 하는데, 정경(頂勁)은 어디에 있는가? 그것은 백회혈(百會穴)에 있다. 의(意)로써 가볍게 이끌되 지나쳐서는 안 된다. 지나치면 아래에서 치고 올라와 위에서 매달리니, 서 있어도 불안정하다. 이것이 일신(一身)의 관건이니, 중기(中氣)가 통하는 바를 몰라서 되겠는가. 중기는 위로는 백회(百會)로 관통하고, 아래로는 스무 번째의 척추를 관통하는데, 일단 이 곳을 통하게 되면, 상하가 모두 통하게 되어, 전체의 기맥(氣脈)이 원활히 소통되어 거꾸로 흐르는 폐

---

328) 변화무쌍하여 포착하기 힘든 상태.

단이 저절로 없어진다. 머리 뒤쪽에 있는 두 개의 근육은 중기를 보좌하는 것이고, 두 근육의 사이, 즉 근육이 없는 부분은 바로 중기가 상하로 흐르는 길로서 아래로 흘러 척골(脊骨)의 스물 한 번째 척추에서 멈춘다. 즉 전후 임(任)·독(督) 양맥이 모두 나의 중기(中氣)를 돕는다."

"중기(中氣)는 그 이름을 붙이기가 매우 어렵다. 즉 중기가 다니는 길의 이름을 짓기란 여간 어려운 일이 아니다. 형태도 없고 소리도 없으니, 오랜 기간 그 쓰임〔用〕을 공부하지 않으면 알 수 없다. 그래서 치우치거나 기울지 않아야 한다고 일컫는 것은 그 모양(形)을 말하는 것이 아니라 정신이 자연스럽게 중용(中庸)의 상태에 있게 된 것을 말한다. 사지(四肢)를 운행하는 중기(中氣) 역시 이러한 것이니, 달리 다른 중기가 있는 것이 아니다. 중기가 한쪽으로 치우치지 않으면 사지의 중기가 모두 치우치지 않게 된다. 비록 사체(四體)의 모습이 한쪽으로 많이 치우쳐 있더라도 중기가 지체(肢體)에 흐르면, 치우치거나 기울지 않게 된다. 이러한 의미는 신비롭기도 하지만 명백한 것이다."

"기(氣)는 두 가지가 있는 것이 아니다. 백 가지 경(勁)을 부드럽게 하는 것은 중기(中氣)이고, 오로지 딱딱하게 경직된 느낌을 주는 것은 횡기(橫氣)이다. 그 쓰임〔用〕은 치우치거나 기울지 않아야 하고, 지나치거나 모자라지 않아야 하는데, 이것은 중기의 쓰임〔用〕을 두고 말하는 것이지 그 모양〔體〕을 말하는 것이 아니다. 중기의 형체(形體)는 바로 내 마음속 음양(陰陽)의 정기(正氣)이다. 즉 맹자(孟子)가 말하는 바, 도의(道義)와 결합된 호연지기(浩然之氣)인 것이다."

4) 전요운동 서창경락(纏繞運動 舒暢經絡)

"무릇 모든 경락(經絡)은 권(拳)에 유익하게 작용한다."

"태극권을 할 때에는 반드시 전사경(纏絲勁)을 알아야 한다. 전사(纏絲)라 함은 중기(中氣)를 운행하는 법문(法門)이니, 이것이 분명하지 못하면 그 권(拳)이 분명하지 못할 수밖에 없다."

"태극권은 전사법(纏絲法)이다. 진전퇴전(進纏退纏), 좌우전(左右纏), 상하전(上下纏), 내외전(內外纏), 대소전(大小纏), 순역전(順逆纏) 등 여러 가지 전사법(纏絲法)이 있으나, 이러한 모든 동작들에 있어서 당기는[引] 동작을 하거나 나아가는[進] 동작을 하거나 어느 경우에 있어서도 전사(纏絲)하는 동작이 동시에 같이 이루어지는 것이며, 각각이 따로따로 움직일 수는 없는 것이다. 만약 제각기 따로 움직이게 되면 음양이 서로 호응하지 못하여 근본이 서지 못한다."

"혼신(渾身)으로 전사경(纏絲勁)을 갖추게 되면, 대개는 내전(內纏)하고 외전(外纏)하는 모든 것이 동작에 따라서 일어나는데, 왼손이 앞에 있으면 오른손은 뒤에 있게 되고, 오른손이 앞에 있으면 왼손은 뒤에 있게 된다. 합(合)의 동작으로 일순(一順)함에 있어서도 역시 왼쪽이 안으로 움직이면[合] 오른쪽은 그 반대로 움직이게 된다. 또한 그 반대로 움직이는 경(勁)이나 동작은 각각의 기세가 어떠한지에 따라서 자연스럽게 이루어지게 된다. 그러한 경(勁)은 모두 마음에서 발생하여 안으로는 골(骨)로 들어가고, 바깥으로는 피부에 이르는데, 이것은 모두 한 가닥으로 연결된 경(勁)이지 여러 가닥으로 나뉘어진 경(勁)이 아닌 것이다. 즉 기(氣)는 마음에서 발생하여 중정(中正)을 얻으면 중기(中氣)가 되고, 그것을 기르면 호연지기(浩然之氣)가 된다."

"이것의 취지는 신(神)과 기(氣)를 갈라놓는 데 있는 것이 아니다. 신(神)과 기(氣)가 끊어지지 않아야 혈맥(血脈)이 자연스럽게 흐른다."

"천지간(天地間)에 한 번 가서 되돌아오지 않는 것이 없고, 곧으면서 구부러지지 않는 것이 없다."

"무릇 만물(萬物)은 상대적이며, 세(勢)는 돌고 도는 것이니, 이것이 고금의 변하지 않는 이치이다."
"생명을 보호하는 근본은 기(氣)의 순환에 그 오묘한 비결이 있다. 운기(運氣)를 잘 할 수 있어야 비로소 생명을 지킬 수 있는 것이다."

"훌륭한 스승을 따르고 뛰어난 친구를 찾아다니며 그때마다 규범을 익혀 배우면

한 줄기 밝은 빛이 열리듯 깨우치게 된다. 한 수 한 수 깊이를 더하니 그때마다 오묘함이 무궁해지고, 일개(一開)에 일합(一合)이 이어지니 개합(開合)이 차례대로 이어진다."

"오운육기(五運六氣)³²⁹가 변화를 다스리니, 무술로 그것을 깨우치게 되면 자연히 신통력이 생긴다."

"경(勁)은 모두 마음에서부터 일어나, 다리와 팔의 표면을 전사(纏絲)하는 것처럼 보이지만, 사전순역(斜纏順逆)에는 원래 정해진 바가 있으니, 인내하며 면밀하게 연구해야 한다. 연구하고 공부하여 진수가 쌓이는 가운데 세월이 흐르면, 어느 날 문득 태극권이 환해져 인체의 곳곳이 모두 태극(太極)이 되고, 일동일정(一動一靜)이 모두 혼연(渾然)해지는 때가 오게 된다."

"팔로 흐르는 경(勁)은 마음에서 일어나 어깨와 팔꿈치를 지나 손가락에 이르는데, 이것은 순전법(順纏法)이다. 이것은 뼈에서 피부로, 어깨에서 손가락으로 움직이는 것으로 출경(出勁)이라 한다. 손가락에서 어깨로 움직이는 것을 도전법(倒纏法) 또는 역전법(逆纏法)이라 하는데, 이것을 출경(出勁)과 비교하여 입경(入勁)이라고 하며, 상대를 유인하여 상대방으로 하여금 나에게 가까이 오게 한다."

"두 다리의 경(勁)은 모두 엄지발가락에서 시작하여 용천혈(湧泉穴)을 지나 바깥쪽의 복사뼈를 돌아 상전(上纏)하여 지나다가 내전(內纏)하여 비스듬히 올라가서, 족삼리(足三里)를 지나고 무릎을 넘으며, 혈해(血海)를 지나 허벅지에 이른다. 두 허벅지 사이를 당(襠)이라고 하는데, 여기에 바로 회음혈(會陰穴)이 있다. 발뒤꿈치를 움직여 땅을 밟고 서면 점차 발가락에까지 순조롭게 통하여 통곡(通谷), 대종(大鍾), 바깥쪽 장딴지, 은백(隱白), 태돈(太敦), 여태(厲兌)에 이르는데, 진실로 충실하게 땅 위를 밟게 된다."

"우리 신체의 모든 경(勁)은 각각 경락(經絡)을 따라 움직이는데 조금도 빠뜨리

---

329) 오운(五運)은 金·木·水·火·土 오행의 운행을 말하고, 육기(六氣)는 음(陰)·양(陽)·풍(風)·우(雨)·회(晦)·명(明) 또는 한(寒)·서(暑)·조(燥)·습(濕)·풍(風)·우(雨)를 뜻함.

는 것이 없다."

"일왕일래(一往一來)하며 전신을 돌게 되면 상하(上下)의 모든 기관이 멈추지 않는다. 자고 이래 태극권이 모두 이와 같은데 하필이면 몸 밖에서 허망하게 방법을 찾으려고 하는가?"

5) 상하상수 내외상합(上下相隨 內外相合)

"신체는 반드시 상하상수(上下相隨)해야 일기관통(一氣貫通)하게 된다."

"내외(內外) 상하(上下)가 반드시 따라 움직여야 그 경(勁)이 어긋나지 않는다."

"명령을 내리는 것은 마음이고, 명령을 전달하는 것은 손이며, 색을 보는 것은 눈이다. 마음·손·눈, 이 세 가지 가운데에 하나라도 빠져서는 안 된다."

"상하(上下)의 수족(手足)이 서로 따라 움직여야 뒤로 가고 앞으로 도는 것이 느리지 않게 된다."

"앞서 나가지도 않고 뒤에 처지지도 않으니 맞이하고 보내는 것이 알맞다. 전후좌우(前後左右), 상하사방(上下四旁)으로 회전하고 이어감이 영민(靈敏)하며, 느리고 빠름이 서로 어우러진다."

"상체의 손이 어떻게 운행되는가에 따라 하체의 다리가 운행되는 것이니, 곧 상하상수(上下相隨)하면 자연히 손발이 맞게 되는 것이다."

"손에 있어서 모든 것은 손바닥으로 이어지도록 되어 있으며, 손가락이 전신의 움직임을 이끌어 나가는데, 발은 손을 따라 움직이니 그것이 긴요하다."
"발이 손을 따라 움직이면 신기하게도 원활히 돌아가게 된다."

"중간의 흉부와 복부 그리고 수족이 움직이면 상하(上下)가 일기관통(一氣貫通)하니, 일제히 함께 움직이고, 일제히 함께 멈춘다."

"머리를 치면 꼬리가 움직이니 정신이 통하였음이고, 꼬리를 치면 머리가 움직이니 경락(經絡)이 통하였음이다. 가운데를 치면 수미(首尾)가 움직이니 상하사방(上下四旁)이 마치 활을 당긴 것과 같구나."

"내외(內外)가 일기(一氣)로 유전(流轉)하는구나."
"팔체(八體), 즉 정수리〔頂〕, 사타구니〔襠〕, 심장〔心〕, 눈〔眼〕, 귀〔耳〕, 손〔手〕, 다리〔足〕, 허리〔腰〕가 서로 긴밀하게 연결되어 있음을 그대는 반드시 기억하시오. 이것을 깨우치면, 인력(人力)으로 운행하면서도 하늘의 기교를 이룰 수 있다."

"무릇 태극권은 그 변화가 끝이 없고 경(勁)이 아니면 움직이지 않으며, 그 세(勢)가 비록 같지 않더라도 경(勁)은 결국 하나로 귀속된다.
무릇 하나〔一〕라고 하는 것은 정수리에서 발끝에 이르기까지, 안으로는 오장육부와 근골(筋骨)이 있고 밖으로는 근육과 피부가 있는데, 사지백해(四肢百骸)가 모두 하나로 연결되어 있음을 말한다.
그것은 부숴도 나뉘어지지 않고, 부딪쳐도 흩어지지 않는다. 상체가 움직이려 하면 하체가 스스로 따라오고, 하체가 움직이려 하면 상체가 스스로 이끈다. 위아래가 움직이면 가운데가 호응하고, 가운데가 움직이면 위아래가 그것에 조화를 이루며 몸의 안팎이 서로 연결되고 동작의 앞뒤가 서로 필요로 하며 진행되니, 이른바 일이관지(一以貫之)라는 말은 바로 이를 두고 하는 말이다."

"마음과 몸이 기(氣)의 소통을 원활하게 하고자 한다면, 규범을 따라 신법을 가벼이 하고, 순기자연(順其自然)하는 자세로 기(氣)를 운행하여야 한다. 손으로 팔꿈치를 이끌고, 팔꿈치로 어깨를 이끈다. 아래로는 발로 무릎을 이끌고, 무릎으로 넓적다리를 이끈다. 그 요처(要處)는 전적으로 수족의 끝으로 운행을 이끌어 가는 데에 있다. 혹 '수족이 모두 기(氣)를 쓸 수 없으면 어떻게 움직이는가?'라고 묻는다면, '손의 기(氣)는 어깨와 팔을 확실하게 이끌어주는 것에 불과한 것인즉, 너무 모자라거나 지나치게 되면 민첩하지 못하게 된다. 발은 손에 비해 약간 더 무거운 편이다'라고 대답한다."

6) 착착관관 세세상승(着着貫串 勢勢相承)

"권(拳)의 첫 번째 도(道)는 진퇴(進退)가 그치지 아니하고, 신기관관(神氣貫串)하여 절대로 끊어지지 않는다는 것이다."

"막 무예를 배우기 시작한 수련자들이 먼저 머리 숙여 배워야 하는 것은 맥(脈)이 전신을 원활하게 소통하도록 하여 일기상생(一氣相生)하도록 해야 하는 것이다."

"위로 오르고 아래로 내려감에 일기(一氣)로 이어져서 신기(神氣)가 중간에 단절되지 않도록 한다."

"타권(打拳)은 전적으로 기세(起勢)에 달려 있으니, 일단 세(勢)를 한 번 얻으면 그 다음에도 세(勢)를 얻지 못할 바가 없다. 상대가 없어서 맨손을 공연히 움직여도 역시 세(勢)를 얻는 것이 느껴지고, 그 기세(機勢)가 민첩하니, 그러한 연고로 각각의 일세(一勢)는 전적으로 일기(一起)에 달려 있다 할 것이다. 뼈가 이어지는 곳에서는 저와 같은 세(勢)가 어떻게 내려가면 이와 같은 세(勢)는 어떻게 올라가는지를 반드시 세심하게 살펴야 한다.

또한, 전체적으로 내려갈 때에는 어떻게 하면 아무런 결점 없이 충분한 만족을 얻을 수 있을지 고려해야 한다. 신기(神氣)가 충분하면, 이 세(勢)가 멈출 것 같아도 다음 동작의 기운이 이미 움직이고 있어서 멈추고 싶어도 멈출 수가 없다. 대개 멈추려고 하면 장차 그 멈추려는 기운이 이미 다음의 세(勢)를 일으키는 것이다. 그래서 나는 '이때의 경지는 멈출 듯 하면서도 멈추지 않고〈멈추지 않는 것은 신(神)이 부족해서이다〉, 멈추지 않을 듯 하면서도 멈춘다.〈멈춘다는 것은 일순간에 불과하고 다음 세(勢)가 바로 일어난다〉'라고 말하였다."

"태극권을 배울 때는 하나하나 세심하게 살펴야 한다. 만약 하나라도 살피지 않으면 세(勢)의 이치를 깨달았다 하더라도 결국엔 모호해지기 때문이다. 그러므로 앞의 세(勢)를 이어 뒤의 세(勢)를 행할 때에는 반드시 주의해야 한다. 이 부분에서 신경을 쓰지 않으면 맥(脈)의 소통이 원활하지 못하고, 전관(轉關) 역시 민첩하지 못하여 각각의 세(勢)는 이룰 수 있어도 처음부터 끝까지 일기관통(一氣貫通)할 수는 없다. 일기관통(一氣貫通)하지 못하면 태화원기(太和元氣)를 얻을 수 없음은 물론 태극권의 권문(拳門)에 들어서기도 어렵다."

"일반적으로 권(拳)은 전적으로 일기일전(一起一轉)에 달려 있다. 이른바 '득세(得勢)하여 기맥(氣脈)이 다투어 원활히 소통하니 그 비범함은 전관(轉關)에 달려 있다.' 라고 한다. 본래 세(勢)에서 손이 움직이기 시작할 때에는 먼저 어떻게 손을 써야 앞의 동작과 이어지고 신기(神氣)와 혈맥(血脈)이 끊기지 않게 되는가를 반드시 먼저 생각해야 한다.

또, 이어진 후에는 반드시 손이 어떻게 득기득세(得機得勢) 하는지를 생각해야 한다. 기맥(氣脈)의 소통이 원활하고 득기득세(得機得勢)하면 전관(轉關)이 자연히 민첩해진다. 이와 같이 할 수 있으면 훗날 다른 사람과 대적할 때 상대보다 먼저 자세를 갖추고 주도권을 장악하여 마음대로 상대를 다룰 수 있게 된다."

"매 세(勢)의 동작을 마치면 정지한 듯 하여도 기(氣)는 멈추지 않은 상태임으로 반드시 내경(內勁)이 움직여 충족되도록 해야 한다. 그리하여 다음 세(勢)의 움직임이 일어날 조짐이 보이면 바로 앞의 세〔上勢〕와 그 다음의 세〔下勢〕가 통할 수 있게 되고 중간에는 아무런 막힘이 없이 일기(一氣)로 흐르게 되니, 일세(一勢) 뿐만 아니라 태극권의 모든 세(勢)에서 처음부터 끝까지 모든 동작이 모두 이와 같다."

"접골(接骨)의 장부[330] 부분을 세심하게 살펴야 한다."

"이(理)와 법(法)은 정밀(精密)하여 차례차례 자세히 분석해야 한다."

"곡절(曲折)이 쌓이다 보면 지극한 경지에 이를 수 있다."

---

330) 장부 : 이쪽 끝을 저쪽 구멍에 맞추기 위해 얼마쯤 가늘게 만든 부분.

7) 허령정경 기침단전(虛領頂勁 氣沈丹田)

" '태극권의 관건(關鍵)은 어디에 있습니까?'라고 물으니 '백회혈(百會穴)의 아래에 있다. 머리 뒷부분의 대추(大椎)에서 장강(長强)으로 통하는데, 임(任)·독(督)의 두 맥에서 움직인다.'라고 대답하였다."

"백회혈(百會穴)이 전신을 영기(領起)한다."

"정경(頂勁)이라 함은 중기(中氣)가 정수리에까지 오르는 것이다. 정경(頂勁)을 일으키지 못하면 기(氣)가 아래로 내려앉는다. 그러나, 정경(頂勁)을 일으키되 지나치면 전신의 기(氣)가 모두 위로 올라가게 될 뿐만 아니라, 발바닥이 불안정하게 되고 병이 위험한 상태로 빠지게 된다. 정수리 역시 경직되어 비틀고 돌리는 것이 민첩하지 못하게 되며, 정신이 나간 듯한 모습을 하게 된다. 그러므로 정경(頂勁)은 있는 듯 하면서도 없는 듯 하게 그 중용(中庸)을 취해야 한다."

"태극권은 모든 것이 정경(頂勁)에 달려 있다. 정경(頂勁)을 잘 다스리면 온몸과 정신이 모두 진작된다."

"중요한 것은 모두 정경(頂勁)에 있다. 그러므로 정경(頂勁)이 잘 다스려지면 온몸과 정신이 모두 진작된다."

"정경(頂勁)의 중기(中氣)는 정기(正氣)이다. 심중(心中)에 뜻〔意〕이 일어나면 정수리까지 도달하여 중기(中氣)가 자연스럽게 일어난다. 이것은 사물이 이끄는 것이 아니라 심의(心意)로써 이루어지는 것이다."

"태극권은 처음부터 끝까지 절대로 정경(頂勁)을 잃어서는 안 된다. 한 번 정경(頂勁)을 잃어버리면 사지(四肢)가 붙어 있지 않은 듯 하고, 정신을 집중하기 어려우니, 반드시 정경영기(頂勁領起)함을 온몸의 강령(綱領)으로 삼아야 한다."

"정경상령(頂勁上領)하면, 마음은 위로 솟아 하늘을 찌를 것 같더라도, 기(氣)를 씀이 지나쳐서는 안 된다."

"정경영기(頂勁領起)하면 비스듬히 기운 것은 바르게 되고, 당간(襠間)은 반달 모양으로 둥글게 된다."

"중기(中氣)는 위로는 백회혈(百會穴)에 이르고, 아래로는 장강혈(長强穴)을 관통하는데, 마치 한 줄로 꿰뚫어 놓은 듯하다."

"정경영기(頂勁領起)한다는 것은 뒷머리에 있는 두 개의 큰 근육에 힘을 주어 뻣뻣하게 버티는 것이 아니라, 중기(中氣)를 위로 끌어올리는 것을 뜻한다. 마치 뜻[意]이 있는 듯 하면서도 없는 듯 하고, 가볍거나 무겁지 아니하며, 있는 듯 하면서도 없는 듯 하다. 마음에서 홀연히 빠르게 움직여서 뒤쪽 정수리로 흘러 들어가게 되는데, 그 이끌림이 지나쳐서도 안 되고 또한 모자라서도 안 된다. 지나치면 위에 걸리게 되고, 미치지 못하면 가슴에 기(氣)가 머물러 있어서 아래로 내려가기 어렵게 된다. 이것이 바로 정경(頂勁)을 이루는 방식이다."

"중기(中氣)는 심(心)과 신(腎)의 가운데를 관통하여 위로는 정수리를 통하고, 아래로는 회음(會陰)에 이른다."

"정경상령(頂勁上領)하면, 탁기(濁氣)는 아래로 내려가고, 중기(中氣)는 단전(丹田)으로 들어와 쌓인다."

"사람의 몸은 허리를 중심으로 하여, 기(氣)가 오르고 내리는데, 그 중간은 허리를 경계로 삼는다."

"맹자(孟子) 말하길, '지(志)라 함은 기(氣)의 우두머리요, 기(氣)라 함은 몸을 채우고 있는 것이다.'[331]라고 하였다. 즉, 마음[心]은 장군과 같고, 기는 병사와 같아서 장군이 한 번 명령을 내리면 병사들이 모두 그 명령을 따른다는 뜻이다. 청기(淸氣)는 위로 올라가 손에 이르고, 탁기(濁氣)는 아래로 내려가 발에 이르는데, 기(氣)는 모두 손가락에 이르러서야 비로소 멈춘다. 단전(丹田)은 전체의 기가 돌아가 머무는 곳으로 군대의 주둔지와 같다. 기는 상행하고 하행하는 두 개의 기둥

---

331) ≪맹자(孟子)≫, "夫志者 氣之帥也 氣者體之充也.(부지자 기지수야 기자체지충야.)"

과 같아 보이나 사실은 일기관통(一氣貫通)하는 것이다."

"백회혈(百會穴)이 전신의 기운을 이끌 때, 청기(淸氣)는 상승하게 하고, 탁기(濁氣)는 하행하게 한다. 청기(淸氣)는 어떻게 상승하는가? 이는 심기(心氣)가 평정(平靜)한 상태를 유지하게 되면 얻게 되는 것이니, 이때 탁한 기운은 반드시 발로 내려간다. 하나의 세(勢)가 이루어지면 상체의 청기(淸氣)는 모두 단전(丹田)에서 시작하여 단전으로 돌아오며, 대개 심기(心氣)가 내려가면 전신의 기(氣)가 모두 내려가게 된다."

"전신의 경(勁)이 바깥으로 들고 나는 것은 모두 단전(丹田)에서부터 비롯되는 것이며, 안으로 거두어들인다는 것도 모두 단전으로 모이게 한다는 것이다. 그러나 이것은 모두 마음이 주재하는 까닭에, 곳곳마다 드러나는 모든 것이 태화원기(太和元氣)의 기상(氣象)인 것이다."

"기(氣)가 단전(丹田)으로 돌아오니, 상허하실(上虛下實)한데, 중기(中氣)가 가운데(中)에 있으니, 허령(虛靈)이 안(內)에 머문다."

"세(勢)가 이미 이루어지면 심기(心氣)는 평화로워지고, 중기(中氣)는 단전(丹田)으로 돌아온다."

"단전(丹田)의 기(氣)는 하나가 나뉘어 다섯 갈래로 흘러가지만 사실은 일기관통(一氣貫通)하는 것이다. 상하가 뒤바뀔 수 없으니, 이것은 하나이기 때문이다. 심기(心氣)가 일단 일어나면 단전(丹田)의 기(氣)는 위로 오르는데 그중 6할은 심장으로 가서 다시 두 개로 갈라져 그중 절반은 왼쪽 어깨로 올라가고, 나머지 절반은 오른쪽 어깨로 올라간다. 모두 어깨 관절에서 좌우의 손가락으로 관통하게 되는데, 관절 속에 있는 것은 중기(中氣)이고, 피부에서 행해지는 것은 전사경(纏絲勁)이다. 나머지 4할도 또한 두 개로 나뉘어 절반은 왼쪽 다리로, 나머지 절반은 오른쪽 다리로 가게 되어 모두 관절에서 좌우 발가락으로 관통한다."

"중기(中氣)가 단전(丹田)으로 돌아간다는 설(說)에 대하여 굳이 얽매일 필요는 없지만, 기(氣)를 배꼽 밑의 아랫배로 내려보내는 것은 중요한 일이다. 만약 이를 자세히 연구하여 단전(丹田)이 기(氣)의 근원이 아니라고 한다면, 굳이 무엇으로 돌아간다고 말할 수 있을는지 모르겠지만, 이것은 개략적으로 대의(大意)를 언급한 것에 불과하다.

그 원리를 좀 더 자세히 알아본다면, 신체의 원기는 모두 신(腎)에서 나오는 것인즉, 신수(腎水)가 충분하면 기(氣)는 저절로 왕성해진다.

위(胃)에서는 양생(養生)하는 일을 하는데, 위(胃)가 그 역할을 잘 하게 되면 또한 기(氣)가 왕성해진다.

간(肝)은 저장하는 일을 하는데, 간기(肝氣)가 한 번 움직이면 뜻밖에 역기(逆氣)가 생겨나 기(氣)의 평형이 깨질 수 있다.

심(心)에서는 무자맥질을 하는데, 마음[心]에 망령된 생각이 없으면 마음이 편안해져서 기(氣)도 자연히 평화로워진다.

폐(肺)는 주로 소리와 관련되는데, 사실은 심(心)에서부터 울리는 것이다. 그러므로 심(心)의 조짐이 어떠한가는 입으로 소리를 내기 전에 마음에서 먼저 알아차린다.

담(膽)에서는 힘을 내게 하여 담(膽)이 앞으로 나아가지 않으면 기(氣) 또한 그것을 따라 나아가지 않는다.

비(脾)의 운행에 관해서는, 이 경(經)은 다기소혈(多氣少血)하고, 소리를 들으면 움직이고, 그 운행이 끝이 없으니, 심(心)이 일단 비(脾)를 움직이면 바로 움직이기 시작한다.

대장(大腸)은 보좌하는 기관으로 다기소혈(多氣少血)하며 전도지관(傳道之官)[332]의 역할을 한다.

그리고 소장(小腸)은 앞쪽으로 배꼽 위에 있고, 뒤로는 척추에 붙어 있으며, 더러운 것이 남아 있지 않도록 탁기(濁氣)는 내보내고 청기(淸氣)를 불러들인다.

이상의 경락(經絡)은 모두 태극권에 유익한 내용들이므로 언급하였다.

신(腎)에 대하여 좀 더 부연한다면 신(腎)은 강한 힘을 만드는 곳으로 재주의 기묘함이 여기에서 나온다. 이 경(經)은 소혈다기(少血多氣)하고, 장경우지(藏經于志)하니, 정신(精神)의 거처이고, 성명(性命)의 근원이다. 신(腎)은 두 개가 있고 각각 두 개의 길이 있어, 하나는 심장으로 연결되어 있고, 하나는 뇌로 통한다. 기

---

332) 전달기관

(氣)는 사실상 여기에서 생산되어 다시 이곳으로 돌아온다. 명문(命門)[333]은 두 신장의 가운데에 있는데, 기(氣)가 드나드는 문이기 때문에 명문(命門)이라고 부르는 것이다."

"명맥(命脈)을 유지하는 것은 신(腎)이니, 곧 중기(中氣)가 나오는 곳이다. 동(動)하면 나오고, 정(靜)하면 들어간다. 일정한 듯 하면서도 그 정해진 바가 없으니, 불시에 그 세(勢)의 변화가 일어나기 때문에 하는 말이다. 그런 까닭으로 음양이기(陰陽二氣)는 늘 변화하여 일정하게 정해진 바가 없는 것이다."

"신(腎)을 들고 나는 것이 진짜 비결이다."

"과호세(跨虎勢)는 정세(定勢)이다. 백호(魄戶)는 허리 위쪽으로부터 등뒤에 있고 고황(膏肓)은 갈비뼈의 앞으로 모이고, 가슴 앞쪽의 좌우 갈비뼈에서 첫 번째 줄의 연액(淵液)과 대포(大包)는 삼초(三焦)[334]에 속하며, 두 번째 줄의 첩근(輒筋), 일월(日月) 역시 소양경(少陽經)에 속하며, 세 번째 줄의 운문(雲門), 중부(中府), 흉향(胸鄕)은 폐(肺)와 비(脾)에 속하며, 네 번째 줄의 궐음(厥陰), 기문(期門), 천지(天池)는 간(肝)과 담(膽)에 속하며, 다섯 번째 줄은 양명대장경(陽明大腸經)으로 결분(缺盆), 기호(氣戶), 양문(梁門), 간문(關門)은 장(腸)과 위(胃)에 속하며, 여섯 번째 줄은 소음경(少陰經)으로 유부(俞府), 신장(神藏), 유문(幽門), 통곡(通谷)은 심(心)과 신(腎)에 속하며, 가운데 한 줄은 화개(華盖), 자궁(紫宮), 옥당(玉堂), 전중(膻中), 중정(中庭), 구미(鳩尾)이다."

"좌우 겨드랑이의 연액(淵液), 대포(大包)에서 시작되어, 유문(幽門), 통곡(通谷)의 양쪽이 모두 옥당(玉堂)으로 향하다가 전중(膻中)으로 합쳐져서 좌우의 갈비뼈가 서로 호응하는데, 이것이 좌우늑요상식(左右肋腰上式)이다."

"허리 아래로 좌우의 기충(氣衝), 유도(維道)는 모두 기해(氣海), 관원(關元), 중극(中極)으로 합쳐지는데 이것이 바로 좌우연륵하식(左右軟肋下式)이다."

---

333) 제2요추와 제3요추의 중간에 있는 경혈(經穴).
334) 한방에서 이르는 육부(六腑)의 하나로서 상초(上焦)·중초(中焦)·하초(下焦)의 총칭.

8) 함흉탑요 침견추주(含胸塌腰 沈肩墜肘)

"가슴은 경(勁)이 머물고 있으면서도[含住勁: 함주경], 또한 허(虛)를 이루고 있어야 한다."

"가슴은 경(磬)[335]처럼 허(虛)를 품고 있어야 한다."

"가슴은 국궁(鞠躬)하듯 앞쪽으로 약간의 만(灣)을 이루어, 사면(四面)이 아우러지도록 한다."

"중간의 복부(腹部)와 흉부(胸部)는 천돌혈(天突穴)에서 배꼽 아래의 음교(陰交), 기해(氣海), 석문(石門), 관원(關元)에 이르기까지 경(磬)과 같이 국궁형(鞠躬形)으로 구부리는데, 이것을 함주흉(含住胸)이라 하고, 이것을 합주경(合住勁), 곧 경(勁)이 머물거나 모아지는 상태로 보는데, 이때는 허(虛)를 이루어야 한다."

"심기(心氣)를 평정(平靜)하게 하여, 난폭하고 방자한 기(氣)로 가슴을 채우지 마라."

"허리에는 경(勁)이 함축되어 있고, 기(氣)는 단전(丹田)으로 내려 난폭하고 방자한 기(氣)가 위에서 머물지 못하게 한다."

"흉부의 횡격막에 난폭하고 방자한 기(氣)를 두지 말고 이를 발바닥으로 끌어내려라. 그것이 불가능하면 단전(丹田)까지라도 내려야 한다."

"흉간(胸間)을 송개(鬆開)하라. 흉부가 방송(放鬆)되면 온몸이 편안해진다. 마음에 두는 바가 있어도 안 되고, 마음을 놓아서도 안 된다. 화개(華盖)에서 석문(石門)에 이르기까지 비어 있는 듯 하면서도 채워져 있어야 하며, 난폭하고 방자한 기(氣)가 가슴속을 돌아다니게 해서는 안 된다."

---

335) 옥이나 돌로 만든 타악기.

"가슴 또한 손을 따라 전원(轉圓)하는 것이다."

"〈백학량시세(白鶴亮翅勢)의 경우〉 흉간(胸間)의 경(勁) 또한 오른손과 왼손을 따라 돌되 먼저 오른쪽에서 아래로 향하고, 왼쪽에서 위를 향하다가 오른쪽에 이르도록 하여 하나의 커다란 원을 그리도록 한다."

"가슴의 내경(內勁) 역시 태화의 원기와 마찬가지로 전원(轉圓)한다."

"태화원기(太和元氣)는 가슴속에서 운행하는데, 일동일정(一動一靜)에 경중(輕重)이 합(合)해진다."

"권(拳)을 씀에 있어 그 움직임을 이끌어 가는 것이 손에 의해 주도되나, 전관(轉關)은 모두 어깨의 방송(放鬆)에 달려 있다. 수련의 정도가 깊어지면 어깨의 관절이 저절로 열리게 되니 억지로 행해서 될 일은 아니다. 좌우 어깨가 방송(放鬆)되지 않으면 전관(轉關)이 민활하지 못하게 된다. 또한 어깨를 방송(放鬆)한다는 것은 어깨를 축 늘어뜨린다는 것이 아니다. 골관절이 열리게 되면 어깨는 자연히 방송된다."

"어깨를 아래로 내려, 위로 치켜져 솟지 않도록 한다."

"전권(轉圈)[336]의 원동력은 모두 어깨에 달려 있다. 그러므로, 어깨의 관절은 마땅히 열려서 이완되도록 해야 한다."

"팔은 어깨에 걸려 있는 듯 해야 한다."

"견옹(肩顒) · 견정(肩井) · 부돌(扶突)은 모두 방송(放鬆)하라."

"견박두골(肩膊頭骨)의 뼈 사이가 벌어지도록[開] 해야 한다. 처음엔 잘 벌어지지 않으나 억지로 벌리려고 해서는 안 된다. 훈련이 미치지 못하여 저절로 벌어지

---

336) 권(圈)이란 태극권의 운동 궤적을 일컫는 말로 전권(轉圈)은 그 권(圈)의 변화와 전환을 의미함.

지 않은 때, 마음속으로 아무리 벌어졌다고 말하지만 그래도 벌어지지 않는다. 반드시 오랫동안 어려움을 극복하며 수련하면 자연스럽게 벌릴 수 있으니 그때 비로소 '개(開)'라고 할 수 있다. 여기서 일단 개(開)가 이루어지면, 온 팔의 왕래굴신(往來屈伸)은 마치 바람에 날리는 버들잎 같고, 한 치의 막힘도 없이 천기(天機)가 활발히 움직이니 모든 것이 이와 관련된 것이다. 이것은 팔뚝의 관건인 민첩함과 관련된 것이니 반드시 알아두어야 한다."

"두 어깨는 항상 방송(放鬆)하여 아래로 내려야 한다. 위로 뜨는(泛: 범)듯 하게 보이면 곧바로 방송하여 아래로 늘어뜨려라. 그러나 부득이하게 위로 올려야 할 경우, 위로 올려야 하는 원인이 없어지고 나면 즉시 방송해야 한다. 방송하지 않으면 팔의 전반적인 전환(轉換)이 민첩하지 못하게 된다. 때문에 떠야 할 때는 뜨고 (泛: 범), 방송(放鬆)해야 할 때는 방송해야 한다. 매 동작이 끝나면 가슴은 앞으로 모으고, 두 어깨는 서로 호응하여 움직여야 하니, 이것이 바로 양견(兩肩)이 취해야 할 방식(方式)이다."

"어깨를 한번 굽혔다 가격하니 동(銅)으로 된 담장이라도 부숴 버릴 듯 하다."

"두 팔꿈치는 아래로 내려야 한다. 아래로 늘어뜨리지 않으면 어깨가 위로 솟아서 사용하기에 적합하지 않다."

"팔꿈치 끝을 아래로 향하라……무릎과 팔꿈치는 아래위가 서로 조응(照應)해야 한다."

"팔꿈치는 전후·좌우·상하에서 호응하여 함주경(含住勁)을 이루어야 한다."

9) 운유성강 강유상제(運柔成剛 剛柔相濟)

"태극권을 할 때는 코를 가운데의 경계로 삼아, 왼손은 좌반신을, 오른손은 우반신을 관할하고, 발은 각각의 손을 따라 움직인다. 심신은 억지로 기를 쓰려 하지 말고 가볍게 움직여야 하는데, 손으로 팔꿈치를 이끌고, 팔꿈치로 어깨를 이끌어

나갈 때는 손안의 기(氣)로써 단지 손과 팔만을 이끌 뿐이며 지나쳐서는 안 된다. 지나치면 실수를 하거나 뻣뻣하게 경직된다. 상체의 손이 어떻게 움직이든 간에, 하체는 그것을 따라 움직여서 상하상수(上下相隨)하게 되면, 중간 부분도 자연히 그것을 따라오게 된다. 이로써 일기관통(一氣貫通)하게 된다. 당경(襠勁)은 개(開)하면서도 허(虛)해야 하니, 당(襠)이 개(開)한 후에는 심기(心氣)가 발동하고, 피부와 골절(骨節)이 모두 열리게 된다."

"강(剛)하려면 먼저 부드러워야[柔: 유]하고, 위로 올리려면[揚: 양] 먼저 아래로 내려야[抑: 억] 한다."

"세상 사람들은 태극권이 부드러운 무술임을 알지 못하고, 더욱이 스스로 열심히 연습하면 이루어진다는 것을 모른다. 단련에 단련을 거듭하면 강(剛)은 유(柔)로 돌아오고, 유(柔)는 강(剛)을 만들게 된다. 그러나 그 강(剛)이나 유(柔)를 찾으려 해도 그 자취를 찾을 수는 없는 것이다. 단지 겉으로 보기에 마치 부드러움만 있는 것처럼 보여 유(柔)라고 이르는 것일 뿐 어찌 사실이 그러해서이겠는가? 유(柔)라는 것은 강(剛)에 대응하여 말한 것일 뿐인 것이다. 무예를 두고 유(柔)라고만 할 수도 없고, 또한 강(剛)이라고만 할 수도 없으니, 이를 일러 태극(太極)이라 이름지은 것이다. 태극(太極)이란, 강과 유가 함께 겸비된 것이니, 이는 무극(無極)의 뒤섞인 상태에서 혼연일체를 이루는 것을 말하는 것이다. 이 경지에 이르고자 하면 공(功)이 많이 드니, 이루기도 어려운 것이다."

"음양(陰陽)은 서로가 서로의 근본이 되니 나무토막처럼 두 개로 나눌 수 없는 것이다."

"강(剛)을 이기기는 쉬워도, 유(柔)를 이기기는 어렵다."

"유(柔)는 능히 강(剛)을 이길 수 있으니, 물러섬으로써 진격하는 것이 바로 곤도(坤道)이다. 곤(坤)은 건(乾)과 교차하니 건(乾)은 강(剛)이 된다. 곧 곤(坤)이 유(柔)의 극치에서 움직이면 강(剛)이 된다. 권(拳)의 표피가 부드러운 것 같아도 그 속은 지극히 강하다."

"태극권은 유(柔)로써 강(剛)을 극복함이니, 이로써 중용(中庸)을 얻게 된다."

"권(拳)을 씀에 있어 어찌 기(氣)를 중요하게 여기지 않겠는가? 기(氣)를 사용하지 않으면 온몸이 어떻게 움직일 수 있겠는가? 단지 지극히 크고 강한 기(氣)를 근본으로 하고 이를 바르게 수양하여 무해(無害) 하도록 할 따름이다."

"일음일양(一陰一陽)은 반드시 중봉(中峰)으로써 운행해야 한다. 중봉(中峰)이란 한쪽으로 치우치지 않는 것으로 바로 마음의 중기(中氣)[337]이다. 이른바 호연지기(浩然之氣)이다."
"이 기(氣)가 손과 발에서 운행되면, 강(剛)하지도 유(柔)하지도 않고 스스로 온화해진다."

"혼연히 흘러 자연스럽게 일기(一氣)를 이루니, 버들꽃처럼 가볍고, 금석(金石)처럼 단단하며, 호랑이의 위세처럼 맹렬하고 독수리만큼 빠르다. 그 움직임은 흐르는 물과 같고 그 멈춤은 우뚝 솟은 산과 같다."

"허령지심(虛靈之心)으로 강중지기(剛中之氣)를 길러라."

"가슴속에 있는 태화원기(太和元氣)가 사체(四體)의 구석구석을 채우면, 지극히 부드러우면서도 지극히 강해져서 강건한 건(乾)과 순응하는 곤(坤)의 덕을 갖추게 된다. 그것이 정(靜)할 때는 음양이 존재하나 그 흔적을 찾아볼 수 없고, 그것이 동(動)하면 매우 부드러운 것처럼 보여도 사실은 지극히 강하며, 매우 강건한 것처럼 보여도 사실은 매우 부드러우니, 강유(剛柔)가 모두 갖추어진 것이다. 이것을 음양합덕(陰陽合德)이라 한다."

"운동은 부드러운 듯하지만 사실은 강하고, 정신은 안으로 감추어 밖으로 드러내지 않으니, 이것을 최상으로 삼는다."
"곤(坤)은 지극히 부드럽되 움직이게 되면 강건하다."

---

[337] 중기는 불체불식(不滯不息)하고, 불괴불리(不乖不離)하며, 불편불의(不偏不倚)하니 즉, 머무르지도 그치지도 않고, 어긋나지도 떨어지지도 않으며, 쏠리지도 기대지도 않는 것.

"유순(柔順)함은 강직(剛直)함을 돕는다."

"건(乾)은 강(剛)이고 곤(坤)은 유(柔)이다. 음양(陰陽)은 함께 쓰이는 것이니 불편불의(不偏不倚)하고, 무과불급(無過不及)338)해야 한다."

"음양이 호응하여 쓰이니, 천도(天道)를 갖추게 되고, 동정(動靜)의 치우침이 없어지니, 이것이 곧 강해지는 것이다."

"오래 단련하여 능숙해지면 기락진퇴(起落進退)와 선전(旋轉)이 자유로워지고, 경중(輕重), 허실(虛實), 강유(剛柔)가 함께 일어난다."
"적이 사방으로 몰려들어 후회하는 마음이 들지라도, 이 몸을 오로지 허령(虛靈)에 맡기니, 오관백해(五官百骸)가 돌보지 않는 것이 없다.……비록 상대가 온갖 간교한 기교를 부리더라도, 스스로 본디 강유(剛柔)를 갖추고 있다."

"권법(拳法)을 태극(太極)이라 이름한 것은 옛사람들이 태극의 이치에 대하여 깊이 이해하고 있었기 때문이다. 그래서 온몸의 상하·좌우·전후에서 손과 발을 돌리는 운동으로 태극의 심오함을 밝혀내어, 그 이름에 맞는 법(法)을 세우니, 뜻이 지극히 훌륭하며 법도는 지극히 엄격하다……비록 권(拳)을 하찮은 도리〔小道: 소도〕라고 말할지 모르지만, 태극의 큰 이치〔大道: 대도〕가 그 안에 들어 있는 것이다……후대의 사람들이 낡은 것을 섬기지도 아니하고, 허망한 것을 쫓지도 아니하며, 한쪽으로 치우치는 경향을 뛰어넘어 불강불유(不剛不柔)를 구하고 중용(中庸)에 이르러 태극의 이치와 부합되어 조화를 이루고자 하였으니, 무릇 이러한 모든 일이 얼마나 어려운 과정이었겠는가?"

"우정(虞廷)의 집중(執中)과 공문(孔門)의 일관(一貫), 이 외에 더 배울 것이 무엇이 있겠는가……정신의 분명함은 그 사람에게 있는 것이다."

"강유(剛柔)가 이미 나뉘어지면 그 쓰임에 구별이 있게 된다. 사지(四肢)를 움직여 운기(運氣)하는 모습이 모두 밖으로 나타나지만, 안으로는 고요하고 중후함이

---

338) 넘치지도 모자라지도 아니함.

유지되고 있으면 이것은 강세(剛勢)이며, 기(氣)가 안으로 쌓여 가지만 바깥으로는 가볍고 온화함만이 나타난다면 이것은 바로 유세(柔勢)이다.

강(剛)을 사용함에 유(柔)가 없을 수 없는데, 유(柔)가 없으면 신속하게 환요(環繞)할 수가 없기 때문이요, 유(柔)를 사용함에 강(剛)이 없을 수 없는데, 강(剛)이 없으면 민첩하게 동작을 몰아붙일 수 없기 때문이다.

그러므로, 강유상제(剛柔相濟)로 행하면 점(粘)·유(游)·연(連)·수(隨)·등(騰)·섬(閃)·절(折)·공(空)·붕(掤)·리(攦)·제(擠)·날(捺)의 동작을 행함에 있어 자연스럽지 않은 것이 없다. 강유(剛柔)란 어느 한쪽으로 편중하여 사용할 수 없는 것이니, 무술에 있어 어찌 이것을 소홀히 할 수 있겠는가!"

10) 선만후쾌 쾌이복만(先慢後快 快而復慢)

"몸을 일으키는 데서부터 위에 이를 때까지 반드시 느리고 느리게 운행해야 한다. 느리게 할 수 있는 한 최대로 느리게 하여 매우 느린 경지에 오르게 되면 또한 매우 민첩한 경지에도 오를 수 있다. 적이 나의 경지를 따를 수 없으면 오히려 나의 무술을 기이하게 여기게 된다. 이것이 통상 사람의 마음이니, 어찌 선난지공(先難之功)의 효용을 알았겠는가?"

"매 동작마다 오관백해(五官百骸)가 순기자연(順其自然)의 세(勢)를 따르고, 음양오행(陰陽五行)의 기(氣)가 그 안에서 운행되도록 해야 한다. 이른바, 동(動)하면 양(陽)이 생기고, 정(靜)하면 음(陰)이 생기니, 일동일정(一動一靜)이 서로 근본이 된다. 이른바 양(陽) 속에 음(陰)이 있고, 음(陰) 속에 양(陽)이 있다는 것은 바로 태극권의 본연(本然)인 것이다."

"태극권을 배우는 데에는 세 가지의 수련 단계가 있다. 첫 째, 처음 배울 때에는 느리게 하되, 그 느림이 미련해서는 안 된다. 둘 째, 느린 것이 익숙해진 다음에는 빠르게 하되, 그 빠름이 무질서해서는 안 된다. 셋 째, 빠르게 한 다음에는 다시 느려져야 한다. 이것이 유(柔) 이다. 유(柔)가 오래 되면 자연히 그 안에 강(剛)이 자리잡게 되는데, 이를 강유상제(剛柔相濟)라 한다."〈이 문단은 진복원(陳復元)의

어록이다.〉

11) 찬분도약 홀상홀하(竄奔跳躍 忽上忽下)

"청룡출수(靑龍出水) 동작은 직진평종법(直進平縱法)으로, 왼발이 오른발을 따라 앞으로 훌쩍 나아가고, 당중(襠中)의 회음(會陰)과 장강(長强)의 경(勁)이 정경(頂勁)을 따라 위로 올라가며, 앞으로 몸을 날리는 것이 고양이가 쥐를 잡듯 재빠른데, 이것은 순전히 정신(精神)이 허(虛)하기도 하고, 영(靈)하기도 함에서 오는 것이다."

"인몽(引蒙)[339]에 이런 글이 있다. 지당추(指襠捶)에서 청룡출수(靑龍出水)로 동작을 연결하여 나갈 때, 두 동작 사이에 먼저 오른쪽 어깨를 방송(放鬆)하여 아래로 내리고 오른쪽 반신(半身) 역시 그것을 따라 아래로 내려뜨리고, 발을 내렸다가 다시 들어 앞으로 나아간다. 아직 나아가지 않았을 때는 오른손이 채찍질을 하듯 앞으로 공격하되, 먼저 뒤로 거둔 후에 뒤에서 위로 뒤집어 앞을 향해 커다란 원을 그리며 쳐야 하며, 몸도 또한 그것을 따라 앞으로 나아가야 한다. 그 나아감의 비결은 앞쪽에서는 손을 앞으로 이끌고, 뒤쪽에서는 오른발이 은백(隱白)·태돈(太敦)·여태(厲兌)·규음(竅陰)·협계(俠谿)로 기맥이 흐르도록 용경(用勁)해야 한다. 경(勁)이 발바닥의 용천혈(湧泉穴)을 지나 발꿈치에 이르렀다가 반대로 올라가서 위중(委中)·은문(殷門)·승부(承扶)·환도(環跳)를 지나 비스듬히 가장자리로 들어와, 위로 혼문(魂門)·백호(魄戶)를 거쳐 부분(附分)에 이른다. 다시 비스듬히 상행(上行)하여 곡원(曲垣)을 거쳐 소해(小海)를 지나고, 비스듬히 지구(支溝)·양지(陽池)로 진입하여 경로를 따라 돈다. 손을 뻗을 때는 다섯 손가락을 모은다. 오른손은 몸이 나아가는 것을 따라 앞으로 나가고, 왼다리는 힘껏 아래로 내리눌러 오른손을 따라 온몸이 앞으로 나아가며, 왼손 또한 몸을 따라 앞으로 와서 발이 땅에 떨어진 후에는 왼손이 오른쪽 가슴 언저리에 멈춰 있어야 한다."

---

[339] 진조비(陳照丕) 대사(大師)의 저서인 태극권인몽(太極拳引蒙)을 가리킴.

"내경(內勁)의 운용을 살펴보면 이러하다. 오른쪽 반신(半身)은 모두 우전경(右轉勁)〈우전(右轉)은 곧 순전(順轉)으로 안에서 밖으로 돌리는 것이다〉을 사용하도록 한다. 오른손은 전사경(纏絲勁)으로 겨드랑이에서 상행(上行)하여 안에서 밖으로 사전(斜纏)하여 지두(指肚)340)에까지 이른다. 오른발 역시 전사경(纏絲勁)을 사용하여 대퇴부의 뿌리, 즉 고관절에 이르기까지 순전(順纏)하여 상행(上行)하고, 바깥쪽으로 와서 한 가닥은 상행(上行)하여 부분(附分)으로 오르고, 나뉘어진 한 가닥은 겨드랑이를 지나 지두(指肚)로 사전(斜纏)한다. 왼손과 왼발은 반드시 도전경(倒纏勁)을 사용해야 하는데, 그렇게 해야 오른손과 오른발이 원을 그리며 앞으로 따라나갈 수 있다. 본래 모든 것은 마음에서 나오는 것이라 심경(心勁)이 한 번 진작되면, 위쪽의 정경(頂勁)이 움직이기 시작하고, 중간의 단전(丹田)에서 경(勁)을 발하니, 위로는 우반신(右半身)으로 치우쳐 경(勁)이 운행하고, 아래로는 두 발 쪽으로 경(勁)이 운행한다. 오른발로 도약(跳躍)하되 오른발바닥으로 뒤를 힘껏 디딘다. 몸을 날려서 앞으로 나아가기 전에 전신의 경(勁)을 모으고, 정신을 집중시켜서 기(氣)를 끌어 모은다. 막 앞으로 나아갈 때는 경(勁)을 모아 앞으로 돌진한다. 오른손은 돌리면서도 앞으로 내뻗는데, 매가 메추라기를 잡듯이, 독수리가 토끼를 잡아채듯이 한다. 이때 그 심지(心志)를 하나로 전념하고, 정신을 모으며, 그 나아감을 신속하게 하고, 그 기(氣)를 편안하게 한다. 옥녀천사(玉女穿梭)는 평종신법(平縱身法) 또는 평종법(平縱法)이라고 하는데, 멀리 뛰면 멀리 뛸수록 좋은 것이지만, 자기의 역량에 바탕을 두고 반드시 유유자적하는 기상을 가져야지 무리하게 추진해서는 안 된다."

"그 내경(內勁)의 발원은 가장 멀다. 부삼(仆參)에서부터 역행(逆行)해서 올라가 등뒤를 거쳐 부분(附分)에 이르러서 오른손가락에까지 다다른다."

"옥녀천사(玉女穿梭)는 순전(順轉)의 평종법(平縱法)이다……그 나아감이 바람과 같고……수법(手法)·보법(步法)·전법(轉法)은 빠르면 빠를수록 좋고……상체는 비록 손에 의존하나 하체는 특히 발을 잘 써야 한다. 빠른 발 동작은 손의 민첩한 능력을 드러내는 것이다. ……동작을 시작해서 끝날 때까지 오른쪽 손발은

---

340) 손가락의 안쪽 도톰한 부분.

비록 순전법(順纏法)이라도 전신은 도전경(倒纏勁)이고 세 번을 연달아 나아가니 모두 진보(進步)이다. 내경(內勁)은 정경(頂勁)에서 다섯 발가락에 이르기까지 법칙은 모두 앞과 같은데, 시종 오른손과 오른발을 위주로 하고 왼손과 왼다리로 보좌하도록 한다. 오른손이 순전(順轉)이면 왼손은 반드시 도전(倒轉)해야 하니 바로 전사경(纏絲勁)이 이와 같이 이루어지는 것인즉, 잠시도 이것을 잊어서는 안 된다. 오른손은 크게 원을 그리며 돌리는 것을 방식(方式)으로 삼는데, 공력(功力)이 쌓이면 자연스레 작아지는데 비로소 좋아지는 것이다."

"이 세(勢)는 대전신법(大轉身法)으로 앞의 '야마분종(野馬分鬃)'을 이어받은 것이다. 오른손은 다음 동작으로 이어지는 과정에서 잠깐이라도 멈춰서는 안 된다. 즉 오른손은 전사경(纏絲勁)을 사용하여 아래에서 위로 장악하고, 경로를 따라 바람에 날아가듯 동쪽으로 비스듬히 가서 송곳처럼 찌른다. 또 전적으로 오른다리에 의지하여 뒤에서 오른손을 따라가며, 또한 순전사경(順纏絲勁)을 사용하여 위 동작을 완성시켜 몸 앞으로 크게 펼친다. 온 힘을 다해 동쪽으로 연이어 크게 세 걸음을 나아가니, 최대한 크게 원을 그려 약 8~9척(약 3미터) 정도가 되게 한다. 특히 정경(頂勁)이 잘 진작되면 당경(襠勁)이 충분하지 못하더라도 몸이 오른손을 따라 질주하는 새처럼 나아가니, 감히 막을 자가 없고, 발이 땅에 닿자마자 바로 일어나게 된다."

"옥녀천사(玉女穿梭)의 동작이 모두 이루어지면, 람찰의(攬擦衣)와 대동소이해 보이는데, 사실은 전혀 다른 것이다. 후자는 몸을 회전시키지 않고 오로지 오른쪽 손발만을 운행하니, 그 기(氣)는 편안하고 그 정신은 고요하다. 그러나 전자는 연이어 몸을 회전시키며 손발을 운행하여 적으로부터 몸을 방어하니, 그 동작이 빠르고, 그 기(氣)는 맹렬하며, 그 정신은 분망하다."

"몸을 돌려 유인하고 몸을 돌려 공격하며 겹겹이 쌓인 포위망을 뚫고 나오니, 마치 직녀가 베틀을 놀리는 듯 자유자재롭다. 몸이 곧장 앞으로 나아가니 그 속도를 당할 자가 없고, 그 신묘한 움직임은 자고로 보기 드문 것이네."

"이기퇴(二起腿)는 위로 도약(跳躍)하는 방법이다……어째서 이기(二起)라고 하는가? 좌우 두 다리가 일제히 연이어 땅에서 4~5척(약 1.5미터) 정도 도약하여 차니 척이기(踢二起)라고 이름하기도 한다……그런데 여기에서 반드시 왼발을 먼저 힘껏 위로 찬 후에 오른발을 높이 차는데, 이때 발등이 평평해야 한다. 이기(二起)는 완전히 온몸을 위로 띄우는 신법(身法)이며, 심경(心勁)을 위로 끌어올려 온몸의 정신을 진작시키며 공중으로 뛰어오른다. 이때 오른발이 정수리보다 높이 올라갈 수 있어야 적당하다. 몸은 정경(頂勁)을 따라 힘껏 위로 솟구치는데 높을수록 좋으며, 정수리보다 높이 솟구치는 것은 몸을 가벼이 하지 않으면 아무리 힘을 써도 할 수 없다.……상체를 위로 솟구치며 그에 따라 하체를 더욱 힘껏 뛰어올라야 한다. 몸을 날리는 방법은 반드시 좌우의 발을 힘껏 아래로 굴려야 한다. 발을 힘껏 굴릴수록 더욱 높게 도약할 수 있다."

"심경(心勁)이 한번 일어나면, 오관백해(五官百骸)가 모두 따라 일어난다."

"두 발을 연이어 들어올리면 온몸이 창공으로 도약한다."

"중기(中氣)가 진작되면 팔의 힘이 강(剛)해지고, 연이어 두 발로 도약해 훌쩍 몸을 날리게 된다."

"질차(跌岔)란 무엇인가? 몸이 공중에서 떨어질 때 두 다리가 갈라지며 떨어지는 것을 질차(跌岔)라 한다. 이 동작에서 왼다리는 크게 펴고 오른다리는 굽히면, 이것은 단질차(單跌岔)가 된다. 쌍질차(雙跌岔)는 종법(縱法)을 쓰지 않으면 일으킬 수 없다. 만약 단질차(單跌岔)에서 왼 발꿈치만 앞으로 모으고, 오른무릎을 밖으로 벌려 오른발에 힘을 실어 돌리면 곧 기락(起落)[341]이 비교적 용이하므로, 이 방법을 사용하면 승리를 제압할 수 있다. 그래서, 오늘날 대부분의 태극권가(太極拳家)에서는 이 방법을 따르고 있다."

"질차(跌岔)와 이기(二起)는 서로 조응(照應)해야 한다. 이기(二起)는 아래에서 위로 날아오르는 것인데, 공중에서 아래로 떨어지며 두 다리가 착지할 때, 자연스

---

341) 자세를 높이고 낮춤. 일어서고 앉음. 올리고 내림.

럽게 두 다리가 조응(照應)해야 하며 억지로 맞추어서는 안 된다. 이것은 옛 사람들이 권법을 수련하며 엄격하게 지켜온 법칙이었다."

"위를 위협하며 아래를 취하는 방법을 기억해야 한다. 왼발로 땅을 문지르듯이 하며 착지를 확고하게 하면 자연히 유리한 점이 생긴다."

"어깨와 팔꿈치로 적을 물리칠 수는 없으나, 발 하나로 봉황대(鳳凰臺)를 밟아 넘어뜨릴 수 있다."

"만약 이 몸이 강철과 같은 사람이 아니라면, 땅을 디딜 때 어찌 금석(金石)과 같은 소리가 나겠는가?"

"포위망을 벗어나는 것은 발을 한번 내디디는 데 달려 있다. 큰 공력(功力)이 쌓이지 않았다면, 발 하나로 상대를 이길 수는 없다."

"등일근(蹬一跟)이란 어떤 것인가? 내가 왼발로 적을 찼는데, 적이 오른손으로 내 발을 잡고 비틀어 바닥에 내팽개치면, 나는 통증을 느끼고 땅에 주저앉게 될 것이다. 혹은 내 발을 위로 들어올려 내 몸을 공중으로 날린 후 공격할 것이다. 이때 나는 상대방의 동작에 순응하며 양손을 거꾸로 돌려서 땅을 힘껏 누른 후 오른발은 순순히 나두고 왼다리는 역행하여 올려서 발을 잡고 있던 상대의 오른손을 걸어찬다. 이렇게 하면 어렵기는 하지만 상대방에게서 벗어날 수 있다.
혹은 적이 내 왼발을 잡고 있을 때, 오른발로 적의 오른쪽 팔꿈치나 손목을 차게 되면 상대방으로부터 벗어날 수 있다. 이것이 등일근(蹬一跟)의 대략(大略)이다."

"상대가 나를 짓밟으려 하면, 나는 즉시 왼발을 뒤로 한 걸음 물러나서 구미(鳩尾)와 승장(承漿)에서 인후(咽喉) 부위가 차이지 않도록 보호한다."
"등각(蹬脚)하면서 그때 신중을 기하고자 하면 이미 늦다. 척각(踢脚)의 자세를 준비할 때 신중을 기하는 것이 차라리 낫다. 발을 찰 기회를 잘 살피되 만약 찰 수 없으면 차지 말아야지 함부로 차서는 안 된다.

"적이 틈을 보일 경우 신속히 차야지 머뭇거려서는 안 된다. 찰 때에는 중요한 경혈(經穴)을 차야 하며 넓적다리의 두터운 살을 차서는 안 된다. 그런 곳은 아프지도 않다. 이것이 척각(踢脚)의 요결이니, 잘 알아두어야 한다."

"야마분종(野馬分鬃)의 동작은 이러하다. 두 손을 땅을 움켜쥐듯이 하며 날렵하게 회전하여 가운데로 관통하는데 조금도 치우치는 바가 없다. 두 손이 땅을 스치고 올라오니 상하 전체를 모두 돌아볼 수 있다. 중기(中氣)가 위로는 백회혈(百會穴)에 이르고, 아래로는 장강혈(長强穴)을 관통하는데, 마치 한 가닥 선(線)이 뚫고 지나가는 듯 하다. 두 손은 두 개의 둥근 고리처럼 돌아가며 아래위로 서로 번갈아 춤추듯 하는데, 그 강(剛)함은 꺾을 수 없고, 그 예리함을 비할 데가 없으며, 그 돌아가는 모습에 빈틈이라고는 없으니, 능히 적을 막을 수 있다."

"포지금(鋪地錦) 동작은 질차(跌岔)와 서로 호응한다. 질차(跌岔)로 공중에서 아래로 곧장 떨어지면서, 마치 금석(金石) 소리가 나듯 오른발로 땅을 구르면서 상대의 발을 밟고 왼발로는 적의 정강이뼈를 차니 그 용감함을 겨룰 수 있다. 주먹을 꽉 쥔 채로 오른팔을 위로 펼쳐 올리고, 왼손은 앞으로 찔러 상대의 가슴을 밀쳐낸다. 이때 대퇴부의 뒷부분은 낮추어 상대의 무릎을 깔고 앉듯이 하고, 오른손은 주먹을 쥐고 앞으로 기격할 자세를 잡는다. 왼다리를 크게 벌리니 이길 수 없는 듯 하지만, 두 손으로 오른쪽 땅을 집고, 소당편(掃堂鞭)으로써 적들의 정강이 부분을 쓸어 내리니, 누구도 헤어나기가 어렵다.

같은 종류는 서로 호응하는 바가 이와 같은 것이다. 금계독립(金鷄獨立)과 서로 호응하는 경우를 살펴보면, 금계독립에서 왼다리를 세로로 세우는데 이것은 왼다리를 가로로 누이는 것과 호응한다. 또한 오른무릎으로 상대를 속일 수 있는데 이때 역시 오른무릎을 굽힌다. 금계독립에서 왼손을 아래로 내리고 오른팔은 위로 펼치는데 이러한 자세에서 오른손을 굽히고 왼손은 위로 찌름으로써 상하가 서로 호응한다. 또한 이기(二起)와도 서로 호응하여 이기(二起)로 몸을 훌쩍 공중으로 날리고 나면 지면으로 떨어지게 되므로 상하가 서로 호응하는 것이다."

"전후좌우, 상하사방으로 그 연결이 민첩하고, 완급(緩急)의 조화를 이루며, 고경저취(高擎低取)[342]하니, 원하는 대로 이루어지게 된다.……상행하타(上行下

打)³⁴³⁾하고, 단불가편(斷不可偏)³⁴⁴⁾하며, 성동격서(聲東擊西)³⁴⁵⁾하고, 좌우로 위세를 떨친다.…횡수전도(橫竪顚倒)³⁴⁶⁾하고, 좌립와정(坐立臥挺)³⁴⁷⁾하고, 전부후앙(前俯後仰)³⁴⁸⁾하며 기정상생(奇正相生)³⁴⁹⁾하니, 회전하고 기울며, 움츠리고 도약함이 모두 그 안에 있다."

"발은 손을 따라 운행하는데, 원전(圓轉)함이 신비롭기 짝이 없다. 손발이 홀연히 위를 향하다가, 홀연히 아래로 향한다. 때때로 순(順)³⁵⁰⁾하고 때로는 역(逆)³⁵¹⁾하며 운행한다."

"도권굉(倒卷肱)은 뒤로 물러나며 좌우로 피하는 것이다.
백학량시(白鶴亮翅)는 오른쪽을 유인하며 왼쪽을 치고, 아울러 위를 유인하며 아래를 치는 기격법이다.
루슬요보(摟膝拗步)는 육봉(六封)과 사피(四避)이다. 육봉(六封)은 상하·전후·좌우의 모두를 봉(封)한다는 의미이며, 사피(四避)는 동서남북의 사방으로 상대에게 공격할 틈을 주지 않고 피(避)한다는 뜻이다.
섬통배(閃通背)는 뒤에서 앞으로 날쌔게 피하고, 뒤로 미끄러지며 행하는 진격법이다. 이때 뒷면을 억지로 찍어누르면 미끄러져 넘어지므로 주의해야 한다.
람찰의(攬擦衣)와 단편(單鞭)은 모두 일인일진법(一引一進法)이다. 이때 진(進)이란 말은 나아가 친다는 의미이다.
운수(雲手)는 좌우로 일인일진(一引一進)하여 공격하는 방법이다.
고탐마(高探馬)는 왼팔을 뒤로 꺾어 팔꿈치로 공격하는 방법, 곧 배절주법(背折肘法)이다.
좌우로 행하는 삽각(挿脚)은 하체를 사용하여 앞으로 공격하는 당법(襠法)이고,

---

342) 위쪽은 떠받들거나, 참거나, 그냥 놔두며 아래를 취함.
343) 위로 가는 듯하며 아래를 침.
344) 절대로 치우치지 아니함.
345) 동쪽에서 소란을 피우고 서쪽을 공격함.
346) 가로 뉘었다가 세로로 세우고 뒤집히고 넘어짐.
347) 앉고, 서고, 눕고, 폄.
348) 앞으로 숙이고 뒤로 젖힘.
349) 임시변통의 수단과 정도(正道)의 쓰임이 적절하고 서로 어울림.
350) 순전법(順纏法)을 사용하여 그 경(勁)이 순(順)한다.
351) 도전법(倒纏法)을 사용하여 그 경(勁)이 반대로 간다.

중단편(中單鞭)은 상하좌우로 발을 병행하며 공격하는 방법이다.

격지추(擊地捶)는 아래로 공격하는 방법이지만, 아울러 몸뒤를 공격하여 상대가 미끄러져 넘어지게 하는 방법을 겸비하고 있다. 이것의 비결은 허리의 두 신장 사이에 있는 명문(命門)을 상하체의 관건(關鍵)이 되는 중추로 삼아, 상하를 모두 도전경(倒轉勁)으로 이끌며, 몸을 옆으로 비켜 세우며, 오른쪽 뒤 옆구리를 위를 향하고, 왼쪽 뒤 옆구리는 아래로 향하고 당경(襠勁)을 아래로 내리는 것이 좋다. 발을 단단히 밟고 상대가 등 뒤에서 오면 몸을 돌리는데 빠를수록 좋다. 발을 단단히 디디고 상대가 등뒤에서 오면 몸을 비틀어 돌리는데 빠를수록 좋다. 이때 준족법(蹲足法)[352]을 할 수 있다면 상대는 스스로 미끄러져 넘어지게 될 것이다.

척이기(踢二起)와 척일각(踢一脚), 등일근(蹬一跟)은 모두 도전(倒轉)하는 대전신법(大轉身法)이며, 또한 두 다리로 위를 공격하는 방법이다. 그러나 손은 발에 맞추어 사용하고, 발은 손에 맞추어 사용한다.

연수추(演手捶)와 소금타(小擒打)는 전공상하법(前攻上下法)이다.

포두추산(抱頭推山)은 역전(逆轉)하며 나아가 밀쳐내며 행하는 공격법이다.

단편(單鞭)은 몸을 순전(順轉)하며 행하는 좌우인격법(左右引擊法)이다.

이상의 수십 개의 동작은 한 사람이 수십 명을 상대하는 큰 싸움에서 쓰인다. 적을 피하는 법은 위아래 양쪽은 넘지 못하니, 어느 곳인가 급박한 곳이 있으면 그쪽의 포위망을 뚫고 나온다. 한꺼번에 여러 명이 공격해 오는 경우라도 중기(中氣)가 일단 움직이면 단번에 일제히 해산시킬 수 있다. 그러나, 이것은 무공이 깊지 않으면 할 수 없다."

12) 강유구민 일편신행(剛柔俱泯 一片神行)

"운동의 공력(功力)이 오래 쌓이면 강(剛)은 변화하여 유(柔)가 되고, 유(柔)를 단련하면 강(剛)이 된다. 그리하여 강유(剛柔)가 중(中)[353]을 얻게 되면 비로소 음양(陰陽)이 보이게 된다. 그러므로 이 권(拳)을 강(剛)이라고만 할 수도 없고, 유(柔)라고만 할 수도 없으니, 바로 태극(太極)이라는 무명(無名)으로 이름 짓게 된

---

352) 쭈그려 앉거나 웅크리는 자세로 몸을 낮춤.
353) 적당함, 중용(中庸).

것이다."

"정(靜)의 상태에 이르러 음양(陰陽)이 존재할 것이나 그 자취를 찾을 수는 없다. 또한 동(動)할 때에는 보기에 유(柔)한 것 같지만 사실은 지극히 강(剛)하고, 보기에는 강한 것 같지만 사실은 지극히 유하다. 강유(剛柔)가 함께 움직이니, 그 끝을 찾을 수 없다."

"태극의 이치는 순환함에 있다고 오랜 세월 전해져 내려왔다. 이 가운데에 정묘한 뜻이 있으며, 동(動)과 정(靜)이 어느 쪽으로도 치우치는 바가 없다……개합(開合)에는 본래 정해진 틀이 없어 거침없이 이루어지고, 굴신(屈伸)의 동작은 서로 연결되어 나가니 오히려 일정함이 있다. 태극은 음양(陰陽)으로 나뉘고, 신룡(神龍)[354]은 변화무쌍하다. 천지(天地)는 부모와 같아서 강(剛)과 유(柔)를 움직여 끊임없이 낳고 또 낳으니, 그 기정(奇正)[355]이 예사롭지 않다. 건곤(乾坤)은 거침없이 흐르는 질서와 같고, 태극은 커다란 주머니와 같아서 영허소식(盈虛消息)[356]의 비밀이 모두 이 안에 숨겨져 있다. 끝에 이르면 다시 처음이 되어 시작하는데, 일기(一氣)의 운행은 이완되기도 하고 신장되기도 하며, 형체가 있다가도 그 자취가 없어진다. 이로써 나를 비롯하여 만물을 잊게 하는 지경에 이르게 된다."

"개벽강유(盖辟剛柔)의 변환은 자연의 순리이고, 일양일억(一揚一抑)은 순환의 이치이다."

"끝났다가는 다시 시작하고, 시작하다가는 다시 끝나니, 시작과 끝은 끊임없이 순환한다."

"태극은 음양이 혼돈스럽게 섞인 것에 지나지 않는다.……여기에서 온갖 잡된 소리와 찌든 냄새를 없애고, 모든 것을 정교하게 짜 맞추게 되면 하늘의 기술을 얻게 된다. 혼연히 조각하되 작위(作爲)가 없어야 한다."

"한 번 오고 한 번 가는 움직임이 하나의 원(圓)을 이루니, 기(氣)가 상하로 순

---

354) 정신, 마음의 흐름
355) 임시 변통의 수단과 정도(正道).
356) 천지 자연의 기울고 차며 순환하는 원리를 일컬음.

환함에 멈춤이 없다."

"천기(天機)가 활발하고 호연지기(浩然之氣)가 흐르며, 동정(動靜)의 완급(緩急)이 마음을 따라 운행한다……지극히 신속한 움직임으로 전요(纏繞)하며 회전하니 형체를 떠났으나 어찌 둥근 달을 닮지 않았겠는가? 열심히 단련하여 최고의 경지에 달하면, 지극히 작아도 역시 원(圓)을 그린다."

"자연의 섭리를 깨치면 권(拳)을 행함에 모든 것이 천기(天機)를 따라 움직이고 멈추니, 자연스럽게 이루어지지 않는 바가 없고, 활발하게 움직이지 않는 바도 없다. 이러한즉, 태극의 원래 모습은 모두 내 몸에서 흘러나오는 것이다."

"사람의 몸 곳곳이 모두 태극이니, 일동일정(一動一靜)이 모두 혼연(渾然)하다."

"지극히 허령(虛靈)하니, 일거일동(一擧一動)이 모두 태극의 원상(原象)이다."

"원전(圓轉)함이 자연스럽기 그지없고, 호연지기(浩然之氣)가 혼연(渾然)히 흘러드니, 정체되어 막히는 데가 어느 곳에도 없다. 모든 동작은 혼연히 태극의 기상(氣象)으로 귀속되는데, 절대로 그 자취와 형상은 찾을 수 없어도 그 단서(端緒)는 가려낼 수 있다."
"권(拳)을 단련하여 능숙한 경지에 이르면, 그 형적(形迹)을 헤아릴 수 없고, 신룡(神龍)처럼 변화무쌍하다. 만들어내는 모습이 머무는 데가 없고, 뜻에 따라 마음먹은 대로 권(拳)이 움직이니, 저절로 법도(法度)가 되고, 그 법도를 헤아릴 수가 없다. 기량이 이러한 경지에 도달하면 진실로 신품(神品)이라 아니 할 수 없다. 태극의 이치는 무단(無端)에서 시작하여 무적(無迹)에서 이루어지니, 시작도 없고 끝도 없이, 활반탁출(活盤托出)한다[357]. 아! 정말로 훌륭하구나! 권(拳)이 비록 소도(小道)이긴 하나, 이른바 작은 것으로 큰 것을 드러내니, 어찌 권법을 가벼이 말할 수 있겠는가!"

---

357) 자유자재(自由自在)하는 경지에 이르다.

"그러므로 내 몸의 운행은 때로는 높았다가 때로는 낮으며, 혹은 거꾸로 했다가 혹은 바르게 하기도 한다. 또한 홀연히 느리게 했다가 홀연히 빠르게 하기도 하고, 홀연히 숨었다가 홀연히 드러내 보이기도 한다. 혹은 크게 벌렸다가 크게 모으기도 하고, 갑자기 움직였다가 갑자기 멈추기도 하는데, 일편영기(一片靈氣)로 드러내지 못하는 모습이 없다. 진실로 새가 날고 물고기가 뛰듯이 활발하게 변화한다.

권(拳)을 볼 줄 아는 자는 반드시 눈이나 귀나 손발에 고무(鼓舞)되지 않고, 자취와 형상 사이를 깊이 살핀다. 그러므로 배우는 사람은 반드시 먼저 그 이치를 연구하여야 한다. 이치에 밝아지면 자연히 기(氣)가 생동하고 민첩해지게 되는데, 이것은 기(氣)가 스스로 생동하고 민활해지는 것이 아니라, 사실은 이치가 그렇게 하도록 하는 것이다. 이것을 알고 난 후에야 비로소 함께 내경(內勁)을 이야기할 수 있다. 단지 안에서 밖으로 발(發)하는 것을 내경(內勁)이라고 말하는 것은 수박 겉핥기와 같은 논리를 전개하는 것이다."

"안으로는 성실하고 밖으로는 형상을 이루는데, 천변만화(千變萬化)함이 저절로 무궁하구나. 불꽃이 맑은 푸른빛을 띠듯 고도의 경지에 이르면, 권법(拳法)이 정밀하고 이치가 정교하며, 온몸이 가볍고 민첩하여 좌우에서 끌어당겨도 마땅히 대응한다."

"정신은 심원(深遠)하고, 모습은 아름다우며, 기상(氣象)은 비범하고, 허령(虛靈)이 일심(一心)을 채우고 있다. 만상(萬象)이 오온(五蘊)[358]을 담고 있는데, 적연부동(寂然不動)함이 마치 정신나간 사람처럼 보이나, 이 몸에 음양(陰陽)이 결합되어 있음을 어느 누가 알겠는가? 사면(四面) 팔방(八方)을 방치하여 둔다 해도 그에게 접근하기가 어렵겠지만, 설사 어느 용맹이 뛰어난 자가 있어 갑자기 달려든다 하여도, 도리어 무너질 자는 무너지고, 넘어질 자는 넘어지게 되니, 그 신묘함을 헤아릴 수가 없다. 더욱이 도망가려 하여도 빠져나가기 어렵고 앞으로 나아가려 해도 나가기 어려우니, 마치 둥근 돌 위에 서있는 것처럼 불안하고 실로 위급하기 짝이 없는데, 후회해도 죽음을 면하기가 어렵다. 여기에 어찌 다른 법문(法門)이 있겠는가. 다만 열심히 공부하여 공력(功力)을 정련시키고 전적으로 일개일

---

[358] 불교에서 정신과 물질을 다섯 가지로 나누어 일컫는 말로 색(色), 수(受), 상(想), 행(行), 식(識)을 이름

합(一開一合)에 맡기면, 한 번에 천 명의 병사를 휩쓸 수 있다."

"태극음양(太極陰陽)은 진실로 조화(造化)롭다. 그대에게서 원앙(鴛鴦)의 모습을 보게 되는 구나."

"발로 차고 주먹으로 치며 권(拳)을 쓰는데, 묘수가 혼연(渾然)하지 아니한 곳이 없다. 주위 사방에 있는 것이 모두 적일지라도 이 몸이 한번 움직이면 모두 쓰러진다. 내 몸에 태극이 아닌 곳이 없으니, 무심히 변화를 꾀하여도 모두가 구슬같이 둥근 원(圓)을 이루며, 마주치는 그 곳이 어느 곳이든 바로 그곳을 공격한다. 그러나 나 또한 현묘(玄妙)하고도 현묘한 그 모든 것을 알지는 못한다네."

"일기선전(一氣旋轉)하니 스스로 멈추는 바가 없고, 건곤(乾坤)의 정기(正氣)가 대자연의 원기(元氣)를 운행하니, 유형(有形)에서 무적(無跡)으로 돌아가는 이치를 깨닫게 된다면, 비로소 천공(天功)의 현묘(玄妙)함을 알게 된다."

13) 배양본원 근학고련(培養本元 勤學苦練)

"마음(心)은 몸의 주인이고, 신(腎)은 성명(性命)의 근원이니, 반드시 마음을 깨끗이 하고, 욕심을 없애야 한다. 그 뿌리가 되는 곳을 배양하고, 그곳이 손상되는 일이 없도록 해야 한다. 뿌리가 공고해진 후에야 줄기와 잎이 무성해지니, 모든 일을 이룰 수 있다. 이것이 지극히 중요하다."

"세상에 좋은 말들이 많지만 '마음을 깨끗이 하고, 욕심을 적게 하라'는 것만큼 좋은 말이 없다. 그 본원(本源)을 배양하고 원기(元氣)를 길러, 신체의 근본이 튼튼해지면, 권술(拳術)이 자연히 상대보다 한 수 위에 있게 된다."

"권(拳)을 연마할 때는 자신의 역량(力量)에 맞게 운동해야 하고, 횟수는 한 번도 좋고 열 번도 좋으니 횟수에 구속될 필요는 없다. 다만 힘이 있으면 전력을 다하여 운동하고, 힘이 없으면 그만두어야지 억지로 운동하는 것은 좋지 않다. 규칙을 정하자면 오직 자연스러움을 따라야 한다는 것이고 그래야만 이룰 수 있다."

"권세(拳勢)의 매 동작을 아무리 많은 말로 나타내어도 그 묘한 이치를 다 표현할 수 없다. 오히려 한 번 몸으로 보여 주면 더욱 쉽게 이해할 수 있다. 어려운 것은 공부를 하는 것이고, 더욱 어려운 것은 오랫동안 공부를 계속하며 연마하는 것이다. 속담에 '권법을 만 번 수련하면 신묘한 이치가 저절로 드러난다'고 했는데, 믿을 만 하다."

"권(拳)에는 원래 일정한 격식이 있다……권(拳)에는 편안함이 깃들여 있어야 하므로, 법칙을 지키지 않아서도 안 되고, 또한 법칙에 구속되어서도 안 된다. 이로서 배우는 사람은 내경(內勁)을 잘 활용할 수 있어야 한다. 형적(形迹)은 지세(地勢)에 따라 제한을 받으니, 그 지세를 고려해서 운용해야 한다."

"초세(初勢)에서 말세(末勢)에 이르기까지 도모해야 할 바는 모두 형체가 있는 권(拳)을 해야 한다는 것이다. 오직 유형에서 무형이 만들어지니, 심기(心機)가 현묘(玄妙)한 경계에 들어 마침내 무심(無心)으로 귀속된 후에야 권(拳)을 말할 수 있으며, 권(拳)이 내 마음 중에 있음을 보게 된다. 내 마음 중에 천기(天機)가 흘러 활발하게 부딪히는 것이 모두 권이 되니, 세상에서 주먹으로써 권을 이루는 사람들과는 비교할 수 없다. 이것은 죽을 때까지 다할 수 없는 기예로서, 그것을 아는 것이 어려운 것이 아니라, 그것을 행하는 것이 더 어렵다. 도모하고자 하는 동작은 모두 태극에서 자연히 나오는 것이니……천변만화(千變萬化)하며 이리저리 복잡하게 뒤엉켜 있음이 무궁하니, 죽을 때까지 행하여도 다할 수 없다. 배우는 사람은 부단히 노력해야 한다."

"권(拳)의 공력(功力)이 숙련되면, 단정하고 공손하며, 모든 것을 공경하고, 결코 자만하지 않는다."

"맹자(孟子)가 말씀하시길, 훌륭한 목수가 사람을 가르칠 때에는 반드시 콤파스〔規〕와 격자〔矩〕로써 한다[359]고 하였다. 콤파스와 격자, 곧 규구(規矩)는 네모난 모양(方)과 둥근 모양(圓)의 지극함[360]이다. 사람의 경우 이것은 훌륭한 장인만이 할 수 있는 경지를 이르는 말이며, 여기에서 기교에 대한 것은 장인이 시켜서 되는 것이 아니라 오직 배우는 사람에게 달려 있는 것이다. 기교를 익힘에 있어서 규구(規矩)와 같은 규칙을 따르되 그 규칙에 구속되지 말며, 규칙에서 벗어나더라도 자연히 그 규칙 중에 있어야 한다. 또한, 배우는 자는 결코 자만에 빠져서는 안 된다. 속담에 이르기를, '하늘 밖에 또 하늘이 있으니, 자만하면 반드시 손해를 부른다' 라고 하였다."

"어떤 사람이 말하기를, '이러한 권(拳)으로는 사람을 칠 수 없다'고 하였다. 사람을 칠 수 없다는 것은 단지 공부가 부족하기 때문이겠지만, 만약 공부가 완숙한 경지에 이르면, 그 권(圈)이 너무나 커서 바깥 테두리의 경계가 없고, 또한 정밀하기로는 매우 작아서 안이 없는 소권(小圈)의 경지에까지 달하게 된다. 적을 만나지 아니하면 이미 그쳐 있고, 만약 강한 적을 만나게 되면 내경(內勁)이 갑자기 발하여 번개같이 빠르고 바람같이 무섭게 적을 쓰러뜨리니, 누가 막을 수 있겠는가?"

"요즘 배우는 사람들은 열심히 익히기도 전에 효과를 바라고, 조금 힘을 쓰고 나서는 즉시 이루어지길 바란다. 이른바 공자(孔子)가 말하길 '어려운 일을 먼저 하고 얻게 될 것에 대하여는 뒤에 생각한다.'[361]라고 했는데, 공부(工夫)는 무엇을 익히는 것인가?

맹자(孟子)가 이른 바와 같이, 호연지기(浩然之氣)를 기름에 매진하되 효과를 미리 기대하지 말고 마음으로 잊지 않으며 억지로 조장하지 말아야 한다. 그리고 난 이후에야 가능한 것이다.

이치에 밝지 못하면 이치에 밝은 스승을 찾고, 길을 모르면 좋은 친구를 방문한다. 이치에 밝고 길을 아는데도 여전히 능하지 못하면, 다시 매일매일 쉬지 않고 열심히 연습해야 한다. 그만두지 않고 오랜 시간 정진하면 자연히 도달하게 된다.

묻기를, '얼마나 걸리는가?' 하니, 작게 이루려면 3년, 크게 이루려면 9년이 걸리는데, 9년 후에는 볼만한 것이 생길 것이다. 9년이 지난 후에는 자연히 그만두고

---

359) ≪맹자(孟子)≫, "大匠誨人, 必以規矩(대장회인, 필이규구)".
360) 方圓之至(방원지지). 태극권은 원(圓)이며, 동시에 방(方)이므로 방원상생(方圓相生)하여야 경지에 오를 수 있다 하였음.
361) ≪논어(論語)≫, "先難而後獲(선난이후획)".

싶어도 그만둘 수 없으니 날로 향상하여 평생 발을 딛고 있을 땅이 없을 것이다. 신기에 도달한 사람이 다시 나타나더라도 내 말을 바꾸지 않을 것이다. 마음이 다급한 자는 이 모든 것을 깨닫고 열심히 하라."

"사람들이 말하기를, 이 기예에는 특별한 비결이 있어서 다른 사람에게 보여주길 꺼리는 것이라고들 한다. 그러나, 나는 이 기예에 특별히 기이한 데가 있다고 생각지 않는다. 어려서부터 늙게까지 성실하게 연습하는 것은 어렵지만, 늙도록 열심히 수련하면 자연히 깨달아 신기하고 오묘한 이치를 훤히 꿰뚫게 된다.

게을렀던 때를 되돌아보면, 이미 깨달은 바가 있어 말을 안 했던 것이 아니라, 말해도 내 마음에 아직 들어오지 않으니, 내 마음은 오히려 고뇌에 빠져 있었던 것이다. 매일 말해도 매일 잊어버리니 마음이 있어도 어느 때에 깨우치겠는가?

어느 날 열심히 찾아보다가 음양(陰陽)이 일어나고 사라지는 데에 그 진실이 담겨 있음을 알게 되었다. 또한, 매일 태극도(太極圖)를 살피고 또 살피니, 일개일합(一開一合)이 모두 내 몸에 있음을 알게 되었다. 차근차근 공부하며 수련기간이 오래 되다 보면 공부의 깊어져 자연히 진향(眞香)을 맡을 수 있게 되는 것이다. 쉬지 않고 열심히 공부하면, 태극은 어디에서건 둥근 빛을 드러낼 것이니, 이것이 태극권의 진정한 비결인즉, 여러분들은 편안한 마음으로 세밀히 헤아려볼 일이다."

"사람은 모두 제나름대로 하나의 태극을 지니고 있으나, 권(拳)을 이루는 것은 오로지 얼마나 열심히 공부에 힘쓰느냐에 달려 있는 것이다. 오래도록 게으름을 피우지만 않는다면, 오묘한 이치의 순환을 자연스럽게 통하게 될 것이다."

제 8 장
진씨태극권가의 문규(門規)와 가전(家傳)

제 1 절 진씨태극권가(陳氏太極拳家)의 주요 세전(世傳) 계통

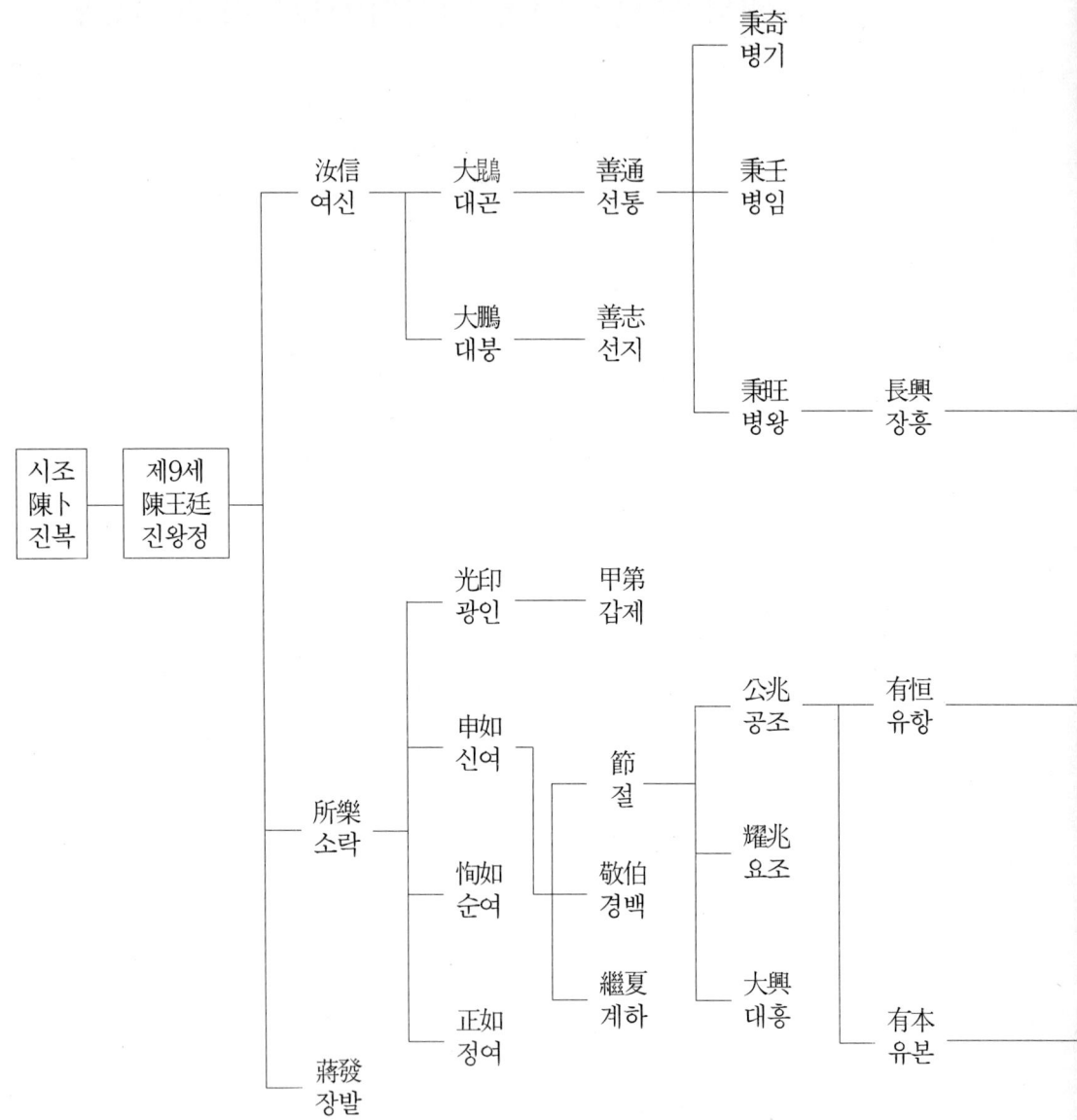

※이 표의 인물은 진가구(陳家溝) 출신에 한하여 기록함

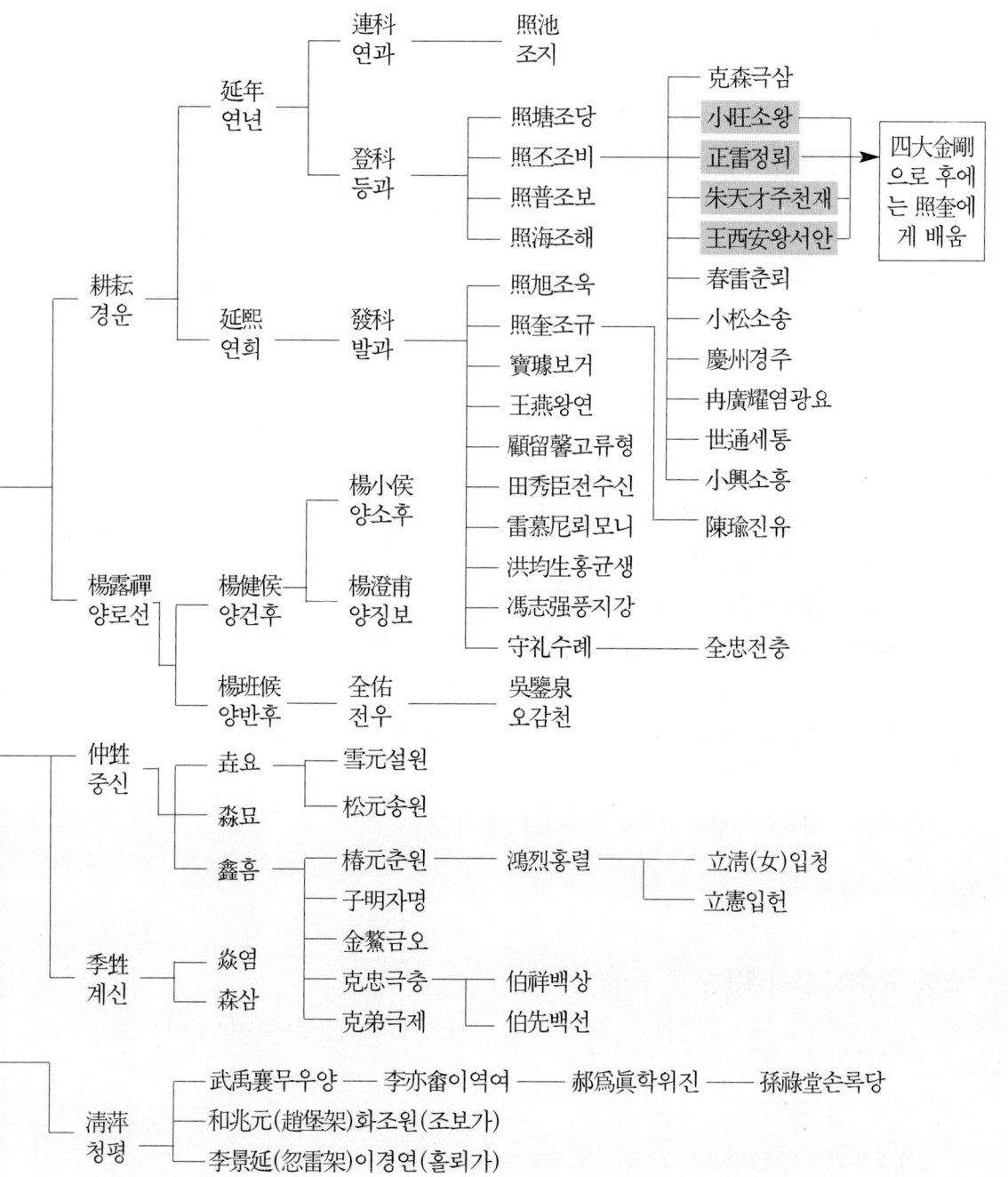

제2절 진씨태극권문(陳氏太極拳門)의 규(規)·계(戒)·율(律)

1. 문존십이엄(門尊十二嚴)
⇒ 문파의 위엄을 지켜주는 열두 가지 덕목

* 단(端) : 행동거지를 단정하고 정중하게 한다.
* 경(敬) : 공경하고 존중한다.
* 공(公) : 공정하게 행한다.
* 정(正) : 정직하고 품행을 바르게 한다.
* 인(仁) : 인자하고 선량하게 행한다.
* 의(義) : 정의롭게 행한다.
* 호(浩) : 호연지기와 도량이 있어야 한다.
* 용(勇) : 의롭고 용감하게 행동한다.
* 충(忠) : 충성스럽고 성실하게 행한다.
* 신(信) : 신의를 지킨다.
* 성(誠) : 성심성의를 다하여 행한다.
* 덕(德) : 인품과 덕성을 기르고 도덕(道德)을 지킨다.

2. 규수이십비(規守二十備)
⇒ 규율로서 지켜야할 스무 가지의 방비

1) 불의권기인(不倚權欺人) : 권력을 믿고 다른 사람을 속이지 않는다.

2) 불외강능약(不畏强凌弱) : 강한 것을 두려워하지 않고 약한 것을 얕보지 않는다.
3) 불구험, 구위(不懼險, 救危) : 위험한 것을 두려워하지 않고 위험에 빠진 자를 구한다.
4) 불위비작알(不爲非作歹) : 옳지 않은 것을 하지 않는다.
5) 불장기채화(不仗技采花) : 재주를 믿고 억지로 여인을 범하지 않는다.
6) 불차세광망(不借勢狂妄) : 힘을 빌려 방탕하고 분별없이 행동하지 않는다.
7) 불주가매예(不走街賣藝) : 거리에 나가 재주를 팔지 않는다.
8) 불관향결당(不串鄕結黨) : 마을을 돌아다니면서 무리를 결성하지 않는다.
9) 불사일류랑(不奢逸流浪) : 방탕하게 즐기며 떠돌아다니지 않는다.
10) 부자교자만(不自驕自滿) : 스스로 교만이나 자만에 빠지지 않는다.
11) 불여광도교량(不與狂徒較量) : 방탕한 사람들과 힘을 겨루지 않는다.
12) 불여무지쟁강(不與無知爭强) : 무지한 사람들과 경쟁하지 않는다.
13) 불가교첨빈부(不可驕諂貧富) : 빈자(貧者)에 교만하지 않고 부자에 아첨하지 않는다.
14) 불탐무의횡재(不貪無義橫財) : 의롭지 못한 행동으로 횡재(橫財)를 탐하지 않는다.
15) 불여주색처사(不與酒色處事) : 주색(酒色)과 더불어 일을 처리하지 않는다.
16) 불항공사지채(不抗公私之債) : 공사(公私)의 채무로 다투지 않는다.
17) 부득손공애사(不得損公碍私) : 공사(公私)에 손해가 되거나 장애가 되는 일을 하지 않는다.
18) 부도현관후록(不圖顯官厚祿) : 관직을 뽐내어 많은 봉록을 꾀하지 않는다.
19) 부당반국취도(不當叛國臭徒) : 나라를 배반하고 무리를 썩게 하는 일을 맡지 않는다.
20) 불응차해습권(不應蹉懈習拳) : 허송세월을 하면서 무술연습을 게을리 하지 않는다.

3. 계장십이금(戒章十二禁)

⇒ 경계하여 지켜야 할 열두 가지의 금기 사항

* 사(邪) : 정당하지 않은 일(왜곡되고 사악한 풍기)
* 반(反) : 나쁜 일(나쁜 사람의 그릇된 행동이나 혹은 옳지 못한 일)
* 조(刁) : 무뢰
* 활(猾) : 교활
* 사(奢) : 지나치게 사치스럽거나 돈을 낭비하는 것
* 사(詐) : 사기
* 풍(瘋) : 방탕한 언행
* 비(卑) : 비천하고 저속한 것
* 간(奸) : 간사 · 위선 · 배반 · 비열
* 황(謊) : 불성실
* 광(狂) : 극단적인 방종 · 오만 방자함 · 거만함
* 악(惡) : 악랄 · 포악 · 매우 그릇된 행동

4. 율칙이격(律則二格)

⇒ 인격을 가름하는 율칙

1) 선량한 사람, 즉 바르고 덕성이 있는 사람은 태극권을 수련하여 신체를 건강하게 단련함으로써 자신의 몸을 보호하는 바탕으로 삼는데, 이것이 바로 진문(陳門)의 권술이 본보기로 따라야 할 모습이다.

2) 불량한 사람, 즉 사악한 사람은 태극권으로써 다른 사람을 업신여기고 노략질을 행하며 여러 가지 해를 입히는데, 이것은 진문(陳門)의 권술이 경계하고 반대하는 것이다.

5. 학권수지(學拳須知)[362]

⇒ 태극권 수련자의 필수 숙지사항

첫째, 태극권을 배울 때는 공손해야 한다.

공손하지 않으면, 겉으로는 스승과 학우를 업신여기게 되고, 안으로는 신체를 소홀히 여기게 된다.

마음의 단속이 없는데 어찌 무예를 배울 수 있겠는가?

둘째, 태극권을 배울 때는 방자하게 행동해서는 안 된다.

방자하면 일을 그르친다.

손을 함부로 쓰지 않고, 또한 말을 함부로 하지 않으면 반드시 외면으로도 우아한 품위를 지니게 되나, 그렇지 않고 방자하게 행동하면 반드시 중용을 잃게 된다.

셋째, 태극권을 배울 때는 자만하지 말아야 한다.

자만하면 손해를 초래하게 된다.

속담에도 "하늘 밖에 또 하늘이 있다.[363]"라는 말이 있다.

겸손하여 마음을 비울 수 있으면 다른 사람의 가르침을 받을 수 있으니, 사람들이 어찌 그를 두고 잘 한다고 하지 않겠는가.

모든 사람들이 그 능력을 인정하니, 진실로 뛰어나게 되는 도다.

넷째, 태극권을 배울 때는 하나하나 세심하게 갈고 닦아야 한다.

하나라도 소홀히 지나치면 그 자세의 기지(機智)와 정리(情理)가 결국엔 애매모호하게 된다.

그러한즉 앞 뒤 동작을 연결하여 진행할 때는 특히 각각의 동작 하나 하나에 주의를 기울여야 하며, 이때 주의를 기울이지 않으면 다음에 이어질 맥락이 진실하지 못하고 중간의 연결이 원활하지 못하여 동작 하나는 이룰 수 있다 하여도 시종

---

362) 진정뢰(陳正雷) 노사의 저서에는 다섯째까지만 언급하고 있으나, 진흠(陳鑫)의 진씨태극권도설(陳氏太極拳圖說)에는 아홉 번째까지 기록하고 있어 편자(編者)가 이를 보충함.
363) 天外還有天(천외환유천).

일관 일기관통(一氣貫通)할 수가 없다.

일기관통(一氣貫通)할 수 없다면 태화원기(太和元氣)의 경지에 끝내 들어서기 어렵다.

다섯째, 태극권을 배울 때는 먼저 책을 탐독해야 한다.
책의 내용을 분명하게 이해할 수 있으면, 권법의 학습이 자연이 쉬워진다.

여섯째, 태극권을 배운다 함은 음양(陰陽) 개합(開合)을 배우는 것이다.
내 몸 중에 본래부터 음양 개합이 있었으니, 가르치는 자가 늘리고 줄일 수 있는 것이 아니다. 그 본연의 자리로 돌아갔으면 가르침을 다한 것이다.

일곱째, 태극권이 비록 크게 사용되는 곳이 없다 하여도, 지금 여러 열강(列强)들의 치열한 경쟁에서 만약 이러한 무예(武藝)가 없었다면 어찌 보존될 수 있었겠는가! 오직 이 책으로 열심히 갈고 닦으면 육군의 대열 보조(步調)를 질서정연하게 맞추는 데에도 작은 도움이 없지 않을 것이다.
가령 중국 사람이 모두 연습한다면 간혹 격투가 벌어지고 적이 아무리 강한들 나를 어찌 당해 내겠는가! 이 또한 국가의 체면을 보존하는 한 가지 방법이다. 뜻이 있는 자들은 보잘 것 없는 의견이나 홀려듣지 말라.

여덟째. 태극권을 배우는 사람들은 절도나 약탈을 위해서 그 재주를 사용해서는 안될 것이다. 만약 도둑질을 하는 데 그 재주를 빌려쓴다면, 하늘이 그의 혼백을 빼앗아 갈 것이며, 귀신도 그를 돕지 않을 것인데 하물며 사람이야 어떠하겠는가! 천하의 어느 누가 그것을 용납하겠는가!

아홉째, 태극권을 배우는 사람은 다른 사람을 모욕하거나 압박할 수 없다. 한번 모욕이나 압력을 가하게 되면 곧 많은 분노를 초래하게 되므로 죄악의 우두머리가 될 것이다.

제 3 절 진씨태극권가(陳氏太極拳家)에 대한 소개

온현(溫縣)의 현지(縣誌)에 다음과 같은 기록이 있다.

"명(明)나라 홍무(洪武) 초년(初年), 원(元)의 철목이(鐵木耳)가 회경(懷庚)[363]을 맡고 있었는데 명나라의 군사가 오랫동안 그곳을 공격해도 항복하지 않자 천하통일의 달성에 초조해졌다. 이에 명(明) 태조(太祖)가 그곳 백성들에게 분풀이를 하여 대량학살을 단행하였으니 그때 온현(溫縣) 사람들이 매우 많이 죽었다."

그래서, 회경(懷庚) 사람들에게는 당시 세 번씩이나 유린당했다는 말이 아직까지 전해내려 오고 있다.

그후, 인가(人家)가 드물어지자 다른 지방의 사람들을 이주시켜 밭을 갈고 황무지를 개간하도록 하였는데, 이곳으로 이주해 온 사람 중 십중팔구는 산서성(山西省)의 홍동현(洪洞縣)에서 옮겨 왔기 때문에 그 곳에는 지금까지도 "우리 조상이 어디에서 왔느냐고 묻는다면 산서(山西) 홍동(洪洞)의 대괴수(大槐樹)에서 왔답니다."라는 말이 전해지고 있다.

진가구(陳家溝)의 진씨(陳氏)의 시조는 진복(陳卜)으로 원래 산서성 택주군(澤州郡)[364] 출신이었으나, 후에 택주(澤州)에서 산서성의 홍동현(洪洞縣)으로 옮겨 와 살았다.

그는 명(明) 홍무(洪武) 5년(1372년), 하남성(河南省) 회경부(懷庚府) 동남쪽으로 30리(里) 되는 작은 시골 마을로 이주했다.

시조 진복(陳卜)은 사람됨이 충직하고 후덕할 뿐만 아니라, 권술과 병장기 등의 무술에 정통하였기 때문에 이웃 사람들로부터 깊은 존경을 받았다. 그래서 그가 살았던 곳을 진복장(陳卜庄)[365]이라고도 불렀다.

---

363) 회경부(懷庚府)는 지금의 심양(沁陽)으로 온현(溫縣)을 포함한 8개의 현을 관할하고 있었다.
364) 지금의 진성(晋城)이다.
365) 해방후 진복장(陳卜庄)은 온현(溫縣)이 되었는데 지금까지도 진복장으로 불리고 있다.

그런데 진복장(陳卜庄)의 지세가 낮아 해마다 수해를 입게 되자, 명(明) 홍무(洪武) 7년(1374년) 다시 온현성(溫縣城)에서 동쪽으로 10리(里) 거리에 있는 상양촌(常陽村)366)으로 이주하였다.

상양촌(常陽村)에는 마을 뒤쪽으로 '청봉령(青峰岭)'이란 봉우리가 하나 있었다. 그런데, 그곳 마을 사람들은 그곳에 숨어 살던 도적 떼들의 횡포 때문에 편안하게 지낼 수가 없었다. 시조 진복(陳卜)은 고향을 지키고 마을의 안정을 되찾기 위해 무학사(武學社)를 설립하여 자손에게 권법(拳法)을 가르쳤다.

또한, 가업(家業)의 기초를 다지기 위해 농지의 개간과 경작에 힘을 기울여 마을의 발전을 위한 기초를 다지는 데 진력하였다.

처음에는 6대(代)가 함께 살다가, 7대(代)에 이르러 분가(分家)를 하고 가업을 일켜 세우니 그 자손이 점차 번창하게 되었다. 점차 진씨(陳氏)의 인구가 늘어나게 되자 마을에 있는 남북으로 길게 뻗은 깊은 도랑[溝: 구]의 특징을 감안하여 상양촌(常陽村)을 진가구(陳家溝)로 바꾸어 불렀다.

진림(陳琳)은 진씨(陳氏)의 삼대조(三代祖)이다. 시조 진복(陳卜)에게는 유(維), 수(綏), 강(綱), 굉(紘), 정(綎)의 다섯 아들이 있었다. 그 셋째 진강(陳綱)의 독자가 진림(陳琳)이다. 현재 진가구(陳家溝)에 살고 있는 사람들은 바로 진림(陳琳)의 후손인 것이다.

그래서, "복(卜)할아버지의 자손, 림(琳)할아버지의 후손"이란 말이 있다.

진씨(陳氏) 가문의 족보에 따르면 다음과 같은 기록이 있다.

"진림(陳琳)은 매우 근검하여 만 섬의 곡식을 쌓아두며 살았는데, 사람들이 환난에 처하면 즉시 가져다 베풀었다. 또한, 흉년이 들면 주머니를 털어서 도와주었으니 그 덕분에 마을이 항상 안정되었다. 또한, 절에 보내는 시주가 끊일 날이 없는 등, 선행을 즐겨 행하니 그 이름이 널리 알려졌다."

집안 형편이 호전되고 사람마다 장수하며 해마다 풍년을 이루게 되자, 그는 조상의 가르침을 따라 자식과 손자들을 데리고 농번기에는 밭을 갈고, 농한기에는 권술을 비롯하여 무예를 연마하였다.

---

366) 마을의 서쪽에 있는 '상양(常陽)'이란 오래된 절에서 이름을 따옴

진왕정(陳王廷, 1600-1680)은 주정(奏庭)이라고도 부르며 명말(明末) 청초(淸初)때 사람이다. 어려서부터 근면하고 배우길 좋아하여 문장을 익히고 무예를 연마하였다. 집안 대대로 내려오는 무학(武學)에 출중하였을 뿐만 아니라, 제자백가(諸子百家)의 저서들을 숙독하여 학문적 지식이 해박하였으니 그야말로 문(文)과 무(武)를 겸비한 사람이었다.

≪온현지(溫縣志)≫의 기록에 따르면 명(明) 숭정(崇禎) 5년(1632년)에 진왕정(陳王廷)은 일찍이 "향병수비(鄕兵守備)"라는 직책을 맡았다고 되어 있다. 그리고 왕조가 바뀌어 청(淸) 건륭(乾隆)19년(1754년)의 족보 서문과 도광(道光) 2년(1882년)에 편찬된 ≪진씨가보(陳氏家譜)≫에서는 진왕정(陳王廷)의 이름 밑에 이렇게 적혀 있다.

"왕정(王廷)은 주정(奏庭)이라고도 불렸다. 명말(明末)에는 무상생(武庠生)이었고, 청초(淸初)에는 문상생(文庠生)이었다. 산동(山東)에서 무예의 명수로 이름을 날리며 1000여명의 도적 떼를 소탕하기도 했다. 진씨(陳氏) 권법의 수(手)·도(刀)·창(槍)·검(劍)의 무예를 창시한 사람이다. 그 기상이 용맹하여 전쟁에 나가면 큰칼을 휘두르며 용맹을 떨쳤던 주목할 만한 인물이다."

명조 말년에 진왕정(陳王廷)은 개봉(開封)에서 열린 무과시험에서, 한 번 말을 달려 세 개의 화살을 쏘고, 세 번 말을 달리면 아홉 개의 화살을 쏘았는데, 그 쏘는 화살마다 모두 명중을 하였다. 이를 본 시험관은 그저 한바탕 북을 내려치고는 멍하게 바라본 뿐 다음 발사에 대한 북소리를 보내지 않아서 그의 화살은 실패로 간주되어 낙제하였다.

진왕정(陳王廷)은 너무 화가 나서 말을 타고 앞으로 나가 검을 뽑아 북 치는 관리를 죽이고 시험장을 뛰쳐나와 서쪽으로 내달렸다. 정신없이 달리고 보니 어느새 등봉(登封) 지역으로 들어섰다.

진왕정(陳王廷)과 그의 말은 지치고 허기가 져서 산의 동굴 옆에 주저앉아 쉬었다. 이 때 한 건장한 남자가 칼을 빼들고 달려들더니 진왕정(陳王廷)에게 통행료를 내놓으라고 요구했다. 진왕정(陳王廷)은 좋은 말로 그를 설득하였으나 말이 통하질 않았다. 오히려 칼을 들고 찌르려고 하다가 자신이 진왕정(陳王廷)의 상대가 되지 않음을 깨닫고는 재빨리 도망갔다.

진왕정(陳王廷)이 급히 말을 몰아 뒤쫓았으나 강도는 잽싸게 산 속으로 뛰어 들어갔다. 이에 진왕정(陳王廷)도 말을 달려 산으로 뒤쫓아갔더니 그 앞에 수레바퀴

살과 낙석(落石)들이 놓여 있었다. 그는 소굴을 향해 창으로 하나씩 찔러 넣었다. 그러자, 마구 화살이 쏟아졌는데 진왕정은 화살을 피해 그 소굴로 뛰어 들어갔다.

이때 무리 중의 하나가 두목에게 이 사실을 서둘러 알리자, 두목이 매우 기뻐하며, "내가 마침 병사와 말을 구하려던 참이었는데 그대와 같은 장군을 만나게 되었으니 분명 큰일을 할 사람이로다."라고 말하였다.

이에 급히 자리에서 일어나 그를 맞으러 나갔다.

두 사람은 만나서 서로 이름을 나누며 인사를 하였다.

알고 보니 그 두목은 수령의 학정에 반기를 들고 옥대산(玉帶山)을 점거한 농민봉기의 지도자 이제우(李際遇)였다.

두 사람은 모두 서로의 명성을 듣고는 더 일찍 만나지 못했던 것을 아쉬워하며, 곧 진왕정(陳王廷)을 위해 큰 잔치를 벌였다. 두 사람은 술잔을 주고받으면서 마음을 터놓고 이야기하게 되었다. 명 왕조의 정치적 부패, 국내외의 불안한 정세와 터무니없이 무거운 세금으로 백성들의 원성이 하늘을 찌르고 있다는 것이었다.

두 사람은 의기투합하여 대화를 하던 중에 이제우(李際遇)의 제의로 의형제를 맺었다.

이 때, 산 아래에서 길을 막았던 건장한 남자가 발을 올리며 들어와서는 진왕정의 발아래 무릎을 꿇더니,

"저 장발(蔣發)은 어려서 부모님을 잃고, 온갖 고생을 겪다가 다행히 이(李) 두령을 만나 신임을 얻어 그 밑에서 산을 순찰하는 임무를 맡게 되었습니다. 게다가, 오늘 진(陳) 선생님을 뵙게 된 것은 저의 생애의 크나큰 행운이오니, 바라옵건대 선생님을 스승으로 모시고 무예를 배워 탐관오리들을 없애고 백성들을 위해 사악한 것들을 제거할 수 있도록 해 주십시오."

라고 말하며 엎드려 절을 하니 감동하지 않을 사람이 없었다.

곁에 있던 이제우(李際遇)도 함께 거드니 결국 진왕정은 장발(蔣發)의 뜻을 받아들였다. 그리고, 그들은 서로 봉기를 다짐하며, 먼저 진왕정을 진가구(陳家溝)로 돌려보내었다가 밤이 되면 마을 사람과 연락하여 기회를 살피다가 침왕(闖王)을 도와 황하(黃河)를 건너 북경(北京)을 향해 돌진하기로 약속하였다.

진왕정(陳王廷)은 집으로 돌아와 약속대로 일을 진행하며 기다렸으나 아무런 소식이 없었다. 훗날 이제우(李際遇)와 그의 병사들은 패하여 죽임을 당했고 장발(蔣發)은 이름을 감추고 진왕정(陳王廷)의 집에 숨어살며 하인으로 지냈다.

진가구(陳家溝)에는 진왕정(陳王廷)의 노년기 모습을 그린 초상화가 전해오는데, 그의 등뒤에 장발(蔣發)이 칼을 들고 서 있다.

진왕정(陳王廷)은 명말(明末) 청초(淸初), 왕조가 교체되고 사회가 동요하던 시기까지 오랫동안 뜻을 이루지 못했다. 만년에는 아예 문을 닫아걸고 들어앉아 시를 읊거나 권법(拳法)을 익히며 자신을 위로하며 세월을 보냈다.

문무(文武)를 겸비한 그는 집안 대대로 내려오는 권술(拳術)과 공법(功法)을 기초로 자신이 오랫동안 연마한 공력(功力)과 경험을 결합하고, ≪역경(易經)≫에 담긴 음양(陰陽)의 이치와 중국 의학의 경락학설(經絡學說), 양생술(養生術), 토납술(吐納術) 및 역학(力學)의 지렛대 원리 등을 모두 종합하여, 음양의 성질과 강유상제(剛柔相濟), 쾌만상간(快慢相間), 송활탄두(鬆活彈抖)의 특징과 인체의 생리적 규칙과 대자연의 운행질서에 부합되는 권술을 창조하고 그것을 "태극권(太極拳)"이라고 하였다.

특히, 그가 창조한 쌍인추수(雙人推手)와 쌍인점간(雙人粘杆)은 맨손으로 하는 실전적인 기격 훈련에서나 검술 훈련에서 모두 훌륭한 효과를 얻을 수 있는 방법이었다.

이후 진가구(陳家溝)에서 태극권이 유행하게 되어 자손 대대로 익히고 그 가운데 명수(名手)을 배출하면서 그 열기가 오래도록 시들 줄을 몰랐다.

진왕정(陳王廷)은 평생에 많은 저작을 남겼으나 연대(年代)가 너무 오래 되고 몇 번의 전란을 거치면서 대부분 산실(散失)되고, ≪권경총가(拳經總歌)≫와 사(詞) 한 수가 남아 있을 뿐이다.

진여신(陳汝信)과 진소락(陳所樂)은 모두 진씨(陳氏) 집안의 10대손이다.

진왕정(陳王廷)에게서 태극권을 배워 진왕정(陳王廷)이 태극권을 창제한 이후 당대의 뛰어난 종사(宗師)가 되었다. 진왕정(陳王廷)으로부터 태극권론과 기술에 대한 가르침을 받으며 열심히 연마한 결과 그의 권법은 최고의 수준에 이르게 되었다.

진소락(陳所樂)은 진가구(陳家溝) 마을의 남쪽에 위치한 비교적 넉넉한 집안에서 태어났다. 위층과 아래층으로 된 객실과 정자와 누각이 있었으며 웅장한 푸른 비석[367]이 대문 앞에 세워져 있어 실로 장관을 이루었다.

속담에 "가난하면 글을 익히고, 풍요로우면 무예를 연마한다."라는 말이 있다.

진소락(陳所樂)은 집안 환경이 부유했기 때문에 사는 데 걱정이 없었다. 그런 까닭에 집안에 무도관을 지어놓고 제자들을 가르쳤다. 때로는 친구의 부탁을 받고 경호원을 맡기도 하였으나 직업으로 삼지는 않았다.

그는 성품이 호탕하고 시원하며 부당한 일을 보면 참지 못했다. 가르치던 제자들이 매우 많았지만, 그의 쌍둥이 아들 신여(申如)와 순여(恂如)만이 권법으로 명성을 날렸다.

대곤(大鵾), 대붕(大鵬), 신여(申如), 순여(恂如)는 모두 진씨(陳氏) 11대손(代孫)으로, 모두가 태극권의 명사였다. 특히, 신여(申如)와 순여(恂如)의 청소년기 때 이야기는 진가구(陳家溝) 일대에 전해지는 미담(美談)이 되었다.

청(淸)나라 건륭(乾隆) 시기 진가구(陳家溝) 마을에서 동쪽으로 8리(里) 쯤 떨어진 북평고촌(北平皐村)에 왕원외(王員外)라는 사람이 살았다.

어느날 밤에 무기를 든 마적 떼가 북평고(北平皐)를 들러 왕원외(王員外)에게 금은 보석과 골동품들을 내놓으라고 윽박지르며 말을 듣지 않으면 집안을 온통 피로 물들이겠다고 협박했다.

왕원외는 할 수 없이 그들의 요구에 응하고 음식과 잠자리를 준비하고 잔치를 벌이는 한편, 몰래 진가구로 하인을 보내 진소락(陳所樂)에게 도움을 청했다.

왕원외의 하인은 황급히 달려 온몸이 땀에 흠뻑 젖은 채로 진소락의 집에 도착하였다. 그는 숨을 헐떡거리며 "진소락님! 제발 살려주세요!"라고 외치며 애원하였다.

신여와 순여를 비롯한 진씨(陳氏) 가족들은 그 하인에게서 자세한 상황을 듣자,

"진소락께서는 관가에서 긴히 상의하실 일이 있다고 하여 출타하셨습니다. 오늘은 돌아오시지 않을 겁니다."라고 하였다.

그러자, 왕씨 집안의 하인은 너무 실망하여 힘없이 땅에 주저앉았다.

그것을 본 신여와 순여가,

"걱정하지 마십시오. 저희가 가겠습니다."라고 하였다.

하인이 고개를 들고 보니, 아직 15, 6세 밖에 안된 소년들이 서 있었다.

'저 아이들이 어찌 그렇게 포악한 자들을 제거할 수 있을까' 하는 생각에 그는

---

367) 1967년경에 헐렸다고 알려져 있음.

그저 멍하니 바라볼 뿐 아무런 말도 할 수가 없었다.

이에 어린 형제는 자신들을 깔보는 듯한 그의 태도에 몹시 화가 나서 별안간 그의 어깨를 잡아채어 허공으로 던져 올렸다. 막 땅으로 떨어져 죽게 될 찰나, 두 사람은 가볍게 받아 그를 땅에다 내려놓았다. 그는 너무 놀라 얼굴이 허옇게 질렸다.

"빨리 돌아가서 왕원외 선생께 우리가 곧 갈 테니 좋은 술로 마적들을 대접하라고 아뢰시오." 라는 형제의 말을 듣기가 무섭게 고개를 끄덕이고 황급히 뛰어갔다.

신여와 순여 형제는 서로 의견을 나누고 집안을 잘 정리하였다. 이윽고, 해가 지고 달이 나뭇가지에 걸리자 두 사람은 곧 북평고촌으로 향했다.

왕(王)씨 집에 도착하자 주위를 살피고는 뒤쪽 화원의 담을 넘어 들어갔다. 그리고, 빈객(賓客)의 예를 갖추어 왕원외를 만나서 사건의 정황을 얘기하였다.

그때, 객실 대청에 있던 마적 떼들은 서로 내기를 하고 벌주를 마시면서 한창 흥이 무르익었다. 신여와 순여는 왕원외에게 자칫 위험할 수도 있으니 집안 사람들을 함부로 돌아다니지 말게 하라고 당부했다.

형제가 객실문 밖에 서서 안을 들여다보니, 이십 여명의 마적들은 벌주 놀이에 술잔을 주거니 받거니 하며 정신없이 놀고 있었다.

이를 지켜보던 형제는 서로 들어가겠다고 실랑이를 벌이다가 결국 신여가 순여를 방안으로 밀어 넣고는 즉시 한 움큼의 완두콩을 꺼내 촛불을 향해 던져서 불을 꺼트리고 또 무리에게도 던졌다. 이때 순여는 재빨리 훌쩍 대들보 위로 뛰어올랐다.

그러자, 객실은 온통 수라장이 되어 누군가 "그럼 안돼, 어떤 놈이 주머니를 터는 거야. 무기를 들어라!"라고 저마다 소리쳤다. 소리치고 떠드는 사람, 무기를 들고 소란을 피우는 사람, 머리를 쥐어 싸고 밖으로 뛰쳐나가는 사람 등 가관이었다.

문 밖에서 기다리고 있던 신여는 나오는 자들이 보이는 대로 그 자리에서 죽였다.

이때 순여가 대들보 위에서 "아직도 무기를 버리고 항복하지 않는구나. 대천신(大天神)과 이천신(二天神)이 여기에 있노라!"라고 소리쳤다.

마적 떼의 두목은 이 말을 듣고 '오늘 신을 저주하는 죄를 지었으니, 이제 끝이구나. 어서 항복해야겠다.' 라고 생각하였다.

그 두목은 도당들을 이끌고 산동성(山東省)을 출발할 때, 스스로 세상에 자신의 무예를 대적할 만한 적수가 없다고 생각하였다. 그래서, 하늘에 맹세하길 '하늘의 병사나 장군을 만나면 무릎을 꿇겠지만, 그 외엔 세상을 두루 다녀도 내 적수가 없다'고 했었다. 그런데, 여기서 "대천신(大天神)과 이천신(二天神)이 여기 있노라."라는 말을 듣자 그는 곧 지난 일을 떠올리고 항복하였으며, 결국 마적 떼들은 관가로 넘어가게 되었다.

왕원외는 어린 형제들의 영웅적인 담력과 의롭고 용감한 행동에 보답하고자, 특별히 쌍둥이 형제의 모험담을 담은 ≪쌍영파적(雙英破敵)[368]≫이란 연극을 만들어 삼일 내내 진가구 마을을 돌며 공연하게 하였다.

이리하여 신여와 순여는 "대천신(大天神), 이천신(二天神)"이라는 멋진 별명을 갖게 되었다.

진씨(陳氏) 집안에서 선통(善通), 선지(善志), 경백(敬柏), 계하(繼夏)는 12대손으로, 모두 당대의 종사(宗師)를 이룬 사람들이다.

이들과 관련된 일화들이 매우 많지만, 여기서는 경백과 계하의 예만 들기로 한다.

진경백(陳敬柏)에 관해서는 청(淸)나라 건륭(乾隆) 연간 "흑리호(黑狸虎)[369]"를 때려죽였다는 고사가 전해지고 있다.

어느 날 아침 온현성(溫縣省) 동관(東關)에 있는 태산묘(泰山廟) 앞에 펼쳐진 저자거리에서 "흑리호"라고 불리는 한 무술사범이 칼과 몽둥이를 휘두르며 시범을 보이고 있었다. 하나둘씩 모여들기 시작한 구경꾼들은 어느새 점점 많아져 그 주위를 에워싸고 있었다. 흑리호는 삼절곤(三節棍)을 획획 휘두르더니 땅에서 발로 단도(單刀)를 획 차 올려서 손으로 잡았다.

칼을 들어 두 번 치더니 말하기를,

"여러분! 저는 태극권의 본고장인 이곳에 아직도 태극권과 무예를 연마하는 기풍이 대대로 전해진다는 소리를 듣고, 그 명성을 흠모하여 먼 길도 마다하지 않고 이렇게 왔습니다. 여러분을 스승으로 모시고 제자가 되어 무예를 배우고 싶은데 한 가지 조건이 있습니다."라고 하였다.

그리고는 땅에 놓인 물이 담긴 그릇을 가리키면서,

"여러분, 이 쌍칼은 바늘이 들어갈 틈도 없이 움직입니다. 누가 저 물을 내 몸에

---

[368] 쌍둥이 형제가 마적 떼를 물리쳤네 라는 뜻의 연극 제목.
[369] 검은 표범.

한 방울이라도 튀기게 할 수 있다면 저는 그의 제자가 되겠습니다."라고 말하며 곧 칼로 머리며 허리를 휘감았다가 등뒤로 빼내며 휘두르기 시작했다.

이것을 지켜보던 군중들 속에는 진가구 출신의 진경백(陳敬栢)이라는 거름을 주우러 다니는 늙은이가 있었다. 그는 너덜너덜한 밀짚모자를 쓰고 거름통을 짊어진 채 사람들 뒤에 서 있었다. 그는 기세 등등한 모습으로 우쭐거리며 오만하게 구는 흑리호의 태도가 벌써부터 눈에 거슬렸다.

사람들이 흑리호의 칼 솜씨에 온통 넋이 빠져 있을 때, 진경백은 기회를 보아 쏜살같이 자기 머리 위에 썼던 밀짚모자를 벗어 흑리호의 머리 위에 씌워 놓고는 몸을 돌려 걸어갔다.

흑리호는 고수가 나타났음을 깨닫고 쌍칼을 집어던지고 진경백을 쫓아가서 "사부님!" 하며 땅에 엎드려 절하였다.

진경백은 급히 그를 일으켜 세우며,

"진정한 고수는 경거망동하지 않는 법이다. 태극권과 무술을 연마하는 사람은 성실을 으뜸으로 하며 결코 허풍을 떨며 자만해서는 안 되느니라."

라고 따끔하게 가르쳤다.

이에, 흑리호는 '예'라고 대답하긴 하였으나 마음속으로는 결코 굴복하지 않았다. 그는 헤어지면서 진경백에게 "3년 후에 뵙지요."라고 말하였다.

어느덧 세월은 흘러 3년이 지났다. 이미 80세의 노인이 된 진경백은 그 동안 흑리호가 도처의 고수들을 찾아다니며 무예를 연마하여 실력이 높아졌다는 것도 모르고 지냈다.

어느 날 흑리호는 군중들 앞에서 모욕을 당했던 그날의 원수를 갚기 위해 진가구를 찾아왔다. 진경백이 이웃마을의 장터로 거름을 주우러 갔다는 말을 듣고는 그를 만나기 위해 곧 서쪽으로 갔다. 상양(常陽)에 있는 낡은 절의 서쪽에 도착하여 진경백이 거름통을 짊어지고 오는 것을 보고는 길에서 그를 가로막았다.

진경백은 흑리호를 꾸짖으며 훈계했던 일을 이미 잊고 있었다.

그저 길을 묻거나 사람을 찾는 줄 알고,

"어딜 가려고 하시오? 아니면 누구를 찾으시오?"라고 말하자, 흑리호는

"시치미떼지 마시오. 난 당신을 찾아 온 것이오. 자, 갑시다. 묘당으로 가서 말하겠소."라고 하였다.

두 사람이 묘당(廟堂)에 이르자, 흑리호는 묘당 문의 빗장을 지르고 돌비석을 들

어서 묘당 문을 단단히 받쳐 놓았다. 그리고, 고개를 돌려 진경백에게 말했다.

"당신은 아직 3년 전 동관(東關)에서 있었던 일을 기억할 것이오. 그 수많은 사람들 앞에서 나 흑리호를 망신시켰던 일을. 나는 오늘 당신과 실력을 겨루어야겠소. 그러기 전에는 이 묘당 문을 나가지 못할 것이오."

그제야 진경백은 그때 일을 떠올리며 두 손을 맞잡고 예를 갖추며 말했다.

"그때 나는 무림(武林)의 한 동지로서 당신에게 간곡한 충고를 한 것뿐이오. 결코 망신을 주려는 뜻은 없었소. 갈고 닦은 무예를 겨루는 것은 더욱 높은 기량을 쌓기 위한 것이지, 홧김에 겨루어 몸을 다치게 해서는 안 되는 것이오. 또, 나는 이미 80세의 힘없는 늙은이인데 그대는 나와 무엇을 겨루고자 하는가?"

흑리호는 진경백의 말이 채 끝나기도 전에 성난 목소리로,

"허튼 소리 그만 하시오. 그때 당했던 모욕의 한을 갚지 않으면 맹세컨대 난 사람이 아니오."

라고 소리치더니, 곧 진경백을 향하여 달려들었다.

굶주린 호랑이가 먹을 것을 향해 달려드는 권법, 사나운 호랑이가 심장을 파내는 권법, 검은 호랑이가 가랑이 사이를 뚫는 권법으로 연속 3번을 공격했으나 모두 진경백에 의해 허사가 되어버렸다. 다시 흑리호가 목을 누르는 기술로 진경백을 사지에 몰아넣으려고 하자 진경백은 화를 참지 못하고 노여워하며 말했다.

"네가 나를 공격했으니, 네가 이긴 것으로 하마. 이 정도면 체면을 세웠을 텐데 그만둬도 되지 않겠느냐? 사람을 너무 심하게 속이지 않도록 해라!"

어찌 흑리호의 귀에 그런 충고가 들어오겠는가? 목을 조르려는 그의 큰 손이 이미 진경백의 목 앞에 오자, 말은 느려도 동작은 여전히 빠른 진경백의 몸이 옆으로 기우는가 싶더니 허리로 전신을 돌려 영문고(迎門靠)로 흑리호를 뿌리치고 가슴을 쳤다. 그러자, 흑리호는 2미터가 넘게 위로 날아가 비명소리만 들리더니 받쳐 놓았던 돌비석에 떨어져 돌비석은 두 조각으로 갈라지고 흑리호의 골은 땅에 흩어져 결국 황천길로 가버렸다.

진경백은 팔십 노인이었기 때문에 격렬한 싸움을 하느라 체력이 버티지 못하여 집으로 돌아온 후 병이 들었고, 며칠 후 세상을 떠나고 말았다.

지금도 진가구에는 '흑리호를 때려죽이고, 이어서 진경백도 죽었네' 라는 이야기가 전해지고 있다.

진계하(陳繼夏)는 자(字)가 병남(炳南)이며, 청(淸)나라 건륭(乾隆) 말기의 사람으로 태극권에 정통하였다. 집안이 매우 가난하여 밀가루를 빻아주며 생계를 이었다. 맷돌을 돌릴 가축을 살 돈이 없었기 때문에 직접 큰 돌맷돌을 밀어서 빻아야 했다. 처음에는 손으로 밀다가 나중에는 손가락 하나로 밀었는데 그 속도가 매우 빨랐다.

진계하(陳繼夏)는 한가한 시간이면 그림을 그리거나 태극권을 연마하였다.

그렇게 오랜 시간을 보내자 결국 회화(繪畵)와 조소(彫塑)의 기예가 출중해졌을 뿐만 아니라, 집안 대대로 내려오는 태극권에도 정통하게 되었다. 조보진(趙堡鎭)과 관제묘(關帝廟) 등에 그려진 벽화는 모두 진계하의 손에서 나온 것이다.

그는 사람됨이 온화하고 선량하였으며, 제자들은 그와 함께 웃고 즐기기를 좋아하였다.

어느 날, 그가 마을 서쪽에 있는 고성사(古聖寺)에서 불상을 그리고 있을 때, 어떤 사람이 살금살금 그의 등뒤로 다가와서 양손으로 그의 어깨를 눌렀다.

진공(陳公)은 흠칫 놀랐으나 고개도 돌리지 않고, 한 바탕 어깨를 흔들어 털어내고는 "온몸에 권(拳)이 아닌 곳이 어디 있는가" 하는 태극권의 공부에 따라 그 사람의 두 다리를 차서 공중제비를 하게 하였다.

그는 '으악' 소리를 지르며, 공중으로 솟아 그대로 떨어지면 죽거나 중상을 입을 지경이었으나, 다행히 착지를 잘하여 별일은 없었다.

이 사람은 범수현(氾水縣) 장가촌(萇家村) 출신의 장내주(萇乃周, 1724년-1783년)라는 사람으로 훗날 장가권(萇家拳)의 창시자가 된 사람이다. 그는 어려서 낙양(洛陽)의 염성도(閻聖道)를 스승으로 모시고 소림권(少林拳)을 배웠는데 그 실력이 비길 데 없이 좋았다. 그러나, 안타깝게도 그는 경(勁)의 묘법을 깨우치지 못하였기 때문에 진가구에 와서 태극권을 배우기로 결심하였던 것이다.

장내주(萇乃周)는 땅바닥을 기어서 엉거주춤 일어난 후 진계하를 스승으로 모셨다. 이때부터 장내주와 진계하는 두텁게 지내며 서로 형제라고 불렀다.

진계하는 장내주에게 교묘한 방법으로 승리를 이끄는 태극권의 내경(內勁)을 가르쳤고, 장내주는 자신이 지은 '자오원앙월투로(子午鴛鴦鉞套路)'를 진계하에게 전해 주었다. 두 사람은 매일같이 함께 무술을 연마하여 그 기량의 성과가 매우 높아졌다.

진계하(陳繼夏)는 뛰어난 주법(肘法)으로 진경백의 고법(靠法)과 함께 이름을 날렸다. 그래서, 진가구에는 "진계하(陳繼夏)는 주법(肘法), 진경백(陳敬栢)은 고법(靠法)"이란 말이 전해온다.

진씨(陳氏) 집안의 제 13대손(代孫)으로는 병기(秉奇), 병임(秉壬), 병왕(秉旺), 진공조(陳公兆), 진요조(陳耀兆) 등이 있으며, 모두 당대의 명사(名師)들이다.

진병기(陳秉奇), 진병임(陳秉壬), 진병왕(陳秉旺)은 사촌 형제로 어렸을 때부터 족숙(族叔)인 진계하를 스승으로 섬기며 태극권을 배웠다. 5년 동안의 수련을 거친 후에 진계하는 그들을 나누어 기격(技擊), 점혈(點穴), 어골(御骨) 등의 기예를 개인별로 전수하였다. 세 명의 형제는 각기 그 진기(眞技)를 터득하고, 그 뛰어난 개인기로 "진씨삼웅(陳氏三雄)"이라는 명성을 얻게 되었다.

진요조(陳耀兆)는 자(字)가 유광(有光)으로 성격이 괴팍스러운 데가 있었다. 그가 가르쳤던 제자들 중에는 후세에 이름을 남길 만한 훌륭한 무사가 나오지 않았다. 그는 건륭(乾隆) 연간에 태어나 도광(道光) 연간에 죽었으니 약 80 평생을 보낸 것이다.

진공조(陳公兆)는 무예가 출중하여, 80세의 고령이 되어서도 여전히 소와 힘 겨루기를 할 정도였다.

청(淸)나라 건륭(乾隆) 60년(1795년) 중추절, 당시 정권을 잡고 있던 고종(高宗) 황제는 태평성세를 드러내고 경로(敬老)의 기풍을 조성하고자, 전국에 다음과 같은 조서를 내렸다. 즉, 80세 이상의 노인들 중 덕과 재주를 지니고 자손이 많은 사람들은 북경(北京)의 황궁(皇宮) 태화전(太和殿)에 마련된 천수연(千叟宴)에 참석하라고 하였다.

천명 가운데에 진가구(陳家溝)에서 2명이 뽑혔다. 12대손(代孫)인 85세의 진선(陳善)과 13대손(代孫)인 88세의 진육영(陳毓英)이었다.

두 노인이 행사를 마치고 북경(北京)을 떠나 고향으로 돌아올 때, 하남(河南)의 순무(巡撫)[370] 왕대인(王大人)과 회경부(懷慶府)의 유지부(劉知府)가 친히 맞아주었고 진가구에 도착한 후에는 그들의 덕을 기리는 현관을 거는 의식을 거행하였다. 온 마을이 마치 명절을 맞은 것처럼 한 바탕 떠들썩하게 축하잔치를 벌였다.

---

370) 청대(淸代)의 지방 행정 장관.

마침 한 젊은이가 신이 나서 폭죽을 터뜨리다가 실수로 한쪽에서 풀을 뜯고 있던 늙은 소에게 폭죽을 던지고 말았다. 너무 놀란 소는 미친 듯이 가묘(家廟)의 넓은 마당을 향해 무섭게 달리기 시작했다. 젊은이가 병기를 들어 소를 제압하려 했으나 소용이 없었고 오히려 더욱 사납게 발작을 하였다. 소는 몸을 돌려서 발굽을 들고 머리를 활처럼 만들더니 검처럼 날카로운 두 뿔을 가지고 왕순무와 유지부가 앉아 있는 곳으로 세차게 달려왔다.

상황이 매우 위급해진 바로 그때, 한 노인이 재빨리 무리를 뚫고 나와 몸을 잽싸게 움직이며 정면에서 소를 내몰며 마치 한 마리 말이 삵을 웅크리고 있는 듯한 자세를 취하여 몸으로 두 명의 고관을 보호하였다. 소가 그에게 달려들자 양어깨로 쳐내고 잽싸게 쇠뿔을 잡아 힘껏 눌렀다. 뿔을 잡힌 소는 더욱 거세게 발버둥을 치면서 앞다리는 활처럼 만들고 뒷발굽은 땅이 패이도록 버티더니 다시 힘을 고르고 노인의 가슴을 향해 달려들었다. 이때, 노인은 뿔을 잡았던 두 손을 놓고 재빨리 옆으로 피하는가 했더니, 이어서 팔을 굽히고 허리를 비틀었다가 어깨로 소의 갈빗대를 받쳐들고 한 번 크게 소리를 지르며 힘을 모아 결국 그 늙은 소를 땅바닥에 내동댕이쳤다.

그 덕분에 왕순무와 유지부는 위기를 모면하고 목숨을 건지게 되었다. 너무나 놀랐던 그들은 정신을 차리자 노인의 행동에 탄복하여 연상 절을 하면서 "진정 신인(神人)이로소이다!"라고 소리쳤다. 이 노인이 바로 그 유명한 진공조(陳公兆)이다.

오늘날까지 진가구에는 그의 ≪양생가결(養生歌訣)≫이 전해지고 있다.

삼십 년 동안 태극권 연마를 게을리 한 적이 없고
삼십 년 동안 과음 과식을 삼가하였으며
삼십 년 동안 유쾌하고 낙관적으로 살았으며
삼십 년 동안 정욕을 절제하며 살아 왔다네.

진유항(陳有恒), 진유본(陳有本)은 14대손(代孫)으로 친형제 사이다. 그들의 아버지가 바로 초인적인 힘으로 미친 듯이 날뛰는 소를 잡은 진공조(陳公兆)이다.

진유항(陳有恒)은 자(字)가 소기(紹基)이며, 도광(道光) 초에 무예학교에 입학하였다. 태극권에 심취하여 많은 연구를 하였으나, 젊은 시절 동정호(洞庭湖)에 빠져 익사하고 말았다.

동생 유본(有本)은 자(字)가 도생(道生)이며 36세에 무예학교에 입학하였다. 태극권에 대해 매우 뛰어난 기술을 터득하였다.

자손의 무예 역시 각기 그 성취한 바가 있었다. 당시 태극권에 정통했던 사람들은 모두 그 문하에서 배출되었고, 형제 사이의 우애가 깊어 늘 화목하였다.

진청평(陳淸萍), 진유륜(陳有綸), 진주장(陳奏章), 진삼덕(陳三德), 진운동(陳運棟) 등은 모두 유본(有本)의 문인(門人)으로 각기 상당한 경지에 오른 사람들이었다.

진장흥(陳長興)(1771-1853)은 자(字)가 운정(雲亭)이다. 그의 기예는 아버지 진병왕(陳秉旺)에게서 전수 받은 것이다. ≪태극권십대요론(太極拳十大要論)≫·≪태극권전투편(太極拳戰鬪篇)≫·≪태극권용무요언(太極拳用武要言)≫ 등의 저작을 남겼다.

그는 조상 대대로 전해지는 투로(套路)의 기초 위에서 장황하였던 태극권 투로(套路)를 정련(精煉) 귀납(歸納)하여 태극권의 일로(一路)와 이로(二路)〈이로를 포추(炮捶)라고도 함〉를 만들었다. 이것이 바로 태극권(太極拳) 노가(老架)이다. 이것은 대가(大架)라고도 하며 오늘날 널리 퍼져 유행하는 권법이다.

장흥공(長興公)은 생업으로 보표(保鏢)[371] 일을 보았는데, 산동(山東) 지방을 오가는 호송업무를 주로 하였으며, 당시 그 일대의 무술계에서 명성이 높았다.

어느 날, 연극을 보기 위해 수백 명의 사람들이 몰려들었는데 앞자리를 차지하려고 서로 밀치며 몸싸움을 하고 있었다. 그도 역시 인파 속에 서 있었으나 그에게 달려든 사람들은 마치 흐르는 물이 돌에 부딪친 것처럼 아무런 힘을 쓰지 못하고 저절로 떠밀렸다. 그는 권법의 자세처럼 똑바로 서서 온몸에 균형을 잡아 한 쪽으로 치우치지 않았으며 착지한 두 발은 뿌리를 내린 듯 하반신이 태산처럼 끄떡도 하지 않았다. 그래서, 사람들은 그를 "패위대왕(牌位大王)"이라고 찬미하였다.

그는 진덕호(陳德瑚)의 집에 머무는 동안 무학관(武學館)을 설치하고 태극권을 가르쳤는데, 그의 문하에서 아들 진경운(陳耕耘)을 비롯하여 진화매(陳花梅), 진회원(陳懷遠), 양복괴〈楊福魁, 혹은 양로선(楊露禪)으로도 불림〉 등의 뛰어난 제

---

371) 경호원, 호송관.

자들이 배출되었다.

진씨(陳氏) 15대손(代孫)인 진경운(陳耕耘)은 자(字)가 하촌(霞村)이다. 당시 무예로 명성을 날렸으며, 부친의 업을 이어받아 산동(山東)에서 보표(保鏢)로 일했는데 도적 떼들은 그의 이름만 들어도 간담이 서늘해졌다.

청(淸)나라 광서(光緒) 시기, 산동의 내주부성(萊州府城)에 세워진 비석에는 이렇게 씌어져 있다.

"수년간 내주(萊州) 지역의 경계에 도적 떼가 들끓어 민가를 습격하고 약탈하여 백성들의 재산을 강제로 빼앗으니, 그곳을 오가는 행상들과 백성들의 피해와 고통이 이루 말할 수가 없을 정도였다. 비록 관군이 여러 차례 토벌하여 붙잡았지만, 별 효과가 없었다. 다행히 예성(豫省)[372] 온현(溫縣)의 진가구(陳家溝)에서 태극권을 가르치던 진경운(陳耕耘)이 경호원으로 이곳에 왔다. 그는 맨몸으로 도적의 소굴로 뛰어들어 목숨을 걸고 싸워 모두 섬멸하였다. 그리고, 약탈에 시달리던 백성들을 풀어주고 고통에 처해 있던 상인들을 구하였으니, 그 영웅다운 담력과 무공은 세상을 뒤덮을 만 하였다. 내주(萊州)에 있던 각계 각층의 사람들이 모두 그 큰 은혜에 감사하고 보답하기 위해 특별히 은을 모아서 비석을 세우고 그를 기념하여 후세에 영원히 전하게 하였다."

함풍(咸豊) 3년에도, 경운(耕耘)은 중신(仲甡)과 함께 도적들과 싸워 공을 세웠다. 그의 제자로 연년(延年)과 연희(延熙) 등이 뛰어나다.

진청평(陳淸萍)(1795-1868)은 진씨(陳氏) 가문의 15대손으로 스승 진유본(陳有本) 아래서 태극권의 권리(拳理)를 배웠다. 19세가 되자, 조보진(趙堡鎭)에 있는 오가(吳家)의 데릴사위로 갔는데, 조보진 계열의 태극권은 모두 그가 전수한 것이다.

광평부(廣平府)의 무우양(武禹襄)은 처음에 양복괴(楊福魁)에게 무술을 배웠는데 정미함을 갖추게 되자 새로운 것을 찾아 다시 진가구(陳家溝)로 가서 진장흥(陳長興)에게 무예를 배우고자 청하였다. 그러나 진장흥은 이미 너무 늙어서 그를 가르칠 수 없었고, 그의 아들 진경운(陳耕耘) 역시 경호를 하느라 밖에 나가 있었

---

372) 하남성(河南省)의 다른 이름.

기 때문에 할 수 없이 조보진에 있는 진청평(陳淸萍)을 찾아가라고 하였다. 그의 명성이 이와 같았으며, 제자 중에는 이경연(李景延)이 가장 뛰어났다.

진화매(陳花梅)는 자(字)가 학제(鶴齊)이다. 진장홍에게 권법을 배웠으며 매우 정통하여 그 재능이 한 시대를 종횡하였다. 아들 오전(五典)과 오상(五常)이 아버지의 뒤를 이었다.

진중신(陳仲甡)은 자(字)가 지훈(志塤) 또는 의호(宜箎)이고, 호(號)는 석광(石廣)이다. 1809년에 태어나 1871년에 죽었으니 향년 62세였다. 백신(伯甡)·중신(仲甡)·계신(季甡)은 모두 친형제로 서로 너무 닮아서 분간하기가 어려웠다.
전하는 말에 그가 3살 때, 잘못해서 수심이 깊은 우물에 빠졌는데 흰 호랑이가 그를 업어주어 옷이 하나도 젖지 않았다고 한다. 경문(經文)을 숙독하고, 병법에 통달하여 문무(文武)를 겸비하였으며 책략과 기예 등 정통하지 않은 것이 없었다. 또한, 15킬로그램이나 되는 무거운 철창을 자유자재로 휘두를 정도로 힘이 세고 용맹하면서도 의젓하여 함부로 다른 사람과 싸우는 일이 없었으니 그의 의로운 명성이 세상에 자자하였다. 무예학교에 입학하여 수련하였다.

15대손(代孫) 진계신(陳季甡, 1809-1865)은 자(字)가 방수(仿隨)이다. 부친 유항(有恒)은 태극권으로 이름을 날렸으며, 숙부 유본(有本) 역시 태극권의 진수를 깨닫고 부단히 연구하며 새롭게 창조하여 스스로 한 유파를 이루어 당대의 태극권 고수로 이름을 떨쳤다. 계신(季甡)은 어린 나이에 형 중신(仲甡)과 함께 무예학교에 입학했다. 예의가 바르고 교우관계가 넓었으며, 형 중신과 함께 나란히 이름을 날렸다.
함풍(咸豊) 3년, 양보청(楊輔淸)은 군대를 이끌고 온현(溫縣)에 들어와 소란을 피우며 마을 사람들을 불안에 떨게 하였다. 읍령(邑令)은 몸소 형제를 찾아가 적을 제압해달라고 청하였다. 중신(仲甡)과 계신(季甡)은 고향 마을의 일을 그냥 지나칠 수 없어서, 곧 무장을 하고 용감한 자들을 모아 무리를 이끌고 적진 깊숙이 쳐들어가 버드나무 숲에서 적들을 죽이고 남은 자들을 지휘하자 적이 모두 도망갔다. 그러나, 그 적들이 다시 쳐들어와 마구 불을 지르고 사람을 죽여 마을을 폐허로 만들었다. 중신과 계신은 다시 무리를 인솔하여 일당백(一當百)으로 맞서 싸웠다. 중신은 여러 길목에 복병(伏兵)을 배치해 놓고 몸소 군사를 이끌고 적을 유인하여 장수 대두왕(大頭王)을 칼로 찔러 죽임으로써 또 다시 적을 물리치게 되었다. 이것이 마을의 젊은이들이 자위대를 조직하여 강력하게 적을 무찌른 첫 사례가 되어, 그후로도 명성을 떨치게 되었다.

함풍(咸豊) 6년, 호주(毫州)의 전쟁에서 연이어 다섯 번이나 승리를 거두었다.

그리고, 함풍 7년, 도적들이 육안주(六安州)를 점령하자 중신과 계신은 자녀와 무리를 이끌고 삼일 동안 전쟁을 하여 결국 성을 다시 빼앗았다. 이 공로로 두 사람은 육품(六品)에 봉해졌다.

함풍 8년, 사방에서 도적들이 봉기하자 장락행(張樂行)이 범수(氾水)를 침범하였다. 두 사람은 명을 받들어 마을의 장정들을 모으고 강가에 방어진을 설치하자, 도적들이 겁을 먹고 싸우지 않고 도망가서 온현의 경계를 무사히 지켰다.

함풍 9년, 몽성(蒙城)과 부양(阜陽)이 함락되었을 때, 두 사람은 무리를 이끌고 수 차례의 접전을 치른 끝에 두 성을 도로 찾게 되었다. 두 사람이 모두 오품(五品)에 봉해졌으나 끝까지 사양하고 받지 않아서 후에 무절장군(武節將軍)으로 바꾸어 봉했다.

그러나, 공명에 관심을 두지 않았던 두 사람은 마침내 고향으로 돌아와 편안한 마음으로 모친을 봉양하며 살았다. 모친에게 병이 생기자 중신(仲甡)은 몸소 약을 달이며 봉양하느라 일년이 넘도록 띠를 풀지 못했다. 모친이 세상을 떠나자 수많은 조문객들이 곳곳에서 문상을 왔다.

이후, 그는 무술의 전수에 전념하여 그 제자가 문하에 넘쳐 났다. 중신(仲甡)이 세상을 떠나자 고향사람들이 모두 슬퍼하고 은덕에 감사하여 모두 그를 영의공(英義公)이라 높여 불렀다.

진씨(陳氏)의 16대손(代孫) 중에는 유명한 권사(拳師)들이 매우 많다. 모두 무예가 출중하여 전쟁에서 공도 많이 세웠다. 저서를 쓸 정도의 뛰어난 문장력을 갖추고, 나라의 평화와 안정을 지킬 수 있는 무예를 지닌 이들이 있었으니, 바로 진흠(陳鑫), 진삼(陳森), 진묘(陳淼), 진염(陳焱), 진요(陳垚), 진연년(陳延年), 진연희(陳延熙), 진복원(陳復元) 등이다.

진묘(陳淼, 1840-1868)는 자(字)가 회삼(淮三)으로 청(淸)나라 도광(道光) 연

간의 사람이며 진계신(陳季牲)의 맏아들이다. 어려서 부친을 따라 문장을 익히고 무술을 연마하였다. 총명하고 배우기를 좋아하여 병서(兵書)를 숙독하고 권법(拳法)에 정통하여 이론과 실력을 모두 갖춘 인물로 16대손 중 가장 뛰어나다.

함풍(咸豊) 3년, 17살의 나이로 부친(父親) 중신(仲牲)과 계부(季父) 계신(季牲)을 따라 전쟁에 나가 적을 무찔러 공을 세웠다.

함풍 6년에는 호주(毫州)에서 일어난 전쟁에서 연이어 다섯 번이나 승리를 거두고 다시 호주(毫州)를 점령하였다.

함풍 7년에는 도적들이 육안주(六安州)를 점거하자 부친을 따라 밤낮으로 공격하여 삼일만에 성을 무너뜨리는 커다란 공적을 세웠다. 함풍 8년에는 사방에서 도적들이 봉기하여 범수(氾水)를 침범하였으나 명을 받들어 성을 지키니 도적들이 지레 겁을 먹고 도망을 쳐서, 결국 온(溫)땅은 평화를 되찾고 백성들이 생업을 유지할 수 있게 되었다.

함풍 9년에 몽성(蒙城)과 부양(阜陽)이 함락되자 무리를 이끌고 달려가 도적들과 수 차례 접전 끝에 다시 두 성을 찾게 되었다.

동치(同治) 6년 12월 14일, 도적들이 회경부(懷慶府)를 침범하자 진묘(陳淼)는 수 천명의 무리로써 적군 10만 명을 상대하였다. 새벽부터 낮 동안에 치른 전쟁에서 수많은 적군을 죽였으며, 몸에 무거운 창을 지니고도 여전히 용감하게 죽을 힘을 다해 싸웠다. 그러나, 타고 있던 말이 앞발을 잃는 통에 불행히 28세의 젊은 나이로 전사하였다.

진요(陳垚, 1841-1926)는 자(字)가 곤삼(坤三)이다. 진중신(陳仲牲)의 맏아들로 항렬은 두 번째이고 진씨(陳氏) 가문의 16대손(代孫)이다. 어려서 부친을 따라 무예를 익혔다. 부친의 기대가 커서 무술 전수에 온힘을 기울였다. 진요(陳垚) 역시 열심히 연구하고 무술을 연마하여 부친의 기대를 저버리지 않았다. 권술(拳術)에 정통하여 비길 만한 사람이 없을 정도로 뛰어난 경지에 이르렀다.

19살에 무예학교에 입학하여 한 해에 태극권을 만 번이나 연습하였다. 그는 20년 동안 무술 연습을 게을리 하지 않고 열심히 연마하여 그 무공(武功)은 누구도 따를 수 없는 최고봉에 이르게 되었다. 그래서, 겨울엔 홑옷을 입고도 추위를 몰랐고, 여름에는 겹옷을 입고도 더운 줄 몰랐으며 또한 파리나 모기도 가까이 오질 않았다고 한다.

하루는 땔감을 파는 젊은이가 길에 가축을 풀어놓아서 길가는 사람들을 막고 있었다.

진요(陳垚)는 이 광경을 보고 왼손으로는 지팡이를 짚고 오른손에는 두부를 들고서 그의 잘못을 나무랐다. 젊은이는 자신의 잘못을 사과하기는커녕 더욱 횡포를 부렸고 이 때문에 놀란 말이 사람을 다치게 하였다.

그러자, 진요(陳垚)는 두부를 던져 올리고 오른손으로 권법을 써서 말 다리를 부러뜨린 다음 다시 공중의 두부를 손으로 받아내니 사람들이 그 기이한 행동을 격찬하였다.

함풍(咸豊) 3년, 16세에 부친을 이어 전쟁에 나가 싸웠는데 10여 년의 세월 동안 전쟁에 출정하여 크고 작은 싸움에서 수많은 공적을 세웠는데 한번도 패한 적이 없었다.

진삼(陳森, 1846-1935)은 자(字)가 괴삼(槐三)이다. 진계신(陳季甡)의 둘째 아들로 항렬은 세 번째이며 진씨(陳氏) 가문의 16대손(代孫)이다. 어려서 부친을 따라 문무(文武)를 익혔으며 총명하고 배우기를 좋아하였으니 타고난 재능이 매우 훌륭하였다. 무술에 정통하고 문학적 재능도 뛰어나서 두 손 모두 전서(篆書)를 쓸 수 있었다.

진삼(陳森)이 어린 나이에 부친이 세상을 떠나자 모친은 앞날을 걱정하며 진삼(陳森)에게 무술을 그만두고 문장에 정진하여 선생이 되라고 권유하였다.

진삼(陳森)은 진씨태극권의 맥이 끊기지 않도록 하기 위하여, 만년(晩年)에는 가보(家譜)를 써서 후세에 전하였다. 무술사가(武術史家)인 당호(唐豪)의 고증에 따르면, 진삼(陳森)이 쓴 진씨가보(陳氏家譜)는 진씨태극권의 원류로 가장 믿을만한 사료(史料) 중의 하나라고 하였다.

진염(陳焱)은 1847년생으로 진중신(陳仲甡)의 둘째 아들이며 항렬은 네 번째이고 진씨(陳氏) 가문의 16대손(代孫)이다. 어려서 부친을 따라 문무(文武)를 익히고 연마하였다.

비록 무예 방면은 형 진요(陳垚)보다 못하고, 문장 또한 동생 진흠(陳鑫)보다 뒤지지만, 태극권가(太極拳家)로서 뛰어난 기량을 지니고 있었으며, 요(垚)와 흠(鑫) 두 형제와 함께 나란히 과거에 합격하여 공생(貢生)[373]이 되었다.

진염(陳燚)은 사람됨이 충직하고 후덕하며 부모와 노인을 공경하고 형제간에 우애가 돈독하여 그의 인품과 태극권 기량은 모두 다른 사람의 칭찬을 받았다.

진흠(陳鑫, 1849-1929)은 자(字)가 품삼(品三)이다. 진중신(陳仲甡)의 셋째 아들로 항렬이 다섯 번째이고 진씨(陳氏) 가문의 16대손(代孫)이다.
어려서부터 부친을 따라 무예를 익혀 태극무공(太極武功)의 정수를 깊이 깨달았다. 훗날 부친의 명을 따라 문장을 익히고 공생(貢生)이 되어 문무(文武)를 겸비하게 되었다. 만년(晩年)에는 태극권을 대대로 전하기 위해 그 이론을 세우는 데 전념하였다.
그 결과 ≪진씨태극권도설(陳氏太極拳圖說)≫ 네 권, ≪진씨가승(陳氏家乘)≫ 다섯 권, ≪태극권인몽입로(太極拳引蒙入路)≫, 그리고 ≪삼삼육권보(三三六拳譜)≫ 등의 많은 저서를 남겼다. 그중 ≪진씨태극권도설(陳氏太極拳圖說)≫은 12년의 장구한 세월을 보내면서 네 번이나 원고의 내용을 수정하고 직접 하나하나 정성껏 옮겨 적으면서 완성한 책이다. 진흠(陳鑫)이 심혈을 기울여 만든 대표 저작이며 동시에 진씨태극권의 역사를 체계적으로 종합한 첫 번째 저서이다.
진흠(陳鑫)은 슬하에 자식이 없었기 때문에 책이 완성되자 훗날 실전(失傳)될 것을 우려하여 고심 끝에 형의 아들인 춘원(椿元)에게 전하기로 결심하였다. 그는 춘원(椿元)에게 부탁하길 "이 책을 전할 수 있으면 전하고, 전할 수 없다면 태워버려라. 결코 경거망동한 사람에게 주어선 안 된다."라고 하였다.
진흠(陳鑫)이 죽고 3년 후, ≪진씨태극권도설(陳氏太極拳圖說)≫ 네 권이 비로소 세상에 알려졌다. 후인들은 그를 태극권 이론(理論)의 대사(大師)라고 불렀고, 국내외에 걸쳐서 그의 이론은 매우 높은 평가를 받고 있다.

제 16대손(代孫)인 진연년(陳延年)과 진연희(陳延熙)는 친형제로 진경운(陳耕耘)의 아들이다. 두 형제는 아버지의 업을 이어받았고 무예가 뛰어났다. 농사일과 독서를 하고 남는 시간에는 자손들을 가르쳐서 대대로 전수하니 가풍(家風)으로 이어져 많은 명수를 배출하였다.
광서(光緒) 26년(1900), 원세개(袁世凱)가 노(魯)[374] 지역 땅을 살펴보다가 진

---

373) 명 청 시대의 각 성(省)에서 제 1차 과거 시험에 합격한 사람.
374) 산동성(山東省)의 다른 이름.

경운(陳耕耘)의 비문(碑文)을 보게 되었다. 이를 계기로 태극권의 여러 문파(門派) 가운데 진씨태극권이 가장 정통적이라는 것을 알고 사람을 보내 진연희(陳延熙)를 초빙하여 그의 자손과 조카를 가르치게 하였다. 그와 권법을 겨뤄본 각 파의 권사(拳師)들은 모두 심복하지 않는 사람이 없었다.

연희공(延熙公)은 원세개(袁世凱)를 따라 노(魯) 땅에서 진(秦)[375] 땅으로 가서 6년 동안 권술을 가르치다, 노모(老母) 때문에 사퇴하고 돌아와서 정성껏 보살피며 지냈다.

진복원(陳復元)은 자(字)가 욱초(旭初)이며 진씨(陳氏)의 16대손(代孫)이다. 처음에는 진경운(陳耕耘)에게 배웠고 어느 정도 무공(武功)을 이룬 후에는 다시 진중신(陳仲甡)을 좇아 신가(新架)[376]를 익혔다.

그래서, 그의 권법은 비단같이 부드러우면서도 강철처럼 단단하다. 또한, 이론 방면에 있어서도 조예가 매우 깊어 그의 권론이 세상에 전해졌음을 그의 자손들이 상세히 밝혀 놓았다. 진복원(陳復元)은 공력(功力)이 매우 뛰어나서 바깥을 왕래하는 수십 년 동안 자신을 대적할 만한 적수를 만난 적이 없었다고 한다.

진연과(陳連科)와 진등과(陳登科)는 모두 17대손이다. 어려서부터 조부의 가르침을 이어받아 혹독한 훈련도 참아내며 태극권을 연마하여 그 무예가 매우 깊었다.

진등과(陳登科)는 몇 년 동안 섬서(陝西)와 감숙(甘肅) 일대에서 상업을 하면서 태극권을 가르쳤다.

그의 아들 진조비(陳照丕)는 15세부터 항상 아버지를 따라다니며 보고 들은 것이 많아서 경험이 매우 풍부하였다.

진발과(陳發科, 1887-1957)는 자(字)가 복생(福生)이며 17대손이다. 진발과(陳發科)는 조부의 업을 이어받아 어려서부터 무예를 익혀서 기예가 뛰어났다. 근대 진씨태극권의 대표적인 인물로 북경무술사(北京武術社)의 사장을 지냈다.

진발과(陳發科)는 어렸을 때 몸이 약하고 병이 많았는데 3년간 태극권을 연마하

---

375) 섬서(陝西) 지방을 일컫는 다른 이름.
376) 당시의 신가(新架)는 현재의 소가(小架)와 같은 것임.

면서 점차 몸이 튼튼해지고 질병이 치료되었다. 이때부터 매일 수십 번씩 태극권을 연마하여 20세에는 기술이 이미 높은 경지에 올랐다. 그러나, 태만하지 않고 꾸준히 무공을 쌓아서 결국 최고봉이 되었다.

진발과(陳發科)는 먼저 그의 자제들과 마을 청년들에게 태극권을 가르쳤다. 1926년을 전후로 하여 지방의 치안이 허술해지고 도적들이 들끓게 되자, 온현(溫縣)의 관청에서 그를 불렀다. 그는 진덕유(陳德裕)와 진조비(陳照丕) 등 수 십 명의 제자들을 인솔하여 진가구(陳家溝) 무술대(武術隊)를 만들어 온현(溫縣) 일대를 순회하며 맨손으로 도적 떼를 붙잡았다. 그러자, 몇 년 사이 그들이 백성을 위해 잡아들인 도적은 헤아릴 수 없이 많았다. 특히, 홍창회(紅槍會)의 무리와 싸웠을 때 신공(神功)을 드러낸 이야기는 지금까지 전해지고 있다.

당시 홍창회(紅槍會)는 이미 몇 몇 현(縣)의 성을 함락시켰으며 수천 명이나 되는 무리들이 기세 등등하여 모두 어깨를 드러낸 채로 창을 들고서 온현성(溫縣城)을 공격해오니 담이 작은 자는 이름만 듣고도 도망을 쳤다.

진발과(陳發科)가 손에 백랍목간(白臘木杆)을 들고 다리에 서 있자 적의 우두머리가 맹렬히 달려와 긴 창으로 진발과의 가슴을 찌르려 하였다. 이때 진발과는 들고 있던 장대〔杆: 간〕 끝을 바깥쪽으로 가게 하여 상대의 공격을 막고 적의 창을 날려버렸다. 그리고, 장대로 적의 배를 찌르니 그 장대가 등을 뚫고 나왔다. 이것을 본 적의 무리들은 모두 간담이 서늘해져서 도망갔다.

1929년 진발과(陳發科)는 북경으로 초대되었다. 몇 차례 태극권을 연마하면서 큰 벽돌을 땅에 깔아놓고 부수자 모든 사람들이 깜짝 놀랐다.

당시 북경의 많은 명수들이 서로의 기량을 겨뤄보곤 했는데, 예를 들면 북경국술관(北京國術館)의 부관장(副館長)인 허우생(許禹生)과 이검화(李劍華) 등과도 겨루었다. 진발과는 내던지고 걸어 넘어뜨리고 때리며 움직이는데 그 위력이 대단하여 놀라지 않은 사람이 없었으니 곧 그는 북경 일대에서 독보적인 존재가 되었다.

양계자(楊季子)는 그의 시(詩)에서,

"북경에서 태극권이라 하면 예로부터 양식(楊式)을 따랐다네. 느리고 부드러운 권법으로 사람들을 압도하였지. 뜻하지 않게 진군(陳君)이 기이한 기풍의 태극권을 선보이니, 전사경(纏絲勁)의 자세가 매우 굳세고 강하도다."라고 하였다.

진발과(陳發科)는 북경에서 약 30년간 태극권을 가르쳤다. 공명을 추구하기보다는 신의와 무덕을 중시하고 타인을 존중하며 인재를 아껴서 북경 무술계는 모두 그를 권술대사(拳術大師)로 받들었으며 태극권의 일인자라고 극찬하였다. 그리고, 은(銀)으로 된 방패를 기념으로 증정하기도 하였다.

그의 문하에서는 이검화(李劍華), 허우생(許禹生), 홍균생(洪均生), 풍지강(馮志强) 등 유명한 제자들이 많이 배출되었다.

진춘원(陳椿元, 1877-1949)은 17대손이다. 그의 부친 진삼(陳森)은 문무(文武)를 두루 겸비했던 인물이었다. 진춘원 역시 어려서부터 부친을 따라 문무를 익힌 결과 문무를 두루 갖추게 되었고, 그 체구가 건장하고 풍채가 당당했다.

1929년 이전까지는 상강(湘江) 주변에서 무예관을 차리고 태극권을 가르치며 겸업으로 장사를 하며 살았다.

1929년 이후에는 그의 숙부인 진흠(陳鑫)이 연로하고 슬하에 자식이 없어서 ≪진씨태극권도설(陳氏太極拳圖說)≫이 실전(失傳) 될 것을 염려하여 춘원(椿元)을 고향으로 돌아오라고 하였다.

진흠은 춘원에게 ≪진씨태극권도설≫의 친필 원고를 물려주고는 잘 보존하기를 부탁하였고, 또한 빠른 시일 내에 출판될 수 있기를 희망하였다. 진춘원(陳椿元)은 그의 간절한 부탁을 저버리지 않고, 바로 상강(湘江)에서 하던 장사와 무관(武館)을 그만두고 고향으로 돌아와 초작(焦作)에 무관을 세웠다.

이때부터 진춘원은 형 설원(雪元), 딸 숙정(淑貞), 조카 금오(金鰲)와 소동(紹棟) 등과 함께 심혈을 기울여 ≪진씨태극권도설≫의 원고를 정리하고 보충하는 데 몰두하였다.

드디어 3년이 지난 1933년에 개봉(開封)의 개명서국(開明書局)에서 ≪진씨태극권도설≫이 출판됨으로써 진씨태극권의 진전(眞傳)이 지금까지 전해지게 되었던 것이다.

진보거(陳寶璩)는 17대손이다. 어려서부터 당백부(堂伯父)인 진연년(陳延年)과 진연희(陳延熙)를 따라 태극권을 배웠고 후에 사촌형 진발과(陳發科)를 따라서 연마하였다. 권예(拳藝)가 매우 정통하였는데 특히 경공(輕功)이 출중하여 8, 9척(尺)의 높은 담을 거뜬히 넘었다.

이후, 진조비(陳照丕)의 소개로 서안(西安), 정주(鄭州), 남경(南京), 강서(江

西) 등지에서 태극권을 가르쳤으며, 많은 명사들과 기량을 겨루어 탄복하지 않은 이가 없었다.

진자명(陳子明)은 17대손으로 진복원(陳復元)의 아들이다. 어려서부터 부친을 따라 태극권을 익혀서 기술이 매우 숙련되었고 이론에도 해박하여 태극권을 가르치며 살았다.

태극권을 가르치는 시간 외에는 대부분 권술 연구에 몰두하여 ≪진씨세전태극권술(陳氏世傳太極拳術)≫이라는 책을 지었다.

옛 남경(南京) 국술관(國術館)의 관장인 장지강(張之江), 교무처(敎務處)의 주국복(朱國福), 하남(河南) 국술관(國術館)의 유비현(劉丕顯), 창주(滄州)의 명수 강용초(姜容樵) 등이 그를 위해 서문을 써 주었다. 이 책은 1932년 상해(上海)에서 출판되어 진씨태극권의 전파에 많은 도움을 주었다.

진성삼(陳省三, 1880-1942)은 17대손이다. 처음에는 진연희(陳延熙)를 따라 15년간 태극권을 배웠으며, 후에는 진흠(陳鑫)에게서 권법과 이론을 연마하여 태극권에 대한 조예가 깊었다.

진조비(陳照丕, 1893-1972)는 자(字)가 적보(績甫)이며 진등과(陳登科)의 아들로 18대손이다. 진조비(陳照丕)는 어려서부터 가풍을 이어 태극권을 열심히 갈고 닦아 그 경지가 매우 높았다.

1914년부터 진(秦) 땅, 섬(隴) 땅 및 직강(直康) 등지를 다니며 태극권을 전하였다. 1927년, 다시 고향으로 돌아와서 온현(溫縣) 국술사(國術社)의 사범이 되었다.

1928년, 태극권 수업을 부탁 받고 북경으로 올라왔고, 선무루(宣武樓)의 연무대(演武臺)에서 무술 시합을 약속하였다. 그리고, 17일 동안 시합을 하였으나 그보다 강한 적수를 만나지 못하여 그의 명성이 하늘을 찌르게 되었다.

북평시(北平市) 정부와 조양대학(朝陽大學), 중국대학(中國大學) 등 17개 단체에서 그의 기예를 흠모하여 초빙하는 등 진씨태극권의 우수함이 비로소 많은 사람들에게 알려지기 시작하였다.

남경(南京) 시장(市長) 위도명(魏道明) 역시 그의 명성을 흠모하여 초청하여

1930년에 남경시 정부, 전국민영연합회(全國民營聯合會) 등에서 태극권을 가르쳤으며 또한 중앙무술관(中央武術館)의 명예 교수를 겸하였다.

1933년, 전국체육대회 국술(國術)부분 심판과 제2차 국술(國術)부분 국가 시험의 심사 위원을 맡았다.

1937년 항일(抗日) 전쟁이 일어나 남경이 함락되자 진조비(陳照丕)는 그곳을 떠나 온현(溫縣)으로 돌아와서 일본에 항거하며 싸우는 장군 범정란(范廷蘭) 부대에서 전술을 가르치며 직접 항전하였다.

1940년에는 낙양(洛陽)으로 가서 제일전구장관사령부(第一戰區長官司令部), 하남성교육청(河南省教育廳), 직접세무국(直接稅務局) 등의 기관에서 태극권을 가르쳤다.

1942년에는 황하수리위원회(黃河水利委員會) 위원장 장함영(張含英)의 요청을 받고 서안(西安)으로 가서 태극권을 가르쳤다. 항일전쟁에서 승리한 후, 동(同) 위원회를 따라서 개봉(開封)으로 옮겨왔고, 1948년에는 혁명에 참가하였다.

1958년, 황하수리위원회에서 퇴직하고 온현(溫縣)으로 돌아와서 같은 해 3월에 성(省)에서 열린 무술 시합에 참가하여 태극권에서 일등을 하였다.

1962년, 전국 무술 대회에서 "태극권의 명가(名家)"라는 칭호를 받게 되었다.

1964년에는 전국무술협회의 위원으로 당선되었다.

만년에는 집안에 머물면서 무술학교를 세우고 제자 양성에 전념하였다. 지금 국내외에서 명성을 떨치고 있는 진씨태극권의 여러 명수들은 모두 진조비(陳照丕)의 영향을 받았다.

진조비(陳照丕)는 깊은 학문적 수양을 바탕으로 태극권 이론에 있어서도 조예가 깊어 ≪진씨태극권회종(陳氏太極拳匯宗)≫, ≪태극권입문(太極拳入門)≫, ≪진씨태극권이론13편(陳氏太極拳理論十三篇)≫ 등의 저서를 남겼다.

그는 숭고한 무덕(武德)으로 성품이 곧고 사리사욕이 없었다. '문화대혁명'의 역경 속에서도 자신의 뜻을 저버리지 않았으므로, 실로 진씨태극권의 발전사에서 과거를 계승하여 미래를 연 당대의 종사(宗師)라 아니 할 수 없다.

진조규(陳照奎, 1928-1981)는 18대손이며, 진발과(陳發科)의 아들이다.

진조규(陳照奎)는 어려서부터 부친을 따라 태극권을 배워 진씨태극권의 이론과 금나술(擒拿術) 및 각종 격투 방법에 대하여 정통하였다. 그의 정교하고 섬세한 공격과 방어 기술은 진씨태극권의 보급과 발전에 많은 공헌을 하였다.

처음에는 북경에서 부친을 도와 태극권을 가르치다가 1960년에 초청을 받고 상해(上海) 체육관으로 가서 진씨태극권에 대한 소개와 무술 시범으로 당시 상해 무술계를 흔들어 놓았다.

1963년에는 상해에 무술학교를 세우고 지도하면서 여러 사람들의 환영을 받게 되었다.

진조규(陳照奎) 선생은 후에 남경(南京)·북경(北京)·정주(鄭州)·초작(焦作)·석가장(石家庄) 등 전국 각지를 순회하면서 약 20년 동안 진씨태극권을 보급하는 데 일생을 바쳤다.

진조규(陳照奎)가 엮은 태극권 교수법에 대한 교재는 이미 그의 제자들에 의하여 정리되어 책으로 출판되었다. 70년대, 그는 몇 차례 고향으로 돌아와 진가구(陳家溝)에 머물면서 마을의 청년들을 가르치기도 하였다. 이렇듯 그는 태극권의 보급과 발전에 불후의 공적을 세웠다.

진조욱(陳照旭, 1909-1960)은 제 18대손(代孫)으로 진발과(陳發科)의 둘째 아들이다. 어려서부터 부친을 따라 태극권을 열심히 익히고 고된 훈련도 마다하지 않았다. 그는 20세가 되자, 그의 기량은 높은 경지에 이르렀고 쉽게 상대방을 제압하여 굴복시킬 수 있었다. 또한, 진조욱은 서화(書畵)를 익히고 이호(二胡)라는 악기를 잘 탔다.

언제인가 부친 진발과(陳發科)와 추수(推手)를 할 때, 부친이 두경(抖勁)을 쓰자 몇 척 높이나 되는 공중으로 힘없이 날려졌다. 이를 계기로 자신의 기량이 아직 형편없다고 생각한 진조욱(陳兆旭)은 필묵(筆墨)과 악기를 불태워 버리고, 더욱 분발하여 매일같이 대신법(大身法)을 30회씩 연습할 정도로 열심히 연마하였다. 3년 동안의 고된 훈련을 마치자 그는 내기(內氣)가 충만해지고, 원기가 왕성하여 공력(功力)이 최고의 경지에 이르게 되었다.

진조지(陳照池)는 18대손이며 진연과(陳延科)의 셋째 아들이다. 부친을 따라 집안에서 대대로 전해오는 권법을 익혀 그 기술이 매우 숙련되었다. 특히, 뛰어난 팔 힘 덕분에 납목간(臘木杆)을 잘 다루었는데 일 장(丈)[377]이 넘는 대장(大丈)을

---

377) 길이의 단위로 열 자(尺)에 해당함.

자유자재로 휘둘렀다. 다른 사람과 무술을 겨룰 때면, 상대가 쓰고 있던 모자나 갓을 즐겨 떨어뜨리고는 하였는데 하도 동작이 빨라서 상대가 알아채질 못했다.

진조해(陳照海, 1899-1950)는 18대손이며 진등과(陳登科)의 넷째 아들이다. 진조해(陳照海)는 어려서부터 가풍을 이어받아 태극권을 연마했고 타고난 자질이 총명하고 담력과 식견이 다른 사람보다 나았다. 게다가 고된 훈련을 참으며 열심히 연마하여 그의 권술은 상당한 수준에 이르게 되었다.

항전(抗戰)시기에는 항일 장군 범정란(范廷蘭), 범사근(范思勤)의 부대를 따라다녔는데 항상 혼자 몸으로 적진을 뚫고 들어가 싸우고 여러 차례 공적을 세워 "고담영웅(孤膽英雄)"이라 불렸다.

진금오(陳金鰲, 1899-1971)는 18대손이다. 어려서부터 조부와 부친을 따라 문장과 무술을 익혔다. 말수가 적고 성품이 강직하고 정직하여 아첨하는 법이 없었다.
진씨 18대중 소가(小架)의 대표적 인물이며, 또한 진흠(陳鑫)이 지은 ≪진씨태극권도설≫의 정리 작업에 참여하기도 하였다.

1921년, 진금오(陳金鰲)는 온현(溫縣) 서쪽의 마을에 있었던 도적 떼 토벌 작전에 참가하여 여러 차례 공적을 세웠다. 1928년에는 개봉(開封)의 하남(河南)대학의 무술교수로 초빙되었다. 이후, 사회가 어지러워지자 무한(武漢)·보계(寶鷄)·서안(西安) 등지에서 생계를 도모하였으나, 어느 곳을 가든 무관을 세우고 태극권을 가르쳐서 수백 명에 이르는 제자들을 배출하였다. 특히, 그는 무덕(武德)을 강조하여 후배들의 깊은 존경을 받았다. 비록 슬하에 자식은 없었지만, 조카들과 제자들이 극진히 보살폈으며 그가 세상을 떠나자 비석을 세워 길이 전하였다.

진극충(陳克忠)은 18대손이다. 어려서부터 진흠(陳鑫)을 따라 태극권을 배웠으며 각고의 노력과 고된 훈련으로 숙련된 권술을 이루었다.
현재 진가구(陳家溝)에서 소가(小架)를 연마하는 사람들은 모두 그에게서 태극권을 배웠다.

제 4 절 저자의 스승 진조비(陳照丕) 공(公) 소전(小傳)

진조비(陳照丕, 1893-1972)는 자(字)가 적보(績甫)이며 진가구(陳家溝) 진씨(陳氏)의 시조 진복(陳卜)의 18대손으로 저자의 스승이자 오백부(五伯父)이다. 어려서부터 가풍을 이어 태극권을 열심히 갈고 닦아 그 경지가 매우 높았으며, 이미 21세에 감숙(甘肅)과 하북(河北) 등지를 다니며 태극권을 가르치기 시작하였다.

1926년, 백부는 고향으로 돌아와 온현(溫縣)의 국술사(國術社)에서 교련을 맡았다. 당시는 군벌들이 전쟁을 일삼고 도적이 들끓어 백성들은 안정된 생활을 할 수가 없었다. 백부는 자식들과 함께 밤낮으로 태극권을 연마하며 고향을 지키니, 평소 온갖 악행을 저지르며 마을을 휘젓고 돌아다니던 무리들이 모두 모습을 감추게 되었다.

1928년, 백부는 북경의 유명한 동인당(同仁堂)의 사장 낙우신(樂佑申)과 낙독동(樂篤同) 형제의 초청으로 북경에서 태극권을 가르쳤다. 당시, 하남동향회(河南同鄕會)에 속했던 이경림(李慶臨)은 자신의 고향이 태극권의 발원지임을 자랑스럽게 여기고,《북평만보(北平晚報)》에 다음과 같은 글을 실어 널리 알렸다.

"태극권은 하남(河南) 온현(溫縣)의 진가구(陳家溝)에서 발원하였습니다. 진왕정(陳王廷)·진장흥(陳長興) 등의 여러 선배들은 이미 권술의 명성을 전국에 떨쳤습니다. 오늘 진장흥(陳長興)의 4대손(代孫)인 진조비(陳照丕)가 북경을 찾아와서 잠시 남문(南門) 밖에 있는 연습장의 두성흥(杜盛興) 객실에 묶고 있습니다. 만약 태극권을 애호하는 분이라면 이번 기회를 놓치지 마시고 한번 실력을 겨뤄 보십시오. 그렇지 않으면 평생 후회할 것입니다."

그러자, 북경 각계에 있는 무술 애호가들이 모두 신문을 들고 줄줄이 방문하여 마을에서는 매일 그들을 접대하느라 정신이 없었다.

백부는 사람들과 선무루(宣武樓)에서 시합을 하기로 약속하고, 무려 17일 동안 연이어 싸웠으나 한 번도 진 적이 없었다. 이를 계기로 그의 명성은 더욱 높아졌다.

각 기관이나 부서에서는 서로 다투어 백부를 무술교수로 초빙하고자 하였고, 북경(北京)시청, 조양(朝陽)대학, 중국(中國)대학, 우문(宇文)대학 등 17개 기관에서 교련으로 초빙하였다.

1930년, 남경(南京)시 시장 위도명(魏道明)이 그의 명성을 흠모하여 백부를 남경으로 초빙하였다. 이어서 남경시청, 교무위원회(教務委員會), 전국민영전업연합회(全國民營田業聯合會) 등을 다니며 태극권을 가르쳤다. 동시에 중앙국술관(中央國術館)의 명예교수를 겸임하였다. 1933년, 백부는 전국체육대회에서 국술(國術) 부분의 심판을 맡았고 전국 제2차 국술(國術) 시험에서도 심판을 맡았다.

1937년, 항일전쟁이 일어나고, 1938년에는 남경(南京)이 함락되자 백부는 일본군의 점령 지역에서 태극권을 가르치고 싶지 않아 곧 고향으로 되돌아 와 항일장군 범정란(范廷蘭)이 이끄는 부대에 들어가 무술 교관을 맡았다. 평소에는 전쟁에 대비하여 군인들에게 무술을 가르쳐서 기량을 연마하도록 지도하였고, 전투 시에는 몸소 부대를 이끌고 생사를 넘나들며 제 1선에서 적과 싸웠다.

1940년, 백부는 낙양(洛陽)으로 가서 태극권을 가르치며, 제일전구사령부(第一戰區司令部), 하남성(河南省) 교육청(教育廳), 하남성(河南省) 직접세무국(直接稅務局)의 국술(國術) 교련(教鍊)을 맡았다.

1942년, 황하(黃河) 수리위원회(水利委員會)의 위원장 장함영(張含英, 해방후에는 수리부〈水利部〉부부장〈副部長〉이 됨)이 백부를 서안(西安)으로 초빙하여 황하 수리위원회에서 무술교관을 맡았다.

1945년, 항일전쟁 승리 후, 백부는 황하 수리위원회를 따라 개봉(開封)으로 옮겨갔다.

1948년, 개봉(開封)이 해방되자 백부는 곧 혁명 사업에 참가하여 황하수방단(黃河修防段)에서 보관원(保管員)을 지내면서도 항상 태극권을 가르쳤다.

1958년, 백부는 퇴직하고 온현(溫縣)으로 돌아왔다. 같은 해 3월, 하남성(河南省) 무술대회에 참가하여 태극권에서 영예의 1등을 하였다.

1960년, 전국무술대회에 참가했고 이 성대한 모임에서 그는 "전국태극권명가(全國太極拳名家)"라는 칭호를 수여 받았다.

1964년, 전국무술협회 위원으로 당선되었다.

백부는 고향으로 돌아온 후 태극권을 배우려는 사람들이 날로 줄어들어 진씨태극권의 후계자가 없을 것을 염려하여 자신의 재산을 들여 집에 무술학교를 세우고 집중적인 제자 양성에 나섰다. 그는 일찍이 다음과 같은 시를 지었다.

"예로부터 칠십 노인 보기도 드물다고 하였는데, 나는 지금 팔십에 이르렀음에도 머리카락 하나 세질 않았네. 늙어서 길가 돌뿌리에 걸려 넘어질 수도 있겠지만, 두 다리로 일어나 하늘을 날 수도 있다네. 강철같이 몸을 단련함은 인민을 위한 것이고, 뜻을 세워 선생이 되었음은 상서로운 것을 보존하려는 뜻이었네. 이 나이에도 왕성한 체력은 어디에서 생겨나겠는가? 아침저녁으로 단련하여 천기(天機)를 훔친 것인가! 세상 사람들은 알지 못한다네, 태극권의 오묘함을, 그 변화 무궁한 신비로움을. 어떤 사람은 태극권으로 무엇을 할 수 있냐고 묻는다네, 신체를 강건하게 하니 바로 인민을 위하는 것이 아니겠는가!"

문화대혁명(文化大革命) 중에 백부는 비록 혹독한 비판을 받았으나, 잘 참고 견디며 성실하게 태극권을 가르쳤다. 박해가 너무 심할 때에는 누구도 태극권을 배우러 오지 못했다. 80세의 늙은 백부는 태극권 연마가 도대체 왜 죄가 되는지 도저히 이해할 수가 없었다. 그는 갈수록 마음이 초조해져 박해에 대한 위험에도 아랑곳하지 않고 어디든지 가고, 어디서든 말하고, 어디서든 노래하며, 어디서든 태극권을 연마하였다. 그가 말하였다.

"너희들은 태극권을 연마한다고 말하지 말아라. 내가 연마하는 것은 어록(語錄)으로 된 권법이고 시사(詩詞)로 된 권법이다." 라고.

한편으로는 노래를 부르며, "종산(鍾山)에 비바람이 이니 변화가 끝이 없네." 하더니, 다른 한편으로 기세(起勢)를 취하였다.

그러면서, "백만의 용감한 사범들이 대강(大江)을 건너네."라고 하더니 금강도대(金剛搗岱)의 자세를 취하였다.

이를 본 집안 사람들이 괴로워하면서 말하였다.

"이 노인네가 미친 거 아니냐?"

이 소리를 들은 백부는 큰 소리로,

"나를 미쳤다고 말하면 난 곧 미친 것이고, 나를 돌았다고 하면 난 돈 것이다. 무엇 때문에 내가 이런 미친 짓을 하겠는가? 난 꼭 인재를 배양하여 가업을 이을 것이다."라고 하였다.

어느 겨울밤, 백부는 백모에게 찻물을 준비시키고 옷을 걸친 채 혼자 침대에 앉아 있었다. 그러나, 밤이 깊도록 태극권을 배우러 찾아오는 사람은 아무도 없었다. 시간이 지나 잠이 들었다가 추위에 고개를 들었으나 여전히 한 사람도 보이질 않았다. 그는 쓴웃음을 지으며 침대에서 내려와 비오듯 땀을 흘리며 태극권과 검술을 연마하였다.

그러나 눈앞의 현실을 쳐다보면 마음이 몹시 괴로웠다.

그는 마음을 달래며 시 한 수를 읊었다.

"큰 꿈을 누가 먼저 깨우겠는가? 무도장(武道場)에 홀로 잠들고 있음에. 누각의 북소리가 세 번 울리며 새벽을 알리는데, 검을 휘둘러 차가운 달빛을 베어버리네. 땀이 봄비 내리듯 흐르니, 겨울 추위는 어느덧 한 여름의 더위로 변하였네. 이제 태극의 오묘함을 꿰뚫고 보니, 살아있는 신선이 따로 없구나."

문화대혁명이 후기로 접어들면서 태극권을 금지하던 양상이 점차 변하게 되었다. 1969년 신문지상에는 모택동(毛澤東) 주석이 태극권을 제창한다는 내용의 기사가 실리게 되었다.

하루는 밤에 백부께서 가축에게 먹이를 주고 있는 내게 뛰어오시더니 조용히 말씀하시길,

"소뢰(小雷)야, 이제는 태극권을 연마하는 것이 범법 행위가 아니란다. 모 주석(毛主席) 그 노인이 태극권을 해도 된다고 허락했다는구나."

라고 하시더니 품에서 보물을 꺼내듯이 신문을 꺼내어 보여주었다.

우리 두 사람은 눈물을 글썽이며 기쁨과 그간의 슬픔이 교차되어 오랫동안 아무 말도 하지 못했다. 백부는 말하였다.

"앞으로 권법의 연마를 맘대로 할 수 있다면, 나는 국가를 위해 내 몸을 바치겠다. 너희들이 하지 못했던 것들을 모두 가르치고, 또한 태극권의 이론도 열심히 연구하여 나라에 바치고 더욱 많은 사람들이 태극권을 배울 수 있도록 노력하겠다."

그는 자신이 말한 그대로 실천하였다. 그날부터 백부는 밤이 깊도록 책상 앞에 앉아서 열심히 연구하고 정리하였으며 때때로 나에게 베껴 쓰는 일을 시켰다.

당시 비록 모(毛) 주석의 공포가 있긴 하였으나, 마을에서는 여전히 태극권 연마에 관한 일을 공개적으로 알릴 수가 없었으므로 우리 두 사람은 비밀리에 일을 진행하였다.

이렇게 겨울과 봄이 지나자 백부는 마침내 ≪태극권이론삼십편(太極拳理論三十篇)≫을 완성하였다. 내가 베껴 쓴 다섯 부 중 하나만 남겨 두고, 나머지 4부는 각기 국가(國家)·성(省)·지구(地區)·현(縣) 단위의 체육위원회에 보냈다.

이처럼 백부는 태극권을 널리 보급시키고자 얼마나 많은 피와 땀을 흘렸던가!

1972년 9월, 성(省)에서 무술시합대회를 거행하고자 하였다. 진가구(陳家溝)에서도 참가자를 보내라는 연락을 받고 백부는 매우 기뻐했다.
　당시 그는 이미 공개적으로 마을의 초등학교 권술 교련을 맡고 있었으므로 이 소식을 듣자 시합에 참가할 대원을 모아 한층 더 강도 높은 훈련을 시켰다. 대회까지는 시간이 매우 촉박했으나 백부는 조금도 낙망하지 않고 낮에는 학교에서 태극권을 가르치고, 아침과 저녁에는 대회 참가자들을 훈련시키는 등 매우 바쁜 나날을 보냈다.
　그는 고난도(高難度)와 저가자(低架子)의 동작들을 모두 직접 시범을 보였다. 훈련장은 학교에서 족히 1킬로미터나 떨어진 먼 곳에 위치해 있었고 그도 이젠 시퍼런 젊은이가 아니었다. 6월부터 9월까지 3개월 동안 하루도 빠짐없이 학교와 훈련장을 뛰어다니자, 다리가 부어 올라 신도 신을 수가 없을 정도였다. 그러나, 그는 신발의 뒤축을 잘라버리고 끈으로 발등을 묶어 종종걸음으로 부지런히 다녔다.
　현(縣) 체육위원회의 한 책임자는 너무 안쓰러워서 "진 선생, 그렇게 무리하다 쓰러지시겠습니다."라고 했더니, 백부는 가볍게 웃으며 말했다.
　"뭘요, 아직도 발이 심장에서 멀리 있지 않습니까?"
　그러나, 백부는 심한 과로로 지쳐 있었다. 시합을 마치고 돌아오는 길에 우리는 그의 얼굴이 온통 검은 빛인 것을 보고 마음이 너무 아팠다.
　진가구(陳家溝) 팀은 성(省)의 대표팀으로 선발되어, 11월에 하남성(河南省)을 대표하여 제남(濟南)에서 열린 전국대회에 참가하게 되었다. 이번에도 훈련의 지도를 맡게 되었으나 채 한 달도 안 되어 백부는 갑자기 황달과 급성간염으로 병원에 입원하게 되었다. 다행히 병의 증세가 점차 호전되어 곧 퇴원할 수 있었다.
　퇴원을 하였지만 그는 훈련 때문에 편안히 안정을 취하라는 의사의 당부를 따를 수가 없었다. 또한, 잦은 접대와 훈련 중의 계속되는 설명과 연기 시범으로 다시 병이 도져 두 번째 입원을 하게 되었고, 4일째 되는 날 그는 세상을 떠나고 말았다. 태극권의 커다란 별이 지자, 슬퍼하며 애통해하지 않는 사람이 없었다.
　백부는 실로 뛰어난 진씨태극권의 계승자일 뿐만 아니라 당대의 종사(宗師)로서 그는 태극권 역사에 기리 빛나는 한 페이지를 남긴 개척자이기도 하였다.
　그의 정신이 담긴 ≪진씨태극권회종(陳氏太極拳匯宗)≫, ≪태극권입문(太極拳入門)≫, ≪태극권인몽(太極拳引蒙)≫, ≪진씨태극권이론삼십편(陳氏太極拳理論十三篇)≫ 등의 저서는 영원히 후대에 전해질 것이다.

제 5 절 저자의 스승 진조규(陳照奎) 공(公) 소전(小傳)

　　진조규(陳照奎, 1928-1981)는 유명한 태극권가(太極拳家) 진발과(陳發科)의 아들로 18대손이며 저자의 당숙(堂叔)이다.

　　당숙은 4세 때, 부친과 함께 북경(北京)으로 와서 7세부터 부친에게 권법을 배웠는데 그것이 바로 지금의 신가태극권(新架太極拳)이다. 이 권법은 가세(架勢)가 낮고 발경(發勁)이 많아서 비교적 난이도(難易度)가 높은 편이었다. 게다가, 부친의 엄격한 훈련으로 그는 연습에 많은 어려움을 겪었다. 그러나, 13세 때 어느 날 열 명이 넘는 학생들이 주위를 둘러싸고 덤비는 일이 있었는데 그 무리를 쫓아내며 위기를 모면한 이후 점차 권법 연마에 대해 흥미를 갖게 되었다.

　　당숙은 북경 지성(志城)중학교를 졸업한 후, 가정 형편이 어려워 계속 학교를 다닐 수 없었다. 결국 집안 대대로 이어온 권법을 연마하면서 부친의 권법 수업을 도왔다. 해방 이후, 당숙은 북경 시에서 다섯 번째로 큰 건축회사의 재료과에 취직했는데 아침저녁으로 꾸준히 태극권을 연마하였다. 당숙은 나에게 다음과 같은 말을 한 적이 있었다.

　　"무엇을 하든 심혈을 기울여야 한다. 태극권 연마 역시 그래야 한다. 시간이 나면 열심히 연습하고 시간이 없다면 연습할 시간을 만들어야 한다. 한번은 북경에서 버스에서 표를 팔았던 적이 있었다. 매일 차를 타면, 나는 연법(練法)을 떠올리며 실제 상황과 결합시키곤 하였다. 승객이 많아 빈 자리가 없으면 나는 곧 굴슬송과(屈膝鬆胯)하고 주신방송(周身放鬆)의 자세로 서 있었으며, 차가 움직일 때마다 신법(身法)을 조정하여 균형을 잡았다."

　　생각해 보면 당숙은 평소 태극권을 연습할 때 정말 진지하게 열심히 하였다. 그렇지 않았다면, 어떻게 여러 사람들을 압도하는 최고봉이 될 수 있었겠는가?

　　60년대 초, 고류형(顧留馨)의 초청으로 당숙은 상해(上海)로 가서 태극권을 가르치게 되었는데, 진씨태극권을 널리 전파하기 위해 북경의 직장을 과감히 그만두었다. 이후, 또 남경(南京)으로 가게 되었는데 그의 정통한 공력(功力)과 출중한 무예 때문에 가는 곳마다 사람들의 환영을 받았다.

1965년 2월 학습의 지도 내용을 풍부하게 보완하기 위하여 당숙은 고향으로 돌아와 백부(伯父) 진조비(陳照丕)와 함께 칼·창 등 각종 기계(器械)를 연마하였다.

그런 다음 북경으로 다시 나가 칼·창 등의 기계 투로(套路)를 전수하기 시작하였다. 이때, 당숙은 나와 사촌형 진소왕(陳小旺)에게 신가(新架)를 가르쳐 주었다.

문화대혁명이 시작되자 태극권은 '자본주의로 가는 도로' 라는 비판을 받게 되었고, 당숙은 태극권을 가르칠 수 없게 되었다. 그러자 일체의 수입이 없어져 생활이 어려워졌다. 태극권을 가르치지 못한다는 것은 거의 정신적 지주를 잃는 것과 다름이 없었다. 이 기간 동안 당숙은 정말 괴로운 날들을 보내지 않을 수 없었다.

문화대혁명 후기에 이르러 그 동안 이단(異端)으로 취급되었던 태극권이 명예를 회복하게 되면서 당숙은 곧 정주(鄭州)·개봉(開封)·초작(焦作) 등지를 다니며 몇 년간 태극권을 가르치다가 병환으로 돌아가셨다.

본인이 당숙에게 태극권을 배운 것은 1973년 이후의 일이다. 엉뚱한 얘기라고 생각하겠지만 다음의 일화를 소개하겠다.

1972년 백부 진조비(陳照丕)가 세상을 떠났을 때, 본인은 깊은 슬픔에 빠져 헤어나올 수가 없었다.

어느 날 꿈에 백부를 보게 되었는데, 그는 탄식하며 나에게 "소뢰(小雷)야, 다시는 너를 가르칠 수 없게 되어 정말 부끄럽구나. 앞으로는 십숙(十叔)[378]에게 계속해서 너를 가르치라고 부탁하겠다."라고 하였다.

그리고, 1973년 당숙을 만나 예전에 꾸었던 꿈 얘기를 하였다. 그런데 누가 알았을까, 당숙이 "거 참 이상하구나, 나도 꿈을 하나 꿨는데 너의 오백(五伯) 진조비(陳照丕)께서 너를 나에게 부탁하셨지. 물론 우연의 일치겠지만, 아무래도 마음이 그 혼령과 통한 것 같구나."라고 얘기할 줄을.

그때부터 본인은 당숙에게 태극권을 배웠는데 매우 엄격하게 지도해 주었다.

한번은 당숙이 나를 불러 의미심장하게 말씀하시길,

"소뢰(小雷)야, 남보다 뛰어난 공력(功力)을 쌓으려면 남보다 많은 훈련을 해야 한다. 보통 사람들이 하루에 10번을 연습하면 너는 30번을 해야 하고, 다른 사람이 30번을 연습하면 너는 90, 100번을 해야 한다. 남보다 세 배의 훈련을 한다면

---

[378] 진조규(陳照奎)를 지칭함.

너는 기필코 그들을 초월할 것이다. 그러나, 이와 같은 정신적 자세를 갖추지 않고 혹독한 훈련을 감수할 자신이 없으면 일찌감치 그만두거라."라고 하였다.

본인은 당숙의 따끔한 충고를 깊이 새겨들었다. 태극권이 아니더라도 성공을 원하는 사람이라면 당숙의 말 속에서 어떤 계시를 얻게 될 것이다.

본인은 당숙과 함께 정말 열심히 태극권을 연마하였다. 이상한 얘기로 들릴지 모르지만 당숙과 지내면서 그가 보여 준 모든 동작과 자세는 지금도 여전히 눈 앞에 선명하게 떠오른다. 당숙은 또 이런 말을 하였다.

"내가 바로 네 앞에서 너를 가르칠 때에만 너를 가르친다고 생각하지 말아라. 내가 다른 사람을 가르칠 때, 너는 한쪽에 앉아 있지만 이것 또한 너를 가르치고 있는 것이다. 어떤 때는, 직접 너와 자세를 취하고 시합을 하며 가르치지만 그렇지 못할 때에는 다른 사람에게 하는 것을 보면서 더 빨리 이해하고 더 정확하게 터득할 수 있게 된다. 이것은 아마도 옆에서 보는 사람은 분명히 알 수 있으나 당사자는 잘 깨닫지 못하는 이치 때문일 것이다."

본인은 당숙이 이르는 가르침을 그대로 실천하면서 스스로 빠르게 진보하는 것을 느낄 수 있었다. 이런 나를 보고 당숙은 매우 기뻐하시며 때때로 다른 사람의 연습을 지도하게 하셨다.

본인은 아직도 1978년 봄에 일어났던 일을 잊을 수 없다. 당숙은 우리 집에서 꼭 4개월을 머무르셨다. 그때 나는 당숙이 계시는 방이 너무 헐고 초라해서 송구스러웠다. 그래서, 우리 집에 세 들어 살고 있던 신혼부부를 내보내기로 하였다. 그 방이 훨씬 깨끗했기 때문이다. 그 얘기를 듣고 당숙은 매우 겸연쩍어 하며 그들을 예전처럼 지내게 하라고 하시며 고집을 꺾지 않으셨다. 그래서 할 수 없이 그들을 머물게 하였다.

이 기간 동안, 당숙은 본인에게 자신의 지난 얘기를 들려주었고, 또한 연습하던 신가(新架)를 처음부터 끝까지 자세하게 교정해 주시며 그 정수만을 전수하여 잘못된 것은 버리고 참된 것만을 터득하게 하셨다.

당숙은 나의 제2의 은사이다. 내가 연마한 신가 일로(新架一路)·이로(二路)와 금나술(擒拿術) 등은 모두 당숙에게서 배운 것이다.

나는 불행히 병환으로 세상을 떠나신 당숙 생각에 한동안 슬픔에 빠져 있었다. 이제 나는 당숙을 본받아 충실히 권법을 연마하면서 진씨태극권의 보급에 평생을 바칠 것이다.

제 6 절 저자(著者) 진정뢰(陳正雷) 약력(略歷)

1949년 5월 정주시(鄭州市)에서 출생, 10월 진가구(陳家溝)로 돌아와서 생활.
1950년 10월 부친 진조해(陳照海) 사망, 모친과 진가구에서 생활.
1957년 진가구에서 초등학교를 다녔으며 성적이 우수하여 줄곧 반장을 맡음.
1958년 백부 진조비(陳照丕)가 하남성(河南省) 황하수리위원회(黃河水利委員會)를 사퇴하고 고향으로 돌아오자, 그를 따라 태극권 노가 일로(老架一路)·이로(二路), 추수(推手), 도(刀), 창(槍), 검(劍), 곤(棍) 등의 기계(器械)와 이론 지식을 배우기 시작함.
1973년 이때부터 3년 동안 진가구에서 당숙 진조규(陳照奎)에게 신가 일로(新架一路)·이로(二路), 추수(推手), 금나(擒拿) 등의 기술을 배움.
1974년 9월 정주(鄭州)에서 열린 제 3회 하남성(河南省) 전국체육대회에 신향(新鄉) 지역의 대표로 참가하여 우수상을 받음.
1976년 9월 정주(鄭州)에서 열린 하남성 무술대회에 참가하여 우수상을 받음.
1977년 9월 정주(鄭州)에서 열린 하남성 무술대회에 참가하여 우수상을 받음.
1978년 7월~9월 하남성의 체육학교에서 3개월간 단체 훈련을 한 다음, 호남(湖南) 상택(湘澤)에서 열린 전국무술대회에 참가하여 특별객원상을 받음. 10월 제 4회 하남성 체육대회에 참가하여 우수상을 받음.
1979년 10월 평정산(平頂山)에서 두 학기로 된 태극권 양성반을 열었고 그후 몇 년간 전국 각지를 순회하면서 양성반을 운영하여 많은 학생들을 배출하였음. 그 가운데 성(省)에서 열리는 대회와 전국 대회에서 좋은 성적을 거두었음.
1981년 3월 내방한 전일본태극권협회(全日本太極拳協會)의 이사장 삼포영부(三浦英夫)와 그 일행 30여 명을 접대하고 지도함. 이후 몇 년 동안 일본·한국·영국·프랑스·말레이시아·오스트레일리아·이탈리아·

미국·홍콩 등 여러 국가에서 방문한 학습 단체를 접대하였는데 그 수가 매우 많았음.

1981년 10월 하남 방송국에서 제작하는 ≪권향행(拳鄕行)≫이란 프로그램에 참가.

1982년 9월 사촌형 진소왕(陳小旺)과 함께 '남경 국제무술 친선대회'에 참가.

10월 평정산(平頂山) 태극권협회(太極拳協會)의 고문으로 초빙됨.

1983년 1월 정식으로 성(省) 체육위원회 무술관(武術館)의 교련(敎鍊)을 맡게 되었고, 또 온현(溫縣) 체육위원회와 진가구(陳家溝) 체육학교의 교련을 겸함.

7월 진가구의 제1차 외국 방문단의 일원이 되어 동경(東京)·대판(大阪) 등 일본의 8개 도시를 다니면서 문화교류에 이바지하였으며, 일본 천황(天皇)이 그의 공연을 두 번 보고 그를 황궁으로 초청함.

10월 천진(天津)에서 열린 '무림정영표연회(武林精英表演會)'에 참가.

1984년 6월~10월 성(省) 체육위원회에서 두 학기로 구성된 '전국 진씨태극권 양성반'을 열었는데, 각 성시(省市)의 체육위원회에서 150여명이 참여하였고 진소왕(陳小旺)과 함께 강연 교련을 맡음.

1985년 5월 호남(湖南)의 상담(湘潭)대학, 주주(株州)대학에 초빙되어 무술협회 명예회장과 하남성 진씨태극권협회의 비서장(秘書長)을 맡았고, 또한 일본 삼포영부(三浦英夫) 이사장에게 정식으로 초빙되어 전일본(全日本)태극권협회의 고문이 됨.

7월 안양시(安陽市) 진씨태극권협회에 초빙되어 명예주석이 됨. 전일본태극권협회의 삼포영부(三浦英夫)에게 두 번째 초청을 받게 되어 진소왕(陳小旺), 진계진(陳桂珍)과 함께 동경(東京), 후쿠시마(福島) 등을 다니며 강연을 함. 또한, 일본 천황의 두 번째 초청으로 다시 황궁의 귀빈이 되었고 함께 사진 촬영을 함. 일본 방문기간 동안, 싱가포르의 주일본대사 이형재(李炯才)와 부인의 열렬한 환대를 받음.

1986년 5월 하남성 체육위원회에서 성무술관(省武術館)의 정식 교련으로 임명함. 전국무술대회에서 국가체육위원회가 수여한 "황금사자상"을 받음. 회의 기간 중 상해(上海) 방송국에서 제작한 ≪검(劍)과 검(劍)의 전설≫이란 프로그램에 출연함. 그후 정협(政協) 초작시(焦作市) 7회 상임위원으로 선출됨.

7월, ≪소림무술(少林武術)≫에 〈진씨태극권의 신체 각 부위에 대한 요구〉라는 논문을 발표함.

10월, 팀의 책임자이며 교련 및 운동위원의 신분으로 태원(太原)에서 열린 제1회 전국 태극권·검 경기에 참가하여 진씨태극권에서 1등을 함.

12월, 사천(四川) 성도(成都)로 가서 '전국 태극권 명가(名家) 토론회'에 참가하여 ≪진씨태극권의 10단계 기술론≫을 발표하였고, ≪무림(武林)≫ 태극권학술연구회의 상임이사로 선출됨. 그후, 또 일본 진씨태극권연구회의 명예회장으로 초빙됨.

1987년 3월, 하남성 체육위원회의 국가무술 1급 심사위원으로 선정됨.

5월, 진가구(陳家溝)태극권학교의 교장으로 임명됨.

6월, 온현(溫縣)팀의 교관을 맡아 하남성 태극권·검·추수경기(초작시 개최)에 출전하여 금메달 8개와 은메달 3개를 획득.

7월, "중국 진가구태극권 보급센터"를 세우고 총교련(總敎練)을 맡음.

9월, 하남성팀의 교관을 맡고 하얼삔에서 열린 전국 산타(散打)·추수(推手) 경기에 참가하여 금메달 2개와 은메달 1개를 획득.

10월, 하남팀의 책임자·교관·선수로 호북(湖北) 효감(孝感)에서 열린 전국 태극권·검 경기에 참가하여 금메달 2개와 은메달 2개를 받았으며, 본인은 진씨태극권에서 1등을 수상.

9월, "중국체육신문"에 〈태극(太極) 전인(傳人)의 염원〉이라는 특집 기사를 발표함.

12월, 호남(湖南)대학 무술협회의 명예회장으로 초빙됨.

1988년 1월 하남성 7회 인대 대표(人大代表)로 피선.

3월, 강서(江西) 진씨태극권사(陳氏太極拳社)의 고문으로 피선.

6월, 하남(河南)대학 체육과에서 통신교육 졸업장을 취득하고, 북경(北京)의 고등교육(高等教育)출판사에서 텔레비전 교육프로그램인 ≪진씨태극권을 세상에 전하다≫를 촬영함.

7월, 평정산(平頂山) 체육위원회의 "태극(太極)·소림(少林) 무술 연구 토론회"의 부원장 겸 총교련을 맡음. 또한 하남성 진씨태극권연구회의 고문으로 초빙되고, 하남성 체육위원회에서 수여한 중급(中級) 무술교련(武術敎練) 자격증서를 받음.

10월, 하남성 무술관(武術館)의 교련으로 초빙됨.

1989년 1월 일본 "무술태극권연맹(武術太極拳聯盟)"의 전무이사와 아시아무술연합회의 부주석 촌강구평(村岡久平)의 초청을 받게 되어 진소왕(陳小旺)과 함께 동경(東京)·치바현(千葉縣)·요코하마(橫濱)·나고야(名古屋)·교오토(京都)·오오사카(大阪) 등을 방문하여 강연을 하였는데 그때 가르침을 받은 사람이 500여명이나 되었음.

12월 ≪진씨태극권계회종(陳氏太極拳械匯宗)≫의 제 1권을 고등교육(高等敎育)출판사에서 발행.

1990년 4월 미국 샌프란시스코 진씨태극권연구회의 고문으로 초빙됨.

8월, 하남성 무술팀의 책임자 및 교련을 맡아 안휘성(安徽省) 황산(黃山)에서 거행된 전국 태극권·검·추수 대회에서 금메달 2개와 은메달 3개를 수상.

8월, 일본의 일중무도연구회(日中武道硏究會) 회장 강구충장(江口充章)이 팀을 인솔하여 정주(鄭州)로 와서 지도를 받았으며 또한 그를 연구회의 고문으로 초빙.

11월, 왕서안(王西安), 고염춘(高艶春)과 함께 초청에 응하고 스위스·프랑스를 방문하여 강연을 함.

1991년 1월 이탈리아 무술연합회의 초청을 받아 이탈리아의 밀란, 로마 등지에서 한달 동안 강연을 진행하였으며, 밀란 시에서는 그에게 은으로 된 상패를 수여하고 이탈리아 "진씨태극권연합회"의 고문으로 초빙. 동시에, 소림국제무술원의 태극권 총교련으로 초빙됨.

3월, 초작시(焦作市) 무술협회의 부주석과 진씨태극권 부주석으로 피선. 일중(日中) 무도연구회의 초청으로 일본의 교오토(京都)를 방문하여 지도함.

6월, 홍콩경제출판사에서 출판한 ≪중국당대기술인재회췌(中國當代技術人材薈萃)≫에 게재됨.

7월, 인솔한 팀이 북경 체육위원회가 거행한 전국 태극권·검·추수경기대회에서 금메달 2개와 은메달 4개를 획득.

8월, 프랑스 진씨태극권연구회의 고문으로 초빙됨.

1992년 1월 ≪무술건신(武術健身)≫이란 잡지에서 태극권원(太極拳苑)의 고문으로 초빙하고, ≪1992년 중국인물연감≫에 게재됨.

3월, 일중(日中) 무도연구회의 초청을 받고 교오토(京都)·오오사카(大阪)·시가현(滋賀縣)을 방문하여 강연함.

7월, 팀을 인솔하여 요녕주(遼寧州)에서 개최된 전국 태극권·검·추수대회에 참가하여 금메달 2개와 은메달 4개를 수상.

8월, 요녕(遼寧)인민출판사에서 출판한 ≪중국당대교육명인사전(中國當代敎育名人辭典)≫에 오름. 일본 ≪봉구(棒球)≫잡지사에서 발행한 일문판 ≪진씨태극권≫의 출판 행사에 참가.

같은 달, 온현(溫縣)에서 "중국온현 국제태극권년회(中國溫縣國際太極拳年會)"와 "태극무술관(太極武術館)" 개관 기념행사가 열렸고, "연회(年會)"의 부비서장(副秘書長)으로 피선. 현(縣) 위원회와 현(縣) 정부에 의해 "태극무술관(太極武術館)"의 부관장(副館長) 겸 총교련(總敎練)으로 임명되어 큰 공적을 기록하게 됨.

같은 달, 한국 KBS방송국과 장해명(張海明) 일행이 온현(溫縣)에 와서 촬영한 ≪중국문화≫란 다큐멘터리에 참가.

1993년 1월 온현(溫縣) 진씨태극권연구회(陳氏太極拳硏究會) 회장으로 피선.

4월, 일본 "진씨태극권학회"의 고문으로 초빙됨.

5월, 프랑스에 초청되어 강연을 함.

7월 말레이시아 방문.

12월 중국인사출판사(中國人事出版社)가 출판한 ≪당대개혁영재(當代改革英才)≫에 이름이 오름.

1994년 6월 팀을 인솔하여 북경체육학원(北京體育學院)에서 개최한 전국무술선수권시합(태극권·검·추수)에 참가하여 4명의 학생들이 금메달 4개와 은메달 2개를 수상.

같은 달, ≪진씨태극권계회종(陳氏太極拳械匯宗)≫의 제2권과 제3권이 고등교육(高等敎育)출판사에서 출판됨.

7월, 저서 ≪태극신공(太極神功)≫의 대형화보가 인민(人民)체육출판사에 의해 출판됨.

9월, 하남성 무술관(武術館)의 일을 돌봄.

같은 달, 제3회 국제태극권년회(國際太極拳年會)의 부비서장(副秘書長)에 피선. ≪진씨태극권의 전사경(纏絲勁)≫이 우수 논문의 평가를 받고, "국제태극권 대사(大師)"로 평가됨. 대만의 "중국불무선협진회(中國佛武禪協進會)"의 이사장 길악(吉岳)의 초청을 받고 대만으로 가서 50일 간에 걸쳐 제1차 태극권 교류활동을 함.

1995년 7월 팀을 인솔하여 영파(寧波)에서 개최된 전국무술 선수권 대회(태극권·검·추수)에 참가하여 금메달 3개와 은메달 3개를 수상.

11월~12월, 부인과 함께 초청을 받아 말레이시아·홍콩·광주 등지를 다니며 50일간 태극권을 강연함.

12월, 중국 당대(當代)의 ≪십대무술명사(十大武術名師)≫로 선정되어, 산동(山東) 내주(萊州)에서 국가체육위원회로부터 증서를 수여 받음.

1996년 1월 중국무술협회·인민체육출판사·≪중화무술≫잡지사의 요청으로 "중화무술계열전현공정(中華武術系列展現工程)" 활동에 참가하여 진씨태극권의 노가 일로(老架一路)·이로(二路), 태극검(太極劍), 추수(推手), 양생공(養生功) 등의 학습프로그램을 촬영함.

6월, 일본 미에현(三重縣)의 일중(日中)친선협회의 초청으로 미에현과 하남성(河南省)의 친선조약 10주년 기념행사에 참가. 이 기간에 태극권 강연을 함.

8월, 미국 무술원의 배강개(裵康凱)의 요청으로 중국무술협회에서 파견되어 미국 워싱톤에서 강연을 함.

같은 달, 말레이시아 태극권총회의 고문으로 초빙됨.

10월, 남경(南京)에서 거행된 중일(中日)태극권 경기와 국제무술 초청 경기에 참가하여 중재위원회(仲裁委員會)의 일을 함.

11월, 팀을 인솔하여 강서(江西) 길안(吉安)에서 거행된 전국무술선수권 대회(태극권·검·추수)에 참가하여 금메달 3개와 은메달 1개를 수상.

같은 달, 중국무술협회의 위원으로 다시 선출되었고 하남성 무술관(武術館)의 부관장(副館長)으로 임명됨.

12월, 진가구(陳家溝)에서 진조비(陳照丕)선생의 25주기 추모 기념행사를 거행.

(1996년 12월까지의 기록으로 마감함)

■ 제1권 찾아보기

(ㄱ)

가식(架式) 62
각개수합(脚開手合) 168
각경(覺勁) 42, 46
각손(角孫) 196
각심공(脚心空) 109
간경(肝經) 199
간사(間使) 195
간유(肝兪) 193
간화태극권(簡化太極拳)24세(勢) 69
갈고리손 143
감천(鑒泉) 68
강(剛) 76
강간(强間) 200
강경(剛勁) 43, 76
강력(僵力) 95
강세(剛勢) 77, 257
강유(剛柔) 77, 256
강유상제(剛柔相齊) 57, 76, 134, 257
개(開) 78
개경(開勁) 50
개과(開胯) 105
개보(盖步) 156, 169
개보(開步) 113, 167
개합(開合) 78, 128, 204
개합허실(開合虛實) 210, 269
거강구유(去僵求柔) 96
거골(巨骨) 185
거궐(巨厥) 202
거료(巨髎) 186
격관(膈關) 193
격막근(膈膜筋) 132
격유(膈兪) 193

견관절(肩關節) 운동 149
견료(肩髎) 196
견외유(肩外兪) 191
견우(肩髃) 185
견정(肩貞) 191
견주(肩肘) 106
견중유(肩中兪) 191
결분(缺盆) 187
경(勁) 36, 73, 224
경(敬) 272
경(經) 125, 179
경거(經渠) 185
경경(硬勁) 40
경골(京骨) 193
경근(經筋) 180
경기공(硬氣功) 73
경락(經絡) 74, 124, 174, 221
경락학설(經絡學說) 63, 100, 173
경력(勁力) 37, 77
경맥(經脈) 178
경문(京門) 197
경별(經別) 180
계맥(瘈脈) 196
고(高) 254
고경(靠勁) 46
고경저취(高擎低取) 300
고관절(股關節) 115
고담영웅(孤膽英雄) 345
고류형(顧留馨) 64, 351
고방(庫房) 187
고신법(高身法) 116
고탕(鼓蕩) 206
고황(膏肓) 193
곡골(曲骨) 202

360 진씨태극권

곡빈(曲鬢) 197
곡원(曲垣) 191
곡중구직(曲中求直) 103
곡지(曲池) 185
곡차(曲差) 193
곡천(曲泉) 200
곡택(曲澤) 195
곤륜(崑崙) 196
골초(骨梢) 75, 250
공경(攻勁) 41
공력(功力) 96
공손(公孫) 188
공최(孔最) 185
과(胯) 115
과근(胯根) 115
관(髖) 115
관문(關門) 187
관원(關元) 104, 200
관원유(關元兪) 193
관절운동(關節運動) 148
관충(關衝) 196
광명(光明) 199
교신(交信) 193
구(鉤) 118
구간부(軀幹部) 99
구규(九竅) 130
구미(鳩尾) 202
구수(勾手) 111, 143
구허(丘墟) 199
굴슬송과(屈膝鬆胯) 116
궁보(弓步) 121, 133
권(圈) 241, 272
권(拳) 34, 110, 142
권경총가(拳經總歌) 60, 238, 323
권료(顴髎) 191
권리(拳理) 34
권심(拳心) 162

권의술진(拳意述眞) 69
권정(拳頂) 111
권타각척(拳打脚踢) 72, 89
권포(卷炮) 261
궐음유(厥陰兪) 193
귀래(歸來) 188
규구(規矩) 307
규권법(規勸法) 229
규음(竅陰) 197
극문(郄門) 195
극천(極泉) 189
근기(根基) 117, 133
근절(根節) 109, 249
근초(筋梢) 250
근축(筋縮) 200
금나해탈(擒拿解脫) 112
금문(金門) 193
금수(擒手) 112
급맥(急脈) 200
기(氣) 38, 124, 126
기격(技擊) 63, 89
기경팔맥(奇經八脈) 180
기공(氣功) 30, 52
기락진퇴(起落進退) 266
기문(期門) 200
기문(箕門) 188
기사(氣舍) 187
기의고탕(氣宜鼓蕩) 75, 126
기정(奇正) 244, 267
기정상생(奇正相生) 301
기충(氣衝) 104
기침단전(氣沈丹田) 85, 170
기편신구(氣遍身軀) 75
기해(氣海) 150
기해유(氣海兪) 104
기혈(氣穴) 194
기호(氣戶) 187

(ㄴ)

나(拿) 63
나경(拿勁) 48
나선경(螺旋勁) 74
나선전사경(螺旋纏絲勁) 91
나선전요(螺旋纏繞) 73
낙각(絡却) 193
낙독동(樂篤同) 48, 263
낙맥(絡脈) 139
낙우신(樂佑申) 64, 346
낙점(落點) 78
내가권술(內家拳術) 78
내경(內勁) 43, 273
내공권(內功拳) 30, 42, 76
내관(內觀) 52
내관(內關) 195
내구(內扣) 117
내기(內氣) 72, 120, 124, 126, 173
내삼합(內三合) 252
내수하침(內收下沈) 101
내외겸련(內外兼練) 89
내외겸수(內外兼修) 76
내외상합(內外相合) 57, 95, 96, 279
내외일치(內外一致) 128
내외합일(內外合一) 127
내정(內庭) 188
내합(內合) 110, 155, 207
내행공(內行功) 76
냉경(冷勁) 49
노가식(老架式) 27, 62
노궁(勞宮) 195
노식(顱息) 196
노유(臑兪) 191
노화순청(爐火純靑) 139
노회(臑會) 196
뇌공(腦空) 197

뇌호(腦戶) 200
누곡(漏谷) 188

(ㄷ)

단검(單劍) 65
단봉조양(丹鳳朝陽) 259
단전(丹田) 75
단전내전운기법(丹田內轉運氣法) 233
단정(端正) 121
단질차(單跌岔) 145, 298
담경(膽經) 196
담유(膽兪) 193
당(襠) 112
당산기공(唐山氣功) 24
대가식(大架式) 62
대거(大巨) 187
대곤(大鵾) 324
대괴수(大槐樹) 58
대권(大圈) 135
대도(大都) 188
대맥(帶脈) 87
대붕(大鵬) 324
대성(大成) 90
대영(大迎) 186
대장경(大腸經) 185
대장유(大腸兪) 193
대저(大杼) 193
대종(大鍾) 193
대추(大椎) 200
대포(大包) 188
대혁(大赫) 193
대횡(大橫) 188
도견가주(挑肩架肘) 122
도도(陶道) 200
도인토납술(導引吐納術) 73
독립보(獨立步) 146

독맥(督脈) 88, 100, 114, 181, 200
독비(犢鼻) 188
독유(督兪) 193
동(動) 84, 120, 210
동경(懂勁) 46
동공(動功) 50
동선(動禪) 51, 53
동자료(瞳子髎) 197
동탕(動盪) 272
두간자(抖杆子) 133
두경(頭勁) 운동 148
두경부(頭頸部) 97
두유(頭維) 187
두정현(頭頂懸) 97
둔부(臀部) 99
득개(得開) 107
득기(得機) 136
득기(得氣) 87
득기득세(得機得勢) 90, 136
득세(得勢) 136
등(蹬) 118
등나섬전(騰挪閃戰) 72
등봉조극(登峰造極) 139

(ㄹ)

락(絡) 180
력(力) 37, 39, 95
렬경(挒勁) 46
로선(露禪) 66
뢰모니(雷慕尼) 64
리경(攦勁) 45

(ㅁ)

만승쾌(慢勝快) 91
만양쾌(慢讓快) 90

매보(邁步) 118
면리장침(綿裏藏針) 67
명문(命門) 233
목간(木杆) 133
목창(目窓) 197
묘기(妙機) 267
무극도(無極圖) 203
무릎 116
무식 태극권(武式太極拳) 68
무우양(武禹襄) 68, 333
무절장군(武節將軍) 335
무학사(武學社) 320
문파(門派) 33, 36, 60
미려중정(尾閭中正) 88
미충(眉衝) 193

(ㅂ)

반사호(反射弧) 134
발 117
발(發) 78
발경(發勁) 42, 43, 62, 111
발기(發氣) 95
발마(發麻) 137
발배(拔背) 101
발열(發熱) 137
발장(發張) 137
발중(發重) 137
발침(發沈) 137
발현(發懸) 137
방광경(膀胱經) 192
방광유(膀胱兪) 193
방송(放鬆) 73, 86, 99, 122
배근윤원(培根潤原) 95
배부(背部) 100
배양본원(培養本元) 306
백호(魄戶) 287

백환유(白環兪) 193
백회(百會) 88, 200
백회혈(百會穴) 88
번강발해(翻江撥海) 259
번기(翻起) 105
범(泛) 105
범기(泛起) 105
범둔(泛臀) 105
범정란(范廷蘭) 343
변화무방(變化無方) 139
병보(幷步) 156, 168
병풍(秉風) 191
보랑(步廊) 194
보법(步法) 69, 114, 164, 255
보표(保鏢) 62
보형(步形) 143
복결(腹結) 188
복류(復留) 193
복부(腹部) 99
복생(福生) 63, 339
복송(腹鬆) 104
복식역호흡(腹式逆呼吸) 133
복식호흡(腹式呼吸) 100, 132
복애(腹哀) 188
복참(僕參) 193
복토(伏兎) 188
본신(本神) 197
부극(浮郄) 193
부돌(扶突) 185
부락(浮絡) 180
부백(浮白) 197
부보(仆步) 145
부분(附分) 193
부사(府舍) 188
부앙신축(俯仰伸縮) 266
부양(跗陽) 193
부용(不容) 187

분청허실(分淸虛實) 225
불편불의(不偏不倚) 265
붕경(掤勁) 44
비경(脾經) 188
비관(髀關) 188
비노(臂臑) 185
비양(飛陽) 193
비유(脾兪) 193

(ㅅ)

사기종인(捨己從人) 90, 136
사당(死襠) 112
사대금강(四大金剛) 35, 65
사독(四瀆) 196
사량발천근(四兩發千斤) 74
사만(四滿) 194
사만(死彎) 114
사백(四白) 186
사상(四象) 175
사십팔세(四十八勢) 69
사우각(四隅角) 171
사우수법(四隅手法) 44
사정수법(四正手法) 44
사죽공(絲竹空) 196
사초(四梢) 75, 249
사타구니 112
사피(四避) 301
삼간(三間) 185
삼간(三杆) 65
삼공(三空) 109
삼삼육권보(三三六拳譜) 63, 338
삼양(三陽) 178
삼양락(三陽絡) 196
삼음(三陰) 178
삼음교(三陰交) 188
삼절(三節) 248

삼초경(三焦經) 196
삼초유(三焦兪) 193
삼포영부(三浦英夫) 354
삼합(三合) 252
삽보(揷步) 169
상거허(上巨虛) 188
상곡(商曲) 194
상관(上關) 197
상구(商丘) 188
상렴(上廉) 185
상료(上髎) 193
상번(上翻) 159
상붕(上掤) 154, 155
상성(上星) 200
상양(商陽) 185
상양촌(常陽村) 58, 320
상완(上腕) 188
상인하진(上引下進) 123
상절(上節) 249
상하상수(上下相隨) 95, 279
상하상통(上下相通) 57
상합(相合) 109, 142, 207
상행하타(上行下打) 300
샅 112
서전송침(舒展鬆沈) 100
석관(石關) 194
석문(石門) 104, 202
선관력(旋貫力) 91
선기(璇璣) 202
선만후쾌(先慢後快) 294
선전완(旋轉腕) 107
섬진타고(閃進打顧) 260
성동격서(聲東擊西) 239
세세상승(勢勢相承) 281
소가(小架) 62
소가권파(小架拳派) 68
소권(小圈) 136

소락(消濼) 196
소료(素髎) 200
소부(少府) 189
소상(少商) 185
소성(小成) 90
소식영허(消息盈虛) 204, 264
소여(少如) 69
소장경(小腸經) 189
소장유(小腸兪) 193
소충(少衝) 189
소택(少澤) 191
소해(小海) 191
소해(少海) 189
속골(束骨) 193
속륵(束肋) 102
손 108
손락(孫絡) 180
손록당(孫祿堂) 69
손목 107
손바닥 109
손식 태극권(孫式太極拳) 69
솔(摔) 80
솔곡(率谷) 197
솔비(甩臂) 150
송(鬆) 99, 106, 112
송개(鬆開) 99, 106
송견침주(鬆肩沈肘) 106
송과(鬆胯) 115
송당(鬆襠) 113
송정안일(鬆靜安逸) 224
송활(鬆活) 115
송활탄두(鬆活彈抖) 78
수(手) 108
수개각합(手開脚合) 168
수경(守勁) 42
수곡(水穀) 125
수구(水溝) 200

수궐음심포경(手厥陰心包經) 195
수도(水道) 187
수돌(水突) 187
수법(手法) 76
수분(水分) 202
수삼리(手三里) 185
수소양삼초경(手少陽三焦經) 196
수소음심경(手少陰心經) 188
수식법(數息法) 229
수양명대장경(手陽明大腸經) 185
수완(豎腕) 107
수족전두(手足顫抖) 122
수천(水泉) 193
수태양소장경(手太陽少腸經) 190
수태음폐경(手太陰肺經) 184
수형(手形) 142
순기자연(順其自然) 79, 127
순여(恂如) 324
순전(順纏) 110
순전사(順纏絲) 110, 153
순전사경(順纏絲勁) 149, 153
슬(膝) 116
슬관(膝關) 200
슬관절(膝關節) 운동 151
슬타(膝打) 117
승광(承光) 193
승근(承筋) 193
승령(承靈) 197
승만(承滿) 187
승부(承扶) 193
승산(承山) 193
승읍(承泣) 185
승장(承漿) 202
식두(食竇) 188
신가(新架) 62, 64, 65
신가(新架)일·이로(路) 7, 65
신경(腎經) 193

신궐(神闕) 202
신기(神氣) 78
신당(神堂) 193
신도(神道) 200
신맥(申脈) 193
신문(神門) 189
신법(身法) 76, 122, 225, 254
신봉(神封) 194
신안(神安) 139
신여(申如) 324
신유(腎兪) 193
신장(神藏) 194
신정(神庭) 200
신주(身柱) 200
신회(顖會) 200
실복(實腹) 104
실중유허(實中有虛) 270
심가정(沈家偵) 64
심경(心經) 188
심공(心空) 109
심유(心兪) 193
심의(心意) 79
심장균유(深長勻柔) 86
심정(心靜) 139
심주경(心主經) 195
심포경(心包經) 195
십대공법론(十大功法論) 5
십대무술명사(十大武術名師) 359
십사경발휘(十四經發揮) 178
십삼간(十三杆) 65
십오낙맥(十五絡脈) 180
십이정경(十二正經) 180
쌍간(雙鐗) 65
쌍검(雙劍) 65
쌍도(雙刀) 65
쌍수전(雙手纏) 160
쌍영파적(雙英破敵) 326

쌍운수(雙雲手) 155
쌍인점간(雙人粘杆) 323
쌍인점창(雙人粘槍) 60, 80
쌍인추수(雙人推手) 60, 80, 323

(ㅇ)

아문(瘂門) 200
악권(握拳) 162
안경(按勁) 45
안교(按蹻) 83
안법(眼法) 76, 80
액문(液門) 196
양강(陽綱) 193
양건후(楊健候) 32, 67
양경(陽勁) 42
양경(陽經) 89
양계(陽谿) 185
양계자(楊季子) 340
양곡(陽谷) 191
양관(陽關) 197, 200
양교(陽交) 199
양구(梁丘) 188
양극생음(陽極生陰) 94
양로(養老) 191
양로선(楊露禪) 32, 62, 66
양릉천(陽陵泉) 197
양맥지해(陽脈之海) 89
양문(梁門) 187
양반후(楊班候) 32, 67
양백(陽白) 197
양보(陽輔) 199
양복괴(楊福魁) 66, 333
양생가결(養生歌訣) 331
양생공(養生功) 148, 215
양생학(養生學) 76
양식 태극권(楊式太極拳) 66

양의(兩義) 175
양지(陽池) 196
양징보(楊澄甫) 32, 67
양효(陽炎) 176
어깨 106
어제(魚際) 185
여구(蠡溝) 200
여태(厲兌) 186
여환무단(如環無端) 126
역전(逆纏) 57, 110
역전사(逆纏絲) 110, 153
역전사경(逆纏絲勁) 149, 153
역점(力点) 91
연경(軟勁) 40
연곡(然谷) 193
연공법칙(練功法則) 94
연리불연력(練理不練力) 94
연본불연표(練本不練標) 95
연신불연초(練身不練招) 96
연액(淵液) 197
열결(列缺) 185
염둔(斂臀) 105
염성도(聞聖道) 329
염천(廉泉) 202
영근(靈根) 121
영대(靈臺) 200
영도(靈道) 189
영위기혈(營衛氣血) 87
영의공(英義公) 335
영향(迎香) 185
영허(靈墟) 194
예풍(翳風) 196
오감천(吳鑒泉) 68
오관백해(五官百骸) 97
오궁(五弓) 73
오금희(五禽戱) 76, 83
오리(五里) 185, 200

오식 태극권(吳式太極拳) 68
오온(五蘊) 140, 305
오운육기(五運六氣) 278
오음오양(五陰五陽) 57
오장(五臟) 251
오종 추수법(五種推手法) 65
오처(五處) 193
오추(五樞) 197
옥당(玉堂) 202
옥예(屋翳) 187
옥침(玉枕) 193
온류(溫溜) 185
온현(溫縣) 58
와롱장(瓦攏掌) 109, 142
완(腕) 107
완골(完骨) 197
완골(腕骨) 191
완관절(腕關節) 운동 149
왕서안(王西安) 65
왕원외(王員外) 324
외가권(外家拳) 72
외경(外勁) 42
외관(外關) 196
외구(外丘) 199
외릉(外陵) 187
외별(外撇) 117
외삼합(外三合) 252
외안(外按) 110
외합(外合) 207, 253
외형(外形) 72
요경(腰勁) 79, 101
요유(腰兪) 200
요척(腰脊) 75, 88
용경(用勁) 75
용무요언(用武要言) 258
용의불용력(用意不用力) 106
용천(湧泉) 193

용천혈(湧泉穴) 95, 118
우개보전사(右開步纏絲) 168
우궁보(右弓步) 144
우단운수(右單雲手) 154
우삼(右三) 253
우역좌순전(右逆左順纏) 161
운경(運勁) 75
운기(運氣) 56, 73
운문(雲門) 185
운유성강(運柔成剛) 290
운정(雲亭) 61, 332
원(圓) 79, 112
원기(元氣) 84, 95, 125
원당(圓襠) 113
원양(元陽) 132
원음(元陰) 132
월여(月如) 69
위경(胃經) 185
위양(委陽) 193
위유(胃兪) 193
위중(委中) 193
위창(胃倉) 193
유(柔) 76
유경(柔勁) 43, 76
유귀진(劉貴珍) 31
유근(乳根) 187
유도(維道) 197
유문(幽門) 194
유부(兪府) 194
유세(柔勢) 77, 257
유안(劉安) 76
유중(乳中) 187
유파(流派) 66
육경(六經) 177
육금희(六禽戱) 76
육기(六氣) 177
육봉(六封) 301

육양(六陽) 97
육자(六子) 269
육진(六進) 253
육초(肉梢) 250
윤비박타(掄臂拍打) 150
율칙이격(律則二格) 316
은(隱)과 현(顯) 78
은교(齦交) 200
은문(殷門) 193
은백(隱白) 188
음경(陰勁) 42
음경(陰經) 88
음곡(陰谷) 193
음교(陰交) 202
음극(陰郄) 189
음극생양(陰極生陽) 94
음도(陰都) 194
음렴(陰廉) 200
음릉천(陰陵泉) 188
음맥지해(陰脈之海) 88
음시(陰市) 188
음양(陰陽) 56, 174
음양합덕(陰陽合德) 292
음포(陰包) 200
음효(陰爻) 176
응격반사(應激反射) 134
응조왕(鷹爪王) 81
응창(膺窓) 187
의(意) 72
의기상수(意氣相隨) 224
의념(意念) 125
의사(意舍) 193
의수단전(意守丹田) 85
의식(意識) 78
의희(譩譆) 193
이(理) 94
이간(二間) 185

이검화(李劍華) 340
이경연(李景延) 63, 334
이경오(李經梧) 64
이기(二氣) 247
이기(二起) 297
이기운신(以氣運身) 75
이기퇴(二起腿) 297
이반천(李半天) 80
이역여(李亦畬) 69
이의도기(以意導氣) 75
이의운동(以意運動) 264
이일대로(以逸待勞) 90
이제우(李際遇) 322
이화창협백원곤(梨花槍夾白猿棍) 65
인경(引勁) 48
인경낙공(引勁落空) 74
인동고탕(引動鼓蕩) 120
인동내기(引動內氣) 124
인영(人迎) 187
인진낙공(引進落空) 78, 92
일개일합(一開一合) 240
일관(一貫) 293
일기가성(一氣呵成) 75, 119
일기관통(一氣貫通) 125, 205
일동무유부동(一動無有不動) 87
일동일정(一動一靜) 269
일동전동(一動全動) 95
일동즉발(一動卽發) 94, 119
일리(一理) 246
일박(一拍) 154
일보일추(一步一捶) 258
일원삼기(一源三岐) 88
일이관지(一以貫之) 129, 246
일절(一節) 154
일초일세(一招一勢) 96
임맥(任脈) 88, 104, 201
임읍(臨泣) 197

임후성(林厚省) 34
입신중정(立身中正) 73, 114, 155, 224

(ㅈ)

자궁(紫宮) 202
자연순수(自然順遂) 224
자오원앙월투로(子午鴛鴦鉞套路) 329
자유반좌(自由盤坐) 227
자창술(刺槍術) 82
장(掌) 109, 142
장가권(萇家拳) 329
장강(長强) 200
장강혈(長强穴) 88
장경(長勁) 49
장경백(張敬伯) 81
장공(椿功) 170
장공취기법(椿功聚氣法) 226
장권 108세(長拳百八勢) 60
장기약(壯欺弱) 90
장내주(萇乃周) 329
장단구(長短句) 60
장문(章門) 200
장발(蔣發) 322
장심(掌心) 109, 142
장심공(掌心空) 109
장운락(張運樂) 24
저(低) 254
저신법(低身法) 117, 124
적보(績甫) 64, 342, 346
전경(轉勁) 49
전곡(前谷) 191
전관(轉關) 106
전관처(轉關處) 102
전국태극권명가(全國太極拳名家) 347
전권(轉圈) 268
전부후앙(前俯後仰) 301

전사(纏絲) 68, 154, 209, 276
전사경(纏絲勁) 39, 141, 268
전수신(田秀臣) 64
전요(轉腰) 151
전요운동(纏繞運動) 220, 276
전우(全佑) 68
전정(前頂) 200
전중(膻中) 202
전진보(前進步) 164
전추(前推) 166
전투편(戰鬪篇) 258
절완(折腕) 107
절절관관(節節貫串) 75, 87, 119, 205
절첩(折疊) 106
절첩완(折疊腕) 108
점수불탈(粘隨不脫) 82
정(靜) 120
정경(頂勁) 49, 275, 283
정경영기(頂勁領起) 283
정고(精固) 139
정공(靜功) 50
정기(正氣) 204, 267
정기(精氣) 84, 119
정명(睛明) 193
정영(正營) 197
정좌(靜坐) 52, 83
정좌양기법(靜坐養氣法) 226
정투가식(整套架式) 120
제경(提勁) 49
제경(擠勁) 45
제정(提頂) 97
조구(條口) 188
조기법(抓氣法) 233
조보가식(趙堡架式) 63
조보진(趙堡鎭) 62
조수(叼手) 112
조정(弔頂) 97

조정신법(調整身法) 122
조해(照海) 193
족(足) 117
족궐음간경(足厥陰肝經) 199
족삼리(足三里) 188
족소양담경(足少陽膽經) 196
족소음신경(足少陰腎經) 193
족양명위경(足陽明胃經) 185
족태양방광경(足太陽膀胱經) 192
족태음비경(足太陰脾經) 188
졸력(拙力) 95, 106, 123
종(縱) 254
종기(宗氣) 84
좌개보전사(左開步纏絲) 167
좌골(坐骨) 114
좌궁보(左弓步) 144
좌단운수(左單雲手) 152
좌립와정(坐立臥挺) 301
좌삼(左三) 253
좌역우순전(左逆右順纏) 160
좌완(坐腕) 107
좌우쌍역전(左右雙逆纏) 110
좌우악권전(左右握拳纏) 162
좌우후리전사(左右後攌纏絲) 159
좌좌반보(左坐盤步) 146
주경(走勁) 47
주경(肘勁) 46
주관절(肘關節) 운동 149
주료(肘髎) 185
주먹 110
주신방송(周身放鬆) 122
주신상수(周身相隨) 128
주신일치(周身一致) 127
주신협조(周身協調) 119
주영(周榮) 188
주재우요(主宰于腰) 87
주정(奏庭) 59, 321

주천재(朱天才) 65
중(中) 248, 264
중권(中圈) 135
중극(中極) 104
중기(中氣) 88, 243, 244, 266, 273
중당(中堂) 259
중도(中都) 200
중독(中瀆) 197
중려유(中膂兪) 193
중료(中髎) 193
중봉(中封) 200
중봉(中峰) 292
중부(中府) 184
중선(中線) 162
중완(中腕) 202
중저(中渚) 196
중절(中節) 109, 249
중정(中正) 123
중정신법(中定身法) 170
중주(中注) 194
중추(中樞) 200
중충(中衝) 195
중화원기(中和元氣) 267
지구(支溝) 196
지기(地機) 188
지두(指抖) 110
지실(志室) 193
지양(至陽) 200
지오회(地五會) 199
지음(至陰) 193
지정(支正) 191
지창(地倉) 186
지초(指梢) 110
직완(直腕) 108
직요(直腰) 102
진가구(陳家溝) 58, 65
진가구(陳家溝)의 수련내용 65

진강(陳綱) 320
진경(陳庚) 59
진경백(陳敬柏) 326
진경운(陳耕耘) 332, 338
진계신(陳季甡) 336
진계하(陳繼夏) 329
진공조(陳公兆) 330
진극충(陳克忠) 345
진금오(陳金鰲) 345
진기(眞氣) 56
진덕호(陳德瑚) 66, 332
진등과(陳登科) 339
진림(陳琳) 320
진묘(陳淼) 335
진발과(陳發科) 62, 138, 339
진병기(陳秉奇) 330
진병왕(陳秉旺) 330, 332
진병임(陳秉壬) 330
진보거(陳寶璩) 341
진보쌍수전사(進步雙手纏絲) 164
진복(陳卜) 58
진복원(陳復元) 135, 294, 335
진복장(陳卜庄) 59, 319
진비(振臂) 150
진삼(陳森) 337
진삼덕(陳三德) 332
진선(陳善) 330
진성삼(陳省三) 342
진소락(陳所樂) 323
진소왕(陳小旺) 65, 352
진씨 38세 태극권(陳氏三十八勢太極拳) 70
진씨가보(陳氏家譜) 321
진씨가승(陳氏家乘) 63, 338
진씨삼웅(陳氏三雄) 330
진씨세전태극권술(陳氏世傳太極拳術) 342
진씨태극권계회종(陳氏太極拳械匯宗) 5, 11, 357

진씨태극권도설(陳氏太極拳圖說) 338
진씨태극권도해(陳氏太極拳圖解) 64
진씨태극권도화강의(陳氏太極拳圖畵講義) 63
진씨태극권술(陳氏太極拳術) 5, 11
진씨태극권 양생공(陳氏太極拳養生功) 5, 12
진씨태극권연구회(陳氏太極拳研究會) 273
진씨태극권이론13편(陳氏太極拳理論十三篇) 64, 343
진씨태극권 정요 18세(陳氏太極拳精要十八勢) 70
진씨태극권회종(陳氏太極拳匯宗) 64, 343
진여신(陳汝信) 323
진연과(陳連科) 339
진연년(陳延年) 335
진연희(陳延熙) 335
진염(陳焱) 335
진예하(陳豫霞) 64
진왕정(陳王廷) 59, 81, 321
진요(陳垚) 335
진요조(陳耀兆) 330
진운동(陳運棟) 332
진유륜(陳有綸) 332
진유본(陳有本) 62, 331, 333
진유항(陳有恒) 331
진육영(陳毓英) 330
진자명(陳子明) 342
진장흥(陳長興) 62, 332
진정뢰(陳正雷) 5, 65, 354
진조규(陳照奎) 5, 64, 343, 351
진조비(陳照丕) 5, 64, 339, 346
진조욱(陳照旭) 344
진조지(陳照池) 344
진조해(陳照海) 345, 354
진주장(陳奏章) 332
진중신(陳仲甡) 334
진청평(陳淸萍) 62, 68, 332, 334
진춘원(陳椿元) 341

진화매(陳花梅) 332, 334
진회원(陳懷遠) 332
진흠(陳鑫) 79, 264, 335
질(跌) 63, 79
질변(秩邊) 193
질차(跌岔) 298
집중(執中) 293

(ㅊ)

차경(借勁) 49
차력타인(借力打人) 74
차료(次髎) 193
착착관관(着着貫串) 281
찬분도약(竄奔跳躍) 295
찬붕도약(竄掤挑躍) 72
찬죽(攢竹) 193
참장공(站樁功) 124, 133
채(踩) 118
채경(採勁) 45
채기법(採氣法) 231
척(踢) 81, 118
척계광(戚繼光) 80
척중(脊中) 200
척택(尺澤) 185
천계(天谿) 188
천돌(天突) 202
천료(天髎) 196
천부(天府) 185
천용(天容) 191
천유(天牖) 196
천장(天井) 196
천정(天鼎) 185
천장(穿掌) 153
천종(天宗) 191
천주(天柱) 193
천지(天池) 195

천질장(千跌張) 81
천창(天窓) 191
천천(天泉) 195
천추(天樞) 187
천충(天衝) 197
천투력(穿透力) 92
철목이(鐵木耳) 58
첨당(尖襠) 112, 113
첨련점수(沾連粘隨) 48
첨점경(沾黏勁) 47
첩근(輒筋) 197
청경(聽勁) 46
청궁(聽宮) 191
청기(淸氣) 284
청냉연(淸冷淵) 196
청령(靑靈) 189
청정(淸靜) 84, 120, 218, 363
청정지중(淸靜之中) 84, 362
청탁(淸濁) 248
청회(聽會) 197
초(招) 96
초마림(肖痲林) 64
초절(梢節) 109, 223
촌경(寸勁) 49
추(捶) 247, 258
추궁(椎弓) 101
추수(推手) 80
축(蓄) 78
축경(蓄勁) 43, 111
축발상변(蓄發相變) 74, 82
축발지세(蓄發之勢) 73
축빈(築賓) 193
축이후발(蓄而後發) 78
춘추대도(春秋大刀) 65
충맥(衝脈) 88
충문(衝門) 188
충양(衝陽) 188

측면전사(側面纏絲) 157
측신진보쌍수전사(側身進步雙手纏絲) 165
침견수주(沈肩垂肘) 106
침견추주(沈肩墜肘) 106, 288

(ㅋ)

쾌만상간(快慢相間) 57
쾌이복만(快而復慢) 294
쾌후복완(快後復緩) 135

(ㅌ)

타(打) 63, 80
탁기(濁氣) 217, 232, 284
탄두방송(彈抖放鬆) 152
탑당(塌襠) 112
탑요(塌腰) 102, 104
태계(太谿) 193
태극(太極) 34, 56, 240, 264
태극권경보(太極拳經譜) 240
태극권권보(太極拳拳譜) 244
태극권사용법(太極拳使用法) 67
태극권십대요론(太極拳十大要論) 76, 246, 332
태극권 오로(太極拳五路) 60
태극권용무요언(太極拳用武要言) 61, 332
태극권인몽입로(太極拳引蒙入路) 338
태극권입문(太極拳入門) 64, 343
태극권전투편(太極拳戰鬪篇) 61, 332
태극권체용전서(太極拳體用全書) 67
태극금강(太極金剛) 5
태극기공(太極氣功) 18식(式) 33
태극단도(太極單刀) 65
태극도(太極圖) 174
태극무술관(太極武術館) 358
태극배원양기법(太極培元養氣法) 226

태극생음양(太極生陰陽) 56
태극신공(太極神功) 358
태극지상(太極之象) 137
태단(兌端) 200
태돈(太敦) 200
태릉(太陵) 195
태백(太白) 188
태연(太淵) 185
태을(太乙) 187
태충(太衝) 200
태허(太虛) 56
통곡(通穀) 194
통곡(通谷) 193
통리(通里) 189
통천(通天) 193
퇴보(退步) 118
퇴보좌우전사(退步左右纏絲) 166
퇴부(腿部) 112
투(套) 118
투로(套路) 57, 61
투보(偸步) 156, 169

(ㅍ)

팔간(八杆) 65
팔간대련(八杆對練) 82
팔괘(八卦) 69, 175
팔괘도(八卦圖) 175
팔괘장(八掛掌) 30
팔꿈치 106
팔법(八法) 44
팔십삼세식(八十三勢式) 64
팔십팔세(八十八勢) 69
팔체(八體) 280
패위대왕(牌位大王) 62
편력(偏力) 185
평좌(平坐) 226

폐경(肺經) 184
폐유(肺兪) 193
포추(炮捶) 62, 130
포추일로(炮捶一路) 60
포황(胞肓) 193
표(標) 95
품삼(品三) 63
풍륭(豐隆) 188
풍문(風門) 193
풍부(風府) 200
풍시(風市) 197
풍지(風池) 197
풍지강(馮志强) 64, 341
피부(皮部) 180
피실격허(避實擊虛) 78

(ㅎ)

하거허(下巨虛) 188
하관(下關) 187
하남성(河南省) 58
하렴(下廉) 185
하료(下髎) 193
하반(下盤) 73, 131
하수(下垂) 107
하완(下腕) 202
하절(下節) 249
하준운동(下蹲運動) 124
하지(下肢) 112
하초(下焦) 251
하침(下沈) 116
하탑(下塌) 101
하탑주경(下塌住勁) 102
학권수지(學拳須知) 317
학위진(郝爲眞) 69
함(含) 99
함곡(陷谷) 188

함염(頷厭) 197
함주경(含住勁) 99
함주흉(含住胸) 104, 288
함흉탑요(含胸塌腰) 233
합(合) 78, 103, 253
합경(合勁) 50
합곡(合谷) 185
합복(合腹) 105
합슬(合膝) 105
합양(合陽) 193
합주경(合住勁) 104
해계(解谿) 188
행간(行間) 200
허(虛) 56, 97
허령(虛靈) 242
허령정경(虛領頂勁) 87, 97, 170, 204, 283
허보(虛步) 145
허실전환(虛實轉換) 94
허우생(許禹生) 340
허족(虛足) 145
허중유실(虛中有實) 270
현(顯) 78
현관(玄關) 79
현로(懸顱) 197
현리(懸釐) 197
현종(懸鐘) 199
현추(懸樞) 200
혈초(血梢) 250
혈해(血海) 188
협거(頰車) 186
협계(俠谿) 199
협백(俠白) 185
형(形) 94, 125
형경(形勁) 42, 47
형기결합(形氣結合) 126
형신합일(形神合一) 216
형의결합(形意結合) 57

형의권(形意拳) 30
형의권학(形意拳學) 69
혜검참심마(慧劍斬心魔) 229
호륵(護肋) 107
호연지기(浩然之氣) 217, 240, 266
호형(弧形) 75
호흡(呼吸) 78, 86
호흡발천(呼吸發喘) 122
혹중(或中) 194
혼문(魂門) 193
혼연일원(渾然一圓) 58
혼원일체(混圓一體) 138
혼원장(渾元樁) 172, 234
홀뢰가식(忽雷架式) 63
홀상홀하(忽上忽下) 295
홍균생(洪均生) 64, 341
홍동(洪洞) 58
홍창회(紅槍會) 340
화(化) 48
화가수법(花假手法) 81
화개(華蓋) 202
화경(化勁) 42, 48, 91
화료(和髎) 196
화료(禾髎) 185
화조원(和兆元) 63
화타(華陀) 76, 83

화해력(化解力) 92
확흉(擴胸) 150
환도(環跳) 197
환요(環繞) 77, 257
활(活) 112
활당(活襠) 113
활육문(滑肉門) 187
황문(肓門) 193
황유(肓兪) 194
회경(懷庚) 58
회남자(淮南子) 76
회양(會陽) 193
회음(會陰) 88, 200
회종(會宗) 196
횡(橫) 254
횡골(橫骨) 193
횡기(橫氣) 276
횡기전흉(橫氣塡胸) 122, 212
후계(後谿) 191
후인발 선인지(後人發 先人至) 91
후정(後頂) 200
후퇴보(後退步) 166
흉배(胸背) 99
흉향(胸鄕) 188
흑리호(黑狸虎) 326